U0134213

全本全注全译丛书

中华经典名著

刘立夫 魏建中 胡 勇◎译注

弘明集 上

中华书局

图书在版编目（CIP）数据

弘明集/刘立夫，魏建中，胡勇译注. —北京：中华书局，2013.4
（2024.7 重印）
（中华经典名著全本全注全译丛书）
ISBN 978-7-101-08835-9

Ⅰ.弘… Ⅱ.①刘…②魏…③胡… Ⅲ.①佛教史-中国-古代②《弘明集》-译文③《弘明集》-注释 Ⅳ.B949.2

中国版本图书馆 CIP 数据核字（2012）第 170975 号

书　　名	弘明集（全二册）
译 注 者	刘立夫　魏建中　胡　勇
丛 书 名	中华经典名著全本全注全译丛书
文字编辑	王水涣
责任编辑	舒　琴
装帧设计	毛　淳
责任印制	管　斌
出版发行	中华书局
	（北京市丰台区太平桥西里 38 号　100073）
	http://www.zhbc.com.cn
	E-mail:zhbc@zhbc.com.cn
印　　刷	北京盛通印刷股份有限公司
版　　次	2013 年 4 月第 1 版
	2024 年 7 月第 7 次印刷
规　　格	开本/880×1230 毫米　1/32
	印张 32¾　字数 620 千字
印　　数	22001-23500 册
国际书号	ISBN 978-7-101-08835-9
定　　价	92.00 元

目　录

上　册

卷第十四

前　言

　　《弘明集》是中国佛教史上第一部护法弘教的文献汇编,作者系南朝梁武帝时期的僧祐。此书的编撰,意在回应当时社会上各种怀疑、讥讽、批评甚至废毁佛教的言行和思想,释疑解难,弘扬佛教,正如僧祐在序文中所说:"夫道以人弘,教以文明,弘道明教,故谓之《弘明集》。"

　　今本《弘明集》共14卷,约14万字,收录了自东汉至南朝齐、梁时代五百年间教内外人士护法御侮、弘道明教及其与之相关的论文、书信、诏令、奏表、檄魔等各类文论共186篇,其中东汉2篇,东晋47篇,刘宋39篇,南齐15篇,姚秦10篇,梁朝73篇,从不同的角度反映了此一时期佛教的基本教义、传播状况以及佛教与儒家、道教等本土思潮的相互关系。涉及作者共123人,其中僧人19人,其余多为王公大臣和文人学士。由于作者多为帝王重臣、社会精英和高僧大德,《弘明集》不仅汇集了早期中国佛教史的一批珍贵文献,也无意中保存了一些重要的社会名流之作。正如《四库全书总目提要》所云:"然六代遗编,流传最古,梁以前名流著作,今无专集行世者,颇赖以存。"因此,《弘明集》就不仅仅具有为佛教辩护的意义,在哲学、宗教学、文学、史学等方面同样具有极高的文献价值。

　　在阅读本书之前,有必要介绍《弘明集》产生的时代背景及其主要思想内容。

　　佛教约在两汉之际传入中国。据载,佛教传入中国有两种典型的说法。一说西汉哀帝元寿元年(前2),博士弟子景庐受大月支王使伊存口授《浮屠经》。一说东汉明帝永平年间(58—75),皇帝夜梦神人,身有日光,飞入殿前,帝意欣然,甚悦之。明日问群臣,解梦之臣奏曰:此神即是天竺之佛陀也。帝乃遣使者张骞、羽林郎中秦景、博士弟子王遵等人发西域,抄回《四十二章经》,藏于皇家图书馆之兰台石室,并兴建佛寺,于是佛道兴焉。无论哪一种说法,都表明佛教是一种和平的宗教,是中国皇帝"请进来"的。然而,这绝不意味着佛教在中国总是一帆风顺,没有任何阻力和挫折。实际上,佛教在中国的传播和发展决不是风平浪静的,怀疑、批评、讥讽甚至暴力打击时有所闻。因此,佛教必须作出适应性的调整,通过教理、教规上的改造和学理上的辩论等办法来应付这种局面。这种状况在佛教中国化的历史进程中一直存在,而以佛教在中土最初传播和发展的五百年间尤为突出。

　　佛教传入时,中国已经是一个政治、经济和文化高度发达的封建国家。中国自秦代起,就建立起一个统一的、多民族的、中央集权的封建大帝国。汉代的中国已形成高度发达的物质与精神文明,处于当时世界文明的前列地位。中国的学术思想经过了春秋、战国时期的"百家争鸣",已经形成了比较定型的文化形态。到西汉中期,汉武帝实行"罢黜百家,独尊儒术"的文化政策,融儒、法、阴阳五行、黄老刑名之学说于一体,建立名为"儒术"的经学统治。这是政治上的大一统在意识形态中的体现。从此,儒家学说始终保持了它的官方哲学地位,成为中国传统政治、伦理的主导形态。儒学重视人伦日用、关注现实,这一传统成为抵制本土宗教发达的重大力量,同时也对外来的宗教具有强大的免疫力和制约力。

　　在佛教传入以前,中国还没有发展出定型的本土化宗教。秦汉以前,流行的是祖先崇拜、先王崇拜、神仙方术、鬼神观念、卜筮星占等较为原始的多神信仰。直到东汉顺帝(126—144在位)时,才由道家思想、神仙方术、阴阳五行、民间巫术等多种因素相结合,发展出早期的道教。佛教的传入,对道教的发展有很大的刺激和启发作用。佛道两教在中国是相互影响、相互作用,并行发展的,但是,以本土宗教自居的道教对外来的佛教有着本能的拒斥意识。

佛教初传中国的时候,影响极为微弱,史书上只能见到零星的记载。汉代谶纬迷信盛行,社会上充斥着大量的迷信方术,佛教便与"黄老"一类的神仙方术混合在一起,人们误以为它就是"斋戒祭祀"之类的方术。当时来华的西域高僧安世高和支娄迦谶等人,也有意将佛教的"禅法"介绍进来,并突出神秘的"禅观",与道家神仙说教合拍。东汉末年潜居交趾(治所在今广西梧州)修道的牟子作《理惑论》,向人们介绍佛时说:"佛者,谥号也,犹名三皇神、五帝圣也。佛乃道德之元祖,神明之宗绪。佛之言觉也。恍惚变化,分身散体,或存或亡,能小能大,能圆能方,能老能少,能隐能彰,蹈火不烧,履刃不伤,在污不染,在祸无殃,欲行则飞,坐则扬光,故号为佛也。"(《弘明集》卷一《牟子理惑论》)将佛陀类比为儒家的道德圣人和道家的神仙,反映了当时人们对佛教的一知半解。

佛教在中土产生较大影响是从东晋十六国开始的。西晋灭亡后,以司马睿为首的皇室和门阀士族南渡长江,在江南建立了偏安一隅的东晋王朝,北部中国则陷于十六国的纷乱之中,社会的苦难加快了佛教的传播和发展。当时南北两地的佛教发展都很快,佛教领袖则受到尊崇。在北方,统治者因系胡人出身,感到名位不正,企图借助佛这一"戎神"来加强统治力量。如后赵石勒、石虎父子信任神僧佛图澄,佛教几乎成了后赵的精神支柱。前秦苻坚曾征集道安等名僧数千人于长安,大弘佛法。后秦姚兴儒佛并重,迎鸠摩罗什到长安,一时名僧辈出,其州郡事佛者,十室而九。在南方,东晋的世家大族多支持佛教,其中的王导、王敦、庾亮、谢安、谢石、郗超、谢琨、桓彝、周嵩、王恭等,都与名僧密切交往。王导之子王洽,其孙王珣、王珉、王谧,以及著名文人如许珣、戴逵、王羲之、顾恺之、谢灵运、孙绰等,都曾向当时高僧问学或执弟子礼。东晋以后,在约一个半世纪的时间里,南方经历了宋、齐、梁、陈四代,史称"南朝";北方则有北魏、东魏、西魏、北齐、北周等数朝相继,史称"北朝"。佛教在南北朝时期继续获得上层统治集团的支持而迅速发展壮大起来。当时的统治者之所以支持佛教的发展,是他们认识到佛教可以弥补世俗政治的不足。南朝宋文帝统治集团曾对此进行过讨论。大臣范泰、谢灵运常说:"六典经文,本在济俗为治耳。必求性灵真奥,岂得不以佛经为指南耶!"宋文帝同意说:"若使率土之滨,皆纯此化,则吾坐致太平,夫复何事!"大臣何尚之补充说,佛教可以隐恶扬善,国家只要有十分之一的人信佛,就可以带动天下的人心向善,皇帝便可以"坐享太平"了(《弘明集》卷十一《答宋文皇帝赞扬佛教事》)。这种评价虽然有些夸张,但佛教在当时的正面作用还是不可低估的。

　　然而,伴随着佛教的迅速发展,一个前所未有的社会新阶层,即僧侣阶层在中土崛起,佛教的社会负面作用也日益凸现出来。西晋以前,佛教基本上是自由传播,政府不加多少限制,汉人出家的极少。东晋十六国以来,政府自觉地支持佛教的发展,给予出家人诸如免税、免役等便利和特权,汉人沙门迅速猥杂膨胀起来。据唐法琳《辩正论》卷三载,东晋一百余年,建寺达一千七百多所,宋、齐、梁、陈四代有增无减。北方更甚。据《魏书·释老志》记载,北魏承明元年(476)全国有寺庙六千多所,僧尼七万多人,至延昌二年(513)寺数增加到一万二千多所,到兴和二年(540)寺庙发展到三万所,僧尼二百多万人。即在不到半个世纪的时间里,寺庙增加了三倍多,僧尼增加了近三十倍。佛教将佛、法、僧看成"三宝",而寺庙和僧人则是佛教兴衰的一大标志。但寺院要维持正常运转,就要接受施舍捐赠、经营土地以至商业、高利贷等,于是便形成了寺院经济。寺院的僧众奉释迦牟尼为最高教主,以"释"为姓,自称"方外"、"释子",离弃父母家室,标榜"不敬王者",却又必须依靠人间的"烟火"才能生存。值得指出的是,当时那么多人出家,并非人人都信仰佛教，民众多是为逃避封建压迫和剥削才遁入空门的，这就造成了沙门的泛滥成灾。如后赵时，"中州胡晋，略皆奉佛"，"澄（佛图澄）道化既行，民多奉佛，皆营造寺庙，相竞出家。真伪混淆，多生愆过"（《高僧传》卷九《佛图澄传》）。东晋义熙年间，江左有袁、何二贤依傍韩非《五蠹》篇，喻沙门为"五横"之一，认为沙门既然高尚其志，当德行卓然，为物轨则，不能营求无息，与民争利；沙门的行为已经"无益于时政，有损于治道"了，应该废除之（《弘明集》卷六《释驳论》）。

　　这样，中国封建社会便形成了一系列新矛盾——朝廷与教团、名教与佛法、世俗地主与僧侣地主、僧侣与农民之间的矛盾。从东晋十六国以后，伴随着佛教的发展，这些矛盾也就日益暴露、激化了。北方统治者崇尚武力，当他们看到出家人口与日俱增，严重地影响了封建国家的劳动力和赋税收入，出现社会危机和政治危机的时候，就有可能采取极端措施，拆除寺庙，驱赶甚至杀戮沙门，迫使其还俗。北朝的两次佛教"法难"就是在这种情况下发生的。在南方，统治者则比较理智，力图将寺庙、教徒控制在一定的范围内，并通过学术思想上的自由辩论来沟通和解决佛教与社会各方面的矛盾。

　　佛教毕竟是外来的宗教，它的教义、仪轨、制度多不符合中国固有的文化传统，特别是与占统治地位的儒家政治伦理和思维方式颇多隔阂。且不说沙门、沙弥尼之类的戒律在中土亘古未有，而落发辞家、行乞和居更为中土社会所不容，与儒家的孝亲观念极为不符。儒家政治伦理强调忠孝两大德行，而佛教沙门的辞亲出家、不敬王者、不尊俗礼被视为佛教最大的"不忠不孝"。佛教相信"业力"轮回、因果报应，相信精神不灭，这种教义对中国人来说也有些惊世骇俗。所有这些问题在佛教传入之初就被注意到了，随着佛教的发展，特别是到了东晋十六国以后，佛教已成为一大社会问题，这些潜在的因素就日益显露出来。这些问题在魏晋南北朝特别是在政治环境相对宽松、学术思想相对自由的南方王朝曾引起了一次又一次的讨论和争辩，三教之间掀起了多次争论的高潮。

需要提及的是,道教在魏晋南北朝时期也不断发展壮大,成为佛教的竞争对手。道教无论在教义、教规、经典、组织制度上都与佛教差别甚大,二教为争夺宗教利益和生存空间进行了长期的斗争。早在东汉时期,就有老子西入夷狄为浮屠的传说,继而增益为老子西游成佛,化佛陀为其弟子的故事,后来演变成《老子化胡经》。《老子化胡经》在南北朝时期一直比较流行,佛道之间为此曾展开了激烈的"夷夏之辨"。道教在与佛教的斗争中,极力拉拢儒家,而佛教也针锋相对,尽力调和儒佛矛盾,对道教的弱点和隐私尽力揭露,儒、佛、道三教的矛盾和斗争也变得复杂起来。

南朝梁代,扬州建初寺沙门僧祐从"弘道明教"的角度,将五百余年来佛教同中国文化的碰撞、冲突和交融的历史以文献汇编的形式记录下来,这就是今天我们所看到的《弘明集》。作为中国佛教史上第一部护法著作,《弘明集》比较集中地反映了汉代以来特别是东晋至南北朝时期的佛教信徒,包括出家的沙门和在家的居士,同固守儒家文化传统和封建国家政治经济利益的封建士大夫、坚持本土宗教信仰的道教信徒以及社会上的各种对佛教怀有歧视和敌对情绪的人们的论争、辩驳和斗争的历史状况,也从不同的侧面反映了此一时期佛教的基本教义、发展水平、流播状况,从而比较全面地再现了佛教在中土最初五百年的沧桑历程。

就《弘明集》的思想内容而言,僧祐在《后序》中曾提出"六疑",即《弘明集》是围绕六大问题而展开的。这六大问题是:"一疑经说迁诞,大而无征;二疑人死神灭,无有三世;三疑莫见真佛,无益国治;四疑古无法教,近出汉世;五疑教在戎方,化非华俗;六疑汉魏法微,晋代始盛。"用现在的话来说,"六疑"的大意是这样的:第一疑是世人怀疑佛经上讲的道理过于神奇荒诞,没法用事实验证。这里是指古代印度与中国传统世界观和思维方式的差异。第二疑是世人怀疑神灵不灭和三世报应说。第三疑是世人认为佛教于国于民无补，并非佛教所宣扬的那样神力无边。这大致是指佛教对封建政治、经济和伦理方面的危害。第四疑和第六疑是怀疑佛教在中国的历史不长，不是古来就有的圣人之教，而且有兴有衰。中国古人持退化史观，相信古胜于今，今不如昔，也就是认为佛教历史不古，所谓的"三世十方佛"不合"圣人"的古训。第五疑指斥佛教是夷狄之教，只适合于落后愚昧的人群，不堪与华夏文明争锋，当然不适用于中国。这是讲夷夏之辨。僧祐讲的"六疑"在北朝颜之推的《颜氏家训》里也可以见到类似的见解，可见这些问题是整个汉魏两晋南北朝的时代问题，也是佛教必须回答的问题。

从思想史的角度看，儒佛道三教论争是《弘明集》涉及最多的问题，许多文章常常提及"周孔与佛"或"孔老与佛"，其中的周孔就代表儒家，孔老代表儒、道二教，佛即代表佛教。以此而言，《弘明集》也就是一部以佛教为主体的反映汉魏两晋南北朝时期的三教关系的文集。从三教关系的角度看，三教论争也就是佛教与儒家和道教的论争，是外来文化与本土文化之间的斗争。这种斗争是温和的思想辩论，而不是宗教战争，这是中国本土文化排斥或融受外来文化的一种特殊形式。双方争论的问题很多，有哲学世界观的分歧，有宗教派别之间的意气之争，有政治伦理的争端，也有经济社会方面的利害冲突。比较突出的有三大方面：

一、因果报应和形神之争　这是哲学世界观和宗教世界观最根本的争论。《弘明集》的卷一、卷二、卷三、卷四、卷五、卷九、卷十等都与此有关。因果报应是佛教的基本教义之一，同中国传统的世界观和宗教观存在很大差距，受到许多中土人士的怀疑和批评，认为它不符合"周孔之教"，或者老庄之道。这个问题在晋宋之际争论十分激烈。发展到后来，则被形神之争所取代。报应之争和形神问题两者本来是相互联系的，本质上属于同一个问题，争论中常常连在一起。但是，因为因果报应是否成立，最根本的理论前提则是神灭与神不灭，这样，形神问题便成为佛教因果报应是否"合理"的关键。要反对佛教,也就是要反对神不灭,坚持神灭论;要维护佛教,也就是要反对神灭,坚持神不灭论。这个问题在齐梁之际达到争论的高峰。

二、夷夏之辨与佛道斗争　这是本土的道教与外来的佛教之间的论争,反映了佛教与道教在宗教主张以及政治、经济利益上的矛盾。《弘明集》卷一、卷二、卷七、卷八等有关文章反映了这一状况。佛道之争的一个重要表现就是夷夏之辨,这是道教利用本土文化的优势压制外来佛教的一种策略。发展到后来,双方在教义、教规上的优劣以及对封建国家的利弊进行了针锋相对的斗争和辩驳。

三、沙门与王权之争　这是佛教与封建政治、经济、伦理等方面冲突的一个集中表现。《弘明集》的卷一、卷五、卷十一、卷十二等,都与此有关。佛教是印度社会和文化的产物,它要最终为中国社会所接纳,就必须适应中国的国情。中国封建政治的重要特征就是大一统与王权至上,佛教的教团组织是不可能像它在印度那样独立于王权之外的。所以,僧人当初见皇帝可以不下跪,只是汉魏之际皇帝给予少数外国僧人的外交特权,随着中国本土僧人的增加,出现了一个独立于王权之外的社会集团,问题的性质就不一样了。沙门是否礼敬王者,东晋王朝为此曾发生了两次大规模的争论,虽然因门阀贵族之间的权力平衡的需要,最后君主妥协,但问题并没有解决。当然,这个问题是迟早要解决的。

本书所采用的底本为《大正藏》本《弘明集》,以金陵刻经处本为校本。其中的篇名,因大正藏本和金陵刻经处本的标题不完全一致,本书亦未作统一要求,但主要采用的是大正藏本的标题。为版面技术需要,对大正藏本中一些较为冗长的标题,依据金陵刻经处本及文义进行了简化。

最后,还要谈一下本书的译注原则。《弘明集》是一个文献汇集,每位文章作者的思想、文字风格以及所处时代的语言习惯都有不同,更重要的是其中涉及的儒、释、道三家的名词义理,特别是大量历史典故的灵活使用,都增加了翻译的难度。为了尽可能保证翻译的准确性,全书采用直译的方法,一一对应,逐字逐句地翻译,尽量避免出现意译所带来的过度诠释问题。对于一些特定名词的翻译,既考虑到保持它在历史语境中的原义,又要照顾到其在当下语境中的意义,另外,鉴于多是论辩性文字,所以在翻译的时候,尽可能地保留了原文的句式和语气。本书的翻译追求"信"这一目标,注译时尽量满足以下三个原则:一是文中出现的重要人物、核心概念、典故引文以及难解字词都给出注释;二是注释时采取注明出处和简单解释的注、释结合原则;三是对于重复出现的典故、文词,不作重复注释。

　　值得说明的是,本书一些比较难理解的注释,译注者参考了日本著名佛教学者牧田谛亮先生主编的《弘明集研究》一书,谨在此对前辈学者的学术积累之功表达深深的敬意与谢意。中华书局在2011年1月曾出版了"中华思想经典"丛书《弘明集》,当时是一个选译本,译注了其中较为重要的名篇,基础工作是由胡勇承担的。这次译注的是《弘明集》全本,余下约三分之二的篇目主要由魏建中完成。由于工作量大,且两位译注者的理解程度和文字表达等方面不可能完全一样,因此本次出版的这个全译本,会存在译注风格不完全一致的问题。特作说明,亦请读者谅解。

译注者

2012 年 6 月

弘明集序

【题解】

本篇是南朝梁代高僧僧祐(445—518)为《弘明集》所作的序言。在序言中僧祐记述自己编撰该书的宗旨:"夫道以人弘,教以文明,弘道明教,故谓之《弘明集》。"并对《弘明集》编撰时选择材料和安排体例的原则予以说明。

夫觉海无涯,慧镜圆照。化妙域中①,实陶铸于尧舜;理擅系表②,乃埏埴乎周孔矣③。然道大信难④,声高和寡。须弥峻而蓝风起⑤,宝藏积而怨贼生。昔如来在世,化震大千,犹有四魔蓄忿⑥,六师怀毒⑦,况乎像、季⑧,其可胜哉!

【注释】

①域中:寰宇间,国中。《老子》:"域中有四大,而王处其一焉。"

②系表:言辞之外。《晋阳秋》荀粲曰:"立象以尽意,非通乎意外者也;系辞以尽言,非言乎系表者也。象外之意,系表之言,固蕴而不出矣。"

③埏埴(shānzhí):和泥制作陶器,此处指周公和孔子"制作"了礼仪。埏,用水和泥。埴,黏土。《老子》:"埏埴以为器,当其无,有

器之用。”

④信(shēn)：通“申”，申张，申明。

⑤蓝风：梵语。又名“鞞蓝风”。疾风，暴风。清黄遵宪《锡兰岛卧佛》诗：“何不气一喷，散为鞞蓝风？”钱仲联笺注：“《大宝积经》：‘此三千大千世界，为毗岚猛风之所吹坏，一切散灭，无有遗余。’玄应《一切经音义》：‘吠蓝婆风，旧经中或作毗岚婆，或作鞞蓝。亦作随蓝，或作旋蓝，皆梵之楚夏耳。此云迅猛风也。’”

⑥四魔：此指佛将成道时，四魔中之一的天子魔，即第六天魔曾率诸眷属来骚扰他，企图干扰、阻挠其证成佛果。

⑦六师：即六师外道，是与释迦牟尼同时代的六个反婆罗门正统思想的代表人物，即：(一)富兰那·迦叶、(二)末迦梨·俱舍梨子、(三)珊夜·毗罗伲子、(四)阿耆多·翅舍钦婆罗、(五)迦罗鸠驮·伽旃延、(六)尼乾陀·若提子。

⑧像、季：佛教分佛法之传布为正、像、末三时，像季即第二时之末期。

【译文】

　　觉悟之路像大海一样无边无际，智慧之光如明镜一般普照世界。玄妙的教化，实陶冶于尧舜之治；礼仪之兴盛，乃肇端于周孔之教。然而，曲调越高雅，能唱和的人就越少，道越精深宏大，越难得到申张。须弥山因崇高峻伟而常有迅猛之风生起，一个人若金银财宝积聚太多就会招来他人嫉妒甚至盗贼。过去释迦牟尼佛在世时，他的教化泽润天下，却仍有四魔一再去骚扰他，六师也经常诽谤他，何况现在正值像法时代的晚期，诋毁和攻击佛法的人该是很多啊！

　　自大法东流，岁几五百。缘各信否，运亦崇替。正见者敷赞，邪惑者谤讪。至于守文曲儒，则距为异教；巧言左道，则引为同法。距有拔本之迷，引有朱紫之乱①，遂令诡论稍繁,讹辞孔炽。夫鹖旦鸣夜②,不翻白日之光;精卫衔石③,无损沧海之势。然以暗乱明,以小罔大④,虽莫动毫发,而有尘视听。将令弱植之徒⑤,随伪辩而长迷;倒置之伦⑥,逐邪说而永溺。此幽涂所以易坠,净境所以难陟者也。

【注释】

①朱紫之乱:春秋时期,诸侯原以朱色作为衣服的正色,后来被紫色衣服代替了,孔子因此说:紫色夺去了大红色(朱色)的地位,可憎。见《论语·阳货》。

②鹖(hé)旦:亦作"鹖鸣"。鸟名。即寒号虫。《礼记·月令》:"〔仲冬之月〕鹖旦不鸣。"郑玄注:"鹖旦,求旦之鸟也。"

③精卫衔石:比喻人之徒劳。精卫,海边小鸟,传说其常衔木石以填东海。

④以小罔大:以褊狭迷惑广大。《孟子·告子上》:"体有贵贱,有小大。无以小害大,无以贱害贵。养其小者为小人,养其大者为大人。"

⑤弱植:懦弱无能,不能有所建树。

⑥倒置之伦:指心性为俗物所迷惑而舍内逐外。《庄子·缮性》:"丧己于物,失性于俗者,谓之倒置之民。"

【译文】

自佛教从印度流传到东土,迄今差不多已有五百年的历史了。因各种机缘不同而有时信众很多,有时则遭到抵制,所以佛教传播是隆盛与衰微交替。获得觉悟拥有正见的人赞颂发扬它,认识错误受到迷惑的人则是诽谤指责它。那些固守经典见识褊狭的儒家之徒,拒斥佛教,把它看做异端;而那些巧言如簧的旁门左道之流,则把佛法引为自己的同类。盲目地排斥佛教,会陷入失去大道根本的迷惑,妄引佛法为同类,则会犯下紫色夺走大红色地位的错乱,以致造成世间错误的思想言论日益增多,气焰嚣张。虽然几只小鸟的鸣叫,绝不能把黑夜变成白天;精卫衔石填海,也无法减损沧海广阔无边的气势。但这样以黑暗来破坏光明,用褊狭来迷惑广大,尽管并不能损伤佛法至道的一丝一毫,但会妨碍人们正确地认识世界。会使那些年轻无知的人听从虚假的言论而长久迷惑;使那些深陷于轻重颠倒苦难的人追随歪见邪说而永不醒悟。这正是幽深黑暗的道路容易坠落,清净明澈的境界难以攀登的原因啊!

祐以末学,志深弘护,静言浮俗①,愤慨于心。遂以药疾微间,山栖余暇,撰古今之明篇,总道俗之雅论。其有刻意剪邪②,建言卫法③,制无大小,莫不毕采。又前代胜士,书记文述,有益三宝,亦皆编录。类聚区分,列为一十四卷。夫道以人弘④,教以文明,弘道明教,故谓之《弘明集》。兼率浅怀,附论于末,庶以涓埃,微裨瀛岱。但学孤识寡,愧在编局,博综君子,惠增广焉。

【注释】

①静言:巧饰之言。《楚辞·九辩》"何时俗之工巧兮"汉王逸注:"静言�,而无信也。"

②刻意:刻励身心。《庄子·刻意》:"刻意尚行,离世异俗,高论怨诽,为亢而已矣;此山谷之士,非世之人,枯槁赴渊者之所好也。"

③建言:立言。

④道以人弘:《论语·卫灵公》:"子曰:人能弘道,非道弘人。"

【译文】

我虽才疏学浅,但向来以弘扬守护正法为念,对于那些巧饰之言虚浮愚俗之事,内心一直忧愤感慨。于是利用这次在山林中养病的闲余时间,搜集汇总了从古至今、佛道与世俗各方面的许多名篇雅论。举凡有益于刻励身心，灭除邪论，建言立说、弘扬佛法的，无论鸿篇巨制，抑或杂文小论，都加以汇集编纂。此外，有些前代文人名士的书记、著述，凡有益于认识佛、法、僧三宝的，也都全部收录。之后按类分编，共成十四卷。大道的真谛需要人的努力传播才能得到弘扬，教化的内容需要好的文辞才能得到阐明，我编纂这些文字的目的，就在于弘扬大道、阐明教化，所以命名为《弘明集》。同时将自己的一些浅薄的见解，随附于论文的后面，这大概是想用小溪去补充大河的宏阔，用尘埃去增加山岳的高峻。但因自己学习浅薄、孤陋寡闻，多有褊狭局限之处，实在深感惭愧，希望那些学识广博、善于综合的有识之士，能够在此基础上有更多的增添拓展吧。

牟子理惑论

【题解】

　　本篇相传为东汉末年苍梧太守牟子博撰（一说牟融），又称"牟融辨惑"，共一卷三十七章。本论旨在融和儒、释、道三教思想，采取问答形式，针对当代对佛、道、三十二相八十种好、沙门剃发、捐财、弃妻、人死神不灭、生死等所产生的疑问，一一加以答辩。其中多引孔、老之书以论述佛教与儒家、老庄思想并不相违背，对后世影响颇大。它是我国早期论证佛教教理的著作，也是对于研究佛教传入我国初期历史有参考价值的重要资料。

　　牟子既修经传诸子①，书无大小，靡不好之。虽不乐兵法，然犹读焉。虽读神仙不死之书，抑而不信，以为虚诞。是时灵帝崩后，天下扰乱，独交州差安②。北方异人咸来在焉③，多为神仙辟谷长生之术④。时人多有学者，牟子常以五经难之⑤，道家术士莫敢对焉，比之于孟轲距杨朱、墨翟。

【注释】

　　①经传：旧称儒家的重要代表著作为"经"，称解释经文的书为"传"。这里代指儒家经典。

②交州：原为"交趾"，东汉建安八年（103）改交趾为交州。治所在广信（今广西梧州），不久即迁至番禺（今广东广州）。辖境相当今广东、广西的大部和越南承天以北诸省。

③北方异人：指中原地区从事神仙方术的人，有时也指道教徒。《弘明集》卷一《正诬论》亦有"有异人者诬佛"之语。

④辟谷：又称"断谷"、"绝谷"，即不食五谷的意思。初为中国古代的一种修养方法，辟谷时仍食药物，并兼做导引功夫。后为道教承袭，当作"修仙"的一种方法。据道教说，人体中有叫作"三尸"的邪怪，靠五谷生存，危害人体。经过辟谷修炼，可以除掉三尸，以致长生不死。

⑤五经：指五部儒家经典，即《诗》、《书》、《礼》、《易》、《春秋》。"五经"之称，始于汉武帝时。

【译文】

牟子早年已经广泛地阅读儒家的经传和其他各个学派的著作，无论是长卷还是短篇，没有他不愿意看的。尽管对兵法不感兴趣，但是仍然阅读兵书。虽然也看一些谈论神仙不死的书，但并不相信，认为那是虚幻荒诞之说。当时正值汉灵帝死后，天下纷乱，只有交州一带还算安定。中原地区从事神仙方术的人都纷纷来到这里，他们大多擅长辟谷长生的法术。一时有许多人向他们学习法术，牟子却常常依据儒家的五经诘难他们，那些道家术士们却没有人敢于应对，当时人把牟子对道家术士的批评比作孟轲批评杨朱和墨翟。

先是时，牟子将母避世交趾，年二十六归苍梧娶妻。太守闻其守学，谒请署吏。时年方盛，志精于学，又见世乱，无仕宦意，竟遂不就。是时，诸州郡相疑，隔塞不通。太守以其博学多识，使致敬荆州。牟子以为荣爵易让，使命难辞，遂严当行；会被州牧优文①，处士辟之②，复称疾不起。

【注释】

①优文:褒奖的文告。晋葛洪《抱朴子·钧世》:"且夫《尚书》者,政事之集也,然未若近代之优文、诏策、军书、奏议之清富赡丽也。"

②处士:本指有才德而隐居不仕的人,后亦泛指未做过官的士人。《孟子·滕文公下》:"圣王不作,诸侯放恣,处士横议,杨朱、墨翟之言盈天下。"

【译文】

在此之前,牟子携母来到交州躲避社会动乱,二十六岁才回到苍梧娶妻。苍梧太守听说他恪守儒学,就前往拜访,请他出任官职。牟子那时正当壮年,致力于钻研学问,又目睹社会纷乱,因而无意做官,最终没有应允。当时,各州郡之间互相怀疑猜忌,大多隔绝阻塞,不通交往。太守因牟子学识广博,决定派他出使荆州。牟子认为,荣誉和官爵容易推让,但使节之命却难以推辞,只好整理行装准备出发;恰好被交州的州牧张发文告褒奖,作为有才德的隐士征召为官,牟子因此称病不出。

牧弟为豫章太守,为中郎将笮融所杀。时牧遣骑都尉刘彦将兵赴之,恐外界相疑,兵不得进。牧乃请牟子曰:"弟为逆贼所害,骨肉之痛,愤发肝心。当遣刘都尉行,恐外界疑难,行人不通。君文武兼备,有专对才①,今欲相屈,之零陵、桂阳,假涂于通路,何如?"牟子曰:"被秣伏枥②,见遇日久,烈士忘身③,期必驰效。"遂严当发。会其母卒亡,遂不果行。

【注释】

①专对才:"专对"指担任使节时独自随机应答。《论语·子路》:"诵诗三百,授之以政,不达;使于四方,不能专对;虽多,亦奚以

为?""专对才"意谓学以致用,出使他国,应答有方。

②被秣伏枥:意谓受恩于人。

③烈士:此处指有抱负、志向高远的男子。

【译文】

　　州牧的弟弟是豫章太守,被中郎将笮融杀害。州牧决定派遣骑都尉刘彦领兵讨伐,又怕引起沿途州郡的怀疑,军队不敢贸然进发。州牧为此求助于牟子,说:"弟弟与我手足情深,而今被逆贼所杀害,实在是令我痛心疾首,愤懑难平。本打算派刘都尉领兵讨贼,又担心其他州郡猜疑刁难,使军队无法通过。先生您文武兼备,擅长随机应对,而今想委屈您,前往零陵、桂阳,向他们借道以便军队通行,怎么样?"牟子说:"我在这里受到知遇之恩已经很久了,一个志存高远的人应该舍生忘死,我一定前往为您效劳。"于是整装欲发。不巧这时他母亲去世了,结果未能成行。

　　久之退念,以辩达之故,辄见使命;方世扰攘,非显己之秋也,乃叹曰:"老子绝圣弃智,修身保真,万物不干其志,天下不易其乐,天子不得臣,诸侯不得友,故可贵也。"于是锐志于佛道,兼研《老子五千文》,含玄妙为酒浆①,玩五经为琴簧。世俗之徒多非之者,以为背五经而向异道。欲争则非道,欲默则不能,遂以笔墨之间,略引圣贤之言证解之,名曰《牟子理惑》云。

【注释】

①玄妙:借指《老子》五千文。《老子》第一章:"玄之又玄,众妙之门。"

【译文】

牟子后来私下考虑：只因他明辨通达的缘故而奉命出使；而当今之世，暴动纷乱，实在不是自己显露才华、施展抱负的时候，于是慨叹道："老子弃绝聪明才智，修身养性，返璞归真。天下万物都不干扰他的意志、不能改变他的快乐，天子无法以他为臣，诸侯也不能与他为友，这才是最可宝贵难得的呀！"于是，牟子立志修习佛道，同时研究《老子五千文》，欣赏佛道的玄妙如同品尝美酒，玩味五经就像抚琴弹簧。许多世俗之徒非难指责他，认为他背离了儒家正统而转向了异端。牟子想要和他们争辩又觉得背离了佛道，想保持沉默又欲罢不能，只好采取著书撰文的方式，大略引述圣贤言论，来证明和解说佛道，书名就叫作《牟子理惑》。

或问曰："佛从何出生？宁有先祖及国邑不？皆何施行，状何类乎？"

牟子曰："富哉问也！请以不敏，略说其要。盖闻佛化之为状也，积累道德数千亿载①，不可纪记。然临得佛时，生于天竺，假形于白净王夫人②。昼寝梦乘白象，身有六牙，欣然悦之，遂感而孕。以四月八日从母右胁而生。堕地行七步，举右手曰：'天上天下，靡有逾我者也。'时天地大动，宫中皆明。其日王家青衣复产一儿，厩中白马亦乳白驹。奴字车匿，马曰犍陟，王常使随太子。太子有三十二相、八十种好③，身长丈六，体皆金色，顶有肉髻，颊车如师子，舌自覆面，手把千辐轮④，顶光照万里。此略说其相。

【注释】

①道德：此处指僧道修行的功夫、法术。

②白净王：即净饭王。他是释迦牟尼佛的父亲，为公元前六至公元
前五世纪时，古印度北部迦毗罗卫国（今尼泊尔境内）国王。

③三十二相、八十种好：佛教用语。佛陀所具有的庄严德相，由长
劫修习善行而感得，其他修行人可具有某些庄严特征，但只有佛
陀才能具足三十二种胜相。"相"为明显的胜相，此外还有次要
的特征称为"好"，相与好是不同的。在佛陀庄严的色身中，显而
易见、一目了然的特征，称为"相"，共分三十二种，叫作"三十二
相"；细微难见，不易察觉，而能使人生起欣喜爱乐之心的，即是
"好"，共有八十种，叫做"八十种好"。由于这八十种好随三十二
相而有，所以又称为"八十随形好"。

④千辐轮：比喻佛陀的教法为法轮，佛陀宣讲佛法为转法轮，法轮
与转法轮都是用来表佛法的。法轮的轮相有八辐轮、十二辐轮、
千辐轮等，分别表示八正道、十二因缘等。佛陀的手足都有千辐
轮的法相。

【译文】

有人问："佛出生在哪里？难道没有自己的祖先和国家吗？佛长什
么样子？是如何行动的呢？"

牟子说："问题很多呀！请允许我这不聪敏的人为你略说佛的大
概。听说佛成为佛的样子是累积修行数千亿年的结果，其年代已经不
可计算了。然而快要成佛之时，降临天竺国，借助白净王夫人的身体出
生。白净王的夫人白天睡觉时梦见自己骑着一匹白色的长着六只牙的
大象，心情非常喜悦，于是交感而怀孕。在四月八日那天，佛从母亲的
右胁生出来。刚落地就走了七步，并且举起右手说：'天上天下，唯我独
尊。'当时天地剧烈震动，宫中一片明亮。在同一天，白净王家的婢女也
生下一个男孩，马厩中的白马也产下一匹乳白色的马驹。婢女生的男
孩名叫车匿，白马产的马驹唤作犍陟。白净王经常让车匿和犍陟跟随
太子。太子的相貌超凡越俗，有三十二种庄严胜相、八十种细微乐好。

身高一丈六,全身呈金色,顶上有肉,隆起如髻形之相,两颊隆满如狮子颊,舌头广长薄软,伸展则可覆至发际,手上有一千辐车轮的形相,头顶上射出万丈光芒。这些仅是对佛的相貌的大略说明。

"年十七,王为纳妃,邻国女也。太子坐则迁座,寝则异床,天道孔明,阴阳而通,遂怀一男,六年乃生。父王珍伟太子,为兴宫观,妓女宝玩并列于前。太子不贪世乐,意存道德。

【译文】

"太子十七岁时,父王为他娶了个邻国女子为妃子。但太子却不与妃子同座,也不和她同床共寝,到了天大亮时,阴阳相通,妃子随即孕育一个男孩,怀了六年才出生。白净王珍爱壮美的太子,为他兴建宫殿楼台,供给他彩女和宝玩。然而太子并不贪恋世间的快乐,立志于道德修行。

"年十九,二月八日夜半,呼车匿,勒犍陟跨之,鬼神扶举,飞而出宫。明日廓然,不知所在。王及吏民莫不歔欷,追之及田。王曰:'未有尔时,祷请神祇。今既有尔,如玉如珪,当续禄位,而去何为?'太子曰:'万物无常,有存当亡。今欲学道,度脱十方。'王知其弥坚,遂起而还。太子径去,思道六年,遂成佛焉。

【译文】

"十九岁时,在二月八日的半夜,太子叫来车匿,骑上犍陟,在鬼神的扶举下,飞出宫去。第二天宫中空阔寂静,已不知太子所在了。白净王和臣民们人人哽咽,追寻太子到郊野。白净王说:'没有你的时候,整天向天地神明祈求祷告。现在已经有了你,又生得这样的俊伟,心想你能继承王位,而今为什么要离去呢?'太子说:'万物都没有恒常,有存在就有消亡。而今我想要出家学道,是希望将来能够拯救天下的悲苦。'白净王知道他去意已决,只好起身回宫。太子径直离开,苦苦修行悟道六年,最后终于彻底觉悟而成为释迦牟尼佛。

　　"所以孟夏之月生者①,不寒不热,草木华英,释狐裘,衣绤,中吕之时也②。所以生天竺者,天地之中,处其中和也。所著经凡有十二部③,合八亿四千万卷。其大卷万言已下,小卷千言已上。佛教授天下,度脱人民,因以二月十五日泥洹而去④。

【注释】

①孟夏:夏季第一个月,即农历四月。

②中吕:古乐十二律的第六律。其于十二月为四月,因亦用以称农历四月。《礼记·月令》:"(孟夏之月)律中中吕。"《史记·律书》:"中吕者,言万物尽旅而西行也。其于十二子为巳。"

③经凡有十二部:是依佛经的体裁、内容、文法分为十二个种类,又称"十二分教",或"十二分经"。佛说的一切法,皆可统摄为一修多罗,类集为经、律、论三藏。由于一切经的经文体裁和所载的事项不同,故从三藏分出十二种名称,通称"三藏十二部经",总则称一切经,别则称十二部,但并非每一经都具有十二部之名。

④泥洹(huán):即涅槃。义译为"灭度",指脱离一切烦恼,进入自由无碍的境界。也可译为圆寂。

【译文】

"佛之所以在夏季的第一个月出生,是因为那个时节天气不冷不热,草木青翠茂盛,正是脱掉狐皮衣服,穿起葛布夏衫,万物都向往西方的时候。佛之所以出生在天竺国,是因为天竺居于天地的中心,处在中正和谐的位置。佛所著的经典共有十二部,合计八亿四千万卷。大卷在万字以下,小卷在千字以上。佛以教化天下百姓、解脱众生苦难为己任,最后达到最高的精神境界,于二月十五日涅槃。

"其经戒续存,履能行之,亦得无为,福流后世。持五戒者①,一月六斋,斋之日,专心壹意,悔过自新。沙门持二百五十戒②,日日斋,其戒非优婆塞所得闻也③。威仪进止,与古之典礼无异。终日竟夜,讲道诵经,不预世事。《老子》曰:'孔德之容,唯道是从。'其斯之谓也。"

【注释】

①五戒:佛教在家男女教徒终身应当遵守的五项戒条。即不杀生、不偷盗、不邪淫、不妄语、不饮酒。

②沙门:又称"桑门",佛教称谓。专指出家僧侣。二百五十戒:佛教中有一种戒律叫"具足戒",因戒品具足而得名。又可称作"大戒",为比丘(僧)的戒律。它不同于在家佛教徒所持的五戒,也不同于沙弥和沙弥尼(二十岁以下的出家男女)所受的十戒。具足戒的戒条数目说法不一,沙门戒二百五十条是其中一种说法。

③优婆塞:佛教称谓。指接受五戒的在家男居士。

【译文】

"佛所著的经典和制定的戒律流传下来,如果能遵照施行,也可以达到无为的境界,从而造福于后世。持五种戒条的信徒,一个月吃六天斋。在斋戒日里，专心一意，悔过自新。沙门则持二百五十种戒条，每天都要吃斋，沙门所持的戒律，是优婆塞们所没有听到过的。沙门作佛事时，仪式威严，与古代的典礼没有差别。从早到晚讲道诵经，不干预外界事物。《老子》说：'有大德的行为，完全服从于道。'此话说的就是这种情况。"

问曰："何以正言佛，佛为何谓乎？"

牟子曰："佛者，谥号也。犹名三皇神、五帝圣也①。佛乃道德之元祖，神明之宗绪。佛之言觉也。恍惚变化，分身散体，或存或亡，能小能大，能圆能方，能老能少，能隐能彰，蹈火不烧，履刃不伤，在污不染，在祸无殃，欲行则飞，坐则扬光，故号为佛也。"

【注释】

①三皇：中国传说中的远古帝王。说法不一，《史记·补三皇本纪》中指为天皇、地皇、人皇；《风俗通义·皇霸》中指为伏羲、女娲、神农。五帝：中国传说中的上古帝王。有几种说法，一般是指黄帝、颛顼、帝喾、唐尧、虞舜。见《史记·五帝本纪》。

【译文】

问："怎样正确地谈论佛？佛是指什么？"

牟子说："佛是佛祖涅槃之后的称号，就像称呼三皇五帝一样。佛是道德的始创者、神明的祖先。佛的含义就是觉悟者。佛可以在转眼之间变化，身体能分散也能聚合，或存在或消失，能变大变小，变圆变方，变老变少，能隐形也能彰显，踏火不会被灼烧，在刀刃上行走不会受伤，陷于污秽之中不会受污染，遭遇到灾祸却能安然无恙，要出行就飞在空中，坐着的时候通体放光，所以被称作佛。"

问曰："何谓之为道，道何类也？"

牟子曰："道之言'导'也，导人致于无为。牵之无前，引之无后，举之无上，抑之无下，视之无形，听之无声。四表为大①，其外，毫厘为细，间关其内，故谓之道。"

【注释】

①四表：指四方极远之地，亦泛指天下。《尚书·尧典》："光被四表，格于上下。"

【译文】

问："什么叫作道？道像什么东西？"

牟子说："道的含义就是'导'，就是引导人们达到无为的境界。道这种东西，牵着它向前却没有前面，引着它向后却没有后面，向上举却没有上面，向下压却没有下面，想看却又没有形状，想听却又没有声音，可以说道本身是无边无际、无声无形的。四方极远之地可以说是很阔大了，道却仍然延伸到它们的外面，毫厘可以说是很细小了，但道仍然存在于它们内部的空隙里，正因为这样才称之为道。"

问曰："孔子以五经为道教①，可拱而诵，履而行。今子说道，虚无恍惚，不见其意，不指其事，何与圣人言异乎？"

牟子曰："不可以所习为重，所希为轻，惑于外类，失于中情。立事不失道德，犹调弦不失宫商②。天道法四时，人道法五常③。《老子》曰：'有物混成，先天地生。可以为天下母，吾不知其名，强字之曰道。'道之为物，居家可以事亲，宰国可以治民，独立可以治身。履而行之，充乎天地，废而不用，消而不离。子不解之，何异之有乎？"

【注释】

①道教：此处是指道德教化。

②宫商："宫"和"商"都是"五音"中的音阶。此处用宫商泛指音律。

③五常：有几种指谓，此处指"五伦"，即君臣、父子、夫妇、兄弟、朋友。《孟子·滕文公上》中说：父子有亲，君臣有义，夫妇有别，长幼有序，朋友有信。

【译文】

问："孔子把儒家五经作为天地大道教化的典范，你没事的时候可以用心诵读领悟，有事的时候你就可以照着它去做，而你所说的道，虚无缥缈，恍惚不定，既没有确定的含义，也没有实际可指的事物，怎么与圣人所说的道完全不同呢？"

牟子说："不应当只看重自己熟悉的东西，而轻视自己接触得少的事物，这样就会被外在的事物所迷惑而失掉了自己的本性。立身处事不能离开达道正德，就好比调整琴弦不能乱了音律。天地运行必须遵循四季的交替，人类社会的秩序就必须遵守人伦五常。《老子》说："有个浑然一体的东西，在没有天地之前就存在了。它可以算作天下万物的根本，我不知道它的名字，勉强给它取个名字，称它为道。"道这个东西，居家生活可以根据它来侍奉双亲，统治国家可以遵循它来管理臣民，孤身独处时可以依照它修养身心。你若遵循着道来办事，道就充塞于天地之间，体现在每处地方每一时刻。若废弃而不用它，道看上去好像消失了，但实际上仍然没有离开你。只是你不明白道的这种神奇罢了，佛说的与圣人所说的哪有什么不同呢？"

问曰："夫至实不华，至辞不饰。言约而至者丽，事寡而达者明。故珠玉少而贵，瓦砾多而贱。圣人制七经之本①，不过三万言，众事备焉。今佛经卷以万计，言以亿数，非一人力所能堪也，仆以为烦而不要矣。"

　　牟子曰:"江海所以异于行潦者②,以其深广也;五岳所以别于丘陵者,以其高大也。若高不绝山阜,跛羊凌其巅。深不绝涓流,孺子浴其渊。麒麟不处苑囿之中,吞舟之鱼不游数仞之溪。剖三寸之蚌,求明月之珠,探枳棘之巢,求凤凰之雏,必难获也。何者? 小不能容大也。佛经前说亿载之事,却道万世之要,太素未起,太始未生,乾坤肇兴,其微不可握,其纤不可入。佛悉弥纶其广大之外,剖析其寂窈妙之内,靡不纪之,故其经卷以万计,言以亿数,多多益具,众众益富,何不要之有? 虽非一人所堪,譬若临河饮水,饱而自足,焉知其余哉?"

【注释】

①七经:指七部儒家经典。名目不一,汉代将《论语》、《孝经》连同五经一起合称七经。

②行潦:一说是沟中的流水。《孟子·公孙丑上》:"麒麟之于走兽,凤凰之于飞鸟,太山之于丘垤,河海之于行潦,类也。"一说是道路上的积水。

【译文】

　　问:"真正实在的东西没有虚华,最好的言词不需要修饰。用语简练而表达充分就是最好的文章,经历事情很少却情理通达的人才是真正的明白人。所以珠玉世间少而显得珍贵,瓦砾却因其多而变得低贱。圣人阐述七经的旨要,不过用了三万字,但是各方面都讲得很完备。而佛经的卷数却要以万来计算,字数以亿来计算,一个人就算穷其一生的精力也无法读完,我认为这是繁琐而不得要领啊!"

　　牟子说:"江海中的水之所以有别于沟渠中的流水,在于它们的深渊阔广,五岳名山之所以与丘陵不同,是因为它们崇高峻伟。如果高不过一个小山丘，那么跛脚的羊也能登上它的顶端。如果只有涓涓细流那样的深度，那么孩童也能在它的深处沐浴嬉戏。麒麟不会生活在园林庭院中，能吞掉船只的大鱼不会悠游在小溪之中。剖开三寸大小的蚌寻找明珠，在矮树上的巢穴里掏取凤凰的幼仔，一定是难以获得的。为什么呢？因为小的处所不能容纳大的东西。佛经要追溯数亿年上下的事情，要阐述万世万代的旨要，宇宙原初，混沌无物，天和地刚刚开始萌生，它的微妙还不可把握，它的征兆还不可认识，但佛的广大却能涵括天地之外，并能剖析其中的幽微深妙，大小精粗没有不记载的，所以佛经才数以万卷、数以亿言，越多就记述得越详细，越多包含的内容就越丰富，哪里是不得要领呢？虽然以一人之力不能读完所有的佛经，就像一个人到河边喝水，喝够了自然就会满足一样，如果修习一些佛经就已经得到了满足，为什么一定要知道其余的部分呢？"

问曰："佛经众多，欲得其要，而弃其余。直说其实，而除其华。"

牟子曰："否！夫日月俱明，各有所照。二十八宿，各有所主。百药并生，各有所愈。狐裘备寒，绤御暑。舟舆异路，俱致行旅。孔子不以五经之备，复作《春秋》、《孝经》者，欲博道术、恣人意耳。佛经虽多，其归为一也。犹七典虽异，其贵道德仁义亦一也。孝所以说多者，随人行而与之。若子张、子游俱问一孝，而仲尼答之各异①，攻其短也，何弃之有哉？"

【注释】

①若"子张"二句：《论语·为政》："子游问孝，子曰：'今之孝者，是谓能养。至于犬马，皆能有养；不敬，何以别乎？'"但《论语》中没

有子张问孝,疑为"子夏问孝,子曰:'色难。有事,弟子服其劳。有酒食,先生馔。曾是以为孝乎?'"。

【译文】

问:"佛经非常多,我只想了解它的主要内容,不想知道它的其余的枝节,请直接讲述它的实质,去掉那些华而不实之辞。"

牟子说:"你错了!日月都是明亮的,但是它们的光照的时刻不同,一个在白天,一个在夜间。星宿有二十八个,然而它们方位各有所属,职责各不相同。自然界生长着千百种药草,可是它们对治的病症各不一样。狐皮大衣可以防寒,葛布夏衫却能够防暑。船和车行走在不同的道路上,然而都是用于旅行。孔子不认为五经已经完备,又修订了《春秋》,制作了《孝经》,就是要丰富道术,满足人们的不同愿望啊!佛经数量虽然很多,但宗旨只有一个,犹如儒家的七部经典虽然不同,但都崇尚道德仁义的宗旨是一样。对于孝之所以有多种说法,一定是针对不同人的不同状态来回答的。例如,子张和子游都问什么是孝,而孔子却作出了不同的回答,只是对治他们各自的缺点罢了,哪有什么内容可以舍弃呢?"

问曰:"佛道至尊至大,尧舜周孔曷不修之乎?七经之中,不见其辞。子既耽《诗》、《书》,悦《礼》、《乐》,奚为复好佛道、喜异术,岂能逾经传、美圣业哉!窃为吾子不取也。"

牟子曰:"书不必孔丘之言,药不必扁鹊之方,合义者从,愈病者良,君子博取众善以辅其身。子贡云①:'夫子何常师之有乎?'尧事尹寿②,舜事务成③,旦学吕望④,丘学老聃,亦俱不见于七经也。四师虽圣,比之于佛,犹白鹿之与麒麟,燕鸟之与凤凰也。尧舜周孔且犹与之,况佛身相好变化,神力无方,焉能舍而不学乎?五经事义,或有所阙,佛不见记,何足怪疑哉?”

【注释】

①子贡:春秋时卫国人,名赐。孔子的学生。

②尧事尹寿:鲁哀公问子夏:五帝也都有老师吗? 子夏说:黄帝学于大真,颛顼学于绿图,帝喾学于赤松子,尧学于尹寿,舜学于务成跗,禹学于西王国,汤学于威子伯,文王学于铰时子斯,武王学于郭叔,周公学于太公,仲尼学于老聃。见刘向《新序》卷五。

③务成:复姓。相传舜学于务成跗,一说为务成昭。

④吕望:周代齐国的始祖。姜姓,吕氏,名望。一说字子牙,故俗称“姜子牙”,辅佐周武王灭商有功,封于齐。有“太公”之称。

【译文】

问:“佛道既然最尊贵最博大,尧、舜、周公和孔子为何不修习呢? 在儒家七部经典中也见不到有关佛道的论述。你既然沉湎于《诗》、《书》,喜爱《礼》、《乐》,为什么又喜好佛道异术呢? 难道能够离开儒家经传去弘扬圣道事业吗? 我认为你这种做法是不可取的。”

牟子说:“读书不必死守孔子的话语,吃药也不一定非按扁鹊的药方,合乎义的就接受,能治好病的就是良方。君子广泛吸取各家各派的长处完善自己。子贡说:“孔夫子哪里有固定的老师呢?”尧向尹寿学习,舜向务成学习,周公旦学于吕望,孔丘学于老聃,这些也都不见于七经之中。这四位老师虽然圣哲,但是与佛相比较起来,就好比是白鹿和麒麟,燕鸟和凤凰了。尧、舜、周公和孔子对这四人都要拜以为师,何况佛祖相貌奇伟、千变万化、神力无边,尧舜等人怎么会舍弃学习的机会而不拜佛祖为师呢? 五经的事理记载或许有遗漏,从中看不到有关佛的记述,有什么可值得疑惑和奇怪的呢?”

问曰:“云佛有三十二相、八十种好,何其异于人之甚也？殆富耳之语，非实之云也！"

牟子曰："谚云，少所见，多所怪，睹驼言马肿背。尧眉八彩①，舜目重瞳子，皋陶马喙②，文王四乳，禹耳三漏，周公背偻③，伏羲龙鼻④，仲尼反颡⑤，老子日角月玄、鼻有双柱、手把十文、足蹈二五，此非异于人乎？佛之相好，奚足疑哉！"

【注释】

①"尧眉八彩"等句：此处说的尧眉八彩、舜目重瞳子、皋陶马喙（一作鸟喙）、文王四乳、禹耳三漏、周公背偻、伏羲龙鼻、仲尼反颡、老子日角月玄，都是指这些圣贤有不同于平常人的异相。其中多为神话传说，并且有些异相是有所象征的。例如尧眉八彩，据说象征着尧通晓历法，善于观测日月等天体。又如禹耳三漏，据《淮南子》说这表示"大通"，象征着禹能够兴利除害，疏导江河。

②皋陶：传说中的东方夷族首领，偃姓。曾被舜任命掌管刑法，后来被禹选为继承人，因早死，未继位。

③周公背偻：《荀子·非相》中说，周公的身形像断苗一样。植物枯死叫作"苗"，身如断苗，形容背驼得厉害。

④伏羲：一作"宓羲"，又称"皇羲"。中国神话中的人类始祖。传说他和女娲兄妹相婚，产生人类。并教人民渔猎、畜牧，制作八卦。相传他生着龙身、牛首、龙唇、龟齿。一说伏羲即太暤，风姓。古代传说中的部落酋长。

⑤仲尼反颡（yǔ）：反颡，又作"反宇"。反宇是指与屋宇相反。屋宇（屋顶）是中间高，四周低，反宇则是中间低，四周高。仲尼反颡说的是孔子的头顶是中间低，四周高。见《史记·孔子世家》。

【译文】

问："据你所说，佛的相貌超凡越俗，有三十二种庄严胜相、八十种微细乐好,为什么他和平常人相差这么远呢? 恐怕是说得动听,并非真实吧!"

牟子说:"俗话说得好,见识少的人容易对不常见的事情感到奇怪,就像看见骆驼就说是马背肿了一样。尧的眉毛有八种色彩,舜的眼睛有双重瞳孔,皋陶的嘴长得像马嘴,周文王有四个乳房,禹的耳朵有三个耳穴,周公驼背弓腰,伏羲长着龙一样的鼻子,仲尼的头顶是四周高、中间低,老子的额角高高突起,生有双鼻梁,手心和脚心都长着十种纹路,这不也都和平常人不同吗? 对佛的相貌又有什么好怀疑的呢?"

问曰:"《孝经》言:'身体发肤,受之父母,不敢毁伤。'曾子临没,'启予手,启予足'。今沙门剃头,何其违圣人之语,不合孝子之道也。吾子常好论是非、平曲直,而反善之乎?"

牟子曰:"夫讪圣贤不仁,平不中不智也。不仁不智,何以树德? 德将不树,顽嚣之俦也。论何容易乎! 昔齐人乘船渡江,其父堕水,其子攘臂捽头颠倒,使水从口出,而父命得稣。夫捽头颠倒,不孝莫大,然以全父之身。若拱手修孝子之常,父命绝于水矣。孔子曰:'可与适道,未可与权。'所谓时宜施者也。且《孝经》曰:'先王有至德要道。'而泰伯短发文身①,自从吴越之俗,违于身体发肤之义,然孔子称之'其可谓至德矣',仲尼不以其短发毁之也。由是而观,苟有大德,不拘于小。沙门捐家财、弃妻子、不听音、不视色,可谓让之至也,何违圣语不合孝乎? 豫让吞炭漆身②,聂政皮面自刑③,伯姬蹈火④,高行截容⑤,君子为勇而有义,不闻讥其自毁没也。沙门剃除须发,而比之于四人,不已远乎?"

【注释】

①泰伯：一作"太伯"，春秋吴国的始祖。周太王的长子。太王欲立
　　幼子季历，于是泰伯与弟弟仲雍同避江南，改从当地风俗，断发
　　文身，成为当地君长。

②豫让：春秋战国间晋国人。晋卿智瑶的家臣。赵、韩、魏共灭智
　　氏后，他改名换姓，用漆涂身，吞炭成哑，暗伏桥下，谋刺赵襄子，
　　没有成功。被捕后，求得赵襄子衣服，用剑击衣后自杀。

③聂政：战国时韩国轵（今河南济源东南）人。严仲子与韩相侠累
　　争权结怨，求聂政刺杀侠累。政因母在，未许。母死后，乃独行
　　仗剑刺杀侠累，然后毁坏自己的容貌而自杀。

④伯姬：《列女传》中说，伯姬是鲁宣公的女儿，鲁成公的妹妹。嫁
　　给宋恭公。她住的地方夜晚失火，身边的人劝她离开。她说，按
　　照规矩，保傅（辅导王侯子弟的官员）和保母（在宫廷中抚养王侯
　　子女的女妾）没有来到时，"妇人"在夜晚不能离开房间。后来保
　　傅和保母终于没来，伯姬也宁死不肯破坏"妇人"的行为规范，烧
　　死在屋子里。

⑤高行：战国时魏国人，寡居，貌美。达官贵人争着要娶她，她一概
　　不答应。后来魏王要聘她，于是自割其鼻毁掉容颜。魏王因此
　　"大其义，高其行"，尊称她为"高行"，故有此名号。见《列女传》
　　十四。

【译文】

　　问："《孝经》上说：'身体、毛发和皮肤，都是父母赐予的，不能随意
毁坏或损伤。'曾子临终时召集门人弟子在前，叮嘱他们：'看看我的手，
看看我的脚。'现在的沙门却剃掉头发，这是多么不合圣人的训示和孝
子的行为规范啊！你一向喜欢辩论是非、评判曲直，为什么而今却反过
来赞赏他们呢？"

　　牟子说："嘲讽圣贤是不仁，评论的不准确是不智，不仁不智，靠什

么树立品德呢？一个人若不能树立品德，就是顽固愚蠢之徒。评论是非曲直谈何容易呀！以前齐国有两父子坐船过江，父亲不慎掉进江里，儿子抓住父亲的手臂，揪住父亲的头发，把他的身体倒转过来，使水从口里流出，从而父亲的生命得以复苏。如此又揪头发又颠倒身体，没有比这更不孝的了，然而这样做目的在于保全父亲的性命。如果儿子按照孝子的规矩去做，只能拱手旁观，结果是这个父亲一定被淹死了。孔子说：'可以一起追求大道的人，未必可以一起通权达变。'这话的意思就是应当根据实际情况灵活地运用道。《孝经》又说：'先王传下了最根本的孝道。'而泰伯却留短发、文了身，依从吴越当地的习俗，应该违背了圣人关于'身体发肤'的训诫，可是孔子仍然称赞泰伯说：'那可以说是崇高品德的极致了。'仲尼不因他留短发而批评他，由此看来，如果一个人有高尚的道德，就不应当拘泥于他的小节。沙门抛弃家财、妻子，杜绝声色享乐，可以说是谦让到极点了，哪里违背圣贤的教导而不合乎孝道呢？豫让吞炭成为哑巴，又用黑漆涂遍全身；聂政剥掉自己脸上的皮；伯姬宁死也不离开起火的房间；高行割掉鼻子自毁容颜。有德的人都认为他们勇敢而有侠义精神，没听说有谁讥讽他们的自残举动。与这四人相比，沙门剃除胡须头发不是差得远了吗？"

问曰："夫福莫逾于继嗣，不孝莫过于无后。沙门弃妻子，捐财货，或终身不娶，何其违福孝之行也？自苦而无奇，自拯而无异矣。"

牟子曰："夫长左者必短右，大前者必狭后。孟公绰为赵魏老则优[①]，不可以为滕、薛大夫。妻子财物，世之余也。清躬无为，道之妙也。《老子》曰：'名与身孰亲？身与货孰多？'又曰：观三代之遗风，览乎儒墨之道术，诵《诗》、《书》，修礼节，崇仁义，视清洁，乡人传业，名誉洋溢，此中士所施行,恬淡者所不恤。故前有随珠②,后有虓虎③,见之走而不敢取,何也? 先其命而后其利也。许由栖巢木④,夷、齐饿首阳⑤,孔圣称其贤曰:'求仁得仁者也。'不闻讥其无后无货也。沙门修道德以易游世之乐,反淑贤以贸妻子之欢,是不为奇,孰与为奇? 是不为异,孰与为异哉?"

【注释】

①孟公绰:春秋时鲁国大夫。受到孔子的尊敬(《史记·仲尼弟子列传》)。

②随珠:又作"隋珠",随侯之珠。传说中的宝器,与"和氏之璧"并称为"隋和"。随侯是周时一姬姓诸侯,相传他救过一条大蛇,大蛇衔珠报答他。故有随珠之称。

③虓(xiāo)虎:咆哮的猛虎。虓,虎吼。

④许由:一作许繇,上古高士。相传尧要让位给他,他不愿意接受,隐居于箕山下耕作。后来尧又任他为九州长,他到颍水之滨洗耳,表示不愿意听。

⑤夷、齐:即伯夷和叔齐,商末孤竹君的两个儿子,伯夷为长,叔齐为次。孤竹君立次子叔齐为继承人,孤竹君死后,叔齐让位给伯夷,伯夷不受,叔齐也不愿登位,两人先后逃奔周国。周武王讨伐商王朝时,他们叩马阻拦。武王灭商后,他们耻食周粟,逃进首阳山采薇为食,后来饿死在山中。

【译文】

问:"最有福气要算是有继嗣了,最不孝要数没有后代了。沙门抛弃家庭和钱财,或者终身不娶,完全违背了求福尽孝的人情啊! 这样自己糟践自己以求得拯救,不见得有什么特别奇异的呀!"

牟子说:"擅长用左手的人一定不擅长用右手,前肢发达的动物后肢一定不发达。孟公绰如果做晋国赵氏或魏氏的家臣是绰绰有余,却不能胜任滕、薛的大夫。妻子和财物是世间的多余之物,清静无为的境界才是道的奥妙所在。《老子》说:"虚名和身体哪一个更可亲? 身体和财物哪一个更重要?"又说:考察夏、商、周三个朝代流传下来的好风气,阅览儒家和墨家的学说,诵读《诗》、《书》,研习礼节,崇尚仁义,珍视清洁,使乡人邻里传颂其业绩,名誉传扬四方,这只是道德修养中等水平的人所追求和施行的,而为恬淡寡欲、修养上等之人所不顾及的。所以当面前有随侯之珠,身后有咆哮的猛虎时,人们总是逃走而不敢拾取珠宝,这是为什么? 不过是顾惜性命比利益更重要罢了! 许由在树上筑巢栖身,伯夷和叔齐饿死在首阳山,孔圣人称赞他们的贤德时说:"那是追求仁而得到了仁啊!"未听说有谁讥笑他们没有后代、没有钱财。沙门放弃人世间的游乐来修行道德,舍弃与妻子儿女一起的天伦之乐而过着清静素朴的生活,这还不算了不起,还有什么更了不起! 这还不算不寻常,还有什么更不寻常!"

问曰:"黄帝垂衣裳,制服饰。箕子陈《洪范》①,貌为五事首②。孔子作《孝经》,服为三德始③。又曰:'正其衣冠,尊其瞻视。'原宪虽贫④,不离华冠。子路遇难⑤,不忘结缨。今沙门剃头发,被赤布,见人无跪起之礼,威仪无盘旋之容止,何其违貌服之制,乖搢绅之饰也!"

牟子曰:"《老子》云:'上德不德,是以有德;下德不失德,是以无德。'三皇之时食肉衣皮,巢居穴处以崇质朴,岂复须章黼之冠、曲裘之饰哉! 然其人称有德而敦庞、允信而无为⑥。沙门之行,有似之矣。"

【注释】

①箕子：商纣王的诸父，官居太师，封于箕（今山西太谷东北）。纣王暴虐，箕子劝谏，被纣王囚禁。周武王灭商后被释放。洪范：《尚书》中的篇名。旧传为箕子向周武王陈述的"天地之大法"，近人疑为战国时的作品。

②五事：古代帝王修身的五件事。指貌、言、视、听、思。对这五件事的要求是：貌恭，言从，视明，听聪，思睿。

③三德：指三种品德，随文而异，说法不一。在《孝经》中是指服、言、行。孔子在讲到卿大夫之孝时说："不合乎先王规定的衣服，不穿；不合乎先王规章的话，不说；不合乎先王品行规范的事，不做。具备了这样三种品德，然后才能守家庙。"

④原宪：春秋时鲁国人，一说是宋国人。字子思，也称原思、仲宪。孔子的学生，家境贫穷。有一次子贡去看望他，他戴着桦木皮所做的冠帽出来迎接。《庄子·让王》："原宪华冠纚履，杖藜而应门。"华冠：用桦木皮做的冠。郭象注："华冠，以华木皮为冠。"华，同'桦'。

⑤子路：春秋时鲁国人，仲氏，名由。字子路，又字季路。孔子的学生。死于卫国的一次动乱中。死前被击断了帽子上的带子，他说：君子死而冠不免，于是系好了帽带而死。见《史记·仲尼弟子列传》。

⑥有德而敦庬、允信而无为："敦"在元藏和明藏本中为"埶"，在大正藏本中作"敦"；而"庬允"在宋、元、明藏本中作"疣之"，在大正藏本中作"庬允"。仔细斟酌，当为"有德而敦庬，允信而无为"，"敦庬"或"敦庬"，意为：丰厚富足。《国语·周语上》："敦庬纯固于是乎成。"《左传·成公十六年》："民生敦庬。"

【译文】

问："黄帝定衣服之制，示天下以礼。箕子讲《洪范》，把容貌摆在

'五事'的首位。孔子作《孝经》，认为穿衣服合乎礼仪是'三德'中首要的品德。并且说："君子应该使自己的衣冠端正，使自己的目光庄重"。原宪虽然贫穷，却总是戴着桦树皮做的帽子。子路在危难中，仍然不忘打好帽子的带结。而今沙门剃掉头发，身披红色的袈裟，会见人时不行坐起跪拜之礼，仪容举止没有盘旋进退，这是多么的违背容貌和穿着的礼制，多么不合乎士大夫的服饰呀！"

牟子说："《老子》中说：'上德不追求形式上的德，因此就是有德。下德死守着形式上的德，因此就是无德。'三皇时代，人们吃兽肉，裹兽皮，住在洞穴里，生活崇尚质朴，又哪里用得着那些华丽的衣冠服饰呢？可是人们却称赞那时候的人敦厚而有德性、守信用而无奢欲。沙门的行为举止就与此相似。"

或曰："如子之言，则黄帝尧舜周孔之俦，弃而不足法也。"

牟子曰："夫见博则不迷，听聪则不惑。尧舜周孔，修世事也。佛与老子，无为志也。仲尼栖栖，七十余国。许由闻禅，洗耳于渊。君子之道，或出或处，或默或语，不溢其情，不淫其性。故其道为贵，在乎所用，何弃之有乎！"

【译文】

又有人问："照你这样讲，像黄帝、尧、舜、周公和孔子一类的圣人不是应当抛弃而不值得效法了吗？"

牟子说："见闻广博、耳聪目明的人不会迷惑，尧、舜、周公和孔子，志在治理国家和社会，而佛和老子则志在追求无为。由于志向和追求不同，仲尼恓恓惶惶地奔波于列国之间，而许由听见尧要让天下给他，却跑到河边去洗耳朵。对于有才德的君子来说，他们或者是积极参与世事或者是隐居不出，或者缄口不言或者倡言天下，总能做到言行有度，不放纵自己的性情。因此道的可贵就在于可以用在不同的方面，哪里需要抛弃尧舜周孔的圣人之道呢？又有哪些道可以舍弃呢？"

问曰："佛道言人死当复更生，仆不信此言之审也。"

牟子曰："人临死，其家上屋呼之，死已，复呼谁？或曰：呼其魂魄。牟子曰：神还则生，不还，神何之乎？曰：成鬼神。牟子曰：是也，魂神固不灭矣，但身自朽烂耳。身譬如五谷之根叶①，魂神如五谷之种实。根叶生必当死，种实岂有终亡，得道身灭耳。《老子》曰：'吾所以有大患，以吾有身也。若吾无身，吾有何患？'又曰：'功成名遂身退，天之道也。'

【注释】

①五谷：五种谷物，说法不一，通常指稻、黍、稷、麦、菽。也泛指谷物。

【译文】

问："按照佛家的说法，人死后还能复生。我不相信真有这样的事。"

牟子说："一个人刚刚死去的时候，他家里的人就会到屋顶上呼叫他的名字。人已经死了还呼唤谁呢？人们会说：这是在叫他的魂魄。牟子说：神魂如果回来，人就会复生，如果神魂不回来，它又去了哪里呢？人们会说：那是变成了鬼神。牟子说：这就是了。神魂是不会死的，只是身体会朽烂。身体好比五谷的根叶，神魂好比五谷的种子，根叶长到一定时候必然会死去，种子却不会灭绝。根叶死，种子存，人得了道也是这样，身体虽然死去，但是精神仍然存在。《老子》说：'我所以有大忧患,是因为我有身体。如果我没有身体,我还有什么可忧虑的呢?'又说:'功成名就以后就适可而止,退身出来,这就是自然的天道啊。'"

或曰:"为道亦死,不为道亦死,有何异乎?"

牟子曰:"所谓无一日之善而问终身之誉者也。有道虽死,神归福堂。为恶既死,神当其殃。愚夫暗于成事,贤智预于未萌。道与不道,如金比草;善之与恶,如白方黑,焉得不异而言何异乎!"

【译文】

有人或许会说:"追求道会死,不追求道也会死,又有什么区别呢?"

牟子说:"你这就正如没有做过一天好事却企求终身的名誉一样。获得并实现了道的人虽然也难免一死,但是死后他们的魂神将归于福堂;而为非作恶的人死了以后,他们的魂神必定遭受祸殃。愚昧者对已经发生的事也是一无所知,聪明人对尚未发生的事也能作出预见。掌握了道与没有掌握道相比,就好像一个是金子一个是草芥;善行与恶行相比,就好像一个是光明一个是黑暗。怎么能没有区别而去问有什么不同呢!"

问曰:"孔子云:'未能事人,焉能事鬼? 未知生,焉知死?'此圣人之所纪也。今佛家辄说生死之事、鬼神之务,此殆非圣哲之语也。夫履道者,当虚无澹泊,归志质朴,何为乃道生死以乱志,说鬼神之余事乎?"

牟子曰:"若子之言,所谓见外未识内者也。孔子疾子路不问本末,以此抑之耳。《孝经》曰:'为之宗庙,以鬼享

之；春秋祭祀，以时思之。'又曰：'生事爱敬，死事哀戚。'岂
不教人事鬼神、知生死哉？周公为武王请命曰①：'旦多才多
艺，能事鬼神。'夫何为也？佛经所说生死之趣，非此类乎？
《老子》曰：'既知其子，复守其母，没身不殆。'又曰：'用其光
复其明，无遗身殃。'此道生死之所趣，吉凶之所住。至道之
要，实贵寂寞。佛家岂好言乎？来问不得不对耳。钟鼓岂
有自鸣者？桴加而有声矣。"

【注释】

①武王：即周武王姬发。周文王的儿子。武王灭商，成为西周王朝
　的建立者。武王灭商二年后病重，周公欲代武王死，为此向周人
　先祖请命，说："旦巧能，多材多艺，能事鬼神。"见《史记·鲁周公
　世家》。

【译文】

问："孔子说：'人尚且不能侍奉好，怎么能够侍奉好鬼呢？生的道
理还没弄明白，怎么能够明白死是怎么回事呢？'这是圣人所说的话呀！
而佛家却喜欢大谈生死和鬼神，这几乎是在否定圣哲的话了。按理说，
修道的人应当虚无澹泊，归于质朴，为什么佛家却谈论生死以致于迷失
了志向，又大谈那些本不该谈论的鬼神之事呢？"

牟子说："像你说的这些话，正所谓只看到事情的表面而不了解其
实质。孔子这是忧虑子路遇到事情分不清本末主次，以这样的回答来
批评提醒子路罢了。《孝经》中说：'设立宗庙，是为了让逝去的人能够
得到享用；四季举行祭祀，是为了时刻缅怀去世的亲人。'又说：'侍奉在
世亲人要爱敬，侍奉死了的亲人要哀戚。'这难道不是教导人们侍奉
鬼神、了解生死吗？周武王病重，为此周公向周朝的先王祷告请命时
说：'我姬旦多才多艺，能侍奉鬼神。'这又是为什么呢？佛经上关于生

死的谈论,难道不属于这一类吗?《老子》说:'已经掌握了天下万物,又坚守着天下万物的根本,就一辈子没有危险了。'又说:'运用道所内蕴的光去洞察世事人生,就不会给自己带来灾祸。'这也是在谈论生和死的旨趣、吉和凶的所在。道的精髓,在于崇尚清寂无为。佛家难道是爱发议论吗?只不过是有人提出问题,不得不回答而已。钟和鼓哪有自己鸣响的呢?因为用槌敲击它才发出声音啊!"

问曰:"孔子曰:'夷狄之有君①,不如诸夏之亡也②。'孟子讥陈相更学许行之术③,曰:'吾闻用夏变夷,未闻用夷变夏者也。'吾子弱冠学尧舜周孔之道,而今舍之,更学夷狄之术,不已惑乎!"

牟子曰:"此吾未解大道时之余语耳。若子可谓见礼制之华,而暗道德之实。窥炬烛之明,未睹天庭之日也。孔子所言,矫世法矣。孟轲所云,疾专一耳。昔孔子欲居九夷④,曰:'君子居之,何陋之有?'及仲尼不容于鲁卫,孟轲不用于齐梁,岂复仕于夷狄乎?禹出西羌而圣哲⑤,瞽叟生舜而顽嚚⑥,由余产狄国而霸秦⑦,管蔡自河洛而流言⑧。传曰:北辰之星,在天之中,在人之北。以此观之,汉地未必为天中也。佛经所说,上下周极含血之类物,皆属佛焉。是以吾复尊而学之,何为当舍尧舜周孔之道?金玉不相伤,精魄不相妨⑨。谓人为惑时,自惑乎!"

【注释】

①夷狄:中国古代称东方民族为"夷",北方民族为"狄"。这里泛指四方民族。

②夏:古代汉族自称。也称华夏、诸夏。又指中国或中国人。

③陈相:战国时有楚人陈良,学周公、孔子之道,从学者中有陈相。
　　后陈相遇到许行,尽弃前学,改学许行之术(《孟子·滕文公
　　上》)。许行:战国时楚国人。曾与其弟子数十人去见滕文公,陈
　　说"神农之术"。主张君民并耕,自食其力。

④九夷:古时称东夷有九种。指东方的九个民族。

⑤西羌:羌,古族名。主要分布在今甘、青、川一带。西汉时对羌人
　　泛称为西羌。东汉时羌人的一支内徙,因住地偏西,也称西羌。

⑥瞽(gǔ)叟:舜的父亲。瞽,瞎眼。《史记·五帝本纪》中说:舜,
　　"盲者子"。一说是舜父有目不能分别好恶,所以当时的人谓之
　　瞽。嚚(yín):愚蠢而顽固。

⑦由余:其祖上为晋人,亡入戎。奉使命至秦见秦穆公,穆公以女
　　乐赠戎王,戎王为女乐所迷。由余数谏不听,于是逃亡入秦。秦
　　用由余的计谋伐戎,得以称霸西戎。见《史记·秦本纪》。

⑧管蔡:即管叔鲜和蔡叔度。周武王的弟弟。武王去世,其子成王
　　年幼,由周公旦摄政。管叔和蔡叔不服,造流言说周公将不利于
　　成王,与武庚一起叛乱。周公平定叛乱后,管叔被杀死(一说为
　　自杀),蔡叔被放逐。河洛:黄河与洛水。也指这两条河之间的
　　地区。武王灭商后,封管叔鲜于"管"(今河南郑州),封蔡叔度于
　　"蔡"(今河南上蔡西南)。两地都在河洛地区,故说"管蔡自河洛
　　而流言"。

⑨魄:一作"珀"。

【译文】

　　问:"孔子说:'夷族狄族即使有贤明君主,还是赶不上中原各国没
有贤明君主啊。'孟子讥笑陈相抛弃先前所学而改学许行的'神农'之术
时说:'我只听说过用中国的政教改变夷族的,没听说过用夷族的制度
来改变中国的。'牟子你从小就学习尧、舜、周公和孔子的治人治世之

道,现在却抛弃了它们,反倒去学习夷狄之族的那一套,不是已经迷失方向了吗?"

牟子说:"这很像是我没有懂得佛道以前所说的话呀,像你这样可以说是只看到礼制的外表,而不明白道德的实质,只看到火炬、蜡烛的微光,却没见过太阳的辉煌光芒。孔子说那些话,目的只是要矫正世间的法度啊。孟轲那样说,是忧虑人们只是片面地学习某一种学问。以前孔子想到九夷去居住,曾经说:'有君子住到那里去,还有什么鄙陋呢?'当仲尼不被鲁国和卫国所容留,孟轲不被齐国和梁国所重用的时候,难道他们会再到夷狄之地去做官吗? 大禹虽然出生于西方羌族,却最终成为圣哲;瞽叟虽然生了像舜这样的圣人,但他仍然是愚妄的。由余出生于狄国却能帮助秦国称霸西戎;管叔鲜和蔡叔度虽然是周朝王室中的贵族,却四处散布流言诽谤周公。经传中说,北极星在天的中央,在人类居住地的北边。由此看来,汉朝所辖的地域不一定居于天地的中心。根据佛经所说,上下左右、四面八方,凡是血肉动物,都统属于佛法之中,所以我才又开始敬佛并且学习佛经,为什么一定要舍弃尧舜周孔之道呢? 金和玉不会相互伤害,水精(晶)和琥珀也不会相互妨碍。你说别人迷惑的时候,恐怕是你自己迷惑了吧!"

问曰:"盖以父之财乞路人,不可谓惠。二亲尚存,杀己代人,不可谓仁。今佛经云:'太子须大拏①,以父之财,施与远人。国之宝象,以赐怨家。妻子自与他人。'不敬其亲而敬他人者,谓之悖礼。不爱其亲而爱他人,谓之悖德。须大拏不孝不仁,而佛家尊之,岂不异哉?"

牟子曰:"五经之义,立嫡以长。太王见昌之志②,转季为嫡,遂成周业,以致太平。娶妻之义,必告父母。舜不告而娶,以成大伦。贞士须聘请,贤臣待征召。伊尹负鼎干汤③,宁戚叩角要齐④,汤以致王,齐以之霸。礼,男女不亲授。嫂溺则援之以手,权其急也。苟见其大,不拘于小,大人岂拘常也。须大挐睹世之无常,财货非己宝,故恣意布施,以成大道。父国受其祚,怨家不得入;至于成佛,父母兄弟皆得度世。是不为孝,是不为仁,孰为仁孝哉?”

【注释】

①须大挐:即悉达多(梵文 Siddhsrtha),释迦牟尼出家前的本名。全名为“萨婆悉达多”。

②太王:即周太王,名古公亶父。古代周族的领袖。周文王姬昌的祖父。太王有长子太伯、次子虞仲、幼子季历。季历是姬昌的父亲。太王认为姬昌有志向,欲立季历以传姬昌,于是太伯和虞仲出走,以让季历。周武王继位后,追尊古公亶父为太王。见《史记·周本纪》。昌:即周文王姬昌。

③伊尹:商初大臣,名伊,尹是官名。一说名挚。出身奴隶,后被任以国政,成为成汤的辅臣。据说他曾背着锅和切肉用的砧板,向成汤陈说治世的道理,以求取重用。后来成汤选拔他执政。汤:成汤,又称天乙,商王朝的建立者。

④宁戚:春秋时卫国人。家贫,替人赶牛车。至齐国,在车边喂牛,适值齐桓公到郊外迎客,宁戚敲着牛角而悲歌:“南山矸(白净的石头),白石烂,生不遭尧与舜禅,短布单衣适至骭(小腿),从昏饭(喂)牛薄夜半,长夜漫漫何时旦?”桓公听到后,认为是个人才,于是予以重用。见《史记·邹阳列传》、《淮南子·道应》。

【译文】

问:“用父亲的钱财去施舍过路之人,不能算是真正的恩惠。双亲还健时,代替别人去死,也称不上是仁者。而佛经上说:‘太子须大挚,把他父亲的资财施舍给不相干的陌生人,把国家的宝象赐给自己的仇家,自己的妻子也送给了别人。'不孝敬自己的双亲而孝敬其他人,叫作悖礼;不爱自己的亲人而爱旁人,叫作悖德。须大挚太子不孝不仁,而佛家却尊崇他,这不是很叫人惊讶吗?"

牟子说:"根据五经要义,应当册立正妻所生的长子为王位继承人。但是,周王朝的先祖太王因看到姬昌有大志,就把本来是小儿子的季历(姬昌之父)转立为嫡长子,以使姬昌能接续王位。后来果然由姬昌完成了建立周王朝的大业,平定了天下。按照五经,娶妻必须报告父母。而舜却不告诉父母就娶了妻,但是他却成就了实现天下太平的最伟大的伦德。贞洁之士一定要等待明主的聘请,贤能之臣一定要等待君王的召唤。但伊尹却自己背着锅向成汤陈说治世的学问;宁戚却敲击牛角而唱歌,向齐桓公抒发胸中的见识。由于得到这二人的辅佐,成汤因此而称王,齐国因此而成就霸业。按照'礼'的要求,男女之间不能身体直接接触,但是当嫂子溺水时则要援手相救,这是因为事情紧急而做出的权宜之便呀!如果从大处着眼,就会不拘泥于小节,真正伟大的人怎会拘于常法呢?须大挚看到世间一切事物都不能永恒,而是在生灭无常中流转,财货因而并非是个人的宝物,所以随意布施,以实践至高无上的道。他这样做,使得他父王的国家得到福佑,那些仇家也不再侵犯;自己悟道成佛,父母兄弟也得到度脱。若说这还不是孝不是仁,那什么是孝,什么是仁呢?"

问曰:"佛道崇无为,乐施与,持戒兢兢,如临深渊者。今沙门耽好酒浆,或畜妻子,取贱卖贵,专行诈绐,此乃世之伪,而佛道谓之无为邪?"

牟子曰:"工输能与人斧斤绳墨[①],而不能使人巧;圣人能授人道,不能使人履而行之也。皋陶能罪盗人,不能使贪夫为夷齐；五刑能诛无状②，不能使恶人为曾、闵③。尧不能化丹朱④，周公不能训管蔡。岂唐教之不著、周道之不备哉？然无如恶人何也。譬之世人学通七经而迷于财色，可谓六艺之邪淫乎⑤！河伯虽神⑥，不能溺陆地人；飘风虽疾，不能使湛水扬尘。当患人不能行，岂可谓佛道有恶乎！"

【注释】

①工输：即公输班，春秋时鲁国人，古代著名的工匠。又称公输般，俗称鲁班。

②五刑：中国古代的五种刑罚。商周时期指墨刑、劓刑、剕刑、宫刑、大辟。隋以后指笞刑、杖刑、徒刑、流刑、死刑。

③曾：即曾参。闵：即闵子骞，春秋时鲁国人，名损。孔子的学生，在孔门中以德行高尚著称。

④丹朱：传说为尧的儿子，名朱，因居于丹水，故称丹朱。傲慢荒淫。尧因其不肖，而传位于舜。

⑤六艺：即六经，指《礼》、《乐》、《书》、《诗》、《易》、《春秋》。古代学校所教授的礼、乐、射、御、书、数也称六艺。

⑥河伯：古代神话中的黄河水神。又叫冯夷。

【译文】

问："佛道崇尚无为，乐于施舍，遵守戒律小心翼翼，如临深渊。而今的沙门却有的沉迷于美酒琼浆，有的娶妻养子；甚至贱买贵卖，专做那些欺蒙哄骗的事情，这恰是世间的罪恶勾当，难道佛道把这叫做无为吗？"

牟子说："工输班能送给别人斧头和绳墨，但不能自然地使他成为能工巧匠；圣人能够向人们传授生活的大道，但不能保证人们一定遵循道来行动。严明的皋陶能给盗贼治罪，但不能使所有的贪婪者成为像伯夷和叔齐那样谦让的人；残酷的五刑能够诛灭那些无法饶恕的罪犯，却不能使恶人变成曾子和闵子那样的贤者。贤能的尧始终不能感化丹朱，英明的周公也不能训导管叔鲜和蔡叔度，这难道是说唐尧的教导不够显明、周代的典章制度不够完善吗？然而用在恶人身上是不会有效果的。这就好比世上的人学通了儒家七经却仍然沉迷于财色，但能不能因此说六艺之道本身就是淫邪的呢？河伯虽然神通广大，但是他不能淹死在陆地上的人；狂风虽然迅疾，但是它不能使清亮的水面扬起灰尘。应当忧虑的是人们不去遵循实践佛道，怎么能说是佛道本身包含邪恶呢？”

问曰："孔子称：'奢则不逊，俭则固。与其不逊也，宁固。'叔孙曰①：'俭者德之恭，侈者恶之大也。'今佛家以空财布施为名，尽货与人为贵，岂有福哉？"

牟子曰："彼一时也，此一时也。仲尼之言，疾奢而无礼。叔孙之论，刺严公之刻楹②，非禁布施也。舜耕历山③，恩不及州里；太公屠牛，惠不逮妻子。及其见用，恩流八荒，惠施四海。饶财多货，贵其能与；贫困屡空，贵其履道。许由不贪四海，伯夷不甘其国，虞卿捐万户之封④，救穷人之急，各其志也。僖负羁以一餐之惠⑤，全其所居之间；宣孟以一饭之故⑥，活其不赀之躯。阴施出于不意，阳报皎如白日。况倾家财，发善意，其功德巍巍如嵩泰，悠悠如江海矣。怀善者应之以祚，挟恶者报之以殃。未有种稻而得麦，施祸而获福者也。"

【注释】

①叔孙：鲁桓公之孙，叔牙之子，名兹。

②严公：即鲁庄公。这里称严公，是为了避汉明帝刘庄的讳。春秋鲁庄公二十四年（前670）三月，庄公刻桓宫桷，也就是雕刻宫殿屋檐的方形椽子。叔孙为此进谏，认为这样做过于奢侈。"严公刻楹"指的就是这件事。

③历山：山名。相传舜曾在历山耕作。处所甚多，山东、山西、河南、河北等地都有历山，并且都流传说是舜的耕作之地。

④虞卿：战国时人，善于游说。因进说赵孝成王，被任为上卿，后又得封一城。当时魏相魏齐与秦应侯有仇，秦国急欲得到魏齐。魏齐求助于虞卿，虞卿为解救魏齐，放弃了官位和封地，与魏齐悄悄出走。见《史记·虞卿列传》。

⑤僖负羁：春秋时曹国人。晋国公子重耳避难到曹国时，曹共公听说重耳的肋骨是连在一起成为一块骨头的，就很不礼貌地偷看重耳洗澡。僖负羁的妻子对僖负羁说：我看晋公子周围的人一定能帮助他得到国家，他登上王位后一定会因为曹共公的无礼而讨伐曹国。你应当亲近晋公子，向他表示敬意。于是僖负羁就送饭给重耳，重耳接受了。后来重耳果然即位，举兵讨伐曹国。由于重耳受过僖负羁一饭之恩，就传令军队不得侵犯僖负羁和他的邻里。曹国人听说后，纷纷投奔僖负羁，于是保全了七百多家。见《左传·僖公二十三年》《韩非子·十过》。

⑥宣孟：即赵宣子，名盾。春秋时晋国人，赵衰之子。在晋襄公时任中军元帅，执掌国政。后来晋灵公要杀他，就请他喝酒，暗暗埋伏下了甲兵。后来危急时一个名叫灵辄的甲士反戈一击，帮助赵盾逃脱了。赵盾问他为什么要出手援助，灵辄说，我就是当年那个饥饿的人啊。以前赵盾曾在桑阴居住，碰到已经饿了三天的灵辄，就拿饭给他吃，并送饭食给灵辄的母亲。灵辄感戴赵

盾的恩德，才有了保护赵盾逃脱的事。见《左传·宣公二年》。

【译文】

问："孔子说：'奢侈就显得不谦逊而无礼，节俭就显得小气而固陋，与其显得不谦逊，宁可显得小气。'叔孙说：'节俭是德行中的大德，奢侈是恶行中的大恶。'而佛家却以散尽家财布施给他人为荣耀和功德，这样做怎么能有福气呢？"

牟子说："彼一时，此一时啊！仲尼说这些话，是担心过分奢侈会显得骄人无礼。叔孙发这样的议论，是指责鲁庄公大肆铺张、雕刻厅堂前的柱子那件事，并不是主张禁布施。舜在历山耕田度日的时候，即使是他的乡亲邻里，也得不到他的恩惠；姜太公靠宰牛过活的时候，连他的妻子都照顾不了。可是在他们被起用以后，恩泽就遍及四面八方。家财万贯时而肯施舍助人，一贫如洗时还能坚守道德，这是最可贵的。许由不贪图占有天下；伯夷不贪求继承王位；虞卿为了帮助面临危难的人，甘愿放弃高官和封地，这正是人各有志啊！僖负羁因一餐饭的恩惠而能保全自己的邻里；宣孟也因一顿饭的施舍而救了自己宝贵的生命。无意中的小小施舍，尚且得到如同白日般辉煌的厚报，更何况佛家倾尽家财，广施善心呢！其功德比嵩山、泰山还高，比大江、大海还深啊！心怀善意的人最终会得到幸福，心存恶念的人一定会遭受灾殃。种下稻子却能收获麦子、做了坏事却得到幸福，这样的事从来都不会发生。"

问曰："夫事莫过于诚，说莫过于实。老子除华饰之辞，崇质朴之语。佛经说不指其事，徒广取譬喻。譬喻，非道之要。合异为同，非事之妙。虽辞多语博，犹玉屑一车，不以为宝矣。"

牟子曰："事尝共见者，可说以实。一人见一人不见者，难与诚言也。昔人未见麟，问尝见者：'麟何类乎？'见者曰：

'麟如麟也。'问者曰:'若吾尝见麟,则不问子矣。而云麟如麟,宁可解哉?'见者曰:'麟,麕身、牛尾、鹿蹄、马背。'问者霍解。孔子曰:'人不知而不愠,不亦君子乎?'《老子》云:'天地之间,其犹橐籥乎?'又曰:'譬道于天下,犹川谷与江海。'岂复华饰乎!《论语》曰:'为政以德,譬如北辰。'引天以比人也。子夏曰:'譬诸草木,区以别之矣。'①《诗》之三百,牵物合类,自诸子谶纬、圣人秘要②,莫不引譬取喻,子独恶佛说经牵譬喻邪?"

【注释】

①"譬诸草木"二句:此语出自《论语·子张》:子游曰:"子夏之门人小子,当洒扫、应对、进退,则可矣,抑末也。本之则无,如之何?"子夏闻之,曰:"噫,言游过矣!君子之道,孰先传焉?孰后倦焉?譬诸草木,区以别矣。君子之道,焉可诬也?有始有卒者,其惟圣人乎?"朱熹对这段话的解释是:子游攻击子夏的门人重威仪容饰,而无视大学正心诚意之事,舍本逐末。子夏则认为,君子之道,本无精粗大小,皆需一以贯之,更需因材施教,根据学者深浅而区别对待。

②谶(chèn)纬:谶书和纬书的合称。谶是秦汉间巫师、方士编造的预示吉凶的隐语,纬是汉代迷信附会儒家经义的一类书。

【译文】

　　问:"做事最讲究真诚,说话最讲究真实。老子摒除华丽的词藻,崇尚质朴的语言。而佛经上的言词却不具体指称什么事物,只是广泛地进行比喻,并不能把握大道的根本,把不同的东西作为同类进行类比,也并非成事的关键。虽然听起来言词丰富,但是就像一车玉屑一样,华而不实,算不上真正的珠宝。"

　　牟子说:"如果两个人都见过某物,那么两人可就实际的事物来谈论。如果一个人亲见过某物而另一个人却没有亲眼看见,那这个亲见过的人就很难直接跟这个没有亲眼见过的说清楚某物是什么了。以前有人没见过麒麟,就问曾经见过的人:'麒麟是什么样子的?'见过的人说:'麒麟就像麒麟。'问的人说:'如果我曾经见过麒麟,就不会问你了,而你却回答"麒麟就像麒麟",难道这样可以解释清楚吗?'如果见过麒麟的人说:'麒麟长着麞一样的身子、牛一样的尾巴、鹿一样的蹄子、马一样的背。'问的人一听,立刻就懂了。孔子说:'不因为别人不了解自己而不高兴,不是有修养的君子吗?'《老子》书里说:'天地之间,不正像风箱一样吗?'又说:'天下万物都归于道,正如所有的小河流都归入大海一样。'难道这些话就不是华丽的言辞吗?《论语》说:'国君用道德来治理国家,也就会像北极星一般(被众星环绕)。'这是援引天上的现象来比喻人间的事情。子夏也说过:'(学问)犹如草木,应该区别对待。'再看《诗经》三百篇,把不同种类的事物牵连在一起;从先秦诸子各派到谶纬之说中关于圣人的秘事要闻,没有不引譬取喻的,你为什么单单指责佛在说经时牵合事物使用比喻呢?"

　　问曰:"人之处世,莫不好富贵而恶贫贱,乐欢逸而惮劳倦。黄帝养性,以五肴为上。孔子云:'食不厌精,脍不厌细。'①今沙门被赤布,日一食,闭六情,自毕于世。若兹,何聊之有?"

　　牟子曰:"富与贵是人所欲,不以其道得之,不处也;贫与贱是人之所恶,不以其道得之②,不去也。《老子》曰:'五色令人目盲,五音令人耳聋③,五味令人口爽,驰骋畋猎令人心发狂,难得之货令人行妨,圣人为腹不为目。'此言岂虚哉?柳下惠不以三公之位易其行④,段干木不以其身易魏文之富⑤。许由、巢父栖木而居⑥，自谓安于帝宇。夷齐饿于首阳，自谓饱于文武。盖各得其志而已，何不聊之有乎？"

【注释】

①食不厌精，脍不厌细：语出《论语·乡党》。

②得：应是"去"之误。

③五音：又称五声，即中国五声音阶中的宫、商、角、徵、羽。

④柳下惠：即展禽。春秋时鲁国大夫。展氏，名获，字禽。封地在柳下，谥号为惠。

⑤段干木：姓段干，名木。战国初年魏国人。原为市侩，后求学于子夏，成为贤士。魏文侯给他爵禄官职，他不接受。魏文：即魏文侯，名斯。战国时魏国的建立者。

⑥巢父：古代隐士。相传因巢居树上而得名。尧要让位给他，他不接受。

【译文】

问："人活在世上，没有不爱富贵而嫌贫贱、贪享乐而怕劳苦的。黄帝保养身体、涵养性情，以吃五味荤菜为主。孔子也说：'粮食不怕舂得精，鱼和肉不怕切得细。'而沙门身披袈裟，每天只吃一餐，放弃了各种情欲，与世隔绝。像这样生活还有什么值得寄托呢？"

牟子说："发财和做官是人人向往的，但是，不通过正当途径去获得它，君子就不接受；贫穷和卑贱是人人厌恶的，但是，不经过正当的努力去摆脱它，君子就宁可不摆脱。《老子》说：'五种颜色让人眼花缭乱，五种音调让人听觉失灵，五种滋味让人口不辨味；纵情狩猎使人心狂放而不知所归，追求稀有难得的宝物使人行为不轨以致于伤人害己。圣人只求饱腹而不求目眩，所以摒弃物欲的诱惑，重视内在的满足。'这话难道是虚妄的吗？柳下惠不为高官厚爵所诱惑而改变自己的品行，段干木不因自身的享受而接受魏文侯给他的爵禄。许由、巢父在树上栖身，自己说比住在帝王的宫殿还舒适。伯夷、叔齐在首阳山上挨饿，自认为比周文王和周武王吃的还要好。这是因为他们都实现了自己的志向，那里会没有寄托呢？"

问曰："若佛经深妙靡丽，子胡不谈之于朝廷，论之于君父，修之于闺门，接之于朋友？何复学经传、读诸子乎？"

牟子曰："子未达其源而问其流也。夫陈俎豆于垒门，建旌旗于朝堂，衣狐裘以当蕤宾，被绤以御黄钟，非不丽也，乖其处、非其时也。故持孔子之术入商鞅之门①，赍孟轲之说诣苏张之庭②，功无分寸，过有丈尺矣。《老子》曰：'上士闻道，勤而行之；中士闻道，若存若亡；下士闻道，大而笑之。'吾惧大笑，故不为谈也。渴不必待江河而饮，井泉之水何所不饱，是以复治经传耳。"

【注释】

①商鞅：战国时政治家。卫国人，后入秦国。公孙氏，名鞅，又称卫鞅。

②苏张：苏即苏秦。战国时东周洛阳（今河南洛阳东）人，字季子。纵横家。张即张仪。战国时魏国贵族后代。秦惠文君十年（前328）任秦相。纵横家。

【译文】

问："假如佛经真的是那么深妙绝伦，你为什么不直接把它拿到朝廷之上谈论作为治国的良策、作为君臣父子的伦理典范，并直接作为夫妇家庭之中修养的标准，作为交朋结友的行为指导呢？还学儒家经传和其他各派的学说做什么呢？"

牟子说："你这是没有到达事物的本源而去探寻事物的末流啊！把

祭祀用的器皿陈列在军营的大门旁边,把各种旗帜树立在朝廷宫殿之上,穿起狐皮大衣来抵挡夏天的暑热,披上葛布夏衫来抵御冬天的寒冷,不能说不漂亮,然而摆的不是地方,穿的不是时候啊!所以信奉孔子学说的人投到商鞅的门下,怀抱孟轲思想的人去拜投苏秦和张仪,不仅不能建立一点儿功劳,反而会承担很大的过失。《老子》说:'资质优秀的上等之士听见了道,就努力去实行;资质平常的中等之士听见了道,会将信将疑;资质浅薄的下等之士听见了道,会因无知而大笑。'我怕听到这种大笑,所以不同这样的人谈论道。干渴了不必非要到江河中饮水,井水泉水也都可以解渴,因此我才又研习儒家经传啊!"

问曰:"汉地始闻佛道,其所从出邪?"

牟子曰:"昔孝明皇帝梦见神人①,身有日光,飞在殿前,欣然悦之。明日,博问群臣:'此为何神?'有通人傅毅曰:'臣闻天竺有得道者,号之曰佛,飞行虚空,身有日光,殆将其神也。'于是上悟,遣使者张骞、羽林郎中秦景、博士弟子王遵等十二人,于大月支写佛经四十二章②,藏在兰台石室第十四间③。时于洛阳城西雍门外起佛寺,于其壁画千乘万骑,绕塔三匝,又于南宫清凉台④,及开阳城门上作佛像⑤。明帝存时,预修造寿陵,陵曰'显节',亦于其上作佛图像。时国丰民宁,远夷慕义,学者由此而滋。"

【注释】

①孝明皇帝:即汉明帝。

②大月支:即大月氏。月氏是古族名,原居于今甘肃敦煌县与青海祁连县之间,汉文帝时大部西迁至今伊犁河上游,称大月氏。余部进入祁连山区,称小月氏。

③兰台石室：汉代宫庭藏书处。

④南宫：秦汉时的宫殿名，在洛阳。

⑤开阳：东汉时洛阳城门名。

【译文】

问："中国最初是从哪里听说有佛道的呢？"

牟子说："昔日孝明皇帝梦见一位神人，全身放射出太阳一般的金光，飞到了大殿上，孝明皇帝感到非常愉悦。第二天上朝，询问每一位大臣："这是什么神人？"有个博览古今名叫傅毅的人回答道："臣听说天竺国有个领悟了道的人，叫作佛，能在空中飞行，身上披着金光，大概就是这个神了。"于是孝明皇帝恍然大悟，随即派遣使者张骞、羽林郎中秦景、博士弟子王遵等十二人，到大月支国抄写佛经四十二章，后来收藏在兰台石室的第十四间屋子内。同时在洛阳城西的雍门外建造佛寺，在佛寺的墙壁上描画着万千车马，足足绕塔三周，又在南宫清凉台，以及开阳城门上画上佛像。孝明皇帝在世时，预先修造寿陵，陵的名称叫作"显节"，也在寿陵上画了佛像。当时国泰民安，远方的野蛮部落无不仰慕汉朝的威仪，学习佛道的人也由此而多起来。"

问曰："《老子》云：'知者不言，言者不知。'又曰：'大辩若讷，大巧若拙。'君子耻言过行。设沙门有至道，奚不坐而行之，何复谈是非、论曲直乎！仆以为此德行之贱也。"

牟子曰："来春当大饥，今秋不食，黄锺应寒，葜宾重裘，备预虽早，不免于愚。老子所云，谓得道者耳，未得道者何知之有乎？大道一言而天下悦，岂非大辩乎？老子不云乎？'功遂身退，天之道也'。身既退矣，又何言哉？今之沙门，未及得道，何得不言？老氏亦犹言也，如其无言，五千何述焉？若知而不言，可也；既不能知又不能言，愚人也。故能言不能行，国之师也；能行不能言，国之用也；能行能言，国之宝也。三品各有所施，何德之贱乎？唯不能言又不能行，是谓贱也。"

【译文】

问："《老子》中讲过：'懂得的不说，说的不懂得。'又说：'最善辩的好似言语迟钝，最灵巧的好似笨拙。'君子以所说的超过所做的为耻。假如沙门掌握了至高无上的道，为何不立即直接实行，又何必热衷辩论是非、评论曲直呢？我认为这是德行浅薄的表现。"

牟子说："为了预备来年春天闹饥荒，于是今年秋天就不吃谷粮；为了应付十一月仲冬的寒冷，于是在五月仲夏就穿起皮衣裳，预备得固然是很早了，但是不免过于迂腐。老子说的那些话，都是针对已经悟道的人而言的，尚未悟道的人哪来需要言说的智慧呢？道的要义一经传播开来，普天下都会心悦诚服，这岂不正是'最善辩'的吗？难道老子他就不发议论吗？他说：'事业成功以后就退身出来，这就是天道自然啊。'既然已经身退，又何必再'说'呢？而当今的沙门，还未达到掌握道的程度，怎么能不'说'呢？老子也是发议论的，如果他不言不语，《老子五千文》又阐述的是什么呢？若是真正懂得大道而不言说，那是可以的。如果既不懂得又不会说，就是愚蠢的了。所以说，善于说而不善于做的是国家中授业解惑的人才；善于做而不善于说的是实干型的人才；善于做又善于说的，就堪称国宝了。这三类人才各有特长和功用，怎么能说是'德行浅薄'呢？唯有那种既不善于说又不善于做的人，才可以说是德行浅薄的。"

问曰："如子之言，徒当学辩达、修言论，岂复冶情性、履道德乎？"

牟子曰:"何难悟之甚乎! 夫言语谈论各有时也。蘧瑗曰^①:'国有道则直,国无道则卷而怀之。'甯武子曰^②:'国有道则智,国无道则愚。'孔子曰:'可与言而不与言,失人;不可与言而与言,失言。'故智愚自有时,谈论各有意,何为当言论而不行哉!"

【注释】

①蘧瑗:即蘧伯玉,名瑗。春秋时卫国大夫。此处所引蘧瑗语,见《论语·卫灵公》。

②甯(nìng)武子:春秋时卫国大夫,名俞。是孔子所称赞的人,见《论语·公冶长》。

【译文】

问:"照你这样讲,只学习论辩之术、研究说话修辞的学问就行了,怎么又需要陶冶性情、修行道德呢?"

牟子说:"要让你明白为何这么难呀! 什么时候该说,什么时候不该说,谈论什么,不谈论什么,这都要根据具体的时间和环境而定啊! 蘧瑗说:'国家政治清明就像箭一样直,国家政治黑暗就把自己的本领收藏起来。'甯武子说:'在国家政治清明时就显露聪明,当国家政治黑暗时就装傻瓜。'孔子说:'可以同他谈话而不同他谈,错过的是人才;不可以同他谈话却同他谈了话,浪费的是言语。'可见,是显露聪明才智还是装傻扮痴,这是取决于特定时机的。什么时候该谈论以及该谈论什么内容,这其中是有深意的。为何是只应当说而不去实行呢?"

问曰:"子云佛道至尊至快,无为澹泊。世人学士多讥毁之,云其辞说廓落难用,虚无难信,何乎?"

牟子曰:"至味不合于众口,大音不比于众耳。作'咸池'①,设'大章',发'箫韶'②,咏'九成',莫之和也。张郑卫之弦,歌时俗之音,必不期而拊手也。故宋玉云③:'客歌于郢④,为下里之曲,和者千人。引商徵角,众莫之应。'此皆悦邪声,不晓于大度者也。韩非以管窥之见而谤尧舜⑤,接舆以毛牦之分而刺仲尼⑥,皆耽小而忽大者也。夫闻清商而谓之角,非弹弦之过,听者之不聪矣。见和璧而名之石⑦,非璧之贱也,视者之不明矣。神蛇能断而复续,不能使人不断也。灵龟发梦于宋元,不能免豫且之网⑧。大道无为,非俗所见,不为誉者贵,不为毁者贱。用不用自天也,行不行乃时也,信不信其命也。"

【注释】

①咸池:周代"六舞"之一。相传为黄帝时的乐曲,一说为尧时乐曲。《庄子·天下》说:"黄帝有咸池,尧有大章,舜有大韶,禹有大夏,汤有大濩。"

②箫韶:即大韶,周代"六舞"之一。相传是舜时的乐舞。有箫韶"九成"一说,九成相当于九章。

③宋玉:战国时楚国人,辞赋家。后于屈原,或称宋玉是屈原的弟子。

④郢:春秋战国时楚国的别邑。故址在今湖北江陵东北。

⑤韩非:战国末期哲学家,法家主要代表人物。出身韩国,后入秦国。著作有《韩非子》。在该书《五蠹》篇中,发表了对尧、舜的不同看法。

⑥接舆:春秋时隐士,楚国人。他佯狂不仕,故又称楚狂。他一面走过孔子的车子,一面唱歌讽刺孔子(《论语·微子》)。一说接舆既非姓又非名,只因他迎着孔子乘的车走过去,故称接舆。

《神仙传》中则说他姓陆名通,字接舆。

⑦和璧:即和氏之璧。因楚国人卞和从山中得到它,而称为和氏璧。见《韩非子·和氏》。

⑧豫且:又作"余且"。古代传说中的渔人。《史记·龟策列传》载:宋元王二年,神龟至泉阳,被渔人豫且网到,置于笼中。半夜时,龟托梦于宋元王求救。

【译文】

问:"你说佛道最值得尊敬、最称人意,无为而又恬静,然而世人和学者大都讥讽指责它,说它言语空泛难以把握,虚无缥缈难以置信,为什么呢?"

牟子说:"最美好的味道也不一定合所有人的口味,最动听的音乐也不一定会被所有人都欣赏。弹唱'咸池'、'大章'、'箫韶'、'九成'这些上古帝王的宫廷乐曲,没有人能够唱和。而奏起郑国和卫国的曲调,唱起市井流行的歌曲,人们一定是不约而同地拍手唱和。所以宋玉说:'有客人来到郢这个地方唱歌,刚开始唱民间歌谣时,应和者达数千人,后来改唱起高雅的曲子时,众人就不能应和了。'这都是因为多数人只懂得下里巴人一类的粗俗音乐,不懂得阳春白雪一类的高雅音乐。韩非以他的一孔之见毁谤尧舜,接舆以微不足道的见识讽刺仲尼,都是只盯住小的方面而忽略了大的方面。听到'商'声却说成是'角'声,不是弹琴的过错,而是听者没有听懂。看到和氏璧却把它当作石头,不是璧本身粗贱,而是看的人不识货。神蛇能把断了的身体接续起来,但是不能使人不打断它。灵龟能托梦给宋元君,但是不能躲过被豫且网住的灾难。道,博大精深、崇尚无为,不是平常人所能理解的。它不因人们的赞誉而显得高贵,也不因人们的毁谤而变得低贱。它能否被世人信仰、采用和施行都取决于上天的安排,取决于特殊的机缘命运啊。"

问曰:"吾子以经传理佛之说,其辞富而义显,其文炽而说美，得无非其诚，是子之辨也。"

　　牟子曰："非吾辨也，见博故不惑耳。"

【译文】

　　问："您以儒家经传解释佛学，言辞丰富而又清楚明白，既有文采而又议论生动，恐怕不是由于佛学本身，而是因为你善辨罢了。"

　　牟子说："不是我善辨，只是由于我见闻广博，所以才不困惑！"

　　问曰："见博其有术乎？"

　　牟子曰："由佛经也。吾未解佛经之时，惑甚于子，虽诵五经，适以为华，未成实矣。吾既睹佛经之说，览《老子》之要，守恬淡之性，观无为之行，还视世事，犹临天井而窥溪谷①，登嵩岱而见丘垤矣②。五经则五味，佛道则五谷矣。吾自闻道已来，如开云见白日，炬火入冥室焉。"

【注释】

　　①天井：星宿名，即井宿。一指军事地形，四周为山，中间低洼之地。

　　②丘垤（dié）：小土堆。

【译文】

　　又问："要做到见闻广博，有什么方法吗？"

　　牟子说："这就要研习佛经了。我在没有领悟佛经以前，比你还更加迷茫呢。虽然曾诵读五经，以为能获得真才实学，但是并未如愿。后来就读佛经，看《老子》，陶冶恬淡的性情，效法无为的举止。此后，我再环顾周围的事物人情时，就好像站在天井星宿上俯视溪谷、登上高山一览小丘。如果把五经比作五味，那么佛道就好比五谷了。我自从领悟了道以来,好似拨开云雾见到了太阳,举着火炬进入了暗室,真是豁然开朗啊!"

问曰:"子云佛经如江海,其文如锦绣,何不以佛经答吾问,而复引《诗》、《书》,合异为同乎?"

牟子曰:"渴者不必须江海而饮,饥者不必待廒仓而饱。道为智者设,辩为达者通,书为晓者传,事为见者明。吾以予知其意,故引其事。若说佛经之语,谈无为之要,譬对盲者说五色,为聋者奏五音也。师旷虽巧①,不能弹无弦之琴。狐貉虽煴,不能热无气之人。公明仪为牛弹清角之操②,伏食如故,非牛不闻,不合其耳矣。转为蚊虻之声,孤犊之鸣,即掉尾奋耳,躞蹀而听。是以《诗》、《书》理子耳。"

【注释】

①师旷:春秋时晋国乐师旷,字子野。目盲,善弹琴辨音。

②公明仪:春秋时鲁国贤士。曾为子张写墓志(《礼记·檀弓》)。他所弹的"清角之操",相传是黄帝在泰山聚会众鬼神时产生的乐曲。据说曲调悲烈(《韩非子·十过》)。

【译文】

问:"你说佛经浩大如江海,文辞华美似锦绣,那你为什么不根据佛经回答我的问题,却引用《诗》、《书》进行类比呢?"

牟子说:"干渴的人不必非要到江海中去饮水,饥饿的人不必非要到粮仓中去填饱肚子,道是为聪明人设立的,议论是说给明白人听的,书是为看得懂的人写的,事情要碰到有见识的人才能剖明。我考虑到你了解《诗》、《书》,所以才引用它的内容解释佛经。如果直接讲佛经的内容和"无为"的含义,那就好比对盲人谈论色彩,为聋人演奏音乐了。

师旷虽然技艺高超，但是不能弹没有弦的琴，狐狢的皮毛虽然温暖，但是不能暖热已经断气的人。公明仪对牛弹琴，牛依然埋头吃草，无动于衷，并不是牛没有听见琴声，而是它听不懂。如果换成蚊虻的嗡嗡声或者小牛的哞哞叫声，它即刻就会直起耳朵，摆动尾巴，徘徊踱步，认真谛听。同样道理，我引用《诗》《书》讲佛经，也是为了使你能够听得懂。"

问曰："吾昔在京师，入东观①，游太学②，视俊士之所规，听儒林之所论，未闻修佛道以为贵，自损容以为上也。吾子曷为耽之哉？夫行迷则改路，术穷则反故，可不思欤？"

牟子曰："夫长于变者不可示以诈，通于道者不可惊以怪，审于辞者不可惑以言，达于义者不可动以利也。《老子》曰：'名者身之害，利者行之秽。'又曰：'设诈立权，虚无自贵。'修闺门之礼术、时俗之际会，赴趣间隙，务合当世，此下士之所行，中士之所废也。况至道之荡荡，上圣之所行乎？杳兮如天，渊兮如海，不合窥墙之士、数仞之夫，固其宜也。彼见其门，我睹其室，彼采其华，我取其实；彼求其备，我守其一。子速改路，吾请履之。故祸福之源，未知何若矣。"

【注释】

①东观：在汉代洛阳南宫，东汉明帝时，班固在此修撰《汉记》。章帝以后成为藏书之所。

②太学：即国学，古代学校名。汉武帝始置太学。

【译文】

问："我以前在京城时，到过东观，参观过太学，我注意到才士们的仪容，留心听过学子们的言论，并没有听说他们以自毁容貌修习佛道为尊贵至上的，你为什么会迷恋佛道呢？走错了路就应该立即纠正方向，术道不正不通就应该回到过去,你不该反省一下吗?"

牟子说:"擅长变化的人不可以向他显示欺诈,精通大道的人不可以用怪异之事而使他受惊吓,明辨言辞的人不可以用言语来使他迷惑,明白了道义所在的人不可用利益来使他受驱使。《老子》书中说:'追求虚名是人生的祸害,贪图利益是丑恶的行为。'又说:'与耍阴谋弄权术相比,清静无为是最崇高的。'整治日常生活中的礼节和时俗的规矩,做一些修补和调整,力求使它们符合当时的习惯,这是资质下等的人才做的事,资质中等之士是不做这些事的。更何况最高的道如此广大幽远,这才是上等的圣贤的追求啊? 广远如天空,深邃似大海,这样的道不适合那些爬墙窥探鼠目寸光之人,本来就是各有适宜的追求啊。那些人刚刚到达佛道的门边,我已经登堂入室领略了佛道的奥妙;他们只利用佛道的华丽外表,我则获取佛道的真实内涵;他们追求面面俱到,我则守着佛道的根本要旨。你呀,快快改崇佛道;我呀,现在就去实行它。福祸的根源,不知是怎样的呀!"

问曰:"子以经传之辞、华丽之说,褒赞佛行,称誉其德,高者陵青云,广者逾地圻,得无逾其本过其实乎? 而仆讥刺,颇得疹中而其病也。"

牟子曰:"吁! 吾之所褒,犹以尘埃附嵩泰,收朝露投江海。子之所谤,犹握瓢瓠欲减江海,蹑耕耒欲损昆仑,侧一掌以翳日光,举土块以塞河冲。吾所褒不能使佛高,子之毁不能令其下也。"

【译文】

问:"你借助经传上的说法,以华美的言辞称颂佛的行为,赞誉他的道德,说佛高过青云,广过地界,无边无际。这恐怕超过佛的本来面貌,有点言过其实了，而我对佛的讽刺和批评，却很是切中要害啊！"

牟子说："吁！我对佛的褒扬，就像给巍峨的高山添了一把尘土，往江海中投了几点露珠。你对佛的毁谤，就好像拿着勺子和杯子去减少江海中的水量，扛着锄头铁铲去降低昆仑山的高度，举起手掌去遮挡日光，捡起土块去堵塞河道。虽然我的赞誉不能使佛更崇高，你的毁谤也不能贬低佛的伟大。"

问曰："王乔、赤松入仙之箓①，神书百七十卷②，长生之事，与佛经岂同乎？"

牟子曰："比其类，犹五霸之与五帝③，阳货之与仲尼④；比其形，犹丘垤之与华恒，涓渎之与江海；比其文，犹虎鞅之与羊皮⑤，斑纻之与锦绣也。道有九十六种⑥，至于尊大，莫尚佛道也。神仙之书，听之则洋洋盈耳，求其效，犹握风而捕影。是以大道之所不取，无为之所不贵。焉得同哉！"

【注释】

①王乔：又称王子乔，古代传说中的仙人。《列仙传》中说他是周灵王的太子，名晋。赤松：即赤松子，又作赤诵子。传说中的仙人，神农时候为雨师。

②神书百七十卷：汉顺帝时，于吉在曲阳泉中得到神书一百七十卷，名叫《太平清领书》。论阴阳，讲巫术。于吉的徒弟宫崇把书献给了顺帝。有大臣上奏顺帝，说这部书妖妄不经，于是被收藏起来。后来张角得到了这部书的大部分。见《后汉书·襄楷传》。

③五霸：一作"五伯"，春秋时先后称霸的五个诸侯。说法不一，通常指齐桓公、宋襄公、晋文公、秦穆公、楚庄王。

④阳货:又作"阳虎",春秋时鲁国人。季氏的家臣,侍奉季平子。
　　季平子死后掌握了鲁国的国政。

⑤虎鞹(kuò):鞹,古同"鞟",去毛虎皮之意。

⑥道有九十六种:指九十六种外道。佛家用语。在释迦牟尼佛时
　　代,有六个反婆罗门教正统学说的派别,它们的代表人物统称
　　"六师"。由于其主张与佛教不同,故被称为"外道"。六师的观
　　点也不尽相同,每一师有十五种教。六师分别传授弟子十五种
　　教,是为九十种。六师又各有一法与弟子不同,合为九十六种。
　　实际九十六种外道是个概数,也有作九十五种的。见《萨婆多毗
　　尼毗婆沙》卷五。

【译文】

　　问:"王乔和赤松入了仙籍,神仙之书一百七十卷,讲述长生不死的
事迹,这与佛经所说的是否相同呢?"

　　牟子说:"拿神仙之书与佛经相比,从品位上说,如同拿五霸与五
帝、阳货与仲尼相比;从形式上看,如同拿小丘与高山、小溪与江海相
比;从文采上,就像用虎皮与羊皮、麻布与锦绣相比。道术有九十六种,
说到尊贵博大,没有超过佛道的。有关神仙的书,听起来洋洋洒洒很是
吸引人,但若要确证他的实效,就像用手去握住风、抓住影子一样,根本
就是子虚乌有的事情。因此博大无为的佛道对它既不推崇更不会采
用,神仙之书与佛经之间怎能同日而语呢?"

　　问曰:"为道者,或辟谷不食而饮酒啖肉,亦云老氏之术
也。然佛道以酒肉为上戒,而反食谷,何其乖异乎?"

　　牟子曰:"众道丛残,凡有九十六种,澹泊无为,莫尚于
佛。吾观老氏上下之篇,闻其禁五味之戒,未睹其绝五谷之
语。圣人制七典之文,无止粮之术。老子著五千之文,无辟

谷之事。圣人云:'食谷者智,食草者痴,食肉者悍,食气者寿。'世人不达其事,见六禽闭气不息,秋冬不食,欲效而为之。不知物类各自有性,犹磁石取铁,不能移毫毛矣[①]。"

【注释】

①"犹磁石"二句:前一句中"铁"应是"木""瓦"一类之误。此二句意应为:正如用磁石吸引砖瓦,不能使砖瓦移动一丝一毫。如果按原句,似可译为:正如磁石可以吸引铁,但却不能吸动绒毛。但是这样翻译,与原文语气不合。

【译文】

问:"修习神仙道术的人不食五谷而饮酒吃肉,这些道家方士也谈论老子的学说。然而佛道却是把吃酒肉作为首要的戒律,反而提倡食五谷,差别是多么的巨大呀?"

牟子说:"各种各样的道繁多杂陈,共有九十六种,若论恬静无为,没有超过佛道的。我读过老子的《道德经》上下篇,只看到'禁五味'的内容,没见到'绝五谷'的说法,在圣人撰写的七部经典中,没有提到不食五谷的法术,老子所作的五千文里,也没有讲到辟谷这种事。圣人说:吃粮食的聪明,吃草的愚蠢,吃肉的强悍,食气的长寿。一般人不懂这些,看见六禽闭住气不呼吸,在秋冬季节里不吃东西,就想效仿它们。这是不知道万物各有各的特性,正如用磁石去吸引砖瓦,不能使砖瓦移动一丝一毫。"

问曰:"谷宁可绝不?"

牟子曰:"吾未解大道之时,亦尝学焉。辟谷之法,数千百术,行之无效,为之无征,故废之耳。观吾所从学师三人,或自称七百、五百、三百岁,然吾从其学,未三载间,各自殒没。所以然者，盖由绝谷不食而啖百果，享肉则重盘，饮酒则倾鳟，精乱神昏，谷气不充，耳目迷惑，淫邪不禁。吾问其故何？答曰：《老子》云：'损之又损，以至于无为。'徒当日损耳。然吾观之，但日益而不损也。是以各不至知命而死矣。且尧舜周孔各不能百载，而末世愚惑，欲服食辟谷，求无穷之寿，哀哉！"

【译文】

问："那么，五谷难道不能弃之不食吗？"

牟子说："我在尚未领悟佛道之前，也曾经学过辟谷。辟谷的方法有千百种，但是按照那些方法去做，都没有效果，因此就放弃了。从我所拜的三位师傅来看，有说已经活了七百岁，有说五百岁、三百岁的，可是我跟他们学了不到三年，他们就一个个地死去了。所以会这样，就是因为他们不吃五谷，只吃各种野果，但吃肉则吃好几盘，饮酒就要倒尽酒杯，最后一个个都是精神昏乱，气力不足，耳目老朽退化，淫邪没有节制。我曾经问过他们为什么要这样，他们回答说：《老子》讲过：'减少再减少，最后达到无为。'所以应当日日亏损自己。然而依我看来，应该天天增加营养而不应该减少，所以他们都没活到"知天命"的岁数就死去了。连尧、舜、周公和孔子这样的圣人都不能寿享百岁，这些生在末世的愚昧之人，却想通过服食丹药、绝食五谷来求得长生不死，真是悲哀呀！"

问曰："为道之人，云能却疾不病，弗御针药而愈。信有之乎？何以佛家有病而进针药邪？"

牟子曰："《老子》云：'物壮则老，谓之不道，不道早已。'唯有得道者，不生亦不壮，不壮亦不老，不老亦不病，不病亦不朽。是以老子以身为大患焉。武王居病,周公乞命。仲尼有疾,子路请祷。吾见圣人皆有疾矣,未睹其无病也。神农尝草①,殆死者数十。黄帝稽首,受针于岐伯②。此之三圣,岂当不如今之道士乎? 察省斯言,亦足以废矣。”

【注释】

①神农:传说中农业和医药的发明者。

②岐伯:传说中的名医。曾与黄帝讨论医道。见《太平御览·帝王世纪》。

【译文】

问:“修习道术的人声称自己不仅不会生病,即使生了病也是不用吃药针灸就能自愈的,确实有这样的事吗? 为什么信奉佛道的人有病却要吃药针灸呢?”

牟子说:“《老子》说过:‘事物壮大了,必然走向衰老,这就不合乎道了,不合乎道,必然很快死亡。’只有得了道的人,不生长也不壮大,不壮大也不衰老,不衰老也不生病,不生病也不腐朽。所以老子才认为有身体是人的大祸患。周武王病了,周公为他向神明乞求宽宥生命。仲尼患病,子路请求仲尼允许他向鬼神祷告。我看到圣人都会生病,未见过他们不会生病的记载。神农尝百草,有数十次几乎死掉;黄帝敬重岐伯的医道,接受他的诊治。这几位圣人,难道还不如今天的道士吗? 考察道士不会生病这一说法,足以知道那些都是荒诞不经之谈了。”

问曰:“道皆无为,一也。子何以分别罗列,云其异乎? 更令学者狐疑,仆以为费而无益也。”

牟子曰:“俱谓之草,众草之性不可胜言;俱谓之金,众金之性不可胜言。同类殊性,万物皆然。岂徒道乎? 昔杨墨塞群儒之路,车不得前,人不得步,孟轲辟之,乃知所从。师旷弹琴,俟知音之在后①;圣人制法,冀君子之将睹也。玉石同匮,猗顿为之於悒②;朱紫相夺③,仲尼为之叹息。日月非不明,众阴蔽其光。佛道非不正,众私掩其公。是以吾分而别之。臧文之智④,微生之直⑤,仲尼不假者,皆正世之语。何费而无益乎?"

【注释】

①"师旷"二句:《吕氏春秋·仲冬纪》中说:晋平公铸大钟,让人们听钟的音调正不正。别人都说音调正,师旷则说不正,应当重新铸一口钟。平公说:大家都说音调正啊!师旷说:后世有懂得音律的人,将会知道这口钟的音调不正,到那时我都会替您感到羞耻!后来出了个叫师涓的人,果然指出了这口钟的音调不正。所以说师旷想调准音调,是担心以后有懂音律的人指出错误。

②猗(yī)顿:春秋时鲁国人。原本贫穷,经营畜牧业成为豪富(《史记·货殖列传》,一说经营盐业而发家)。於(wū)悒(yì):哽咽。

③朱紫相夺:春秋时候,诸侯原以朱色作为衣服的正色。后来被紫色衣服代替了。孔子因此说:紫色夺去了大红色(朱色)的地位,可憎。见《论语·阳货》。

④臧文:即臧文仲,又称臧孙辰。春秋时鲁国大夫。他替一种叫作"蔡"的乌龟盖了一间屋,雕刻着山形的斗拱。孔子对此不以为然,说:这个人的"聪明"怎么是这样的呀!见《论语·公冶长》。"臧文之智","孔子不假者"即指此。

⑤微生:即微生高。姓微生,名高。春秋时鲁国人。以直爽著称。但是孔子不以为然,说:谁说微生高直爽?有人向他讨一点醋,他却向邻居讨了醋转给人家。见《论语·公冶长》。"微生之

直"，"孔子不假者"就是指这件事。

【译文】

问："道都讲究无为，在这方面各种道是一致的。你为什么却把它们区别开来，大谈它们的差异呢？这会使学道的人产生更多疑惑，我认为是多此一举，有害无益的。"

牟子说："同样叫作草，但是各种各样的草有着数不完的特性；同样都叫作金属，但是众多金属的特性也不可胜数。同属一类事物而特性不同，万物都是如此，难道只有道才是这样的吗？过去杨朱和墨翟曾拦住儒生进行辩论，使车子不能过去，人也走不动。孟轲驳倒杨朱和墨翟，儒生们才知道了应该何去何从。师旷弹琴，期待以后碰到知音。圣人制定法典，希望仁人君子能够读到。宝玉被混放在石头里，狷顿为此哽咽。紫色夺去了红色的光彩，仲尼为之叹息。日月并非不明亮，日月暗淡时是因为乌云遮住了它的光芒。佛道并非不正确，佛道被误解是因为受到左道旁门的连累和影响。所以我要把它们区别开来。仲尼不认为臧文是聪明的，对微生的率直也不以为然，仲尼对臧文的'智'和微生的'直'所作的分析，都是具有匡世正人作用的言论，能说是多余而又无益的吗？"

问曰："吾子讪神仙、抑奇怪，不信有不死之道，是也。何为独信佛道当得度世乎？佛在异域，子足未履其地，目不见其所，徒观其文而信其行。夫观华者不能知实，视影者不能审形，殆其不诚乎？"

牟子曰："孔子曰：'视其所以，观其所由，察其所安，人焉瘦哉？'昔吕望、周公问于施政①，各知其后所以终；颜渊乘驷之日，见东野车之驭②，知其将败；子贡观邾鲁之会③，而昭其所以丧；仲尼闻师旷之弦，而识文王之操④；季子听乐⑤，览众国之风。何必足履目见乎?"

【注释】

①"吕望"句:吕望受封于齐,周公受封于鲁。他们二人一向交好,互问对方将如何治理国家。吕望说:我将尊重贤士,崇尚功绩。周公说:我将讲究仁义,崇尚德惠。吕望说:如果这样,鲁国自此就会削弱了。周公说:鲁国虽然会削弱,可是按你的办法治国,齐国就会被旁姓篡夺,不再是吕家的天下了。后来,齐国果然日益强大,进而称霸,但是传到二十四世时,田成子占有了齐国。鲁国也果然渐渐削弱,传到三十四代时就亡国了。见《吕氏春秋·仲冬纪》。

②东野车:姓东野,名毕。或作东野稷。春秋时鲁国人。善于驾车。东野车之称可能因其善驾车而得,又或许"车"是"毕"之误。《孔子家语》卷五载:鲁定公问颜回:你也听说过东野毕善于驾驭吗?颜回说:他虽然善于驾驭,但是我看他的马肯定会跑伤的。定公听了不高兴。一两天后,东野毕驾车的马果然跑垮了。定公急忙把颜回请来求教。颜回说:我见他让马一路急跑,马的力气快用尽了,仍然催马不止,所以知道会有这种结果。

③子贡观邾鲁之会:邾隐公在春天来朝见鲁定公,邾隐公进献礼品时抬着头,仰着脸,鲁定公接受进献时却低着头。子贡看到了这一情景就说:根据生死存亡的道理来看,这两个人都快死了。高仰说明邾隐公骄傲,卑俯表明鲁定公衰弱。骄傲就离动乱不远了,衰弱就快要生病了。鲁定公是主人,他将先一步死去。果然,到了这一年的夏天鲁定公就死了。孔子说:赐(子贡)不幸而言中啊!见《左传·定公十五年》。

④识文王之操,《史记·孔子世家》说:孔子向师襄子(春秋时卫国乐官,本书记为师旷,并非同一人)学琴,有一天忽有心得说:我

从琴曲中知道作者的为人了。面孔黧黑,身材颀长,高视远望,犹如统治了四海,除了周文王还能有谁呢? 师襄子听了肃然起敬,说:这支曲子正是周文王所作的《文王操》啊!

⑤季子:即季札,又称"公子札"。春秋时吴国人。吴王诸樊的弟弟。因曾经封于延陵(今江苏常州),又称延陵季子。他出使鲁国时,欣赏到周代各地的传统音乐,根据乐曲,他就预见到了周朝和各个诸侯国的盛衰大势。见《左传·襄公二十九年》。

【译文】

问:"你嘲讽神仙,贬抑怪诞,不相信有长生不死的方法,这是对的。但是你为什么偏偏相信佛道能够使人脱离尘世呢? 佛在别的国家,你没有到过那里,更没见过佛,仅仅看过佛所写的经文就相信了他。然而看外表是不能知道真实内容的,看影子是不能知道真实形状的,你不担心佛的事迹不真实吗?"

牟子说:"孔子说过:'看一个人交些什么朋友,了解他的生活经历,观察他安心做什么事情,那么这个人的品性怎么还能隐蔽得了呢?'当年吕望和周公互相询问对方打算如何治理国家,从对方的回答中,他们就都知道了对方国家以后的结局;颜渊乘车外出,看到了东野毕驾车的情形,就断定了东野毕将要出车祸;在邾隐公朝见鲁定公的仪式上,子贡根据邾隐公和定公的神情举止,就预言了他们将不久于人世;仲尼听了师旷弹的琴曲,就感受出曲子是周文王所作,并从中了解了周文王的为人;季子听了周代的传统音乐,就剖析了周朝和各诸侯国的盛衰大势。要了解一个人或一件事,何必非要亲临其境、亲眼目睹呢?"

问曰:"仆尝游于阗之国①,数与沙门、道人相见,以吾事难之,皆莫对而词退,多改志而移意,子独难改革乎?"

牟子曰:"轻羽在高,遇风则飞;细石在溪,得流则转。唯泰山不为飘风动,磐石不为疾流移。梅李遇霜而落叶,唯松柏之难凋矣。子所见道人，必学未浃、见未博，故有屈退耳。以吾之顽，且不可穷，况明道者乎！子不自改而欲改人，吾未闻仲尼追盗跖^②，汤武法桀纣者矣^③。"

【注释】

①于阗：又作"于填"，古西域国名。在今新疆和田一带。

②盗跖：相传为春秋末期人，名跖。柳下屯（在今山东西部）人。

③汤武：即商汤和周武王。桀纣：即夏桀和商纣。均为暴君，后作为暴君的代称。

【译文】

问："我曾经游历于阗国，屡次与沙门、道士打交道，我提出问题请教他们，那些沙门和道士都无言以对，大多数人改变了志趣和信仰，唯独你难以改变吗？"

牟子说："羽毛在高空中遇到风就被吹跑了；小石子在小溪里被水一冲就滚动了，而泰山不会被大风吹动，磐石不会被急流冲走。梅树和李树遇到霜雪就会落叶，而松柏在霜雪中却不会凋零。你所见到的那些道人，一定是学而不通、见识不广，所以才会退缩。即使像我这么愚笨的人，你都问不倒，何况碰到那些已经精通了道的人呢！你自己不思悔改，反而想改变别人，我从没听说过仲尼追随盗跖，汤、武效法桀、纣的。"

问曰："神仙之术，秋冬不食，或入室累旬而不出，可谓澹泊之至也。仆以为可尊而贵，殆佛道之不若乎！"

牟子曰："指南为北，自谓不惑；以西为东，自谓不曚；以鸥枭而笑凤凰，执蝼蚓而调龟龙。蝉之不食，君子不贵。蛙蟆穴藏，圣人不重。孔子曰：'天地之性，以人为贵。'不闻尊蝉蟒也。然世人固有啖菖蒲而弃桂姜，覆甘露而啜酢浆者矣。毫毛虽小，视之可察；泰山之大，背之不见。志有留与不留，意有锐与不锐。鲁尊季氏而卑仲尼①；吴贤宰嚭②，不肖子胥③。子之所疑，不亦宜乎！"

【注释】

①季氏：即季孙氏，春秋后期鲁国掌握政权的贵族。从季文子起，季武子、季平子、季桓子、季康子等相继执政。

②宰嚭（pǐ）：即伯嚭。春秋时楚国人，后逃到吴国。吴王夫差时被任为太宰，故有宰嚭之称。

③子胥：即伍子胥，名员。春秋时楚国人，后逃入吴国成为大夫。吴王夫差信宰嚭而疏远伍子胥，经宰嚭进谗言，夫差赐剑命伍子胥自杀。

【译文】

问："神仙作起法术，可以在秋冬两季不吃东西，或者把自己关在屋子里许多天不出来，可以说是恬静寡欲到极点了。我认为这是值得崇敬的。大概佛道是赶不上了！"

牟子说："把南说成了北，还自以为没有迷惑；把西当成了东，还自以为不糊涂。你这是用鸱枭来嘲笑凤凰，拿蝼蚁来嘲笑龟龙啊！蝉可以不吃东西，但是君子不认为它是尊贵的。蛙和蟒可以在洞穴中冬眠，但是圣人并不敬重它们。孔子说：'天地间有生命的东西中，人是最尊贵的。'没听说有谁主张敬重蝉和蟒，况且生活中本来就有人吃菖蒲而不吃桂姜，也有人不饮雨露而喝醋浆。毫毛虽然细小，然而仔细看是可以看到的。泰山虽然高大，但是用后背对着它也就看不见它。人的志向或者长久或者不长久，人的意志或者坚定或者不坚定。鲁国敬重季氏而鄙视仲尼，吴国把宰嚭看成贤人而认为伍子胥是不肖之徒。你的看法不也是属于这一类吗？"

问曰:"道家云,尧、舜、周、孔、七十二弟子,皆不死而仙。佛家云,人皆当死,莫能免。何哉?"

牟子曰:"此妖妄之言,非圣人所语也。《老子》曰:'天地尚不能长久,而况人乎!'孔子曰:'贤者避世。''仁孝常在'。吾览六艺,观传记,尧有殂落,舜有苍梧之山①,禹有会稽之陵②,伯夷、叔齐有首阳之墓,文王不及诛纣而没,武王不能待成王大而崩③,周公有改葬之篇④,仲尼有两楹之梦⑤,伯鱼有先父之年⑥,子路有菹醢之语,伯牛有亡命之文⑦,曾参有启足之词,颜渊有不幸短命之记、苗而不秀之喻,皆著在经典,圣人至言也。吾以经传为证,世人为验,云而不死者,岂不惑哉!"

【注释】

①苍梧:山名。又称九疑,在今湖南宁远县境。相传舜葬于苍梧之野。

②会稽:山名。或作茅山、防山,在浙江省中部。相传禹死于会稽。

③成王:即周成王姬诵,周武王的儿子。武王死时,成王年幼,由其叔父周公旦摄政。

④改葬之篇:周公将死时,提出死后葬在成周(西周的东都,今河南洛阳市洛水北岸),表示自己不敢离开成王。但是周公死后,成王把他葬在毕(周文王葬于此,在今陕西咸阳西北),表示不敢以周公为臣(《史记·鲁周公世家》)。

⑤两楹之梦:孔子病重,子贡来见。孔子对子贡说:我快要死了,我梦见自己死后停枢在两个柱子之间。夏人停枢在东阶上,周人停枢在西阶上,而殷人停在两柱之间。我的祖先是殷人哪! 见《孔子家语》卷十(孔子祖先是宋国人,宋国的开国者是殷人微子)。

⑥伯鱼:孔子的儿子,名鲤,字伯鱼。比孔子先死。

⑦伯牛:即冉耕,字伯牛,春秋时鲁国人。孔子的学生。伯牛病重时,孔子拉着他的手说:难得活了！难得活了！见《论语·雍也》。

【译文】

问:"道家说,尧、舜、周公、孔子及其七十二个弟子,都是不死而成仙的。佛家则说,人都有一死,谁也免不了。哪一种说法对呢?"

牟子说:"尧舜等人不死成仙的说法乃是妖妄之言,圣人从来没有这样说过。《老子》说:'天和地尚且不能长久,何况人呢?'孔子说:'贤人逃避恶浊的社会而隐居起来。'就'仁和孝常存'了。我看过六艺,读过圣贤们的传记,知道尧终有一死;舜死后葬在苍梧山;禹在会稽山有陵寝;伯夷和叔齐在首阳山有坟墓;周文王没来得及诛灭商纣王就死了;周武王没等他的儿子周成王长大就去世了;周公死后,被改葬在与他的要求不同的地方;仲尼临死前,曾梦见自己被停枢在两柱之间;伯鱼比他的父亲先死;子路被剁成肉酱而亡;伯牛病重时,孔子执着他的手说'活不得了';曾参临终前有'看看我的脚'的说法;颜渊不幸短命而死,孔子把他的短命比喻为'庄稼出苗而不开花'。这些都写在经典里,都是圣人所说的。我以经传上的记载为据,以世上的人都有一死为证,那种认为人可以不死的说法,岂不是很荒唐吗?"

问曰:"子之所解,诚悉备焉,固非仆等之所闻也。然子所理,何以止著三十七条,亦有法乎?"

牟子曰:"夫转蓬漂而车轮成,窾木流而舟楫设,蜘蛛布而尉罗陈,鸟迹见而文字作,故有法成易,无法成难。吾览佛经之要有三十七品①,老氏《道经》亦三十七篇,故法之焉。"

于是惑人闻之，蹙然失色，又手避席，逡巡俯伏曰："鄙人矇瞽，生于幽仄。敢出愚言，弗虑祸福。今也闻命，霍如汤雪。请得革情，洒心自救。愿受五戒，作优婆塞。"

【注释】

①三十七品：即三十七道品，佛教用语。指达到佛教觉悟，趋向涅槃的途径。分七种，即：四念处、四正勤、四如意足、五根、五力、七觉支、八正道，共三十七项。

【译文】

问："你的解说，相当详细完备，像我这样的人确实没有听到过。然而你的见解为什么只著述三十七条，这也有所根据吗？"

牟子说："蓬被风卷起会在空中飘转，受这一现象的启发，人们造出了车轮。看到凹形的木头在水中漂流，人们造出了舟船。受到蜘蛛结网的启发，人们学会了张布罗网。受到鸟爪印迹的启示，人们发明了文字。可见，有了可资效法的典范，做什么事就容易，否则就困难。我阅览佛经，看到所讲的"道品"共有三十七项，老子的《道经》也是三十七篇，所以就效法了它们。"

听到这里，那个困惑的问者大惊失色，赶紧离开座席，拱手致敬，随即拜倒在地说："鄙人有眼无珠，生活在黑暗中，竟敢提出那么多愚蠢的问题，说出那些不考虑祸福后果的蠢话。今天听到教诲，就像热水浇在雪上，豁然化解。请允许我改变信仰，洗心革面，接受五戒，作一个优婆塞。"

正诬论

【题解】

本文作者不详。作者针对一般人所关心的佛有神通、吉凶、寿夭等具体问题,为佛教辩诬。文章采用宾主设问方式,"诬"为非难质问者,"正"为答辩者,主要针对《老子化胡经》《老子西升经》等有关夷夏论的观点而发。由于道教的化胡经均系伪托,则尹文子西行化胡之说也是附会。

有异人者,诬佛曰:尹文子有神通者①,愍彼胡狄,父子聚麀②,贪婪忍害③,昧利无耻④,侵害不厌,屠裂群生⑤,不可逊让,厉不可谈议喻,故具诸事,云云。又令得道弟子变化,云云。又禁其杀生,断其婚姻,使无子孙。伐胡之术,孰良于此,云云。

【注释】

①尹文子:人名。旧传为周人,《庄子·天下》将尹文与宋钘并称,刘向《说苑·君道》载有尹文与齐宣王的问答,盖为当时齐国稷下学派的学者。尹文子究竟为何人,现已难考,但据已有记载推断,其人所学属申韩黄老之术。

②聚麀(yōu)：本指兽类父子共一牝的行为，后用以指两代的乱伦行为。聚，是共的意思。麀，牝鹿。

③忍害：敢于杀人。《说文解字》："忍，能也"。

④昧利：贪利。

⑤屠裂：分裂。

【译文】

有一位怪人，诬蔑佛教说：一位神通广大的尹文子，怜悯那些胡人，因为他们不知礼仪，父子乱伦，贪婪无厌，为了利益互相杀戮，残害众生，互不谦让，实在不可通过比喻议论使他们明白道理，因此显现各种神通教化他们，如此等等。他又命令他的得道弟子通过变化显示各种神迹，等等。又禁止胡人杀生，断绝他们的婚姻，使他们没有子孙后代。讨伐胡人的方法，再没有比这更好的了，等等。

正曰：诬者既云无佛，复云文子有神通，复云有得道弟子，能变化恢廓①，尽神妙之理，此真有胸无心之语也。夫尹文子，即老子弟子也，老子，即佛弟子也。故其经云：闻道竺乾有古先生，善入泥洹，不始不终，永存绵绵。竺乾者，天竺也；泥洹者，胡语，晋言无为也。若佛不先老子，何得称先生？老子不先尹文，何故请《道德》之经？以此推之，佛故文子之祖宗，众圣之元始也。安有弟子神化而师不能乎？且夫圣之宰世，必以道莅之②，远人不服，则绥以文德，不得已而用兵耳。将以除暴止戈，拯济群生，行小杀以息大杀者也。故春秋之世，诸侯征伐，动仗正顺，敌国有衅，必鸣鼓以彰其过，总义兵以临罪人，不以暗昧而行诛也。故服则柔而抚之，不苟淫刑极武③，胜则以丧礼居之，杀则以悲哀泣之，是以深贬诱执④，大杜绝灭之原⑤。若怀恶而讨不义，假道以成其暴，皆经传变文讥贬累见⑥。故会宋之盟，抑楚而先晋者，疾衷甲之诈，以崇咀信之美也。夫敌之怨惠⑦，不及后嗣，恶止其身，重罪不滥，此百王之明制，经国之令典也⑧。至于季末之将⑨，佳兵之徒⑩，患道薄德衰，始任诈力⑪，竞以谲诡之计⑫，济残贼之心。野战则肆锋极杀，屠城则尽坑无遗，故白起刎首于杜邮⑬，董卓屠身于宫门⑭，君子知其必亡，举世哀其就戮，兵之弊也，遂至于此，此为可痛心而长叹者矣！何有圣人而欲大纵阴毒，翦绝黎元者哉？且十室容贤⑮，而况万里之广，重华生于东夷，文命出乎西羌⑯，圣哲所兴，岂有常地？或发音于此，默化于彼，形教万方⑰，而理运不差。原夫佛之所以夷迹于中天，而曜奇于西域者⑱，盖有至趣，不可得而缕陈矣。岂有圣人疾敌之强，而其欲覆灭，使无孑遗哉？此何异气疠既流，不蠲良淑⑲，纵火中原⑳，兰茝俱焚㉑？桀纣之虐，犹呼不然乎？纵令胡国信多恶逆，以暴易暴，又非权通之旨也。引此为辞，适足肆谤，言眩愚竖㉒，岂允情合义？有心之难乎！

【注释】

① 恢廓：宽宏，博大，这里指很多的意思。

② 莅（lì）：本义为走到近处察看，这里指治理、统治、管理。

③ 淫刑极武：滥施刑罚，滥用武力。

④ 深贬诱执：减少杀戮，诱导教诲。

⑤ 大杜绝灭之原：尽力减少灭绝人寰的源头。

⑥ 经传变文：古代两种文体。经传是指儒家典籍中的经与传，如五经及其传注，其中心思想是宣扬儒家的圣人之道——德治、仁

政、忠孝等;变文指取材于佛教经典中富于神变之记事,加以改写,使之通俗生动,适合教化民众。它与经传一样具有扬善去恶、怀义止暴的济世化俗之功用。

⑦怨惠:指仇怨。

⑧令典:好的典章法度。

⑨季末:末世,衰世。

⑩佳兵:好用兵器。古"佳"当作"隹",古"唯"字。后以"佳兵不详"谓好用兵是不吉利的。

⑪诈力:诈术与暴力。

⑫谲诡(juéguǐ):怪诞。

⑬白起刎首于杜邮:《史记》卷七十三《白起王翦列传》记载,白起是秦国秦昭王时名将,善用兵。秦赵长平之战,白起使诈把赵降卒四十万全部坑杀,只留下二百四十个年纪小的士兵回赵国报信。后功高震主,并与秦相应侯范雎有隙。秦昭王五十年,诸侯攻秦,秦军失利。昭王与范雎等群臣谋议:白起被贬迁出咸阳,心中怏怏不服,有怨言,不如处死。于是昭王派使者拿了宝剑,令白起在杜邮自裁。白起伏剑自刎时说:"我何罪于天而至此哉?"良久,又说:"我固当死。长平之战,赵卒降者数十万人,我诈而尽坑之,是足以死。"于是自杀。

⑭董卓屠身于宫门:董卓,陇西临洮(今甘肃岷县)人。西凉军阀,东汉末年少帝、献帝时权臣。原本屯兵凉州,于灵帝末年十常侍之乱时受大将军何进之召率军进京,旋即掌控朝中大权。其为人残忍嗜杀,倒行逆施,招致群雄联合讨伐。后被其亲信吕布杀于宫门,弃尸于市。

⑮十室容贤:只有十户人家的小地方也有贤人。

⑯"重华"二句:重华即帝舜,生于东夷,舜目重瞳,故名,后亦用以代称帝王。《史记·五帝本纪》:"虞舜者,名曰重华。"文命即夏禹,是

楚国军队使诈,将铠甲穿在衣服里面,而崇敬讲诚信有美德的晋国。敌人的仇怨不殃及后代子孙,罪恶只在自身,不滥用重刑,这是大多数君王明确的制度,治理国家的好的典章法度。至于末世的将领,好用兵的人,患有道德浅薄衰弱的毛病,一开始就依靠诈术与暴力,运用怪诞的计策争夺胜利,帮助凶残暴虐的人。在野外作战则过度屠杀,屠城则全部坑埋,一个不剩,因此秦国将领白起在杜邮自刎,董卓在宫门被人屠杀,君子知道他们必定灭亡,全天下的人为他们的被杀感到悲哀,这是由于他们平时过度杀戮才导致后来的报应,这真是让人感到痛心而长叹的事情啊!难道有圣人会纵容阴险毒辣的事情,灭绝老百姓吗?其实只有十户人家的小地方也会有贤人,何况万里广阔之地呢?帝舜生在东夷之地,夏禹成长在西羌之境,圣贤哲人所兴起,难道有固定的地方吗?有的在一个地方生长,在另一个地方以各种形象默默施行教化,而道理运用丝毫无差错。至于佛之所以在中土之地绝迹,而在西域显示奇迹,肯定有特殊的原因,很难详细陈述。难道还有圣人会害怕敌人强大,想让他们灭绝,永远没有子孙后代吗?这与瘟疫流行,不排除善良贤淑之人,与在原野纵火,香花与臭草一起被焚烧有什么不同呢?夏桀与商纣的暴虐还比不上这种行为呢!纵使胡国的人大多凶残,大逆不道,如果用残暴势力代替残暴势力,也不符合通达的宗旨。说出这些话,很明显是诽谤,迷惑愚蠢与低贱的人,这符合事实和道义吗?实在是刻意刁难啊!

又诬云:尹文子欺之,天有三十二重[①],云云。又妄牵《楼炭经》云[②]:诸天之宫,广长二十四万里,面开百门,门广万里,云云。

正曰:佛经说天地境界,高下阶级,悉条贯部分,叙而有章。而诬者,或附着生长,枉造伪说,或颠倒淆乱,不得要实③。何有二十四万里之地,而容四百万里之门乎? 以一事覆之,足明其错谬者多矣。藏获牧竖④,犹将知其不然,况有识乎? 欲以见博,只露其愚焉!

【注释】

①天有三十二重:佛教称欲界十天,色界十八天,无色界四天,共三十二天。参见《法苑珠林》卷五《三界辨位》。

②《楼炭经》:佛教经典。由西晋沙门法立、法炬于惠帝、怀帝之际(290～306)在洛阳共同译出。

③要实:要领,实质。

④藏获牧竖:指地位低下的人。藏获,奴婢的贱称。牧竖,指牧童。

【译文】

又诬蔑说:尹文子欺骗胡人说天有三十二重,等等。又虚妄引用《楼炭经》说:所有的天宫,有二十四万里长,里面开设百个门,一门有万里长,等等。

纠正说:佛经说天地的境界,高低台阶,都是条理贯穿,部位分明,叙述很有章法。然而诬蔑的人,或者牵强附会,胡乱制造虚伪的说法,或者颠倒混淆,不得要领。哪里有二十四万里宽的地方,能够容纳四百万里宽的门? 从这一件事总体来看,足以表明诬蔑者的谬误之多。奴婢下人,都能知道他这种说法的不对,何况有识之士呢? 想要表现出自己的渊博,却显露出愚蠢。

又诬云:佛亦周遍五道①,备犯众过,行凶恶犹得佛,此非惩为恶者之法也②。又计生民,善者少而恶者多,恶人死辄充六畜,尔则开辟至今,足为久矣,今畜宜居十分之九,而人种已应希矣。

正曰：诚如所言，佛亦曾为恶耳，今所以得佛者，改恶从善故也。若长恶不悛③，迷而后遂往④，则长夜受苦，轮转五道，而无解脱之由矣。今以其能掘众恶之栽，灭三毒之烬⑤，修五戒之善，书十德之美，行之累劫，倦而不已，晓了本际，畅三世空，故能解生死之虚，外无为之场耳。计天下昆虫之数，不可称计，人之在九州之内，若毫末之在马体，十分之九，岂所言哉？故天地之性，以人为贵，荣期所以自得于三乐⑥，达贵贱之分明也。今更不复自赖于人类，不丑恶于畜生，以刍水为甘膳，以羁络为非谪，安则为之，无所多难也。

【注释】

①五道：指天、人、地狱、饿鬼、畜生。加阿修罗，又称六道。

②悕：意愿，希望。

③长恶不悛(quān)：长期作恶，不肯悔改。

④遂(suì)往：指以往的错误。《梁书·袁昂传》："若执迷遂往，同恶不悛，大军一临，诛及三族。"

⑤三毒：佛教以贪欲、嗔恚、愚痴为三毒，为三大根本烦恼。

⑥荣期所以自得于三乐：荣期，人名，荣启期的简称。《列子·天瑞》记载，孔子游于太山，见荣启期行乎郕之野，鹿裘带索，鼓琴而歌。孔子问曰："先生所以乐，何也？"对曰："吾乐甚多：天生万物，唯人为贵，而吾得为人，是一乐也；男女之别，男尊女卑，故以男为贵，吾既得为男矣，是二乐也；人生有不见日月，不免襁褓者，吾既已行年九十矣，是三乐也。贫者士之常也，死者人之终也，处常得终，当何忧哉？"孔子曰："善乎？能自宽者也！"这就是"知足者常乐"的典故。

【译文】

又诬蔑说:佛也经历过五道轮回,犯过很多错误,做过凶恶之事还能够成佛,这岂不是鼓励作恶?而且普通老百姓,善良的少而凶恶的多,恶人死亡总是进入畜生道,那么人类产生以来,时间已经很久远了,现在畜生应该占据十分之九,而人种应该很稀少了。

纠正说:确实如上所说,佛陀也曾经做过恶事,现在之所以成佛,是因为他改恶从善了。如果长期作恶,不肯悔改,内心迷惑而不断重复以前的错误,那么就会永远处在黑夜之中受苦,轮回在五道之中,没有解脱的希望。如今佛陀能挖掉众恶之根,灭尽贪嗔痴三毒的灰烬,修炼五戒的善行,弘扬十种美德,多劫修行,不知疲倦,从不停止,晓悟宇宙真理的根本,通畅三世轮回的空无自性,因此能解脱生死的虚妄,达到无为的境界啊!统计天下昆虫畜生的数量,不可计算,人在九州里面,就好像毫末在马的身体里面,畜生占十分之九,岂是所说的这么少吗?因此,天地的本性,以人为贵,荣期所以自得为人、为男、得寿三乐,通达富贵与贫贱的命运。因此现在做人更应该端正态度,不把畜生看做丑恶的动物,把喂牲畜的草料和水当做珍馐美味,把受束缚看做享受,安心面对一切事情,那么就没有什么困难了。

又诬云:有《无灵下经》①。

《无灵下经》,妖怪之书耳,非三坟五典训诰之言也②,通才达儒,所未究览也。三曾五祖之言③,又似解奏之文④,此殆不诘,而虚妄自露矣。

今且聊复应之:凡俗人常谓:人死则灭,无灵无鬼。然则无灵,则无天曹;无鬼,则无所收也。若子孙奉佛,而乃追谴祖先。祖先或是贤人君子,平生之时,未必与子孙同事,而天曹便收伐之,命颜冉之尸⑤,罗枉戮之痛,仁慈祖考,加虐毒于贵体,此岂聪明、正直之神乎？若其非也,则狐貉、魍魉、淫厉之鬼⑥,何能反制仁贤之灵,而困禁戒之人乎？以此为诬,鄙丑书矣。

【注释】

①《无灵下经》：此处似有脱文。

②三坟五典：古书名。据传,三坟为伏羲、神农、黄帝之书,五典为少昊、颛顼、高辛、尧、舜之书。

③三曾五祖：无考。

④解奏：道教术语。道士作法写上疏文呈奏给玉皇大帝,求玉皇大帝解冤释结把冤仇解开。

⑤颜冉：颜回、冉耕的并称。二人均为孔子弟子,皆以德行著称,均因恶疾早逝。

⑥魍魉(wǎngliǎng)：古代传说中的山川精怪。

【译文】

又诬蔑说：有一部《无灵下经》。

这部书是妖怪之书,里面记载的不是古代经典教导禁戒的话语,学问、道德高明的人不会详细读览。里面记录三曾五祖的话,又好像是祈祷解灾的文章,这些确实不值得诘问,就让人感觉到虚妄迷信。

现在暂且回答：普通俗人常常说：人死如灯灭,没有灵性和鬼魂。然而如果没有灵性,那么就不会有天宫；没有鬼魂,就没有什么所收了。如果子孙信奉佛教,追谴祖先的魂灵回来。祖先也许是贤人君子,平生所做的事情未必与子孙相同,而天宫收伐他们,让贤良的颜回、冉耕英年早逝,招致枉杀的痛苦。仁慈的祖先,给子孙的身体增加虐待毒害,这难道是聪明正直的神灵吗？如果不是,那么就是狐貉、山川精怪、淫厉之鬼了。为何能够反过来控制仁爱贤良的魂灵和围困讲禁戒的人呢？以此诬蔑,是鄙陋丑化这本书。

又诬云：道人聚敛百姓，大构塔寺，华饰奢靡，费而无益，云云。

正曰：夫教有深浅，适时应物，悉已备于首论矣，请复申之。夫恭俭之心，莫过尧舜，而山龙华虫，黼黻絺绣①。故《传》曰：锡鸾和铃，昭其声也；三辰旂旗，昭其明也；五色比象，昭其文也。故王者之居，必金门、玉陛、灵台、凤阙，将使异乎凡庶，令贵贱有章也。夫人情从所睹而兴感，故闻鼓鼙之音，睹羽麾之象，则思将帅之臣；听琴瑟之声，观庠序之仪②，则思朝廷之臣。迁地易观，则情貌俱变。今悠悠之徒，见形而不及道者，莫不贵崇高，而忽仄陋。是以诸奉佛者，仰慕遗迹，思存仿佛，故铭列图象，致其虔肃，割损珍玩③，以增崇灵庙。故上士游之，则忘其蹄筌④，取诸远味；下士游之，则美其华藻，玩其炳蔚⑤。先悦其耳目，渐率以义方，三涂汲引⑥，莫有遗逸，犹器之取水，随量多少，唯穿底无当，乃不受耳。

【注释】

①山龙华虫，黼黻（fǔfú）絺绣：指古代礼服上绣的一些色彩绚丽的天地物象。《尚书·益稷》："予欲观古人之象：日、月、星、辰、山龙、华虫、作会、宗彝、藻火、粉米、黼黻、絺绣，以五彩彰施于五色作服。"

②庠序（xiángxù）：古代的地方学校，后也泛称学校或教育事业。

③珍玩：珍贵的供玩赏的东西。

④蹄筌：也作"筌蹄"，指达到某种目的的手段，或反映事物的迹象。筌，捕鱼器。蹄，兔网，捕兔的工具。《庄子·外物》："筌者所以在鱼，得鱼

而忘筌;蹄者所以在兔,得兔而忘蹄;言者所以在意,得意而忘言。"

⑤炳蔚:形容文采鲜明华美。

⑥三涂:佛教语。又作三途,即火途(地狱道)、血途(畜生道)、刀途(饿鬼道),也叫三恶道。

【译文】

又诬蔑说:佛教徒搜刮老百姓的钱财,大兴土木,修建寺院,装饰华丽,挥霍奢侈,浪费钱财没有益处,等等。

纠正说:教化有深浅之分,应该适应不同的时机和对象,这些都在首论里面说得很详细了,现在再申明一下。没有比尧舜更恭敬节俭的了,而他们也要穿上绣了色彩绚丽的天地物象的礼服。因此《左传》说:车衡上的金属铃铛,是用来昭显声势的;绣有日月星三辰的旗帜,是用来彰显光明的;青黄赤白黑五色类比物象,是用来彰显文明的。因此,王者居住的地方,必定是金门、玉陛、灵台、凤阙,这样显示出与普通百姓的不同,让贵贱有章可循。人往往是根据看到的东西而兴起各种感想,因此听到战鼓的声音,看到旌旗的形象,必定思念将帅之臣;听到琴瑟的声音,观看学校里面的礼仪,必定思念朝廷的臣子。迁离不同的地方,改变不同的住所,人的感情和相貌都会发生变化。如今大多数人,看到形象而领悟不到大道的,没有不注重雄伟高大的地方,而忽略狭窄简陋的地方。因此那些信奉佛教的人,仰慕佛陀的遗迹,铭记佛陀的音像,所以铭刻和陈列各种图像,增加虔诚和肃穆,减损供玩赏的东西,来增加庙宇的灵妙崇高。因此上士游览,会忘记象征大道的物象,而领略里面深远的韵味;下士游览,喜欢美丽的装饰,把玩鲜明华美的文采。先让人们的耳目愉悦,再渐渐引导他们领悟义理,这样也能吸引三恶道的众生,因而没有任何遗漏,就好像用器具取水,随容量多少来定,只有没底的器具,无法装水。

又专诬以祸福为佛所作,可谓元不解矣。聊复释之:夫吉凶之与善恶，犹影响之乘形声，自然而然，不得相免也。行之由己，而理玄应耳。佛与周、孔，但共明忠、孝、信、顺，从之者吉，背之者凶。示其渡水之方，则使资舟楫，不能令步涉而得济也。其谓诲人之法，救厄死之术，亦犹神农尝粒食以充饥虚，黄帝垂衣裳以御寒暑。若闭口而望饱，裸袒以求温，不能强与之也。夫扁鹊之所以称良医者，以其应疾投药，不失其宜耳，不责其令有不死之民也。且扁鹊有云：吾能令当生者不死，不能令当死者必生也。若夫为子则不孝，为臣则不忠乎？守膏肓而不悟，进良药而不御，而受祸临死之日，更多咎圣人，深恨良医，非徒东走，其势投阱矣①。

【注释】

①“非徒”二句：大意是徒劳无益，雪上加霜。《韩非子·说林上》：“狂者东走，逐者亦东走，其东走则同，其所以东走之为则异。故曰：同事之人，不可不审察也。”

【译文】

又专门诬蔑祸福由佛来确定，可以说根本不了解佛的含义。我再回答一遍：吉凶与善恶之间的关系，就好像事物有影子，声音有回声一样自然，不会免除。自己行动，而吉凶之理自然相应。佛与周文王、孔子一样，只是都明白忠孝信顺的道理，遵从的吉利，背离的凶险。比如渡过江河的方法，送给别人船桨，不能让他们蹚水渡过。可以说教诲的方法，救死扶伤之术，也好像神农尝试各种粮食来疗治饥饿，黄帝制作衣裳来抵御寒暑一样。如果闭口而希望吃饱，裸露身体而渴求温暖，不可能强行达到目的。扁鹊之所以能称得上良医，是因为他根据不同的疾病来开药方，不会丧失适宜的时机，不能强求他让病人完全不死亡。况且扁鹊说过：我能让应该活命的不会死亡，不能让应该死的人活命。

如果作为儿子不孝顺父母，那么作为臣子也不忠诚君主。病入膏肓还不明白，有良药而不吃，在遭受灾祸临死的时候，只是怪罪圣人，痛恨良医，这不是雪上加霜更加危险吗？

又诬云：沙门之在京洛者多矣，而未曾闻能令主上延年益寿。上不能调和阴阳，使年丰民富，消灾却疫，克静祸乱，云云；下不能休粮绝粒①，呼吸清醇，扶命度厄，长生久视，云云。

正曰：不然。庄周有云：达命之情者，不务命之所无奈何，审期分之不可迁也②。若令性命可以智德求之者，则发、旦二子③，足令文父致千龄矣。颜子死，则称天丧予，惜之至也，无以延之耳。且阴阳数度，期运所当，百六之极④，有时而臻。故尧有滔天之洪，汤有赤地之灾，涿鹿有漂杵之血，阪泉有横野之尸，何不坐而消之，救其未然耶？且夫熊经鸟曳，导引吐纳，辍黍稷而御英蕊，吸风露以代糇粮，俟此而寿，有待之伦也⑤。斯则有时可夭，不能无穷者也。沙门之视松乔⑥，若未孩之儿耳。方将抗志于二仪之表⑦，延祚于不死之乡，岂能屑心营近，与涓彭争长哉⑧？难者苟欲骋饰非之辩，立距谏之强，言无节奏，义无宫商，嗟夫北里之乱雅⑨，恶绿之夺黄也。其余噪之音，曾无纪纲，一遵先师不答之章⑩。

【注释】

①休粮绝粒：不吃五谷，方士道家修炼成仙的一种方法。又称"辟谷"、"却谷"、"断谷"、"绝谷"等。

②审期分之不可迁：懂得生命的寿夭是不能随意改变的。

③发、旦二子：发、旦二子为周文王的两个儿子姬发和周公旦。参见前《牟子理惑论》注。

④百六：古代指厄运。

⑤有待之伦：行动和思想都没达到最高自由境界的人。

⑥松乔：赤松和王乔，传说中的古仙人，道教徒崇拜的偶像。

⑦抗志：高尚其志。

⑧涓彭：涓子和彭祖，传说中的古仙人，以善于养生而著名。

⑨北里之乱雅：靡靡之音扰乱了优雅的音乐。《史记》卷三《殷本纪》："（纣）于是使师涓作新淫声，北里之舞，靡靡之乐。"

⑩一遵先师不答之章：指孔子不正面回答子路问鬼神及死后之事。《论语·先进》："季路问事鬼神。子曰：未能事人，焉能事鬼？曰：敢问死？曰：未知生，焉知死？"

【译文】

又诬蔑说：和尚在京城的很多，未曾听说他们能让皇上延年益寿。上不能调和阴阳，使年成丰收，百姓富裕，消除灾祸和瘟疫，平定战祸，等等；下不能让人辟谷养生，呼吸清明醇厚，培育生命，度过苦厄，长生不老，等等。

纠正说：不是这样的，庄子说过：真正通达生命真相的人，不会去追求生命中不必要的东西，因为他懂得生命的长短是不可随意改变的。如果使性命可以通过智慧道德求得，那么姬发和周公旦两位儿子足以让他们的父亲周文王获得千岁的寿命。颜回英年早逝，孔子称天丧我，可惜之至，但是无法延长他的寿命。况且阴阳变化不断，运期不同，很大的厄运，有时候也会来到。因此尧遇到滔天洪水，汤遇到赤地干旱的灾祸，黄帝与蚩尤在涿鹿大战流血千里，与炎帝在阪泉大战横尸遍野，为何不停下来让其消失，挽救这些事情不让发生呢？像熊之攀枝，鸟之伸脚一样养生，引导呼吸之气，停止吃粮食而只吃花蕊，吸取甘露来代替干粮,想靠这样来延长寿命,这些人的行动和思想都没达到最高自由境界。他们还是会在一定时候死去,不能达到无穷的境界。在沙门看来,赤松和王乔只是像还未长大成人的孩子。应该在天地之间高尚自己的志向,在永恒不灭之乡延续自己的福禄,岂能刻意经营,与涓子和彭祖这些古仙人争寿命的长短呢?这些非难者想要加强掩饰过错的辩论,确立不听劝谏的强势,语言没有节奏,意义没有音律,可悲就像靡靡之音扰乱了优雅的音乐,深绿消除了黄颜色。其余的就像噪音,没有章法,遵从先师孔子不正面回答子路问鬼神之事的榜样,不予答复。

又诬云:汉末有笮融者①,合兵依徐州刺史陶谦,谦使之督运,而融先事佛,遂断盗官运,以自利人,大起佛寺,云云,行人悉与酒食,云云,后为刘繇所攻见杀,云云。

正曰:此难不待绳约而自缚也。夫佛教率以慈仁,不杀忠信,不炫廉贞,不盗为首。《老子》云:兵者,不祥之器,迩者凶。而融阻兵安忍②,结附寇逆,犯杀一也;受人使命,取不报主,犯欺二也;断割官物,以自利人,犯盗三也;佛经云:不以酒为惠施。而融纵之,犯酒四也。诸戒尽犯,则动之死地矣。譬犹吏人,解印脱冠,而横道肆暴,五尺之童,皆能制之矣。笮氏不得其死,适足助明为恶之获殃耳。

【注释】

① 笮(zé)融:人名。丹阳人,曾聚众数百投奔汉末军阀陶谦,陶谦命其监督广陵、下邳、彭城运粮。笮融本人信仰佛教,他利用职权挪用三郡粮食建筑佛寺,可容三千余人,佛像铜人金身,浴佛设酒饭,以布铺数十里路面,费用以亿计。曹操进攻时笮融领男女数万人、马三千匹出逃广陵。笮融因贪广陵物资杀害太守赵昱,

　　大掠广陵。接着过江重施故技于秣陵杀彭城相薛礼。后笮融再次重施故技杀太守朱皓，据其城。扬州刺史刘繇讨伐笮融，初败于笮融之手，后再合属县之力败笮融，笮融败走入山，被山民所杀。

②阻兵安忍：仗恃军队，安于做残忍的事。

【译文】

　　又诬蔑说：汉末有一个叫笮融的人，曾经带领一些士兵投靠徐州刺史陶谦，陶谦命其监督广陵、下邳、彭城运粮，笮融事先信仰佛教，他利用职权挪用三郡粮食建筑佛寺，等等，路人都施予酒饭，等等，后来被扬州刺史刘繇讨伐，笮融败走入山，被山民所杀，等等。

　　纠正说：这实在是不用绳索而自己捆绑自己啊！佛教提倡仁慈，不杀忠厚诚信之人，不迷惑欺骗廉洁忠贞之人，以不偷盗为第一。《老子》说：兵器，不祥之物，太接近的人会很危险。笮融仗恃军队，安于做残忍的事，巴结贼寇，犯了第一条杀戒；接受别人的使命，拿了东西不回报主人，犯了欺骗第二条戒律；利用职权挪用官府财物，自私自利，犯了偷盗第三条戒律；佛经说：不能以酒为恩惠施舍，而笮融放纵自己和部下饮酒，犯了饮酒第四条戒律。所有的戒律都犯了，那么肯定会进入死亡之地了。就好像官吏，放下官印，脱去官帽，而横行霸道，五尺高的孩子都能制服他。笮融不得好死，正好帮助彰显因果报应、为恶遭殃的真理了。

　　又诬云：石崇奉佛亦至①，而不免族诛，云云。

　　答曰：石崇之为人，余所悉也。骄盈耽酒，放僻无度②，多藏厚敛，不恤惸独③。论才，则有一割之利④；计德，则尽无取焉。虽托名事佛，而了无禁戒。即如世人，貌清心秽，色厉内荏，口咏禹汤，而行偶桀跖⑤，自贻伊祸，又谁之咎乎？

【注释】

①石崇(249～300)：西晋人，字季伦，祖籍渤海南皮，出任过南中郎将、荆州刺史。在荆州时以劫掠商贾致富，曾与贵戚王恺斗富。公元300年，淮南王司马允政变失败，石崇因旧与赵王司马伦心腹孙秀有隙，被诬为司马允同党，被族诛，并没收其家产。石崇是西晋王室贵族中信仰佛教的代表人物之一。

②僭(tiě)：奸诈狡猾。

③惸(qióng)：同"茕"，没有兄弟，孤独。

④一割之利：一技之长。

⑤跖(zhí)：盗跖，原名展雄，又名柳下跖、柳展雄，相传是当时贤臣柳下惠的弟弟。系春秋、战国之际奴隶造反首领。《庄子·盗跖》："孔子与柳下季为友，柳下季之弟名曰盗跖。盗跖从卒九千人，横行天下，侵暴诸侯。穴室枢户，驱人牛马，取人妇女。贪得忘亲，不顾父母兄弟，不祭先祖。所过之邑，大国守城，小国入保，万民苦之。"

【译文】

又诬蔑说：石崇信奉佛教也很虔诚，最终不免全族被诛杀，等等。

回答：石崇的为人，我很清楚。他骄傲自满，耽于饮酒，奸诈狡猾无度，过度积聚很多财物，不体恤孤寡之人。论才，确实有一技之长；说到品德，那么没有可取之处了。虽然托名侍奉佛教，然而不遵守一点禁戒。就好像世上的一些人，外貌清俊，内心污秽，表面严厉，内心怯懦，口里说的是大禹和商汤的话，而行为就像夏桀和盗跖，自取其祸，又是谁的过错呢？

又诬云：周仲智奉佛亦精进①，而竟复不蒙其福，云云。

正曰：寻斯言，似乎幸人之灾，非通言也。仲智虽有好道之意，然意未受戒为弟子也。论其率情亮直，见涉俊上，自是可才。而有强梁之累，未合道家婴儿之旨矣②。以此而遇忌胜之雄③，丧败理耳。纵如难者云：精进而遭害者有矣。此何异颜项夭夭，夷叔馁死，比干尽忠，而陷剖心之祸，申生笃孝，而致雉经之痛④？若此之比，不可胜言。孔子云：仁者寿，义者昌。而复或有不免，固知宿命之证，至矣信矣。

【注释】

①周仲智：西晋人。晋初成武侯、安东将军周浚之子，曾任新安太守、庐陵太守、御史中丞，后为垄断朝政的王敦所害。信奉佛教，曾珍藏素书《放光般若经》一部，供养佛舍利子。

②道家婴儿之旨：指道家倡导的贵柔守雌的婴儿之道。

③忌胜：忌恨好胜。

④"申生"二句：申生为春秋时期晋献公早年立的太子，贤良孝顺。后献公宠爱骊姬，生一子。骊姬陷害申生，申生自缢于新城。雉经，即自缢。

【译文】

又诬蔑说：周仲智信奉佛教也很精进，然而最终没有得到好的福报，等等。

纠正说：听这话，似乎幸灾乐祸，不是通达之言。仲智虽有爱好佛道的意愿，然而并未受戒成为佛教的弟子。他性格诚实正直，见识超越常人，确实是一位有才德之人。但是他过于刚强好胜，不符合道家倡导的贵柔守雌的婴儿之道。这种性格的人一旦遇到有忌恨好胜之心的雄才人物，失败丧命是很自然的。正如责难者所说：精进好道而遭遇伤害的人有很多。这与颜回和项橐年纪很轻就夭折，伯夷叔齐饥饿而死，比干忠心耿耿，遭剖心的灾祸，申生纯孝，有自缢的痛苦有什么不同呢？这样相比，不可穷尽言说。孔子说：仁者寿，义者昌。然而也有不能避免的灾祸,因此宿命的存在,确实值得相信啊!

又诬云:事佛之家,乐死恶生,属纩待绝之日^①,皆以为福禄之来,无复哀戚之容,云云。

正曰:难者得无隐心而居物,不然,何言之逆乎?夫佛经自谓得道者,能玄同彼我,浑齐修短。涉生死之变,泯然无概^②;步祸福之地,而夷心不怛^③;乐天知命,安时处顺耳。其未体之者,哀死慎终之心,乃所以增其笃也,故有大悲弘誓之义。雠人之丧,犹加哀矜,以德报怨,不念旧恶,况乎骨肉之痛,情隆自然者,而可以无哀戚之心者哉!夫爱亲者,不敢恶于人,恐畴己之深也。逆情违道,于斯见矣。

【注释】

①属纩(zhǔkuàng):古代丧礼仪式之一。即病人临终之前,要用新的丝絮(纩)放在其口鼻上,试看是否还有气息。属,放置。此一仪式称为"属纩"。因而"属纩"也用为"临终"的代称。

②概:系念,关切。

③夷心不怛(dá):心态平和,不忧伤愁苦。怛,忧伤,悲苦。

【译文】

又诬蔑说:奉持佛教的家庭,喜欢死亡,厌恶生命,在家人病重将死的日子,都认为是福禄降临的时候,没有悲哀痛苦的神情,等等。

纠正说:责难者昧着良心凭据外物来说话,不然,为什么说的话如此悖逆啊?佛经上说得道的人,能够超越物我对立,融通寿命长短。面临生死的变化,心胸开阔没有任何牵挂关切;处于祸福无常的地方,心态平和,不忧伤愁苦;以听任命运的安排为快乐,安于时运,顺应变化。没有体悟大道的人,总是有担心生命结束的烦恼,得道之人想要增加他

们的笃定,所以有同体大悲四种誓愿。仇人死亡,也要哀痛怜悯,以德
报怨,不念旧恶,何况骨肉亲人死亡的痛苦,感情深厚是很自然的,难道
可以没有哀痛悲苦的心情吗? 一个懂得热爱自己父母的人,就不敢厌
恶别人的父母,唯恐加重自己的厌恶心。违背情理和大道,在这里可以
看到了。

卷第二

明佛论

【题解】

本篇篇名又作《神不灭论》，南朝刘宋宗炳（375—443）撰。本论中，宗炳阐明二种神不灭义，即轮回的神识不灭、法身的神识常住。此外，宗炳又结合轮回的本体神识与法身的神识，阐述人于轮回过程中渐次断除烦恼，则轮回的神识也能还复本来清净的神识，即可返还法身而成佛。由此书可窥见宗炳之思想已混合佛教佛性、法身之观念，及道家性、神之观念。

夫道之至妙，固风化宜尊；而世多诞佛，咸以我躬不阅，遑恤于后。万里之事，百年以外，皆不以为然。况须弥之大，佛国之伟，精神不灭，人可成佛，心作万有，诸法皆空，宿缘绵邈，亿劫乃报乎！此皆英奇超洞，理信事实。黄华之听①，岂纳云门之调哉②？世人又贵周、孔书典，自尧至汉，九州华夏，曾所弗暨，殊域何感？汉明何德，而独昭灵彩③？凡若此情，又皆牵附先习，不能旷以玄览④，故至理匪遐，而疑以自没。悲夫！中国君子，明于礼义而暗于知人心⑤，宁知佛心乎？今世业近事，谋之不臧⑥，犹兴丧及之。况精神作哉,得焉则清升无穷,失矣则永坠无极。可不临深而求,履薄而虑乎⑦? 夫一局之奕,形算之浅,而奕秋之心,何尝有得⑧? 而乃欲率井蛙之见,妄抑大猷⑨,至独陷神于天阱之下,不以甚乎! 今以茫昧之识,烛幽冥之故,既不能自览鉴于所失,何能独明于所得? 唯当明精暗向,推夫善道,居然宜修,以佛经为指南耳。彼佛经也,包《五典》之德,深加远大之实;含老、庄之虚,而重增皆空之尽。高言实理,肃焉感神,其映如日,其清如风,非圣谁说乎? 谨推世之所见,而会佛之理,为明论曰:

【注释】

①黄华之听:无考。当为草野之民的劳动号子或曲调。

②云门之调:传说为黄帝所用之乐。《周礼·春官·大司乐》:"以乐舞教国子舞云门。"又:"孤竹之管,云和之琴瑟,云门之舞。"郑注:云门,黄帝之乐。

③"汉明"二句:东汉明帝永平年间,因梦见佛陀而派使者西行求法,此传说曾长期被视为佛教传入中国之始。最早记录此事的有《四十二章经》和《牟子理惑论》。《四十二章经序》云:"昔汉孝明皇帝,夜梦见神人,身体有金色,顶有日光,飞在殿前,意中欣然,甚悦之。明日问群臣,此为何神也? 有通人傅毅曰:臣闻天竺有得道者,号曰佛,轻举能飞,殆将其神也。于是上悟……于是道法流布。"云云。

④不能旷以玄览:指不能超越眼前而深察远见。

⑤"中国"二句:语出《庄子·田子方》:"温伯雪子适齐,舍于鲁。鲁人有请见之者,温伯雪子曰:不可。吾闻中国之君子,明乎礼义而陋于知人心,吾不欲见也。"温伯雪子,楚国怀道之人,感叹中

原诸国儒者习于末学而昧于本体。

⑥谋之不臧:《诗经·小雅·小旻》:"谋臧不从,不臧覆用。我视谋犹,亦孔之邛。……谋之不臧,则具是依。我视谋犹,伊于胡底?"

⑦"可不"二句:《诗经·小雅·小旻》:"不敢暴虎,不敢冯河;人知其一,莫知其他。战战兢兢,如临深渊,如履薄冰。"

⑧"奕秋"二句:奕秋,亦作"弈秋",《孟子·告子上》:"今夫弈之为数,小数也;不专心致志,则不得也。弈秋,通国之善弈者也。使弈秋诲二人弈,其一人专心致志,惟弈秋之为听。一人虽听之,一心以为有鸿鹄将至,思援弓缴而射之,虽与之俱学,弗若之矣。为是其智弗若与?曰:非然也。"

⑨"欲率"二句:《庄子·秋水》:"井蛙不可以语于海者,拘于虚也;夏虫不可以语于冰者,笃于时也;曲士不可以语于道者,束于教也。"大猷(yóu),大道,指佛教。

【译文】

那至妙之道,本应为世人之所尊奉,但时下却有不少人在毁谤。考其缘由,盖多以佛教所言之事都不能亲自耳闻眼见,且都对死后之事感到恐惧忧虑。万里之外的东西,百年以后的事情,举凡没有亲眼所见的,他们尚且都不以为正确属实,何况须弥山的广大、佛国的雄伟乃至人死后精神不灭、人人都可成佛、心念造作万有、一切事物现象本性皆空、前定因缘幽远、经历亿万劫才能报应等等这类事物和大道理呢?事实上,他们都是如此优美高远,所言之理令人信服,所征之事可以验实。正如那些常常听着黄华之乐的人,又如何能够懂得欣赏云门这样高雅的音乐呢?世俗之人,又多推崇周孔的道德和儒家的经典。而自尧舜至秦汉,整个华夏九州都不曾涉及佛,如此遥远的异域之教,又是如何感应得到的呢?汉明帝又有何特别德性,而能独自梦见金人、领受神佛的霞光呢?凡是像这样情形的人,又多喜欢依从过去的见解和习俗而牵强附会，不能超越现实而深察远见，所以佛教最高的真理虽然并非遥不可及，但这些人却终日怀疑以致没世而亡。真是可悲啊！中土的这些君子，虽明晓各种礼仪，却不能洞察人的心性，又怎能知晓佛心呢。而今人们世代相传，从事那些浅鄙之事，又没有什么好谋划，自然结果有好有坏。何况精神的作用呢！如果成功了，精神便觉得清扬飞升于无穷之境，若失败了，便觉得永远坠入无极的深渊之中。既如此，怎能不小心谨慎的追求和思考呢？再说，譬如下棋，可以说是最简单的计算和思考了，然而奕秋要求的专心致志，又何尝可以轻易做到呢？更不用说想以井底之蛙的见识来妄然裁抑治世之大道，以致限制人的精神于陷阱之下，不是太过分了吗？如今以茫昧不清的见识来烛照幽冥之事，既不能自己明察自己的过失之处，又如何能够明了自己的所得之处呢？唯有明察精神、反思过去，推行善道，安然修行，把佛经作为生活的指南，才不会迷失啊！实际上，佛经不仅包涵儒家五经的品德，又增加了很多辽远广大的方外事实；不仅含括了老庄虚静无为的玄理，最重要的是增加了一切皆空的妙义。言谈是那样的高远，义理是那样的真实。听闻佛法，那样庄严恭敬，有如感应到神灵的存在，像太阳那样照映天下，像清风那样吹拂世界，如此博大精深，若非圣人，又有谁能说此大法呢？现就世俗的一些见解，对照佛教的义理，特撰此论，曰《明佛论》。

今自抚踵至顶，以去陵虚，心往而勿已，则四方上下皆无穷也。生不独造，必传所资。仰追所传，则无始也。奕世相生而不已[1]，则亦无竟也。是身也，既日用无垠之实，亲由无始而来，又将传于无竟而去矣。然则无量无边之旷，无始无终之久，人固相与陵之以自敷者也。是以居赤县于八极曾不疑焉[2]。今布三千日月，罗万二千天下[3]，恒沙阅国界，飞尘纪积劫。普冥化之所容,俱眇末其未央,何独安我而疑彼哉?

【注释】

①奕世相生而不已:《国语·周语上》:"奕世载德,不忝前人。"奕,重,累。

②居赤县于八极:《史记》卷七四《孟子荀卿列传》:"中国名曰赤县神州。赤县神州内自有九州,禹之序九州是也,不得为州数。"

③"今布"二句:可参见佛教关于"三千大千世界"的说明,因为每一小世界都包括日、月、须弥山、四天王、三十三天、夜摩天、兜率天、乐变化天、他化自在天、梵世天等,故三千大世界包括了三千日月。后面的"万二千天下"大概是"四禅天"再乘三千佛国。

【译文】

论说:人从自己的脚跟一直抚摸到头顶,并以此去陵越虚空,顺着心的方向前进而不停止,就可以知道我们所处之宇宙,四方上下都是无穷尽的。事物的产生不能独自实现,必有所凭借。若要进一步去追问从何而来,则没有开始。世代生生不息,也没有尽头的时候。我们的身体,既然日日使用这无边的世界,从无始的时间中诞生,死后又将回归到那无边的世界中去。然而,世界虽无边无际,无始无终,但每一个人又都处于某一特定的时间和空间之中,同时互相陵越而最终是作茧自缚。所以中土人士对于自己所居住的赤县神州,从来不曾怀疑过。而今佛教呈现出三千大千世界,以恒河沙数来计算空间的广阔无垠,以飞扬尘埃来计算时间的旷久无限。自然的化育遍及天下一切事物,汇总天下的微末却无法穷尽。为什么对自己所在的国土就深信不疑,而对此国土之外的大千世界就采取怀疑的态度呢?

　　夫秋毫处沧海，其悬犹有极也。今缀彝伦于太虚①，为
藐胡可言哉？故世之所大，道之所小。人之所遐，天之所
迩。所谓轩辕之前，邈哉邈矣者②，体天道以高览，盖昨日之
事耳。《书》称知远，不出唐虞③；《春秋》属辞，尽于王业④；
《礼》、《乐》之良敬，《诗》、《易》之温洁。今于无穷之中，焕三
千日月以列照，丽万二千天下以贞观，乃知周、孔所述，盖于
蛮触之域⑤，应求治之粗感，且宁乏于一生之内耳。逸乎生
表者，存而未论也。若不然也，何其笃于为始形，而略于为
终神哉？登蒙山而小鲁，登太山而小天下⑥，是其际矣。且
又《坟》、《典》已逸，俗儒所编，专在治迹。言有出于世表，或
散没于史策，或绝灭于坑焚⑦。若老子、庄周之道，松、乔列
真之术，信可以洗心养身，而亦皆无取于六经。而学者唯守
救粗之阙文，以《书》、《礼》为限断，闻穷神积劫之远化，炫目
前而永忽，不亦悲夫？呜呼！有似行乎层云之下，而不信日
月者也。

【注释】

①缀彝伦于太虚：彝伦谓天地人之常道。《尚书·洪范》：“我不知
　其彝伦攸叙。”《史记·宋微子世家》引为“常伦所序”。太虚谓宇
　宙间根本大道。《庄子·知北游》：“是以不过乎昆仑，不游乎太
　虚。”成玄英疏：“昆仑是高远之山，太虚是深玄之理。”
②“轩辕”二句：《史记》卷一一七《司马相如列传》：“轩辕之前，邈哉
　邈乎，其详不可得闻也。”
③“《书》称”二句：《尚书》首篇为《虞书》。
④“《春秋》”二句：《礼记·经解》：“孔子曰：入其国，其教可知也。

其为人也:温柔敦厚,《诗》教也;疏通知远,《书》教也;广博易良,《乐》教也;洁静精微,《易》教也;恭俭庄敬,《礼》教也;属辞比事,《春秋》教也。"

⑤蛮触之域:《庄子·则阳》:"有国于蜗之左角者曰触氏,有国于蜗之右角者曰蛮氏,时相与争地而战,伏尸数万,逐北旬有五日而后反。"注:"诚知所争者若此之细也,则天下无争矣!"后称由于细小之事而引起的争论为蛮触之争,蛮触之域则泛指人世间。

⑥"登蒙"二句:《孟子·尽心上》:"孔子登东山而小鲁,登泰山而小天下。故观于海者难为水,游于圣人之门者难为言。"东山即蒙山。

⑦或绝灭于坑焚:坑焚指秦始皇焚书坑儒事,事见《史记》卷六《秦始皇本纪》。

【译文】

把毫发置于大海之中,虽然大小悬殊却仍然有极限,但如果把人生的日常之道点缀到整个宇宙间根本大道之中,那种渺小又如何言说呢。所以,世人认为很大的东西,在佛教看来,也许是微乎其微的,平常人觉得很远的地方,对于天界来说,可能显得近在咫尺。这有如轩辕之前,在平常人看来那是很遥远的,但若从天道运行的角度去看,那无异于昨日之事。《尚书》号称所记尽是远古之事,实际上最远不超过唐、虞,《春秋》中所写的,也大都只是王、霸的事迹,《礼》《乐》不过重视恭俭庄敬之心、广博易良之德、《诗》《易》不过重视温柔敦厚之教、洁静精微之化。而今,佛教描绘的世界广大无穷,其中有三千日月位列其中,朗照一切;有一万二千天下正置其间,明丽可观。与此相比较,于是就知道周孔所描述的,不过仅仅是人世间这样狭小的世界而已,应当是为了求得治理社会这种粗浅的感化,暂且宁愿局限在一生之内罢了。所以,对于超出现实生活的世界,就存而不论了。如果不是这样,为什么都只语及人的生命的开始和"形体",而忽略了人的死亡和"精神"呢?登上蒙山会认为鲁国很小,登上泰山则会认为天下很小,这已经是中土世界的极限了。再说古代之三坟五典都早已佚失,儒家所编撰之典籍,大都只关注国家治理的事情,即使有超出人世间的言论,或散见于史策而被湮没,或为秦始皇所焚毁。就算是老、庄之道,赤松子、王子乔道教修仙之术,依之修习可以洗心养身,但亦非取自六经。然而,有些学者总是喜欢抱着儒家治理俗世的文字不放,以《诗》《书》《礼》《乐》作判断事物的标准,一听到佛教所说的"神不灭"及远劫报应等事,就感到大惑不解,斥之为异端邪说,真是可悲啊! 这真有如行走在云层之下,就不相信天上还有日月一样啊。

　　今称"一阴一阳之谓道,阴阳不测之谓神"者①。盖谓至无为道,阴阳两浑,故曰"一阴一阳"也。自道而降,便入精神,常有于阴阳之表,非二仪所究,故曰"阴阳不测"耳。君平之说"一生二",谓"神明"是也②。若此二句,皆以明无,则以何明精神乎? 然群生之神,其极虽齐,而随缘迁流,成粗妙之识,而与本不灭矣。今虽舜生于瞽,舜之神也,必非瞽之所生。则商均之神,又非舜之所育。生育之前,素有粗妙矣。既本立于未生之先,则知不灭于既死之后矣。又不灭则不同,愚圣则异,知愚圣生死不革不灭之分矣。故云:精神受形,周遍五道,成坏天地,不可称数也③。夫以累瞳之质,诞于顽瞽;嚚均之身,受体黄中④。愚圣天绝,何数以合乎? 岂非重华之灵,始粗于在昔。结因往劫之先,缘会万化之后哉? 今则独绝其神,昔有接粗之累,则练之所尽矣。神之不灭,及缘会之理、积习而圣,三者鉴于此矣。

【注释】

①"一阴"二句：《周易·系辞上》："一阴一阳之谓道，继之者善也，成之者性也。……阴阳不测之谓神。"注："神也者，变化之极，妙万物而为言，不可以形诘者也。"

②"君平"二句，谓"神明"是也：君平即严遵，西汉蜀郡人，相传著《老子指归》。《老子》第四十二章有"道生一，一生二"之句，严遵释"一"为神明。

③"精神"四句：语出吴支谦译《佛说太子瑞应本起经》卷上："佛言：吾自念宿命，无数劫时，本为凡夫。初求佛道已来，精神受形，周遍五道，一身死坏，复受一身，生死无量。譬喻尽天下草木，斩以为筹，计吾故身，不能数矣。夫极天地之始终，谓之一劫，而我更天地成坏者，不可称载也。"

④"夫以"四句：此句可译为：帝舜的身体为顽劣的瞽所生，而内德秀美的帝舜又生下邪恶的商均。累瞳，即重瞳。《史记·五帝本纪》："虞舜者，名曰重华。……舜父瞽叟盲。……舜子商均亦不肖，舜乃豫荐禹于天。"《正义》："目重瞳子，故曰重华。"黄中，《周易·坤·文言》："君子黄中通理，正位居体，美在其中，而畅于四支，发于事业，美之至也。"朱熹注："黄中，言中德在内。"

【译文】

　　儒家经典中常有"一阴一阳之谓道"，"阴阳不测之谓神"等语，实际上，大概是说因为"至无"方为大道，阴阳本不可独立存在而是浑同为一，所以才说"一阴一阳之谓道"。从道而下降，便进入精神层面，精神常常发生于阴阳之际，而并非天人两仪之所能明察穷究的，所以说"阴阳不测"。严君平所谓的"一生二"者，即是指神明。如果这二句都在于明示"无"的境界，那么，以什么来表明精神的存在呢？然而，群生的神明，虽然在极致处都是齐一的，却各自随缘迁流变化，进而获得精粗不一的具体认识,但其根本是不灭的。例如,舜帝出生于盲父,但舜帝的精神一定不是盲父所生。同样的,他儿子商均的精神,也不是舜帝所生育的。事实上,人在生育之前,他的神明的粗陋与精妙神早已确定。此神明既已立于未生之前,应该知道它自然不灭于既死之后。既然神明不随形而灭,则神明的精粗就应当有别,人之聪明与愚钝自然不可混同。如此,应当明白人之愚圣、生死既不会革除也不会消灭,而是自有定分的。所以佛经上说:释迦牟尼在成佛之前,宿命因缘,历经无数量劫,精神虽然禀受身体形质,遍历五道轮回,一个身体死坏了,又再禀受一个身体。天地长久,但有始终成坏,称之为一劫,而我的精神更是能够经历天地无数次成坏,其数量是不可计算的。再看,帝舜的身体为顽劣的瞽叟所生,而内德秀美的帝舜又生下邪恶的商均。然而三人的愚钝与睿智却是天然隔绝不同,要经历多少劫数才可以使他们相合呢?难道舜帝的睿智灵妙,在很早的过去不也是很粗浅鄙陋的吗?虽然聚结因袭过去的罪业劫难在先,却可以缘会万代的变化性灵在后。而今唯独精神圣贤卓绝,正是由于过去精神受到粗浅的身体和世俗的滞累,而后通过修炼而将俗累弃尽的结果啊。神灵不灭、缘会性空、积习可以成圣,佛教的三大基本理论,至此就非常明白了。

若使形生则神生,形死则神死,则宜形残神毁,形病神困。据有腐则其身,或属纩临尽[1],而神意平全者;及自牖执手,病之极矣[2],而无变德行之主,斯殆不灭之验也。若必神生于形,本非缘合。今请远取诸物,然后近求诸身[3]。夫五岳四渎谓无灵也[4],则未可断矣。若许其神,则岳唯积土之多,渎唯积水而已矣。得一之灵[5],何生水土之粗哉?而感托岩流,肃成一体,设使山崩川竭,必不与水土俱亡矣。神非形作,合而不灭,人亦然矣。神也者,妙万物而为言矣[6]。

若资形以造，随形以灭，则以形为本，何妙以言乎？夫精神四达，并流无极⑦，上际于天，下盘于地。圣之穷机，贤之研微⑧。逮于宰、赐、庄、秳、吴札、子房之伦，精用所乏，皆不疾不行，坐彻宇宙。而形之臭腐，甘嗜所资，皆与下愚同矣，宁当复禀之以生，随之以灭耶？又宜思矣。周公郊祀后稷，宗祀文王，世或谓空以孝。即问谈者，何以了其必空？则必无以了矣。苟无以了，则文、稷之灵，不可谓之灭矣。斋三日，必见所为斋者⑨。宁可以常人之不见，而断周公之必不见哉？嬴博之葬⑩，曰："骨肉归于土，魂气则无不之。"非灭之谓矣！

【注释】

①属纩（kuàng）：谓用新绵置于临死者鼻前，察其是否断气。

②"自牖（yǒu）"二句：《论语·雍也》载："伯牛有疾，子问之，自牖执其手曰：亡之，命矣乎！斯人也而有斯疾也，斯人也而有斯疾也！"

③"远取"二句：《周易·系辞下》："古者包牺氏之王天下也，仰则观象于天，俯则观法于地，观鸟兽之文，与地之宜。近取诸身，远取诸物。于是始作八卦，以通神明之德，以类万物之情。"

④五岳四渎：五岳指嵩山（中岳）、泰山（东岳）、华山（西岳）、衡山（南岳）、恒山（北岳）。《周礼·春官·大宗伯》："大宗伯之职，掌建邦之天神、人鬼、地示之礼，以佐王建保邦国。……以血祭祭社稷、五祀、五岳。"四渎，《尔雅·释水》："江淮河济为四渎，四渎者，发原注海者也。"

⑤得一之灵：《老子》第三十九章："昔之得一者，天得一以清，地得一以宁，神得一以灵，谷得一以盈，万物得一以生。侯王得一以

为天下正。"

⑥ "神也"二句:《周易·说卦》:"神也者,妙万物而为言者也。动万物者莫疾乎雷"这里讲的"神"和《周易·系辞下》中的"阴阳不测之谓神"中的"神"是一个意思,都是说事理玄妙、神奇。但宗炳将事理之"神"与灵魂之神混杂在一起。

⑦ "夫精"二句:《庄子·刻意》:"精神四达并流,无所不极,上际于天,下蟠于地,化育万物,不可为象,其名为同帝。纯素之道,唯神是守。守而勿失,与神为一。一之精通,合于天伦。"庄子之"神"既有与形体相对的精神之意("守神"),又有造物主("同帝")之意,即认为人的精神与万物的精神是同一起源。

⑧ "圣之"二句:《周易·系辞上》:"夫《易》,圣人之所以极深而研几也。唯深也,故能通天下之志;唯几也,故能成天下之务;唯神也,故不疾而速,不行而至。"

⑨ "斋三"二句:《礼记·郊特牲》:"斋之玄也,以阴幽思也。故君子三日斋,必见其所祭者。"

⑩ 嬴博之葬:出自《礼记·檀弓下》:"延陵季子适齐,于其反也,其长子死,葬于嬴博之间。孔子曰:延陵季子,吴之习于礼者也。往而观其葬焉。其坎深不至于泉,其敛以时服。既葬而封,广轮掩坎,其高可隐也。既封,左袒,右还其封,且号者三,曰:骨肉复归于土,命也。若魂气则无不之也,而遂行。"

【译文】

假设人的精神随形体产生而产生,随形体的死亡而死亡,则应该是形体残缺时精神也跟着毁坏,当形体发生疾病时,精神就会随之而困顿。据说有些人虽然身体腐败,或者濒于死亡,却精神平静、意志完全。伯牛有病将死,而其德行的主体精神则没有任何改变。这些大概可以验证精神不灭之理吧。如果精神必定产生于形体之上,而非因缘和合的产物,现在请允许我求取远方万物和近处自身以作进一步的说明验证。五岳四渎,说它没有神灵,未必可以如此断定。倘若承认五岳四渎本有神灵,可是山岳只是由土堆积而成,河流也只是由水渠汇集而成而已;如果说山河因得道一而有神灵,那水土之粗物又从何而产生呢? 事实上是精神的感应和寄托的形质之间合成一体,不可分离。假使有朝一日,山岳崩陷,河流枯竭了,其神灵必定不会跟着跟着消亡。可见,神并非由形所产生,与形结合却又不随形质的消灭而消亡。验之于人,也是一样,人的形体死亡之后,其神并不会随之消亡。所以称之为神,乃在于它能妙应万物。如果说神一定要借形以生,随形以灭,则应该是以形为本体,那神又有怎样的神妙呢? 实际上,精神之为物,可以通达上下四方之极、天地之间,无处而不在,它不会随形体之死亡而消灭。圣贤的精神可以体察宇宙变化的几微,至于宰我、子贡、庄周、嵇康、季札、张良之徒,精神作用所到之处,都是不疾而速,不行而至,从而遨游宇宙。然而他们的形体也会腐败发臭,也会喜爱他们身体所需要的,这些与那些愚蠢之人是完全相同的。难道他们的精神也是禀受这样的身体而产生,追随这样的身体而消灭吗? 这些都值得深思啊! 过去周公郊祀天帝后稷,同时配享祖先文王,有人说并没有真正的祭祀对象的存在,这只是一种孝道的形式而已。就问这样说的人,凭什么知道一定没有祭祀的真实对象存在,他一定无法回答为什么会知道的。若不能回答,则文王、后稷的神灵就不可以说是随着身体的消亡而毁灭了。又,古人曾说:斋祭三日,必能见到所祭祀的对象。怎能因为常人没有见到,就断定周公在祭祀时一定没有见到后稷、文王的神灵呢? 所以吴国的延陵季子在葬埋他的儿子时呼喊道:“骨肉归于泥土,魂气则无不至。”这正是灵魂不灭的明证呀。

　　夫至治则天,大乱滔天[①],其要心神之为也。尧无理不照,无欲不尽,其神精也。桀无恶不肆,其神悖也。桀非不知尧之善,知己之恶,恶己亡也。体之所欲,悖其神也。而知尧、恶亡之识，常含于神矣。若使不居君位，千岁勿死，行恶则楚毒交至②，微善则少有所宽。宁当复不稍灭其恶③，渐修其善乎？则向者神之所含知尧之识，必当少有所用矣。又加千岁而勿已，亦可以其欲都澄④，遂精其神如尧者也。

【注释】

①"至治"二句：则天，谓以天为法，治理天下。语出《论语·泰伯》："巍巍乎！唯天为大，唯尧则之。"滔天，意义相反。

②楚毒：酷刑或痛苦。

③宁当：难道，岂可。

④都澄：都得到了澄净。

【译文】

社会达到最佳的治理，必定是仿效上天自然的，天下大乱必定是因为凌驾于天理自然之上。其中关键在于人的心神的作为。尧帝烛照万物、洞察万理，贪欲弃尽，关键在于他的灵魂精粹；夏桀无恶不作，在于他的精神违背天理。夏桀并非不知道尧帝的善德和自己的恶行，也并非不担心自己的灭亡。然而他的身体的贪欲使他的灵魂发生悖乱。然而，对尧帝仁善之心的认识和对灭亡的憎恶，正是由人的精神主宰的。如果不让精神主宰身体，历经千岁而不死，一旦行恶则酷刑或痛苦立刻交相而至，若行小善则稍微有所宽缓。难道还不应当逐渐地戒除恶念，慢慢地存养善心吗？如果这样，那么人的灵魂本来就含有的和尧帝一样的明善去恶的良知，一定就能发挥作用了。再能进行千年不懈的修炼，也可以使它的贪欲得到彻底的澄净，于是，他的灵魂也必定会和尧帝那样精粹明达。

夫辰月变则律吕动,晦望交而蚌蛤应①;分至启闭,而燕、鹰、龙、蛇飒焉出没者。皆先之以冥化,而后发于物类也。凡厥群有,同见陶于冥化矣,何数事之独然,而万化之不尽然哉? 今所以杀人而死,伤人而刑,及为缧绁之罪者;及今则无罪,与今有罪而同然者。皆由冥缘前遘,而人理后发矣。夫幽显一也②,衅遘于幽,而丑发于显,既无怪矣;行凶于显,而受毒于幽,又何怪乎? 今以不灭之神,含知尧之识,幽显于万世之中,苦以创恶,乐以诱善,加有日月之宗,垂光助照,何缘不虚己钻仰,一变至道乎③? 自恐往劫之桀、纣,皆可徐成将来之汤、武。况今风情之伦,少而泛心于清流者乎? 由此观之,人可作佛,其亦明矣。

【注释】

①"夫辰"二句:至少在汉代,思想界充斥着天人感应的宇宙观,并且将人与自然和天地万物都纳入一个统一的宇宙图式,比如认为季节与音乐、物类、天文、服饰、祭祀等等有着密切联系,帝王和臣民的思想和行为也都要按照统一的宇宙模式运行。可参见《吕氏春秋·十二纪》《礼记·月令》《淮南子·天文训》。

②幽显:犹阴阳,或阴间和阳间。

③"何缘"二句:《论语·子罕》:"仰之弥高,钻之弥坚。"《论语·雍也》:"子曰:齐一变,至于鲁;鲁一变,至于道。"

【译文】

我们都知道,天上的星辰运动,必定带动音律的变化;月亮的晦望变化,蚌蛤必定产生感应;随着春夏秋冬季节交替和阴阳二气的开闭,至于燕、鹰、龙、蛇,出没有时,行动迅速,都是因为自然的化育在先,而后成为各类事物的天性。天下万物,都是受到自然化育的陶冶,为何有些事物独自如此,而其他事物不全然这样呢? 之所以过去杀人当处死,伤人受刑,以及当受牢狱之罪的人,到现在或无罪,或仍有罪而遭受同样的处罚的原因,都是由于前世的因缘遭合,而后表现在具体的人事上有不同啊。幽冥地狱和人世间是同一的,有人在幽冥之境造罪,而在人世间受到惩罚,对此大家都不感到奇怪。既如此,有人在尘世中行凶,却在幽冥受报遭受痛苦,对此人们为何感到奇怪呢? 而今一个人拥有不灭的精神,和明善的良知,在幽冥与人间中沉浮万代不绝,以痛苦和磨难来惩创罪恶,以快乐来劝诱行善。加之有日月高悬,帮助人们认识世界,为何不虚静自己的心灵,一心向道,以致达到人生的最高境界呢? 即使过去造有桀、纣那样的罪业,也可通过逐渐修炼而成就将来汤、武般的功德。何况而今的风土人情之中,虽然很少但仍然有人追求德行高洁。由此观之,人是可以成佛的,不是很明白了么!

　　夫生之起也,皆由情兆。今男女构精,万物化生者[①],皆精由情构矣。情构于己,而则百众神受身大似,知情为生本矣。至若五帝三后,虽超情穷神,然无理不顺,苟昔缘所会,亦必循俯入精化,相与顺生,而敷万族矣。况今以情贯神,一身死坏,安得不复受一身,生死无量乎? 识能澄不灭之本,禀日损之学[②],损之又损,必至无为,无欲欲情,唯神独照,则无当于生矣。无生则无身,无身而有神,法身之谓也[③]。

【注释】

①"男女"二句:《周易·系辞下》:"天地氤氲,万物化醇;男女构精,万物化生。"

②禀日损之学:《老子》第四十八章:"为学日益,为道日损。损之又

损，以至于无为。无为而无不为。"

③"无生"三句：法身，佛之真身。《大乘义章》十八："言法身者，解
有两义：一、显法本性，以成其身，名为法身，二、以一切诸法功德
而成身，故名法身。"宗炳显然将佛教的法性或佛性同中土的万
物有灵论联系起来。

【译文】

有情生命的产生，都是缘于性情的感应。那些通过男女阴阳和合，
于是万物化育诞生的，精气都是由情志欲望构合而成。而一旦情志构
合于一身之中，则与此相似，百姓众生的神灵就有可以禀受的形质了，
由此知道情志才是生命的根本啊。至于五帝三王，虽然超越一般人的
情志和精神，然而他之所以无理不通达，如果不是过去的因缘所聚会的
结果，也必定是由于后来遵循教化之道，与百姓共同顺应生物之德，进
而将其推广到万方之民的结果啊。何况而今人们用情志来统帅精神，
一个身体死亡腐坏，怎能不再次禀受一个身体，以致生死轮回而不可计
量呢？幸亏人的灵识可以澄清不灭的精神本体，秉持道家日损之学，日
益减损情志以至于无为，此时不再贪爱情欲，唯有神明独自慧照于心灵
之中，这样就可以达到"无生"的境界了。达到"无生"的境界，就可以做
到不受身体的限制，没有身体只有精神的存在，就是佛教所谓的"法
身"呀。

今黄帝、虞舜、姬公、孔父，世之所仰而信者也。观其纵
辔升天①，龙潜鸟飏②，反风起禾③，绝粒弦歌④，亦皆由穷神
为体，故神功所应，倜傥无方也。今形理虽外，当其随感起
灭，亦必有非人力所致而至者。河之出图，洛之出书⑤；蓂荚
无裁而敷⑥，玄圭不琢而成⑦；桑谷在庭，倏然大拱，忽尔以
亡⑧；火流王屋而为乌⑨；鼎之轻重大小，皆翕欻变化⑩，感灵

而作;斯实不思议之明类也。夫以法身之极灵,感妙众而化见,照神功以朗物,复何奇不肆,何变可限。岂直仰凌九天,龙行九泉,吸风绝粒而已哉? 凡厥光仪符瑞之伟,分身涌出⑪,移转世界⑫,巨海入毛之类⑬。方之黄、虞、姬、孔,神化无方。向者众瑞之晙暖显没⑭,既出形而入神,同惚恍而玄化⑮。何独信此而抑彼哉? 冥觉法王,清明卓朗,信而有征。不违颜咫尺,而昧者不知,哀矣哉!

【注释】

①纵辔升天:指黄帝乘龙升天事。《史记》卷十二《孝武本纪》:"黄帝采首山铜,铸鼎于荆山下。鼎既成,有龙垂胡髯下迎黄帝。黄帝上骑,群臣后宫从上龙七十余人,龙乃上去。"

②龙潜鸟飏:指舜受父兄虐待而脱险之事。《史记·五帝本纪》:"舜乃以两笠而自扞而下,去,得不死。"《索隐》引《列女传》曰:"二女教舜鸟工上廪是也。"《史记·五帝本纪》:"后瞽叟又使舜穿井,舜穿井为匿空,旁出。"《索隐》引《列女传》曰:"龙工入井。"

③反风起禾:指《尚书·金縢》载周成王启周公金縢之书,感动上苍之事:"秋,大熟,未获,天大雷电以风,禾尽偃…王出郊,天乃雨,反风,禾则尽起。"

④绝粒弦歌:《庄子·让王》载:"孔子穷于陈蔡之间,七日不火食,藜羹不糁,颜色甚惫,而弦歌于室。"

⑤"河之"二句:《周易·系辞上》:"河出图,洛出书,圣人则之。"

⑥蓂(míng)英无栽而敷:相传尧时有瑞草蓂英夹阶而生,随月生死。《竹年纪年》、《白虎通》有载。

⑦玄圭不琢而成:《尚书·禹贡》:"禹赐玄圭,告厥成功。"《传》曰:"玄,天色。禹功尽加于四海,故尧赐玄圭以彰显之,言天功成。"

⑧"桑谷"三句:《史记·殷本纪》:"帝太戊立伊陟为相。亳有祥桑谷共生于朝,一暮大拱。帝太戊惧,问伊陟。伊陟曰:臣闻妖不胜德,帝之政其有阙与?帝其修德。太戊从之,而祥桑枯死而去。"《集解》引孔安国曰:"祥,妖怪也。二木合生,不恭之罚。"郑玄曰:"两手扼之曰拱。"

⑨火流王屋而为乌:事见周武王盟津之会。《史记·周本纪》:"武王渡河,中流,白鱼跃入王舟中,武王俯取以祭。既渡,有火自上复于下,至于王屋,流为乌,其色赤,其声魄云。"根据注家的解释,上述白鱼之白代表殷之正色,鱼为介鳞之物,象征交兵;赤色代表周之正色,乌象征孝行,言武王将继承父志。

⑩"鼎之"二句:这是王孙满对楚国使者说的话。《左传·宣公三年》:"楚子伐陆浑之戎,遂至于洛,观兵于周疆。定王使王孙满劳楚子。楚子问鼎之大小、轻重焉。对曰:在德不在鼎。……德之休明,虽小,重也;其奸回昏乱,虽大,轻也。……鼎之轻重,未可问也。"

⑪分身涌出:参见《法华经·从地涌出品》

⑫移转世界:参见《维摩诘经·不思议品》

⑬巨海入毛之类:佛经中常有"须弥纳芥子,海水入毛孔"之说,比喻禅定之力不可思议。

⑭晻暧(ǎnài):昏暗,掩映。

⑮同恍惚而玄化:《老子》第二十一章:"道之为物,惟恍惟惚。惚兮恍兮,其中有象。恍兮惚兮,其中有物。"

【译文】

黄帝、舜帝、周公、孔子,乃是世人所景仰敬信的大圣人。黄帝乘龙升天,舜帝遭父兄虐待受尧之二女预先警告而脱险,周公自亡以为武王延寿的祷告册书感动了上苍,以致风向回转,被吹倒的禾苗又直立起来,孔子在陈蔡之间穷途末路仍然弦歌于室。考察这些神异之事,发现他们都是以用尽精神为根本,所以能够使得他们的神妙功德获得感应回报,并且没有时空的局限。这些都表明:虽然人的身体和神理相互隔离,但当他们随着感应同时生起消灭,其中也一定有不是人的力量所能达到的事情。《易经》中所说的黄河中出现图纹,洛水中出现神书,传说中尧帝在位时有瑞草蓂荚夹阶而长,月生月死;尧帝赐予玄圭,大禹治水成功;殷帝修德,本来生长在朝堂上的妖桑死灭;周武王盟津之会,火流变为赤乌;周定王派王孙满对楚国使者说,鼎的大小轻重随修德与否而变化。上述不可思议的事情,都是感动神灵的结果。以"法身"这个最高神灵,感应众生而妙化为可见,朗照万物而显现神功。如此,又有什么奇异不可发生,有什么妙化可以限量? 又哪里只是仰而陵越九天,俯而龙行九泉,吸泠风,绝五谷等等而已呢? 大凡光仪、符瑞的瑰伟相好,以及分身涌出、移转世界、巨海入毛之类的神通,和黄帝、虞舜、周公、孔子一样,都是神化无方的。前面说的那些祥瑞之事的昏暗与显盛,已经超出形质而进入神灵之境,与老子的所谓惚恍之道而同时变化。为什么只信老子的"道"而要贬抑佛教的"神"呢? 得大智慧已觉悟的法王,是如此的清明卓朗,一切都让人信服而有验证。与孔子之教没有丝毫背离,那些愚昧的人却并不知道,悲哀呀!

　　夫《洪范》庶征休咎之应,皆由心来①。逮白虹贯日,太白入昴②,寒谷生黍③,崩城陨霜之类④,皆发自人情。而远形天事,固相为形影矣。夫形无无影,声无无响,亦情无无报矣,岂直贯日陨霜之类哉? 皆莫不随情曲应,物无遁形。但或结于身,或播于事,交赊纷纶⑤,显昧渺漫,孰睹其际哉。众变盈世,群象满目,皆万世以来,精感之所集矣。故佛经云:"一切诸法,从意生形⑥。"又云:"心为法本,心作天堂,心作地狱⑦。"义由此也。是以清心洁情,必妙生于英丽之境。浊情溽行,永悖于三途之域⑧。何斯唱之迢,微明有实理,而直疏魂沐想，飞诚悚志者哉？虽然，夫亿等之情，皆相缘成识，识感成形，其性实无也。自有津悟以来，孤声豁然，灭除心患，未有斯之至也。

【注释】

① "《洪范》"二句：《尚书·洪范》叙"庶征"为雨、阳、燠、寒、风、时，上帝会根据王者的政治表现降下"休征"和"咎征"，警告统治者要时刻省察。宗炳据此而为佛教的形神二元论和神不灭论寻找理论依据。

② "白虹"二句：《史记》卷八三《鲁仲连邹阳列传》："昔者荆轲慕燕丹之义，白虹贯日，太子畏之。卫先生为秦画长平之事，太白蚀昴，而昭王疑之。"《集解》下引应劭曰："精诚感天，白虹为之贯日。"如淳曰："白虹，兵象。日为君。"《烈士传》曰："荆轲发后，太子自相气，见虹贯日不彻，曰：吾事不成矣。"《索隐》引服虔曰："精诚感天，故太白食昴。"如淳曰："太白乃天之将军也。""太白主西方，秦在西，败赵之兆也。"

③ 寒谷生黍：《论衡·定贤篇》："燕有谷气寒，不生五谷。邹衍吹律致气，既寒更为温。燕以种黍，黍生丰熟。到今名之曰黍谷。夫和阴阳，当以道德至诚。"

④ 崩城陨霜：《列女传》卷四《齐杞梁妻》载，春秋时齐庄公袭莒，杞梁殖战死，其妻于城下枕尸而哭，十日而城崩。《论衡·感许篇》："传书言：邹衍无罪，见拘于燕。当夏五月，仰天而叹，天为陨霜。"

⑤ 交赊纷纶：纷乱无际。

⑥ "一切"二句：这是佛教的一般主张，即"万法唯心"。

⑦ "心为"三句：东晋昙无兰译《五苦章句经》："心取地狱，心取饿鬼，心取畜生…今乃得佛，独步三界，皆心所为。"

⑧三途之域：亦作"三涂"。佛教语。即火途（地狱道）、血途（畜生道）、刀途（饿鬼道）。晋郗超《奉法要》："十恶毕犯，则入地狱。抵捩强梁，不受忠谏，及毒心内盛，殉私欺绐，则或堕畜生；或生蛇虺。悭贪专利，常苦不足，则堕饿鬼……此谓三涂，亦谓三恶道。"

【译文】

《洪范》中所记载的上帝根据王者的政治表现降下"休征"和"咎征"，警告统治者要时刻省察，这说明一切都是心灵所造作。白虹贯日，太白入昴，寒谷生黍，崩城陨霜之类的奇异现象，都是因人的情志而感发。而这些都是远离形体的上天所作为，本来就互相关联如同形影。再说有形质就必有光影，有声音就必有回响，当然有情志就必有报应，哪里仅是贯日陨霜之类的事情呢？这一切没有不是跟随情志的不同曲相感应，没有任何事物可以逃脱这种因果报应。但是有的报应是聚结在人身上，有的流播在事情之中，纷乱无际，显微难测，谁又能见识其中的奥妙呢？万物变化，充盈世间，奇异现象满眼都是，这都是万世以来的精灵感应所聚集而成的呀。所以佛经中说："一切诸法，从意生形。"又说："心为法本，心作天堂，心作地狱。"义理都是缘于这些产生的。因此如果清净心灵，洁净情欲，必定会产生雄奇雅丽的境界。如果情思、行为污浊，则将永久堕落在三途之域。为何佛法言说如此曲折婉转、道微效明富有实理，而能疏通思想、清洁精神、增强信仰呢？即使如此，无量众生的情志，都是相缘而成识，识感而成形，其本性却是空。一旦领悟，便会豁然开朗，灭除一切患累，未有如此美妙的境界了呀。

请又述而明之：夫圣神玄照，而无思营之识者，由心与物绝，唯神而已。故虚明之本，终始常住，不可凋矣。今心与物交，不一于神。虽以颜子之微微，而必乾乾钻仰，好仁乐山，庶乎屡空①。皆心用乃识，必用用妙接，识识妙续，如火之炎炎,相即而成焰耳②。今以悟空息心,心用止而情识歇,则神明全矣。则情识之构,既新故妙续,则悉是不一之际,岂常有哉?使庖丁观之,必不见全牛者矣③。佛经所谓变易离散之法,法识之性空,梦幻、影响、泡沫、水月,岂不然哉?颜子知其如此,故处有若无,抚实若虚,不见有犯而不校也④。今观颜子之屡虚,则知其有之实无矣。况自兹以降,丧真弥远。虽复进趋大道,而与东走之疾,同名狂者⑤。皆违理谬感,遁天妄行⑥,弥非真有矣。况又质味声色,复是情伪之所影化乎?且舟壑潜谢⑦,变速奔电,将来未至,过去已灭,见在不住。瞬息之顷,无一毫可据,将欲何守而以为有乎?甚矣!伪有之蔽神也。今有明镜于斯,纷秽集之⑧,微则其照蔼然,积则其照胐然⑨,弥厚则照而昧矣。质其本明,故加秽犹照,虽从蔼至昧,要随镜不灭。以之辩物,必随秽弥失,而过谬成焉。人之神理,有类于此。伪有累神,成精粗之识。识附于神,故虽死不灭。渐之以空,必将习渐至尽,而穷本神矣,泥洹之谓也。是以至言云富,从而豁以空焉。夫岩林希微,风水为虚。盈怀而往,犹有旷然。况圣穆乎空,以虚授人,而不清心乐尽哉!是以古之乘虚入道,一沙一佛,未讵多也。

【注释】

①"虽以颜子"四句:《论语·先进》:"子曰:回也其庶乎,屡空。"乾乾,自强不息貌。《周易·乾》:"君子终日乾乾,夕惕若厉,无咎。"

②"如火"二句:《庄子·养生主》:"指穷于为薪,火传也,不知其尽也。"

③"庖丁"二句:《庄子·养生主》:"始臣之解牛之时,所见无非牛者;三年之后,未尝见全牛也。"

④"处有"三句:《论语·泰伯》:"曾子曰:以能问于不能,以多问于寡,有若无,实若虚,犯而不校,昔者吾友尝从事于斯矣。""吾友"指颜回。

⑤"与东走"二句:《淮南子·说山训》:"狂者东走,逐者亦东走,东走则同,所以东走则异。"

⑥遁天妄行:《庄子·养生主》:"是遁天倍情,忘其所受,古者谓之遁天之刑。"

⑦舟壑潜谢:《庄子·大宗师》:"夫藏舟于壑,藏山于泽,谓之固矣。然而夜半有力者负之而走,昧者不知也。"

⑧"今有"二句:《庄子·德充符》:"鉴明则尘垢不止,止则不明也。久与贤人处则无过。"

⑨胐(fěi)然:朦胧微明状。胐,新月开始发光。

【译文】

请让我再次陈述而使之明确:圣人的精神洞察世变,烛照万化,而又没有那些思谋营苟的见识,只是由于他们的心灵与外物绝离,唯有精神存在而已。所以虚空灵明的精神本体,是终始常在而不会消灭的呀。而今之人心灵与外物交接作用,而不能专注于精神。即使以颜渊这样的微贱小子,也必定终日钻仰圣人,好仁乐山,以至于常常是一贫如洗却不改其乐。这些都是由于心的作用才有识见,且必定是用用妙相连接,识识妙为承续,如同火苗炎炎相即而成火焰。而今以对空理的觉悟来息灭心用,心用停止则使得情识消歇,于是人的神明就不会有缺失了。然则情识的构造,既然是新旧相续,则都处于变化之中,哪里会常存永驻呢?假使庖丁来观察,必然不见整体的牛啊!佛经中所说到的佛身变易离散的神通,法识的缘起性空之理,认为世间一切如梦幻、影响、泡沫、水月,难道不是正确的吗?正因为颜渊知晓事物如此的道理,故能做到虽然处于实有之中,却如同在虚无之中,受到别人的触犯或无礼也不计较。现在来体察颜渊的贫困生活,则能明白他确实是把实有当做虚无啊。何况从此以后,人们越来越远离真谛,即便想再要进趋正道,却也只是名同实异了。人们的生活违背真理,遁天妄行,早就不是真正的实有了。更何况人们所执着的那些形质、气味、声响、颜色,不都是人的情欲思想所幻化出来的么?再说,即便是藏舟于壑,藏山于泽,但造化却于幽冥之中将其迁移变化,其速度快过闪电,正所谓将来未至,过去已灭,眼前所见又都不能停住止息。瞬息顷刻间,没有一丝一毫可以据有,那我们将要坚守什么进而以之为永恒的实有呢?很厉害啊!正是这种假有遮蔽了人的精神的灵妙啊。好比现在有一面明镜在此,灰尘污垢堆积在镜面上,如果只是少量的灰尘,则镜子的映照还是比较清晰,若堆积较多,则镜子的映照只能是微明,如果是厚厚的一层,则根本不能映照任何东西了。镜子的本质是明亮可以映照万物的,所以即使蒙上了污垢,仍然能够映照,虽然从朦胧到黑昧,其映照的功能始终随镜不灭。但用它来映照辨别事物,必定会随着污垢的增加而越来越丧失这种映照功能,过错谬误就由此形成了。人之精神心灵,也类似一面镜子。假有滞累神灵,于是产生精粗有别的见识。而见识依附于精神,所以虽然身体死了精神却不消灭。逐渐以空理观察体悟,必将让过去的习染逐渐消除至尽,最后与本神合一,就是所谓的泥洹境界。因此至理之言非常丰富,从中我们可以豁然贯通此虚空之理。那岩林之中有捕捉不到的精微之道,风、水也以虚灵为本。所以即使我们满怀情志,一旦前往,犹有胸襟开阔之感。更何况圣人都是赞美虚空,以此为道之本授予人民,能不感到心灵清净快乐吗!因此古人乘虚入道,一沙一佛,恐怕就未必算多了。

　　或问曰:"神本至虚,何故沾受万有,而与之为缘乎?又本虚既均,何故分为愚圣乎?又既云'心作万有',未有万有之时，复何以累心，使感而生万有乎？"

答曰："今神妙形粗，而相与为用。以妙缘粗，则知以虚缘有矣。今愚者虽鄙，要能处今识昔，在此忆彼。皆有神功，则练而可尽，知其本均虚矣。心作万有，备于前论。据见观实，三者固已信然矣。但所以然者，其来无始。无始之始，岂有始乎？亦玄之又玄矣①。庄周称冉求问曰②：'未有天地可知乎？'仲尼曰：'古犹今也。'盖谓虽在无始之前，仰寻先际，初自茫渺，犹今之冉求耳。今神明始创，及群生最先之祖，都自杳漠，非追想所及，岂复学者通塞所预乎？夫圣固凝废，感而后应耳。非想所及，即六合之外矣，无以为感，故存而不论③。圣而弗论，民何由悟？今相与践地戴天而存，践戴之外，岂有纪极乎？禹之弼成五服，敷土不过九州者④，盖道世路所及者耳。至于大荒之表，旸谷蒙汜之际⑤，非复人理所预，则神圣已所不明矣。况过此弥往，浑瀚冥茫，岂复议其边陲哉？今推所践戴，终至所不议，故一体耳。推今之神用，求昔之所始终，至于圣人之所存而不论者，亦一理相贯耳，岂独可议哉？皆由冥缘随宇宙而无穷，物情所感者有限故也。夫众心禀圣以成识，其犹众目会日以为见。离娄察秋毫于百寻者⑥，资其妙目，假日而睹耳。今布毫于千步之外，目力所匮，无假以见，而于察微避危，无所少矣。何为以千步所昧，还疑百寻之毫乎？今不达缘本，情感所匮，无以会圣，而知取至于致道之津，无所少矣。何为以缘始之昧，还疑既明之化矣哉？"

【注释】

①玄之又玄:《老子》第一章:"玄之又玄,众妙之门。"

②庄周称冉求问曰:指冉求向孔子问未有天地前之事,见《庄子·知北游》。

③"六合"三句:《庄子·齐物论》:"六合之外,圣人存而不论。"

④"禹之"二句:古代王畿外围,按距离远近每五百里划一区,分侯服、甸服、绥服、要服、荒服。服者,服事天子。《尚书·益稷》:"弼成五服,至于五千。"九州者,冀、兖、青、徐、荆、扬、豫、梁、雍是也。《尚书·禹贡》:"禹敷土,随山刊木,莫高山大川。"

⑤"大荒"二句:大荒,极边远地区。《山海经·大荒西经》:"大荒之中,有山名曰大荒之山,日月所入。"旸(yáng)谷,亦作"汤谷",日所出处。《尚书·尧典》:"分命羲仲,宅嵎夷。曰:旸谷。"《传》:"日出于谷而天下明,故称旸谷。"蒙汜,日落之处。《楚辞·天问》:"出次汤谷,次于蒙汜,自明及晦,所行几里?"

⑥离娄察秋毫于百寻:《孟子·离娄》:"离娄之明,公输子之巧。"赵岐注:"离娄者,古之明目者也,盖以为黄帝之时人也。黄帝亡其玄珠,使离朱索之。离朱即离娄也,能视于百步之外,见秋毫之末。"

【译文】

有人会质疑:"精神本是完全虚空的存在,为何能够沾染禀受各种有形质的事物,并与他们相互作用影响呢?再说精神本性虚空,应该是完全平等的,又为什么将人区分为圣贤和愚者呢?又,既然说"心灵造作万事万物",但在还没有万物之前,又是什么东西牵累污染了心灵,使其感应而产生世间的万事万物呢?"

我的回答是:"精神灵妙而形体粗陋,却又相互共同产生作用。以精神作用形体,则就知道虚空可以作用假有了。而今愚者虽然见识浅陋,也能认识过去,想象未来,在此处想到彼处。事实上每个人的精神都有神奇的功能,只要通过修炼则可以达到极致,于是就可了解精神平等虚空的本性了。至于为何是心灵造作万有,在前面的论述中说得很详细了。从经验事实来看,佛教的基本教义如精神不灭、因果报应、一切性空等确实是可信的。但之所以是这样的缘由,却无法寻找它的开始之处。要寻找无始之前的开始,能找到这样的开始吗?这就是老子所说的玄之又玄啊。庄周引述冉求对孔子的发问:'没有天地之前是怎样的,可以知道吗?'孔子回答说:'古人也和今人一样啊。'意思是说古人虽在无始之前,但要寻求所谓的无始之始,同样是渺茫难知,和今天的冉求是一样的疑惑啊。神明开始创造,以及万物的最先之祖,都来自幽渺广漠之境,根本不是我们常人的追想所能把握的,又怎能是一般的学者所能够预想的呢?圣人原本是凝止寂静的,必须是有所感知才能有所回应。不是推想可以企及的,在六合之外,人根本无法感知,所以圣人存而不论。圣人尚且不能议论,普通的人民又如何能够领悟呢?而今我们同时生活在天地之间,然而天地之外,难道还有边界极限吗?大禹文明教化,创设五服,推广也不过九州之土,大概是人可通行的道路的最远之处了。至于传说中的极边远地区,那是日月出入的地方,就不再是人的情理所能预想的了,也是神圣自己所不能明晓的。何况从此往过去回溯,更是浑沌浩瀚、幽昧渺茫,又怎么能议论它的边际在哪里呢?不过,从我们生活的世界推广到所不能议论的六合之外,无论是否有边界极限,都是相连为一体的。从我们的精神作用,推求过去造成如此的原因,一直到圣人存而不论的领域,无论多么久远,都贯穿着同样的真理,哪里只是限于可以议论的事物呢?这一切都是由于冥缘随宇宙而无穷,而人情识感知的对象和范围却是有限的。众人的心灵因禀受圣智而有识见,这好比众人的眼睛都要借太阳的照耀才能看事物一样。离娄可以在百步之外明察秋毫,他必须凭借他的好眼睛,还要假借太阳的光照才能看见秋毫。如果现在把秋毫放在视力不能达到的千步之外,又没有光亮帮助看见,还能察觉微细事物避免危险的,实在是太少了。为何要因为千步所看不见的,反过来怀疑百步可以看见的秋毫的真实存在呢? 现在的人既不能抵达缘起的根本,情志感知的能力有限,又没有圣智的资助,还能知道到达大道之津要的人,同样很少啊。为何因为他昧于缘起之始,就要怀疑他对已有事物变化的了解呢?"

或问曰:"今人云'不解缘始,故不得信佛',此非感耶? 圣人何以不为明之?"

答曰:"所谓感者,抱升之分,而理有未至,要当资圣以通,此理之实感者也。是以乐身滞有,则朗以苦空之义;兼爱弗弘,则示以投身之慈①;体非俱至,而三乘设②;分业异修,而六度明。津梁之应,无一不足,可谓感而后应者也。是以闻道灵鹫,天人咸畅③,造极者蔚如也。岂复远疑缘始,然后至哉? 理明训足,如说修行,何所不备? 而犹必不信,终怀过疑于想所不及者。与将陨之疾,馈药不服;流矢通中,忍痛不拔④;要求矢、药造构之始,以致命绝,夫何异哉? 皆由猜道自昔,故未会无言,致使今日在信妄疑耳,岂可以为实理之感哉? 非理妄疑之惑,固无以感圣而克明矣。夫非我求蒙,蒙而求我⑤。固宜虚己及身,随顺玄化,诚以信往,然后悟随应来。一悟所振,终可遂至冥极。守是妄疑,而不归纯敛衽者,方将长沦惑网之灾,岂有旦期? 背向一差,升坠天绝,可不慎乎!"

【注释】

①示以投身之慈:源出佛为王子时舍身饲虎的典故。

②"体非"二句:《世说新语·文学》刘孝标注引《法华经》:"三乘者,

一曰声闻乘,二曰缘觉乘,三曰菩萨乘。声闻者,悟四谛而得道也。缘觉者,悟因缘而得道也。菩萨者,行六度而得道也。”

③闻道灵,天人咸畅:指释迦牟尼“初转法轮”之事。

④“将陨”四句:见《中阿含经》卷六十《箭喻经》所载故事,有鬘童子问佛陀关于世界有常或无常的问题,佛陀没有直接回答此人,而是说了下列一段故事:有一位学者身中毒箭,他不立刻拔出毒箭,医治伤口,反而研究各种不必要的问题:箭杆为何木所成?产于何地?种植者为谁?等等。可是,不待多久,就毒发身亡。

⑤“非我”二句:《周易·蒙卦》:“匪我求童蒙,童蒙求我。”

【译文】

又有人质疑道:“有人说‘不解缘始,故不得信佛’,这些难道不能感应吗?那圣人又为何不为那不信之徒讲明此理呢?”

我回答说:“所谓的感应,在他诞生受形之际,并没有领受理的全部,还必须凭借圣人的智慧以求真正的通达,至此才算是真理的真实感应啊。因此常人追求身体的快乐,执着于眼前所见,对于这样的人,就要用一切皆苦、万有是空的义理使他心灵清澈明朗;倘若兼爱的道德不能弘扬,佛祖就以投身饿虎的大慈悲来教育人民;因为每个人出生禀受的资质不一,不是同时都能达到最高的道境,于是有三乘方便的设立;每个人的先天造业和后天的修习也不一样,于是有六度的法门。每一条都是通达彼岸的方法和途径,这才可以说是感而后应。因此,释迦牟尼在灵鹫山上说法,天人都感到无比畅达,可谓登峰造极啊。怎么能够一面怀疑缘始之理,却又想要达到那样的至境?至理和训导已经很明确充足了,只要按照这些却笃实修行,有什么不会拥有呢?而仍有人坚决不信,而是始终怀疑那人的思想所难以到达的世界的存在。这些人同那患病快死而不服药,中箭忍痛而不拔箭,却致力于研求箭、药的造构和缘始而导致最终命绝的人,有什么差别呢?这些人都是过去猜疑正道,所以未能体会无言之教,致使今天仍然猜信妄疑,怎么可以认为是真实至理的感应呢？不能用正道消除妄疑之惑，就无法感知圣智而明通四达。再说不是我求助蒙昧之人，而应是蒙昧之人来求教于我。本就应当以自我和身体为虚空，随顺万物变化并与之同化，真诚的坚持对佛教的信仰，然后觉悟就会随之而产生。一旦觉悟，将最终可到达最高境界。若是执守当前的所见而妄疑佛道的真实，而不能皈依佛教信仰的人，将长久沦陷于迷惑的苦难之中，哪里有觉醒的机会呢？信仰与背离只是一念之差，最后的结果却是天堂极乐与地狱永苦的悬殊，可以不小心谨慎吗？"

　　或问曰："孔氏之训：'无求生以害仁，有杀身以成仁①。'仁之至也，亦佛经说菩萨之行矣。老子明"无为"，无为之至也，即泥洹之极矣。而曾不称其神通成佛，岂孔、老有所不尽与？明道欲以扇物，而掩其致道之实乎？无实之疑，安得不生？"

　　答曰："教化之发，各指所应。世薄乎乱，洙泗所弘②，应治道也。纯风弥凋，二篇乃作③，以息动也。若使颜、冉、宰、赐、尹喜、庄周，外赞儒玄之迹，以导世情所极，内禀无生之学④，以精神理之求，世孰识哉？至若冉季、子游、子夏、子思、孟轲、林宗、康成、盖公、严平、班嗣、杨王之流⑤，或分尽于礼教，或自毕于任逸，而无欣于佛法，皆其寡缘所穷，终无僭滥⑥。故孔、老发音指导，自斯之伦，感向所暨⑦，故不复越叩过应。儒以弘仁，道在抑动，皆已抚教得崖，莫匪尔极矣。虽慈良、无为，与佛说通流，而法身、泥洹无与尽言，故弗明耳。且凡称'无为而无不为'者⑧，与夫'法身无形，普入一切'者，岂不同致哉！是以孔、老、如来，虽三训殊路，而习善共辙也。

【注释】

①"无求生"二句:语出《论语·卫灵公》。

②"世蕲(qí)"二句:《庄子·逍遥游》:"世蕲乎乱,孰弊弊焉以天下为事!"洙、泗二水春秋时处鲁国之境,孔子居住洙泗之间而教授弟子。《礼记·檀弓上》:"吾与汝事夫子于洙泗之间。"后以洙泗作为儒家学说的代称。

③"纯风"二句:春秋社会动荡,世风日下,老子作《道德经》,批评时政,提倡无为,主张小国寡民。《史记》卷六三《老子韩非列传》:"于是老子乃著书上下篇,言道德之意五千余言而去。"

④内禀无生之学:佛教的无生,亦称"无生法忍"。《庄子·至乐》:"察其始而本无生,非徒无生也,而本无形。"庄子的"无生"指的是无生命知觉。佛教指的是万物的实体或真如实相永恒不变,无生无灭。

⑤林宗、康成、盖公、严平、班嗣、杨王之流:林宗即郭泰,《后汉书》卷九八有传。康成即郑玄,《后汉书》卷六五有传。盖公,善治黄老之学,见《汉书》卷三九《曹参传》。严君平,即严遵,《汉书》卷七二有传。班嗣,《汉书》卷一百有传。杨王即杨王孙,《汉书》卷七六有传。这些人被认为是"自毕于隐逸"的代表,但与佛教无缘。

⑥终无僭滥:语出《诗经·商颂·殷武》:"天命降监,下民有严。不僭不滥,不敢怠遑。命于下国,封建厥福。"

⑦感向所暨:暨,限制、遏制或限制的东西。

⑧无为而无不为:《老子》第三十七章:"道常无为而无不为。"

【译文】

或许有人会问:"孔子曾说:'无求生以害仁,有杀身以成仁'。仁的极致，不就是佛经中所说的'菩萨行'吗？老子言'无为'，'无为'的极致，亦即佛教中所说的'涅槃'。但是佛经中都不说孔老之神通及可以成佛，难道孔老学说有所未尽吗？他们阐明道理的目的难道只是倡导物欲而遮蔽通达最高境界的道路吗？这种缺乏事实根据的说法，能不叫人怀疑吗？"

答道："各家之学说，都有其针对性。乱世之时，儒家大倡治世之道，以应治理乱世之需；纯朴的民风日益凋敝，于是有老子所作的《道德经》上下二篇，以止息世人的强作妄为。若使颜渊、冉求、宰我、子贡、尹喜、庄周等人，在社会治理上赞同儒家道家的理论，以此来引导世人的情志和追求，在个人修养上禀持佛教的无生学问，以此来精粹对神理的探求，又有谁能分辨他们是否信佛教呢？然而，世人之中有谁会了解这些呢？至于像冉季、子游、子夏、子思、孟轲，林宗、康成、盖公、严平、班嗣、杨王之流，前者强调遵循礼教，后者以隐逸为自我完善，都不信奉佛法，虽然都很少接触那不可穷尽的道理，但终究没有赏罚失当，过而无度。所以孔子和老子阐发道理指导人民，都是从接受道理之人的实际情况出发，感应社会的实际需要，所以不会不顾对应性而超过需要。儒家旨在弘扬仁义道德，道家强调无为而无不为，在这两方面，儒道两家的学说都达到了极致。虽然儒家所提倡的慈孝仁义和道家所说的无为，与佛教的学说颇有共通之处，但对法身实相和泥洹究竟却没有很清楚彻底的讨论，所以说理论还有未澄明之处。但道家主张的'无为而无不为'，与佛教之'法身无形而无所不在'的思想也多遥相契合，所以说，儒、释、道三教虽然教法各有不同，但在导人为善方面却是共同的。"

或问曰："自三五以来[①]，暨于孔、老。洗心佛法，要将有人。而献酬之迹[②]，曾不乍闻者，何哉？"

答曰："余前论之旨已明，俗儒而编专在治迹。言有出于世表，或散没于史策，或绝灭于坑焚。今又重敷所怀。夫三皇之书，谓之《三坟》，言大道也。尔时也，孝慈天足，岂复训以仁义？纯朴弗离，若老、庄者复何所扇？若不明神本于无生，空众性以照极者，复以何道大道乎？斯文没矣③，世孰识哉！史迁之述五帝也，皆云生而神灵④，或弱而能言，或自言其名。懿渊疏通，其知如神。既以类夫大乘菩萨，化见而生者矣。居轩辕之丘，登崆峒⑤，陟凡岱，幽陵蟠木之游，逸迹超浪，何以知其不由从如来之道哉？以五帝之长世，尧治百年，舜则七十⑥。广成、大隗、鸿崖、巢许、夸父、北人、姑射四子之流⑦，玄风畜积，洋溢于时。而《五典》余类，唯唐、虞二篇，而至寡阙。子长之记，又谓：'百家之言黄帝，文不雅训⑧，搢绅难言。唯采杀伐治迹，犹万不记一。'岂至道之盛，不见于残缺之篇，便当皆虚妄哉？今以神明之君，游浩然之世，携七圣于具茨⑨，见神人于姑射，一化之生，复何足多谈。微言所精，安知非穷神亿劫之表哉？"

【注释】

① 自三五以来：三五指三皇五帝。《汉书·郊祀志下》："夫周秦之末，三五之隆。"

② 献酬之迹：指宾客交往言谈的记载，《诗经·小雅·楚茨》："为宾为客，献酬交错。"

③ 斯文没矣：《论语·子罕》："天之将丧斯文也，后死者不得与于斯文也。天之未丧斯文也，匡人其如予何？"

④ "史迁"二句：《史记·五帝本纪》载：黄帝"生而神灵，弱而能言"，帝高辛（帝喾）"生而神灵，自言其名"，帝高阳（颛顼）"静渊以有谋，疏通而知事"，帝尧"其仁如天，其知如神"。

⑤"居轩辕"二句：《史记·五帝本纪》载：黄帝居轩辕之丘，披山通道，未尝宁居，东至于海，登丸山，及岱宗，西至于空桐，登鸡头。同卷载：帝高阳北至于幽陵，南至于交趾，西至于流沙，东至于蟠木。

⑥"尧治"二句：《史记·五帝本纪》："尧辟位凡二十八年而崩。"《集解》："尧在位凡九十八年。"同卷载：舜年三十尧举之，五十摄行天子事，年六十一代尧践帝位，践帝位三十九年，南巡，崩于苍梧之野。

⑦广成、大隗、鸿崖、巢许、夸父、北人、姑射四子之流：广成，黄帝师，见《庄子·在宥》。大隗，黄帝师，见《庄子·徐无鬼》。鸿崖，黄帝臣，见《广列仙传》。巢许，指许由巢父，见前注。夸父、北人，见《庄子·让王》。姑射四子，见《庄子·逍遥游》："尧治天下之民，平海内之政，往见四子藐姑射之山，汾水之阳，窅然丧其天下焉。"

⑧"百家"二句：出自《史记·五帝本纪》"太史公曰：……而百家言黄帝，其文不雅驯，荐绅先生难言之"。

⑨携七圣于具茨：七圣指黄帝及其属下六臣。《庄子·徐无鬼》："黄帝将见大隗乎具茨之山，方明为御，昌寓骖乘，张若、谉朋前马，昆阍、滑稽后车。至于襄城之野，七圣皆迷，无所问途，适遇牧马童子，问途焉。"

【译文】

还有人问："自三皇五帝以来，一直到孔子、老子，一定有人修炼心灵，崇奉佛法，可是在各种宾客交往言谈的记载中都不曾听说有佛，为什么呢？"

答道："我在前面已指出，俗儒编书，只重视有关人间社会治理的事情。有超出现实社会的言谈，要么散见湮没在史策中，要么被秦始皇焚烧绝灭了。而今在此列举一些材料，说明佛之于中土，由来已久。三皇时代的书,称之《三坟》,都是言说大道的。那个时候,社会以孝道慈德为本,哪里还需要训导仁义呢? 民风自然纯朴,像老、庄等人又有什么好倡导的呢? 如果不明白精神以无生为本体,并以此虚空众人情性而照达极致的人,又凭什么修习大道呢? 可惜这样的人和事情都已经消失了,世人之中还有谁能了解呢? 司马迁记述五帝的历史时,都明确说他们出生就有神奇灵异之处,要么很小就能言语,要么能够直呼自己的名字。个个都是嘉懿渊博、疏阔通达,聪明睿智,堪比神灵。好比是大乘菩萨,化为有形而出生的。他们居住在轩辕之丘,登崆峒、凡岱,遨游于幽陵、蟠木之间,那样的飘逸潇洒,又怎么知道他们不是跟随信奉如来之道才这样的呢? 从五帝治理天下来说,尧在位百年,舜则有七十年。广成、大隗、鸿崖、巢许、夸父、北人、姑射四子之流,都是黄帝、尧舜之时的圣贤之士,天子清静无为的教化积聚,美好的德名广泛传播。可是《五典》之中,只保存了唐、虞二篇,记载十分简略。司马迁说:'百家对黄帝的记载,文辞不典雅纯正,士人很难言说。而且只采录了黄帝有关杀伐治理的事情,可以说是挂一漏万。'难道至道盛世,没有记载在残缺之篇中,便可当作这些都是虚妄的吗? 而今以为黄帝这位神明之君,逍遥游于广大壮阔的世间,携领七圣到具茨山,拜见姑射山上居住的神人,这些都不过是自然变化所生,又哪里值得多谈。微言有大义,怎么知道这些不能穷尽亿劫之外的神理呢?

　　"广成之言曰:'至道之精,窈窈冥冥。'即首楞严三昧矣[1]。'得吾道者,上为皇,下为王[2]。'即亦随化升降,为飞行皇帝、转轮圣王之类也[3]。'失吾道者,上见光,下为土。'亦生死于天人之界者矣。'感大隗之风,称天师而退[4]'者,亦十号之称矣[5]。自恐无生之化,皆道深于若时,业流于玄胜[6]。而事没振古[7],理随文翳,故百家所摭,若晓而昧,又撎绅之儒,不谓雅训⑧。遂令殉世而不深于道者,仗史籍而抑至理,从近情而忽远化,困精神于永劫,岂不痛哉!

【注释】

①首楞严三昧:意译勇健定、健行定、健相定。《大智度论》卷四七谓:菩萨得此三昧,则诸烦恼及恶魔皆不得破坏之,恰如大将率领兵众,一切三昧悉皆随从。

②"得吾道"三句:《庄子·在宥》:"得吾道者,上为皇而下为王;失吾道者,上见光而下为土。"

③"飞行"二句:见前文《牟子理惑论》对佛的描述。

④"感大隗"二句:见《庄子·徐无鬼》:"黄帝将见大隗乎具茨之山,……黄帝再拜稽首,称天师而退。"

⑤十号之称:佛教创始人释迦牟尼有如来、应供、正遍知、明行足、善逝、世间解、无上师、调御丈夫、天人师、佛世尊等十大名号。

⑥玄胜:指超越世俗的境界。

⑦振古:远古,往昔。《诗经·周颂·载芟》:"匪今斯今,振古如兹。"朱熹集传:"振,极也……盖自极古以来已如此矣。"

⑧雅训:雅正的教训。

【译文】

"广成子所说的'至道之精,窈窈冥冥'不就是佛教所称的首楞严三昧吗? 所谓'得吾道者,上为皇,下为王'不是与佛祖随机升降,化为飞行皇帝、转轮圣王相类似吗?'失吾道者,上见光,下为土'与佛教生死轮回于天人之间的说法不是相同吗?'感大隗之风,称天师而退',也与释迦牟尼佛有十个称号相似。只恐佛教所言的无生之化,道理过于深刻不为时人所解,其事业超越世俗的境界。然而事迹在远古中淹没,高深的义理被文辞所遮蔽,所以百家所采所得,看似明白实际昏昧,加之那些搢绅陋儒,不通雅正的教训。于是使得那些经营世俗而始终不能领悟大道的人，只能仰仗史籍而埋没至理，听从现在的利益和欲望而忽视过去和来生的因缘变化，使精神永远受困于外物与情志之中，难道不是很令人悲痛吗！

"伯益述《山海》：'天毒之国，偎人而爱人。'①郭璞传：'古谓天毒，即天竺，浮屠所兴。偎爱之义，亦如来大慈之训矣。'固亦既闻于三五之世也。国典弗传，不足疑矣。凡三代之下，及孔、老之际，史策之外竟何可量？孔之问礼，老为言之；关尹之求，复为明道②。设使二篇或没，其言独存于《礼记》，后世何得不谓柱下翁，直是知礼老儒？岂不体于玄风乎？今百代众书，飘荡于存亡之后，理无备在。岂可断以所见，绝献酬于孔、老哉！东方朔对汉武劫烧之说③，刘向《列仙》叙'七十四人在佛经'④，学者之管窥于斯，又非汉明而始也。但驰神越世者众而显，结诚幽微者寡而隐，故潜感之实，不扬于物耳。

【注释】

① "伯益"三句：《山海经》据传是大禹所作，伯益曾协助大禹治水。《山海经·海内经》云："东海之内，北海之隅，有国名曰朝鲜、天毒，其人水居，偎人爱人。"郭璞注："天毒即天竺国，贵道德，有文书，金银钱货，浮屠出此国中也。"

② "孔之"四句：《史记》卷六三《老子韩非列传》载："孔子适周，将问礼于老子。""老子修道德，其学以自隐无名为务。居周久之，见周之衰，乃遂去。至关，关令尹喜曰：子将隐矣，强为我著书。于是老子乃著书上下篇，言道德之意五千余言而去，莫知其所终。"

③ 东方朔对汉武劫烧之说：《高僧传》卷一《竺法兰传》："昔汉武穿

昆明池，底得黑灰，问东方朔。朔云：不知，可问西域胡人。后法
兰既至，众人追以问之，兰云：世界终尽，劫火洞烧，此灰是也。"

④刘向《列仙》叙'七十四人在佛经'：刘向，西汉成帝时任光禄大
夫、中垒校尉，曾校阅朝廷图书。《世说新语·文学》注引："（刘
向）历观百家之书，以相检验，得仙者百四十六人，其七十四人已
在佛经，故撰得七十，可以多闻博识者遐览焉。"

【译文】

"伯益记述《山海经》，说：'天毒之国，偎人而爱人。'郭璞传曰：'古
谓天毒即天竺，浮屠所兴；偎爱之义，亦如来大慈之训也矣。'以此看来，
三皇五帝之时，中土已知有佛了。虽然正史不记载这些材料，但不足以
怀疑它的真实。从三代之下，一直到孔子、老子之际，除史策记载之外
的事情究竟怎样衡量呢？孔子问礼，老子为他解答；关尹强求老子著
书，都是为了阐明正道。设使《老子》上下两篇丧失，老子的言论就只能
独存于《礼记》，后世为何不说老子只不过是一位知礼的老儒？难道就
不能体会清静无为的教化了吗？而今上古百代的书籍，其中的记述在
书籍失灭之后散落在各书之中，其教理并不完备。因而怎么可以仅凭
所见来做判断，从而断绝孔、老之间的应答呢！又，史书记载东方朔回
答汉武帝关于劫烧之问时已知有佛，再如刘向的《列仙传》，记载仙人中
有七十四人在佛经有称述。以此看来，学者了解佛教之东传中土，实非
始于汉明帝时代。但驰骋精神超越世俗的人众多而且彰显，虔诚体证
幽微境界的人少而且隐蔽，所以那种无形的感应是真实可信的，只是不
追求张扬于外物而已。

"道人澄公①，仁圣于石勒、虎之世，谓虎曰：'临淄城中，
有古阿育王寺处，犹有形像、承露盘，在深林巨树之下，入地
二十丈。'虎使者依图搜求，皆如言得。近姚略叔父为晋
王②，于河东蒲坂，古老所谓阿育王寺处，见有光明。凿求得

佛遗骨,于石函银匣之中,光曜殊常,随略迎睹于灞上比丘,今见在辛寺。由此观之,有佛事于齐、晋之地久矣哉!所以不说于三传者③,亦犹干宝、孙盛之史④,无语称佛,而妙化实彰有晋,而盛于江左也。"

【注释】

①道人澄公:《高僧传》卷九《佛图澄传》载有临淄城中阿育王寺的传说。

②姚略叔父为晋王:《高僧传·法和传》作"姚绪",亦载河东蒲坂凿得佛骨事。姚略,即后秦王姚兴,《晋书》、《魏书》皆有传。

③三传:指解释《春秋》的《左传》、《公羊传》、《穀梁传》。

④干宝、孙盛之史:干宝,东晋文人,字令升,祖籍河南新蔡,古代著名的史学家和文学家。著有《春秋左氏义外传》,还注《周易》、《周官》等数十篇,另有文集四卷。今存《搜神记》20卷,为后人所辑录,又《晋纪》亦有清人辑本。孙盛(302—373),字安国。晋代太原中都(今山西平遥)人。著《魏氏春秋》二十卷,《魏氏春秋异同》八卷,《晋阳秋》三十二卷,是一位"词直而理正"的历史学家。二人均被时人称为良史。

【译文】

"此外,后赵石勒、石虎时以仁圣著称的佛图澄对石虎说:'临淄城中有古阿育王寺,且有佛像和承露盘埋于深林中巨石之下,距地面二十丈。'石虎派人依图挖掘,果真如佛图澄所说的。姚略叔父为晋王时,在河东蒲坂,亦即古人所说阿育王寺处见有光明,派人挖掘,果得佛遗骨于石函银匣之中,光亮照人,随即迎请至于灞上,让众比丘观看,如今仍安放在辛寺。由此观之,齐、晋之地,有佛的事迹已经很长久了。所以在《春秋》三传中未曾明说的,也如同干宝、孙盛的史书所记载的那样,虽然不直接言说佛,然而佛道妙化实际是从晋代开始彰显,从江左开始昌盛的呀。"

或问曰："若诸佛见存，一切洞彻，而威神之力，诸法自在。何为不曜光仪于当今，使精粗同其信悟；洒神功于穷迫，以拔冤枉之命？而令君子之流，于佛无睹，故同其不信，俱陷阐提之苦①？秦、赵之众，一日之中，白起、项籍坑六十万②。夫古今彝伦，及诸受坑者，诚不悉有宿缘大善；尽不睹无一缘，而悉积大恶。而不睹佛之悲一日俱坑之痛，懋然毕同，坐视穷酷而不应，何以为慈乎？缘不倾天，德不邈世，则不能济，何以为神力自在、不可思议乎？鲁阳回日，耿恭飞泉，宋九江虎远江而蝗避境③，犹皆心力横彻，能使非道玄通。况佛神力，融起之气，治籍之心，以活百万之命殊易。夫纳须弥于芥子④，甚仁于毁身乎一虎一鸽矣⑤！而今想焉而弗见，告焉而弗闻，请之而无救，寂寥然与大空无别。而于其中，有作沙门而烧身者，有绝人理而剪六情者，有苦力役、倾资宝而事庙像者，顿夺其当年，而不见其所得。吁！可惜矣。若谓应在将来者，则向六十万，命善恶不同，而枉灭同矣。命善恶虽异，身后所当，独何得异？见世殊品，既一不蒙甄别，将来浩荡，为欲何望？况复恐实无将来乎？经云："足指按地，三千佛土皆见⑥，及盲聋喑哑、牢狱毒痛，皆得安宁。"夫佛，远近存亡、有戒无戒，等以慈焉。此之有心宜见，苦痛宜宁，与彼一矣。而经则快多是语，实则竟无暂应。安知非异国有命世逸群者，构此空法，以胁异翼，善交言，有微远之情事，有澄肃之美纯，而易信者一己输身，遂相承于不测，而势无止薄乎？"

答曰："今不睹其路，故于夷谓险。诚瞰其途，则不见所难矣。夫常无者,道也⑦,唯佛则以神法道。故德与道为一,神与道为二。二故有照以通化,一故常因而无造。夫万化者,固各随因缘,自作于大道之中矣。今所以称佛,云'诸法自在,不可思议'者,非曰为可不由缘数,越宿命而横济也。盖众生无量,神功所导,皆依崖曲畅,其照不可思量耳。譬之洪水四凶、嚚顽象傲⑧,皆化之固然,尧、舜弗能易矣。而必各依其崖,降水流凶,允若克谐,其德岂不大哉!夫佛也者,非他也,盖圣人之道不尽于济生之俗,敷化于外生之世者耳。至于因而不为,功自物成,直尧之殊应者耳。夫钟律感类,犹心玄会,况夫灵圣以神理为类乎?凡厥相与冥遘于佛国者,皆其烈志清神,积劫增明,故能感诣洞彻。致使释迦发晖,十方交映,多宝涌见⑨,灯王入室⑩。岂佛之独显乎哉?能见矣。至若今之君子,不生应供之运⑪,而域乎禹绩之内⑫。皆其诚背于昔,故会乖于今。虽复清若夷、齐,贞如柳、季⑬,所志苟殊,复何由感而见佛乎?况今之所谓,或自斯以还。虽复礼义熏身,高名馥世,而情深于人,志不附道。虽人之君子,而实天之小人⑭。灵极之容,复何由感映?岂佛之偏隐哉?我弗见矣。若或有随缘来生,而六度之诚发自宿业,感见独朗,亦当屡有其人。然虽道俗比肩,复何由相知乎?然则粗妙在我,故见否殊应。岂可以己之不曜于光仪,而疑佛不见存哉?

【注释】

①俱陷阐提之苦:阐提也称一阐提,即信根断绝的人。在《北本涅槃经》传来以前,中土佛教界多承旧说,主张一阐提不能成佛。

后竺道生倡一切众生皆有佛性,阐提亦能成佛。宗炳作《明佛论》约在元嘉年间,竺道生约于元嘉十一年(434)去世。

②"秦、赵"三句:白起和项籍坑六十万卒不是同一时间。《史记》卷七十三《白起王翦列传》:公元前260年,秦国名将白起在长平之战中,俘获赵卒四十余万,仅留其年少者二百四十人归赵,其余全部坑杀。项籍,即项羽。《史记》卷七《项羽本纪》:项羽破秦军,收章邯兵,至新安,项羽恐秦军降卒作乱,乃命楚军夜击坑秦卒二十余万人新安城南。

③"鲁阳"三句:鲁阳,即鲁阳文子,楚平王孙司马子期之子。《淮南子·览冥训》:"鲁阳公与韩构难,战酣,日暮,援戈而麾之,日为之反三舍。"耿恭:《后汉书》卷四十九:"恭仰叹曰:'闻昔贰师将军拔佩刀刺山,飞泉涌出;今汉德神明,岂有穷哉。'乃整衣服向井再拜,为吏士祷。有顷,水泉奔出,众皆称万岁。乃令吏士扬水以示虏。"宋九江,暂无考。

④纳须弥于芥子:《维摩诘经·不可思议品》:"唯应度者,乃见须弥入芥子中,是名不可思议解脱法门。"

⑤甚仁于毁身乎一虎一鸽矣:此皆为佛陀本生故事,可参见《本生经》、《六度集经》等。

⑥足指按地,三千佛土皆见:《维摩诘经·佛国品》载:佛以足指按地,即时三千大世界珍宝严饰并皆呈现。

⑦常无者,道也:《老子》第三十二章:"道常无名。"

⑧譬之洪水四凶:《尚书·尧典》:"汤汤洪水方割,荡荡怀山襄陵,浩浩滔天。"四凶说法不一,《尚书·舜典》:"流共工于幽州,放驩兜于崇山,窜三苗于三危,殛鲧于羽山:四罪而天下咸服。"

⑨多宝涌见:多宝佛为东方宝净世界的教主。往昔行菩萨道时,立誓在成佛灭度之后,凡十方世界有宣说《法华经》之处,必自地涌现于前,以证明此经的真义。故释尊说《法华经》时,有七宝塔从

地中涌出，耸立于空中，塔内即有多宝如来坐狮子座，其全身姿态如入禅定状，并分半座与释尊。参见《法华经·见宝塔品》。

⑩灯王入室：出《维摩诘经》卷上《不思议品》：东方有世界名须弥相，其佛号须弥灯王，其狮子座，高四万八千由旬。维摩诘现神通力，即时彼佛遣三万三千师子之座，来入维摩诘室。

⑪不生应供之运：应供，佛十大名号之一。

⑫域乎禹绩之内：《诗经·商颂·殷武》："天命多辟，设都于禹之绩。"

⑬"清若"二句：夷、齐，伯夷与叔齐，见前注。柳、季，柳下惠与季札，事见前注。

⑭"虽人"二句：《庄子·大宗师》："天之小人，人之君子；人之君子，天之小人也。"

【译文】

又有人问："如果诸佛确实存在，神通广大且能洞察一切，何不现身说法，大显神通，让不论贤愚都能心悦诚服地皈信佛教，使穷困之人得到救助，让命运冤屈者获得解脱？以免得像现在这样，君子看不到佛，百姓更不相信，大家都陷溺在信根断绝的作恶之苦中。再者，过去白起、项籍一日坑杀士兵六十万，这些一起受坑者难道不会有过去曾积大善的么？这么多人都无缘一睹佛法，都一样同积大恶，故同受此恶报不成？而也不曾见佛对这些人的同时被杀感到悲痛，小心谨慎，视同如己，反而对如此残酷的杀戮无动于衷，袖手旁观。这又怎么谈得上大慈大悲呢！因缘不能广被天宇，道德不能超脱世俗，自然不能救济天下，又何以号称神力自在，佛法无边呢！鲁阳可以使太阳返回，耿恭可以使枯井飞泉，更有古人宋九江掌管一个郡县，使得飞蝗避开，猛虎远离江边不再害人。这些都是因为人的心意坚决而能贯通外物，最终使非道之物暗中相通。更何况佛的神力无边，要融化白起的杀戮之气，治服项籍的残酷之心，从而救活百万人的性命是很容易的。据说佛曾经有纳须弥于芥子的神妙，有牺牲自己的身体来救虎鸽的仁德！而今却是世人想见见不到，对世人的禀告又当做没有听到，请求他却不去拯救，终日里只是寂寥无言，与大空无别。而在信佛的人当中，有作沙门而烧身的，有超越世俗之情一心向道的，有通过做苦力劳役来修行的，有捐弃家财而立庙造像的，当年违反情理地与世俗强行断绝，却没有见到所应得的回报。吁！可惜啊！如果说报应会在将来显现，那这已经死去的六十万人，本来是各个善恶不同的，怎么却在同一个事件里枉死了呢？受命的善恶虽然不同，但身后所得到的报应，如何才能不同呢？世间万物，千差万别，一开始就没有甄别，将来更为浩荡难辨，所谓将来的报应又有什么希望呢？更何况恐怕确实没有将来呢？佛经中说："足指按地，三千佛土皆见，及盲聋喑哑、牢狱毒痛，皆得安宁。"可见佛祖的慈悲是不分远近、存亡，也无论有戒、无戒，对一切众生一视同仁的。佛经上说只要有诚心就必定能够见到佛，人生的苦痛也因此可以消除安宁，从而与佛同。然而佛经上虽然有很多这样的说法，实际上最终连短暂的感应也没有。怎么知道不是异国的那些出众超群的名士，构造此缘起性空的理论，整合不同的思想，完善交流对话，记述幽微深远的情感和事迹，给人肃清庄严之感，以至于使容易相信的人一旦自己失身于此，于是家人亲友就会先后递相尊奉这不可思议的佛法，使得趋鹜之势不可停止吗？

答道："今天的人没有看见佛所行的道路，所以会把平坦当做危险，若确实看见了他的道路，就不会觉得有什么不可接受的困难了。所谓的常无，就是道本身。唯有佛可以用精神来效法道，所以事物的德性与道本为一，但精神与道却为二。相分为二，所以才有精神照彻事物本质而能贯通变化，德性与道为一，所以只能因顺事物的本性而不能强行造作。世间之万物，都各随因缘，依于大道而自作自受。今天称号为'佛'，说'诸法自在，不可思议'的缘故，并非是佛可以不凭因缘之理，超越万物的宿命而强行救济。再说众生无数，神功只能是依凭各自的性分加以引导使其周尽畅达,其发生作用的过程是不可思量的呀。譬如洪水之灾、四凶及凶顽的瞽叟、桀傲狂妄的象之类,都是造化本然之理所致,虽尧、舜等圣人也无法改变,而必须顺其自然,而后疏浚洪水,流放四凶,最后使天下顺从和谐,他们的功德能说不伟大吗?再说佛,乃是圣人,圣人之道并不局限于救济世俗众生,还要布行教化于众生之外的世界。至于因顺自然而不妄自作为,功德全由事物自己造成,仅仅只是尧舜可以有特殊的感应罢了。众所周知,音律都是以同类相互感应的,一般的心灵尚且可以领会,何况灵圣佛祖本来就以神理为同类呢?举凡那些共同在佛国中相遇的,个个都是立志清洁精神,历经劫难而智慧增长的,所以都能彻底地感受理解佛法真谛。以致当释迦说法时,十方诸佛交相辉映,多宝佛使七宝塔从地中涌现,须弥灯王派遣万千狮子座进入维摩诘的居室。哪里只是释迦牟尼佛独自的显现呢?佛是能见到的呀。至于像而今的这些君子,既没有佛祖接受人天供养的命运,且又局限在夏禹治水的业绩等俗世功德之内。都确实是在过去就违背正道,所以今天才会出现这样的乖离。即使再有像伯夷、叔齐那样的清高,像柳下惠、季札那样的贞洁,如果他的志趣与佛道不同,又凭什么能感应而见到佛呢?何况今天人们所说的,或从那时以来。即使礼义熏陶浸染身心,德高望重,美名传世,如果你仍然致力于人事,志趣不在追求佛道,虽说可以成为人类中的君子,而实际上还只是整个宇宙中的小人。如此,佛祖神圣的金容,你又凭什么能够感知映照呢?哪里是佛祖偏私而有意隐藏起来,而是我自己不能看见罢了。如果有的人因累积善缘而有来生,因过去的善业而有修习六度的诚心,所以能够独自感见佛的存在,这也是可能的。然而虽然道与俗并肩存在,但又如何能够相互了解感知呢?既然这样,那么是执着于粗浅还是追求精妙取决于每个人的态度,所以见佛与不见会有不同的感应。怎么可以因自己看不见佛显现神通、干预世事而怀疑他的存在呢?

"夫天地有灵,精神不灭,明矣。今秦、赵之众,其神与宇宙俱来,成败天地而不灭。起、籍二将,岂得顿灭六十万神哉? 神不可灭也,则所灭者身也。岂不皆如佛言:"常灭群生之身,故其身受灭。"而数会于起、籍乎? 何以明之? 夫乾道变化,各正性命①,至于鸡、彘、犬、羊之命,皆乾坤六子之所一也②。民之咀命充身,暴同蛛蟱为网矣③。鹰、虎非搏噬不生;人可饭蔬而存,则虐已甚矣。天道至公,所布者命,宁当许其虐命,而抑其冥应哉! 今六十万人,虽当美恶殊品,至于忍咀群生,恐不异也。美恶殊矣,故其生之所享,固可实殊。害生同矣,故受害之日,固亦可同。

【注释】

①"乾道"二句:《周易·乾》:"乾道变化,各正性命,保合大和,乃利贞。"

②乾坤六子:《周易·说卦传》:"乾,天也,故称乎父。坤,地也,故称乎母。震,一索而得男,故谓之长男。巽,一索而得女,故谓之长女。坎,再索而得男,故谓之中男。离,再索而得女,故谓之中女。艮,三索而得男,故谓之少男。兑,三索而得女,故谓之少女。"这是详说乾坤生六子的理由。

③蟱(wú):即青蚨,虫名。

【译文】

"天地有灵,精神不灭,这是很明白了呀。至于白起、项籍所坑杀的六十万众,其神本与宇宙同来,且永存于天地间而不灭,白起、项籍怎么可能瞬间一齐杀灭六十万神灵? 神不可灭,被消灭的是身体。难道不和佛说"常灭群生之身,故其身受灭"一样,而只是恰好都死在白起、项籍手下吗? 凭什么知道呢? 要知道,天道变化,天所赋为命,物所受为性，万物由此而具有各自的禀赋，成就各自的品性，至于鸡、猪、犬、羊之命，都只是天地所生养的性命之一。世间的人常以有生命的有情体为食物，暴虐如同蜘蛛青蚨张网捕食。鹰虎之类非靠搏杀不能维持生命，而人则不同，可以饭蔬为食，因此人之杀生为食，较之鹰和虎更为残暴。天道至公，通过命运来安排赏罚，怎么能够容忍残害生命而不给以相对的报应呢。那六十万人，虽然德行各有差别，善恶也多有不同，但就杀生为食来说，恐怕没有什么差别，因各人的德行、善恶不同，所以各人一生之际遇、享受各不相同，但在杀生为食这一点上却是共同的，因此受害之日亦可以同在一时。

　　"今道家之言，世之所述，无以云焉。至若于公、邴吉、虞怡，德应于后；严延年、田蚡、晋宣，杀报交验①。皆书于魏、汉，世所信睹。夫活人而庆流子孙，况精神为杀活之主，无殃庆于后身乎？杀活彼身，必受报己身，况通塞彼神，而不荣悴于己神乎？延年所杀，皆凡等小人；窦婴、王陵，宰牧之豪。贤否殊，贵贱异，其致报一也。报之所加，不论豪贱，将相、晋王不二矣。岂非天道至平，才与不才，亦各其子。理存性命，不在贵贱故耶？然则肫鱼虽贱②，性命各正于乾道矣。观大鸟之回翔，小鸟之啁噍③，葛卢所听之牛，西巴所感之鹿④，情爱各深于其类矣。今有孕妇稚子于斯，而有刳而剔之，燔而炙之者，则谓冤痛之殃，上天所感矣。今春猎胎孕，燔菹羔雏，亦天道之所一也，岂得独无报哉？但今相与理，缘于饮血之世⑤，畋渔非可顿绝。是以圣王庖厨其化⑥，盖顺民之杀以灭其害，践庖闻声，则所不忍。因豺獭以为节，疾非时之伤孕⑦。解罝而不网，明含气之命重矣⑧。孟轲击赏于酆钟⑨,知王德之去杀矣。先王抚粗救急,故虽深其仁,不得顿苦其禁。如来穷神明极,故均重五道之命,去杀为众戒之首。萍沙见报于白兔⑩,释氏受灭于昔鱼⑪,以示报应之势。皆其窈窕精深,迂而不昧矣。

【注释】

①"至若于公"四句:于公,是古时东海郯人,系汉相于定国之父,曾任县狱吏、郡决曹。于公秉公办案不徇私情,深得人心,特别是东海孝妇案,民众更是拍手称颂,成为千古美谈,并且为我国民间代代相传的因果报应的道德规范,留下了为善为恶"万应不爽"的典型。详见《汉书》中的传记。邴吉(?—前55),又作丙吉,字少卿,西汉鲁国北海人,曾官廷尉监,光武省右监。曾经冒死以救汉武帝的曾皇孙,而后获得厚报。严延年(?—前58),东海下邳(今江苏邳州)人。为河南太守,其治严酷,尝传所属县囚会讯,流血数里,务在摧折豪强,诛杀甚众,被称为"屠伯"。后为人所告,以诽谤朝廷罪,被杀。田蚡(?—前131),长陵(今陕西咸阳)人。汉景帝皇后王娡同母异父弟,汉武帝的舅舅。后当了丞相,但得势后非常专横跋扈,公元前131年春,暴毙于床榻之上。晋宣,即司马懿。曾篡夺曹氏政权,滥杀曹氏宗族及无辜。后司马懿病,夜间常梦见贾逵、王凌为祟,不久去世。其子司马炎称帝后,追尊懿为晋宣帝。

②肫(zhūn)鱼虽贱:《周易·中孚》:"肫鱼吉。利涉大川,利贞。"

③"观大鸟"二句:《礼记·三年问》:"今是大鸟兽,则失丧其群匹,越月逾时焉,则必反巡,过其故乡,翔回焉,鸣号焉,蹢躅焉,踟蹰焉,然后乃能去之。小者至于燕雀,犹有啁噍之顷焉,然后乃能去之。故有血气之属者,莫知于人,故人与其亲也,至死不穷。"啁噍(zhōujiū),形容小鸟的叫声。

④"葛卢"二句：介葛卢是春秋时介国的国君，相传通兽语。《左传·僖公二十九年》："冬，介葛卢来，以未见公故，复来朝，礼之，加燕好。介葛卢闻牛鸣，曰：是生三牺，皆用之矣，其音云。问之而信。"《韩非子·说林上》："孟孙猎得麑，使秦西巴载之持归，其母随之而啼，秦西巴弗忍而与之。……故曰：巧诈不如拙诚。"

⑤饮血之世：《礼记·礼运》："昔者先王未有宫室，冬则居营窟，夏则居橧巢。未有火化，食草木之实、鸟兽之肉，饮其血，茹其毛。"

⑥是以圣王庖厨其化：《孟子·梁惠王上》："君子之于禽兽也，见其生，不忍见其死；闻其声，不忍食其肉。是以君子远庖厨也。"

⑦"因豺獭"二句：《礼记·王制》："獭祭鱼，然后虞人入泽梁。豺祭兽，然后田猎。鸠化为鹰，然后设罻罗。草木零落，然后入山林。昆虫未蛰，不以火田。不麛，不卵，不杀胎，不殀夭，不覆巢。"《礼记·月令》："季秋之月…鞠有黄华，豺乃祭兽戮禽。"

⑧"解罝"二句：《礼记·月令》："季春之月…田猎罝罘、罗网、毕、翳、喂兽之药，毋出九门。"罝（jū），捉兔子的网，泛指捕兽的网。

⑨孟轲击赏于衅钟：《孟子·梁惠王上》："（齐宣）王坐于堂上，有牵牛而过堂下者。王见之，曰：牛何之？对曰：将以衅钟。王曰：舍之，吾不忍其觳觫，若无罪而就死地。"孟子认为齐宣王有仁人之心，能保国安民。

⑩萍沙见报于白兔：萍沙即频婆沙罗王的缩略，摩揭陀国王。《观经疏传通记》："往昔洴沙王后无有太子。时请相师问曰：夫人何时有身？相师瞻曰：山中有一坐禅道人，命终精神当来后腹化为太子。王闻是语，即遣人断道人粮饷。道人得通即知王意，自念：我今为王示现，死作白兔在王东园。王将国民促得白兔，即敕锻师作铁钉，钉兔四足及口鼻头，兔身即便病钉而死，精神来腹化作太子。十月满而生太子，身长大立位。将从绕城游观，回车入城，即作恶念。共诸群臣即促父王闭着狱中，不听饷食。韦

提希夫人以蜜涂身，着生韦衣白守狱者，令见密语，狱吏听入。解身上衣，以手拔刀，削蜜与王。王得蜜食，眼目精明。夫人白王，虽在狱中称佛名字，礼佛礼僧。王用后语狱中礼佛。阿阇世王问狱吏言：狱囚何似？答言平安。但见随时狱中礼佛，阿阇世王即便大怒，临死之日狱中礼佛，临渴穿井，不解时急！即唤锻师来，作铁钉，钉王额上及两手掌并两膝头。于是父王不得礼佛，病钉而死。"另见《阿弥陀经》《无量寿经》和《观无量寿经》《观无量寿佛经》。

⑪释氏受灭于昔鱼：《增一阿含经》卷二六《等见品》载琉璃王之诛灭释迦族。众比丘问佛陀：今此释种昔所作何因缘而今为琉璃王所杀害？佛陀诚恳回答："尔时释种坐取鱼食，由此因缘无数劫中入地狱中，今受此对。"

【译文】

"而今道家所说的，以及世人所描述的，就不必多说了。至于于公、邴吉、虞怡等人，他们的德行报应在身后；而严延年、田蚡、晋宣帝等人滥杀无辜而受报今生。这些都记载于《魏书》、《汉书》中，为人们所相信。救人的人被报以子孙得福，何况精神为善恶之主，能不有祸殃喜庆报应给身后吗？消灭或者救活别人的身体，必定在自己身上遭受报应，何况使别人的精神通畅与阻塞，能不使自己的精神有盛衰的变化吗？严延年所杀的都是平常百姓；而窦婴、王陵所杀的却是些官吏豪杰。虽然贤否、贵贱不同，但招致的报应确实一样。正是报应的对象是不论豪贵、低贱的，所以将相与晋王没有二致。这难道不是天道最为公平，不论才与不才，各由他们本身的因缘，性命是存是灭，不在贵贱而在因果报应之理吗？然而肫鱼虽然是低贱的鱼类，但也是禀受天道所赋予的正命本性。无论是失群返乡而回翔的大鸟，还是只能嗬嗟鸣叫之小鸟，也不论葛卢所听的即将要做牺牲的牛，还是让秦西巴受感动的鹿，它们都对自己的同类持有深情厚爱。怎能只对那些被刳剔的孕妇和被烤炙的小孩，则说他们遭受冤死伤痛的祸殃，上天应当有所感知而报应呢。而今人们在春天捕猎已经胎孕的动物，烧烤刚出生的小羊羔，它们也是天道所生育的万物之一，怎能独独不受报应呢？只是今天共同遵守的规则，乃是缘于上古先王茹毛饮血的时代，从那时起，就要求打猎捕鱼时不可赶尽杀绝。因此圣王用庖厨之道来教化百姓，本是要顺从民众的需要捕杀动物以减少它们的危害，但厨师听闻动物临死的叫声，则有所不忍心。根据豺獭的活动来定捕猎的时节，是担心不当时令而伤害了受孕的动物。解开捕兽的网让动物有逃生的机会，是明白动物的生命也是尊贵的。孟轲击节赞赏齐宣王衅钟时的不忍心，知道真正的王德是应该远离杀伐的。先王关注尘世生活而救济当务之急，所以即使仁慈之心深厚，仍然不能彻底解除人民的苦痛。而如来却能够穷尽神明的极致，所以对一切众生一视同仁，均赋以五道轮回之命，以‘不杀生’为全部戒律之首。譬如，摩揭陀国王自己杀死道士、白兔，而遭太子残害的报应；过去的释迦族人好食鱼肉，所以遭受诛灭的报应，这些都表明因果报应的规律是不可改变的。只是由于道理精深使人难以领悟，但从来不会失效。

"若在往生能闻于道，敬修法戒，则必不坠长平而受坑马服矣[①]。及在既坠，信法能彻，必超今难。若缘衅先重，难有前报。及戒德后臻，必不复见坑来身矣。所谓洒神功于穷迫，以拔冤枉之命者，其道如斯，慈之至矣。今虽有世美，而无道心，犯害众命。以报就迫，理之当也。佛乘理居当，而救物以法，不蹈法则理无横济，岂佛无实乎？譬之扁鹊，救疾以药，而不信不服，疾之不瘳，岂鹊不妙乎？鲁阳、耿恭、远祖九江，所以能回日、飞泉、虫虎避德者，皆以烈诚动乎神道。神道之感，即佛之感也。若在秦、赵，必不陷于难矣。则夫陷者,皆己无诚,何由致感于佛,而融冶起、籍哉!

【注释】

①受坑马服:马服为战国时赵地,今河北邯郸西北。赵括的父亲赵奢曾受封马服君于此。《史记》卷四三《赵世家》《正义》引《括地志》云:"长平故地在泽州高平县西二十一里,即白起败括于长平处。"

【译文】

"如果这些人在过去之世能够闻道持戒,则今生绝不会遭此惨祸,即使这些人已有坠坑之报,若能崇信佛法,依法修持,亦可超脱此难,既然这些人罪业已得此报,若今后能严持法戒,勤苦修习,来生也决不会再遭坑杀恶报。这就是所谓的对穷困窘迫的众生施展神功,以拔除枉死者的冤辱,佛法如此济度众生,难道不是仁慈之至吗?而今的人们虽然追求世俗功业之美,但没有求道之心,所以犯害众命,而遭受报应,是理所应当的呀。佛根据这种道理合宜处置,而依法则拯救万物,不践踏法则,也不越理强行振济,难道这样佛就没有实际的存在吗?譬如神医扁鹊,以良药来救治疾病,有人不相信此药故不服药,导致疾病未能治好,这难道要责怪扁鹊的医术不妙吗?鲁阳、耿恭、远祖九江,所以能有回日、飞泉、虫虎避走的功德,都是因为他们的精诚所至而感动神灵的结果。神道的感应,即是佛的感应。若是在前述秦、赵之人,必不会陷于死难之中。而今陷入死难的人,自己都没有虔诚向道,又凭什么使佛能够感应,而消解融化白起和项籍的杀戮残暴之心呢!

"夫以通神之众,萃穷化之堂,故须弥可见于芥子之内耳。又虽今则虎、鸽,昔或为人,尝有缘会。故值佛嘉运,投身济之,割股代之。苟无感可动,以命偿杀。融冶之奇,安得妄作？吹万之死，咸其自已^①，而疑佛哉？夫志之笃也，则想之而见，告之斯闻矣。推周孔交梦^②，傅说形求实至^③，古今攸隔，傅岩邈阻，而玄对无碍。则可以信夫洁想西感，睹无量寿佛，越境百亿，超至无功。何云大空无别哉！

【注释】

①"吹万"二句：《庄子·齐物论》："夫吹万不同，而使其自已也，咸其自取，怒者其谁邪！"

②周孔交梦：《论语·述而》："子曰：甚矣，吾衰也！久矣吾不复梦见周公。"

③傅说形求实至：《史记》卷三《殷本纪》："武丁夜梦得圣人，名曰说。以梦所见，视群臣百吏，皆非也。于是乃使百工营求之野，得说于傅险中，是时说为胥靡，筑于傅险。见于武丁，武丁曰是也。得而与之语，果圣人，举以为相，殷国大治。"

【译文】

"以通达神理的众人，荟萃在穷极变化的世界之中，所以须弥山可以在芥子之内显现。虽然今世为虎为鸽，前世或许为人，曾经有缘相会，正值遇佛的嘉运，所以佛投身虎口以救济饥饿的母虎，割取自己大腿肉来取代鸽子肉来喂饿鹰。如果没有感化可动，佛也只能以性命来抵偿杀戮。那融化陶冶的奇功异德，怎么能不顾自然之理而强行妄作呢？地籁发音，因风吹众窍，风停了，声音也就自己消失了，因此而能怀疑佛吗？如果信仰佛道的心灵虔诚，就可做到想念佛必能见到佛的形象，听到佛的声音。周公可以与孔子在梦中交往、武丁王可以根据梦中的形象而访求到真实的贤人傅说。周公与孔子乃是古今相隔，而傅说所在的地方也是十分遥远难行，而都能神奇地感应没有阻碍。如此就应该相信，只要洁净心灵，虔诚的感应西方极乐世界，就一定能够亲眼目睹无量寿佛，就一定能够跨越百亿之境，超升到无功之界。还说什么大空、没有差别呢！

　　"夫道在练神，不由存形。是以沙门祝形烧身，厉神绝往。神不可灭，而能奔其往，岂有负哉？契阔人理，崎岖六情，何获于我，而求累于神？诚自剪绝，则日损所情，实渐于道。苦力策观①，倾资复居②，未几有之。俄然身灭，名实所收，不出盗跨。构馆栖神象，渊然幽穆，形从其微，神随之远。微则应清，远则福妙。盗跨与道，孰为优乎③？顿夺其当年，所以超升。潜行协于神明，福德彰于后身，岂能见其所得哉？

【注释】

①苦力：竭尽心力。

②复（xiòng）居：营求居室。

③"盗跨"二句：盗跨，犹盗魁。指取富贵或名位不以其道者。《老子》第五十三章："服文彩，带利剑，厌饮食，财货有余，是谓盗夸，非道也哉！"王弼注："凡物不以其道得之，则皆邪也，邪则盗也；夸而不以其道得之，窃位也。故举非道，以明非道财皆盗夸也。"

【译文】

　　"道的根本在于淬练精神，而不是保存身形。因此沙门出家要断发烧痂，砥砺精神，弃绝过去的习染。精神不可消灭，而且能回溯到过去，哪里会有违背的情况发生呢？人生之理，离合无常，六情辗转，曲折委婉；为何要执着于我的占有，因此而牵累精神呢？如能自己断绝贪恋，就会逐渐减损俗情、靠近正道。竭尽心力冥想计谋，倾尽资财营求居室，以此来追求得道，几乎没有人能做到。一旦死亡，则只落得个'盗跨'之名。若是建造佛堂供栖佛像，保持内心的渊然幽穆,形体追寻简朴,精神随之而高远。形体简朴则感应清明,精神高远则福报美妙。由此而观,盗跨与道,二者谁更好呢?当年捐弃俗情,由此得以超升,有神灵的暗中协助,福德必定彰显于身后,怎么当世就能看见他的回报呢?

"夫人事之动,必贯神道。物无妄然,要当有故而然矣。若使幽冥之报不如向论,则六十万命,何理以坑乎?既以报坑,必以报不坑矣。今战国之人,眇若安期①,幽若四皓②,龙颜而帝,列地而君③,英声茂实,不可称数,同在羿之彀中④,独何然乎?岂不各是前报之所应乎?既见福成于往行,则今行无负于后身,明矣。见世殊品,既宿命所甄。则身后所当,独何容滥?

【注释】

①眇若安期:安期即安期生,先秦方士。传说颇多。《史记·封禅书》:汉武听方士李少君言,遣使入海求蓬莱仙人安期生之属。

②幽若四皓:四皓即"商山四皓",汉初商山的四个隐士,名东园公、绮里季、夏黄公、甪里先生。四人须眉皆白,故称四皓。高祖召,不应。后高祖欲废太子,吕后用留侯计,迎四皓,使辅太子。一日四皓侍太子见高祖。高祖曰:"羽翼成矣。"遂寝废太子之意。事见《史记·留侯世家》、《汉书·张良传》。

③"龙颜"二句:龙颜指汉高祖。《史记·高祖本纪》:"高祖为人,隆准而龙颜。"列地而君,指汉高祖建汉封诸王事。

④同在羿之彀(gòu)中:意谓同处于危险的人世间。《庄子·德充符》:"游于羿之彀中,中央者,中地也,然而不中者,命也。""彀中乃必中之地,喻世之危如此,况在战国之时,此语尤切。"王先谦

曰:"以羿彀喻刑网。"

【译文】

"无论人类还是物事,只要有行动变化,其中必定贯穿神灵之道。所有的事物都不会无缘无故是这个样子的,一定有其应当如此的缘故。假使幽冥之报不如过去所说的那样真实可信,那么这六十万条性命,是什么道理使其同时遭受坑杀之祸呢? 既然可以用坑杀为报应,必定也可以用不坑杀为报应。而今战国之人,有像安期生那样渺茫难测的,有像商山四皓那样幽隐居世的,有像汉高祖那样统治天下分封诸侯的,个个都是德才兼备,这样的人多得不可胜数,然而他们都在危险的人世间生存,难道唯独是他们这样吗? 难道不都是他们各自的前世因缘所得的果报吗? 既然明白人的祸福取决于人们过去的行动作为,就应知道今世的行为也一定不会辜负于后世,这很明白呀。当今的万物各类,既然都是由宿命所甄别而成的,则它们身后所承当的报应,又岂能容许随意改变呢?

"经之所奇,自谓当佛化见之时,皆由素有嘉会,故其遇若彼。今曾无暂应,皆咎在无缘,而反诬至法空构。呜呼! 神鉴孔昭,侮圣人之殃,亦可畏也。敢问空构者将圣人与? 贤人与? 小人与? 夫圣无常心[①],盖就物之性,化使遂耳。若身死神灭,但当一以儒训,尽其生极。复何事哉,而诳以不灭,欺以成佛? 使烧祝发肤,绝其牉合,所遏苗裔,数不可量。且夫彦圣,育无常所,或潜有塞矣,空构何利,而其毒大苦,知非圣贤之为矣。若人哉,樊须之流也[②],则亦敛身周、孔,畏惧异端,敢妄作哉? 若自兹以降,则不肖之伦也,又安能立家九流之外,增徽老、庄之表,而昭列于千载之后?

【注释】

①圣无常心:《老子》第四十九章:"圣人无常心,以百姓心为心。"

②樊须之流:《论语·子路》:"樊迟请学稼。子曰:吾不如老农。请学为圃,曰:吾不如老圃。樊迟出。子曰:小人哉,樊迟也!"

【译文】

佛经中记载许多遇见佛的奇异之事,这些人都认为当佛幻化身形可见之时,都是由于过去一直有美好的聚会,所以他们遇佛如同故人。现在暂时没有感应,过错都在没有因缘,却反过来诬蔑佛法属于虚构。呜呼!英明的鉴察力是那样的显著彰明,要知道侮辱圣人而招致的祸殃,也是很可怕的呀。敢问所谓的虚构至法的人是圣人呢,贤人呢,还是小人?要知道圣人没有自己的成心,只是随顺事物的本性,促成它们实现自己的变化罢了。如果真是身死神灭,只需统一采用儒家教训,努力完成人一生之使命,又何必多事,以精神不灭、皆可成佛来诓骗众生呢?从而使得很多人信奉佛法,断发烧痏,弃绝夫妻天伦,所扼杀的后代不计其数。再说那些善美明达之士,化育万物而无固定的场所,或潜藏或阻塞,然而虚构真理又没有好处,反而是有大苦之毒,当知并非圣贤的作为了。如果是人的话,也不过孔子弟子樊迟之流,那么也只能藏身在周、孔门下,如此畏惧异端,他敢妄然作为吗?假若从此往下,则不过是品性恶劣之徒罢了,又怎能独立于九流之外,超越老、庄之道,而能明显地排列在千载之后?

"龙树、提婆、马鸣、迦旃延、法胜、山贤、达摩多罗之伦①,旷载五百,仰述道训,《大智》、《中》、《百论》、《阿毗昙》之类,皆神通之才也。近孙绰所颂耆域、健陀勒等八贤,支道林像而赞者竺法护、于法兰、道邃、阙公则②,皆神映中华。中朝竺法行,时人比之乐令③。江左尸梨蜜,群公高其卓朗④。郭文举廓然邃允，而所奉唯佛⑤。凡自龙树以达，宁皆失身于向所谓不肖者之诧乎？然则黄面夫子之事，岂不明明也哉！今影骨、齿发、遗器、余武⑥，犹光于本国，此亦道之证也。夫殊域之性，多有精察黠才，而嗜欲类深。皆以厥祖身立佛前，累叶亲传世祇，其实影迹遗事，昭化融显。故其裔王，则倾国奉戒，四众苦彻，死而无悔。若理之诡暧⑦，事不实奇，亦岂肯倾己破欲，以尊无形者乎？若影物无实，声出来往，则古今来者，何为苦身离欲，若是之至？往而反者，宜其沮懈⑧，而类皆更笃乎？粗可察矣。"

【注释】

①龙树、提婆、马鸣、迦旃延、法胜、山贤、达摩多罗之伦：龙树，在印度佛教史上被誉为"第二代释迦"，又译称"龙猛"，或"龙胜"，大约活跃于公元150年至250年之间，他首先开创空性的中观学说，肇大乘佛教思想之先河。著作有《大智度论》等。提婆，又称圣天。印度佛教中观派的创始人龙树的弟子，禅宗西天第十五代祖师，狮子国（今斯里兰卡）人，婆罗门种姓，约生活于公元三世纪。以智辩著称，常与外道辩论，后被外道杀害。有著作《四百论》《百论》《百字论》等流传下来，都是中观派的重要作品。马鸣，大乘菩萨的另一位代表马鸣菩萨，与迦腻色迦王同时代，约为公元一世纪的人。他是位佛教诗人和哲学家，《佛所行赞》是他最重要的梵文诗歌作品。迦旃延，又译为"迦多衍那"、"迦底耶夜那"、"迦氎延"，为释迦牟尼十大弟子之一，以"论议第一"为人所尊崇。佛入灭三百年后又有说一切有部的摩诃迦旃延子。法胜，说一切有部的论师，音译"达磨尸梨帝"。西域吐火罗缚蝎国人，渊识远鉴，精于阿毗昙，探其幽致，撰《阿毗昙心论》

250偈。见《高僧传》卷一《昙柯迦罗传》。山贤，音译"婆素跋陀"，意译为"世贤"（刻本误作"山贤"），即是犊子系贤胄部的祖师，著《三法度论》。达摩多罗，又作"昙磨多罗"、"达磨怛逻多"。意译"法救"。印度说一切有部之论师。古来将法救与妙音、世友、觉天等称为"婆沙会四大论师"，见《大毗婆沙论》卷七十七。

②阙公则：即阙公则居士，赵人。晋武帝时居于洛阳。

③中朝竺法行，时人比之乐令：竺法行是东晋时著名的佛学翻译家竺法护的弟子之一，在洛阳名声很高，当时人把他比作乐令（尚书令乐广，玄学家）。

④江左尸梨蜜，群公高其卓朗：尸梨蜜，是帛尸梨蜜多罗的简称，汉名吉友；西域龟兹人（今新疆库车）。魏、晋时期著名高僧、佛经翻译家，时人称为"高座"。他圆寂于东晋咸康年间，终年八十余岁。朝野名公，都为之痛惜流涕。

⑤郭文举廓然邈允，而所奉唯佛：郭文举，东晋临安（今浙江余杭）人，一说河南汝阳人，当时著名的隐士。

⑥影骨：是相对真骨、灵骨而言的。影是影射、仿制的意思，即影射之骨。释尊入灭后，弟子们用玉石按照真骨的形状和大小而特制影骨。影骨的设立，目的在保护真骨。佛教界认为，影骨与灵骨是不一不异的关系，赵朴初先生赞颂说："影骨非一亦非异，了如一月映三江。"余武：遗迹。

⑦诡暧：怪异、暧昧。

⑧沮懈：沮丧涣散。

【译文】

"龙树、提婆、马鸣、迦旃延、法胜、山贤、达摩多罗等，历时五百年，弘扬佛法，撰述经论，如《大智度论》、《中论》、《百论》、《阿毗昙心论》之类，都是神理通达的贤才。近人孙绰所赞颂的耆域、健陀勒等八贤，支道林画像而赞扬的竺法护、于法兰、道邃、阙公则等，个个神明畅达，辉映中华。东晋的竺法行，在洛阳名声很高，当时人把他与尚书令玄学名家乐广相比。江左的尸梨蜜，朝野名公巨卿都称赞佩服他的卓绝俊朗。郭文举恬淡远大，深邃恭允，而最终所信奉的唯有佛。自龙树菩萨发扬大乘思想以来，信奉佛教的人不可计数，难道这些人都被这过去所称作'不肖'的人诳骗迷惑而投身于此吗？然而佛祖千真万确的事情，不是很明白吗！今天佛祖的影骨、齿发，诸多遗器和遗迹，仍在佛祖的本国天竺光耀至今，这也是佛道永存的明证啊。中原民众精于观察，生性狡黠而且嗜欲深厚，因为自己的祖先虔诚信佛，并累世相传，世代敬奉；佛祖的遗骨、影像、本迹、未尽之事业，一切昭化显明。所以一旦他的后裔成为君王，则会率领全国民众来服侍斋戒，以至于四众弟子均以人生为深彻的痛苦，死而无悔。如果佛法之理怪异暧昧，事迹也不是如他所言那样真实神奇，则人们怎肯倾家荡产，破除情欲，以此来尊奉这无形的佛呢？如果佛的影、物都不是真实的存在，那么古往今来为何那么多人要使身体受苦、远离欲望呢？相信佛法又回到俗世之人，本应该沮丧涣散，为何反而更加深信呢？这大概都是可以辨别的。"

　　论曰：夫自古所以丕显治道者，将存其生也。而苦由生来，昧者不知矣。故诸佛悟之以苦，导以无生。无生不可顿体，而引以生之善恶同。善报而弥升，则朗然之尽可阶焉。是以其道浩若沧海，小无不津，大无不通。虽邈与务治存生者反，而亦固陶潜《五典》，劝佐礼教焉。今世之所以慢祸福于天道者，类若史迁感伯夷而慨者也①。夫孔圣岂妄说也哉？称"积善余庆，积恶余殃②"，而颜、冉夭疾③，厥胤蔑闻；商臣考终，而庄则贤霸④。凡若此类，皆理不可通。然理岂有无通者乎？则纳庆后身，受殃三途之说，不得不信矣。虽形有存亡，而精神必应，与见世而报，夫何异哉？但因缘有先后,故对至有迟速,犹一生祸福之早晚者耳。然则孔氏之训,资释氏而通,可不曰玄极不易之道哉!

【注释】

①类若史迁感伯夷而慨者也:《史记》卷六一《伯夷列传》后有司马迁的评语,慨叹天道不公:"或曰:天道无亲,常与善人。若伯夷、叔齐,可谓善人者非也? 积仁洁行如此而饿死! 且七十子之徒,仲尼独荐颜渊为好学,然回也屡空,糟糠不厌,而卒早夭。天之报施善人,其何如哉? ……倘所谓天道,是也,非也?"

②"积善"二句:《周易·坤·文言》:"积善之家必有余庆,积不善之家必有余殃。"

③颜、冉夭疾:颜渊、冉伯牛早夭事见《牟子理惑论》注。

④"商臣"二句:《史记·楚世家》载:商臣为楚成王的太子,后弑成王自立,是为穆王,在位十二年卒。子庄王侣立。楚庄王"三年不鸣,一鸣惊人",问鼎中原,成就霸业。在位二十三年。

【译文】

论中说道:自古以来,那些彰显治理国家方略的君王或士人,都不过想保存安顿人的身体而已。而所有的苦难恰恰从身体的存灭中产生,只是愚昧的人不能明白啊。所以诸佛都是以一切皆苦来使世人解悟,并引导众生追求"无生"之境界。然而"无生"之境界不可一次彻底达到,因而引导众生从扬善去恶开始。获得善报进而不断提升境界,则最高境界就有阶可循了。因此佛道浩瀚若沧海,无论大小,皆可渡越、通达。虽然它的久远玄虚之理与那些追求现实生活的思想相反,然而也可以暗中陶冶化育儒家《五典》的精神,劝勉辅佐礼教的推行啊。世人常常以一时之祸福而慨叹天道不公,此皆有如司马迁之感叹伯夷善为得恶报。难道孔子也会胡说吗? 他说:'积善之家,必有余庆,积不善之家,必有余殃。'但颜回、冉求夭疾,连后代都没有留下;而商臣篡逆而寿终,其子庄王有贤德最终成就霸业,凡此等等,都似乎于理不通。然而真理哪有不贯通的地方呢? 因此死后享福报、受苦报的说法,不能不相信呀。虽然形体有存亡,但精神不灭,必定有所报应,这与现世获得报应又有什么差别呢? 实际上,只是每个人的因缘有先后,所以导致报应有迟有速,好比在一生中的祸福报应有早和晚的不同一样啊。既然这样,那么孔子在这方面的教训,加上佛教的三世报应的思想就更通达,怎能说这不是极其玄妙深微且万古不变的至道啊!

　　夫人理飘纷,存没若幻,笼以百年命之,孩老无不尽矣。虽复黄发鲐背^①,犹自觉所经俄顷,况其短者乎? 且时则无止,运则无穷,既往积劫无数无边,皆一瞬一阅以及今耳。今积瞬以至百年,曾何难及,而又鲜克半焉! 夫物之媚于朝露之身者,类无清遐之实矣。何为甘臭腐于漏刻,以枉长存之神,而不自疏于遐远之风哉! 虽复名法佐世之家,亦何独无分于大道? 但宛转人域,嚣于世路,故唯觉人道为盛,而神想蔑如耳。若使回身中荒^②,升岳遐览,妙观天宇澄肃之旷,日月照洞之奇,宁无列圣威灵尊严乎其中,而唯离人群匆匆世务而已哉? 固将怀远以开神道之想,感寂以昭明灵之应矣。

【注释】

①黄发鲐(tái)背:黄发,老人。老人发白,白久则黄。鲐背,指老人背上生斑如鲐鱼之纹,为高寿之征。《尔雅·释诂上》:"鲐背、耇老,寿也。"郭璞注:"鲐背,背皮如鲐鱼。"

②中荒:荒野之中。

【译文】

众所周知,人生在世,起伏沉浮,生存死没,如同梦幻,若以一百年

的寿命来衡量，则不论老少，就都在其中了。纵令最高寿的老人，仍然
觉得自己所经历的岁月太短暂，何况那些寿命短的人呢？再说时间是
没有终结的，事物的运动变化又无穷尽，过去积久的劫难无数无边，也
不过一瞬间就到了今天。而今人的一生要累积瞬间以至到百年之久，
是何等的难以达到，而又很少有人能活过半百之年的呀！喜爱珍惜如
朝露般易灭的身体的人，肯定没有清幽遐远的精神追求。为何要珍爱
这片刻就会腐臭的身躯，而枉屈这不灭的精神，这不是自己要疏离于遐
远之风吗！纵令名家、法家等辅佐治理人世的学说，谁人可以不分享大
道呢？但辗转于人世间，喧闹于旅途中，所以只感觉到人道的昌盛，而
对于这些神灵妙想就以为没有什么了不起了。假使让自己回到荒漠之
中，登高远望，精细观察天宇的肃清旷远，日月彻照无幽的神奇，难道没
有看到诸多圣人的威灵尊严同样昭列其中，而不只是离开人世间匆忙
的世务而已吗？实在是应当怀念远古以此来开启神道之想，感应虚寂
以此来昭明神灵之应啊。

　　昔仲尼修《五经》于鲁，以化天下，及其眇邈太蒙之颠，
而天下与鲁俱小①。岂非神合于八遐②，故超于一世哉？然
则《五经》之作，盖于俄顷之间，应其所小者耳。世又何得以
格佛法而不信哉？请问今之不信，为谓黔首之外，都无神明
耶？为之亦谓有之，而直无佛乎？若都无神明，唯人而已，
则谁命玄鸟，降而生商？孰遗巨迹，感而生弃哉③？汉、魏、
晋、宋，咸有瑞命。知视听之表，神道炳焉。有神理，必有妙
极，得一以灵，非佛而何？夫神也者，依方玄应，应不预存，
从实致化，何患不尽，岂须诡物而后训乎？然则其法之实，
其教之信，不容疑矣。

【注释】

①"及其"二句:《孟子·尽心上》:"孔子登东山而小鲁,登泰山而小天下。"

②八遐:犹八极。八方极远之地。《庄子·田子方》:"夫至人者,上窥青天,下潜黄泉,挥斥八极,神气不变。"《淮南子·原道训》:"夫道者,覆天载地,廓四方,柝八极,高不可际,深不可测。"高诱注:"八极,八方之极也,言其远。"

③"谁命"四句:《诗经·商颂·玄鸟》:"天命玄鸟,降而生商。"《史记·殷本纪》有详说。《诗经·大雅·生民》:"履帝武敏,歆,攸介攸止;载震载夙,载生载育,时维后稷。"《史记·周本纪》记载:"周后稷,名弃。其母有邰氏女,曰姜原。姜原为帝喾元妃。姜原出野,见巨人迹,心忻然说,欲践之,践之而身动如孕者。居期而生子,以为不祥,弃之隘巷,马牛过者皆辟不践;徙置之林中,适会山林多人,迁之;而弃渠中冰上,飞鸟以其翼覆荐之。姜原以为神,遂收养长之。初欲弃之,因名曰弃。"

【译文】

过去孔子在鲁国编纂《五经》,目的是要教化天下,然而等他登上高远难测的泰山之顶,则天下与鲁国在孔子眼里就不足为道了。难道这不是表明孔子的神明已经到达八方之极远,所以能够超越一世的局限吗?既然这样,那么《五经》的编纂,大概是针对那些最浅近的局限于一生一世的世俗追求而起作用的。如此,世人又为何会感通佛法却又不相信呢?请问今人之不信,是因为说,除了平民百姓之外,整个世界不再有神灵的存在吗?还是说神灵是存在的,只是没有佛的存在呢?假如世界上没有神灵,只有人自己而已,那么是谁能命令玄鸟降下,使简狄吞卵怀孕而生下商的始祖契呢?又是谁遗下巨大的足迹,使姜嫄感孕而生周的始祖弃呢?何况汉、魏、晋、宋各个朝代都有祥瑞的天命昭示。只要不局限于见闻经验,则神灵的作用之道就十分清楚了。有神灵之理,就必有玄妙高深的境界,能够获得这唯一之道而有灵妙神通的,不是佛又是谁呢? 所谓的神,只是依据事物的本性而暗中感应,因而只是感应而并不预存自己的目的,随从事物的实际而施展变化,不必担心有事物不蒙受化育之功,又哪里需要欺骗万物然后再加以训导呢? 既然这样,那么佛法的真实,教化的可信,就不容怀疑了。

论曰:群生皆以精神为主,故于玄极之灵,咸有理以感。尧则远矣,而百兽舞德①,岂非感哉? 则佛为万感之宗焉。日月海岳,犹有朝夕之礼,秩望之义②。况佛之道众,高者穷神于生表,中者受身于妙生,下则免夫三趣乎③? 今世教所弘,致治于一生之内,夫玄至者寡,顺世者众,何尝不相与唯习世情,而谓死则神灭乎? 是以不务邈志清遐,而多循情寸阴,故君子之道鲜焉。若鉴以佛法,则厥身非我,盖一憩逆旅耳。精神乃我身也,廓长存而无已。上德者,其德之畅于己也无穷;中之为美,徐将清升以至尽;下而恶者,方有自新之回路,可补过而上迁。是以自古精粗之中,洁己怀远,祗行于今,以拟来业,而迈至德者,不可胜数,是佛法之效矣。此皆世之所壅,佛之所开,其于类岂不旷然融朗,妙有通途哉! 若之何忽而不奉乎?

【注释】

① "尧则"二句:《尚书·舜典》:"於! 予击拊石,百兽率舞。"

② "日月"三句:秩望,犹望祭,远祭。遥望而祭。《尚书·舜典》"望于山川,遍于群神"孔传:"九州名山、大川、五岳、四渎之属,皆一时望祭之。群神谓丘陵坟衍,古之圣贤者皆祭之。"又特称祭山

川。《公羊传·僖公三十一年》:"三望者何? 望祭也。然则曷祭? 祭泰山、河、海。"

③三趣,即是三途。一是火途,是地狱趣,猛火所烧之处。二是血途,是畜生趣,相食之处。三是刀途,是饿鬼趣,以刀剑杖逼迫之处。

【译文】

　　论中说道:众生皆以精神为主宰,所以对于那极其玄妙深微的神灵,都能感应明理。尧帝的事迹已经很遥远了,然而尧帝的丰功伟德使百兽率舞,难道不是神灵感应的缘故吗? 既如此,那么佛就是一切感应的根本和终极。自古以来,儒家对于日月海岳,犹有早晚礼敬、遥望祭祀的礼仪。何况佛的教化之道有很多,例如禀赋高的人则使之超出世俗生命之外穷究事物之神妙,中等禀赋的人则使之禀受人的身体从而生活美好,禀赋低的人则使之可以避免堕入三途恶道轮回之中呢? 今天正统思想与礼教所弘扬的,乃是致力于在人的一生内的身心安顿,再说真正能够达到深微玄妙境界的人非常少,而顺从俗世教化的人是大多数,当然只会共同修习世态人情,而认为身体死亡则精神也会消灭。因此,今天很少有人追求远大的理想和清高脱俗的境界,而大多是曲从私情、贪恋光阴,所以当今社会,君子之道很少有人坚持了。如果以佛法来鉴照,则会明白我的身体并非是我本身,而只是供我精神休憩的客栈而已;精神才是我身体的主宰,它是寂然长存而永无终止的。有最高道德的人,他的德性通达自己乃至世间万物而且无有穷尽;有中等美德的人,将可以逐渐清洁精神而获得境界的提升以至于完满;最下是有恶德的人,也有改过自新的回归之路,可以通过弥补罪过而得到向上提升的机会。因此自古以来,无论个人的禀赋是精是粗,其中能够洁净自身追求高远,在当世诚敬笃行,以此来拟求来生之报,最终达到至德境界的人,不可胜数,这都是佛法的效用啊。这正是世人所被隔绝蒙蔽的,由佛法来开导启发,信奉的人怎么能不豁然旷达、融通明朗，而至真空妙有的大道呢！既然如此，为什么人们还会忽视而不信奉呢？

夫风经炎则暄，吹林必凉。清水激浊，澄石必明。神用得丧，亦存所托。今不信佛法，非分之必然，盖处意则然。诚试避心世物，移映清微，则佛理可明，事皆信矣，可不妙处其意乎？资此明信已往，终将克王神道。百世先业，皆可幽明永济，孝之大矣。众生沾仁，慈之至矣。凝神独妙，道之极矣。洞朗无碍，明之尽矣。发轸常人之心[①]，首路得辙[②]，纵可多历劫数，终必径集玄极，若是之奇也。等是人也，背辙失路，蹭蹬长往[③]，而永没九地[④]，可不悲乎？若不然也，世何故忽生懿圣，复育愚鄙，上则诸佛，下则蜎飞蠕动乎？皆精神失得之势也。今人以血身七尺，死老数纪之内，既夜消其半矣。丧疾众故，又苦其半。生之美盛，荣乐得志，盖亦何几？而壮齿不居，荣必惧辱，乐实连忧，亦无全泰。而皆竞入流俗之险路，讳陟佛法之旷途，何如其智也！世之以不达缘本，而闷于佛理者，诚亦众矣！

【注释】

①发轸(zhěn)：启发、开导。又驾车上路之意。

②首路：上路出发。或指路途。

③蹭蹬：路途险阻难行。比喻困顿不顺利，或比喻倒霉，失势。

④永没九地：九地，又称"九有"。佛教认为三界共有九地，其中欲界占一地，其他色界和无色界各占四地，即五趣杂居地、离生喜乐地、离喜妙乐地、舍念清净地、空无边处地、识无边处地、无所

有处地、非想非非想处地。以上九地，因皆贪着境界，不肯离去，所以叫做地。

【译文】

要知道，风经过火焰则会变得暖暄，吹过树林则必定变得清凉。清水冲走污浊，澄明的石头必定会显露出来。精神的作用有得有失，得失也都寄托在形体之上。今天不信奉佛法的人，并非他的本性使他必然如此，大概是他所处的实际情志使他这样的。如果诚心尝试从世俗事物中抽离，而转入清淡微妙的神思之中，那么佛法真理就会十分显明，所言之事理就无不可信了，能不很好的处置自己的情意么？凭此而笃信三生之说，则终将体会这神妙莫测之道。于是使百世先祖的事业，不论阴界还是人间，都会得到成就，这才是最大孝道的表现；使众生都能够获得仁德的恩泽，这可是最高慈爱的体现啊。集中精神而有独到之妙，这是得道的最高境界。清澈明亮无幽不照，这是智慧光明的极致。佛法启发开导常人之心，一开始就要走上正轨，纵使会经历许多劫难，但最终必定能够直达极其玄妙深微之境，就像前面说的那样神奇。同样是修道之人，有的却一开始就背离正道，以致路途险阻难行，最终永远堕落在三界九地之中，能不觉得悲哀吗？如果不是这样，人世间为何会忽然产生出圣德之人，又化育出愚鄙之人，超越在上的则是神灵诸佛，沉沦在下的则是蠕蠕小虫呢？这些都是精神的得与失所造成的不同情况。而今人拥有七尺血肉之躯，存活世间几十年，其中有一半的时间是夜晚，还有一半的时间则处于丧失亲人染疾得病等众多痛苦之中。所谓生命的美好畅盛，荣誉成功与快乐的日子，又能有多少呢？事实上是年轻的必定会衰老，珍视荣誉的必定惧怕受辱，快乐实在是与忧患紧密相连，没有人是能够完满安泰的。可惜的是人们竞相坠入流俗的危险末路，而忌讳登上佛法的旷达大道，这是多么的不明智啊！世人因为不能通达万物因缘生灭的根本，而不能领悟佛理的人，实在是很多啊！

　　夫缘起浩汗，非复追想所及，失得所关，无理以感，即六合之外，故佛存而不论，已具前论，请复循环而申之：夫圣人之作《易》，天之垂象，吉凶治乱，其占可知①。然原其所以然之状，圣所弗明，则莫之能知。今以所莫知，废其可知，逆占违天而动，岂有不亡者乎？不可以缘始弗明，而背佛法，亦犹此也。又以不忆前身之意，谓神不素存。夫人在胎孕，至于孩龆，不得谓无精神矣。同一生之内耳，以今思之，犹冥然莫忆，况经生死、历异身，昔忆安得不亡乎？所忆亡矣，而无害神之常存。则不达缘始，何妨其理常明乎？子路问死，子曰："未知生，安知死。"问事鬼神，则曰："未知事人，焉知事鬼。"岂不以由也尽于好勇，笃于事君，固宜应以一生之内。至于生死、鬼神之本，虽曰有问，非其实理之感。故性与天道，不可得闻②。佛家之说众生有边无边之类十四问，一切智者皆置而不答③。诚以答之无利益，则堕恶耶。然则禀圣奉佛之道，固宜谢其所绝，餐其所应，如渴者饮河，挹洪流以盈己，岂须穷源于昆山哉？凡在佛法，若违天碍理，不可得然，则疑之可也。今无不可得然之碍，而有顺天清神之实，岂不诚然哉！

【注释】

①"天之"三句：《周易·系辞上》："天垂象，见吉凶，圣人象之；河出图，洛出书，圣人则之。"

②"故性与"二句：《论语·公冶长》："子贡曰：夫子之文章，可得而闻也；夫子之言性与天道，不可得而闻也。"

③"佛家之说众生…十四问"二句：此即"十四无记"。《大智度论》

卷二："何等十四难？世界及我常，世界及我无常，世界及我亦有常亦无常，世界及我亦非有常亦非无常，世界及我有边无边，亦有边亦无边，亦非有边亦非无边，死后有神去后世，无神去后世，亦有神去亦无神去，死后亦非有神去，亦非无神去后世，是身是神，身异神异。若佛一切智人，此十四难何以不答？答曰：此事无实，故不答。诸法有常无此理，诸法断亦无此理；以是故佛不答。譬如人问构牛角得几升乳，是为非问，不应答。"

【译文】

那缘起之法广大繁多，也不是通过什么回忆可以把握的，一切的得失缘由，无法用理性来感知，即是六合之外，佛是存而不论，虽然前面讲得很清楚了，但请允许我再反复申明这些道理：都知道圣人创作《易》，通过观察天象的垂示显现，可以占卜人事的吉凶和政治的治乱。然而如果要探查这种占卜之所以可能的根源，则发现圣人并没有说明白，因而大家都不能明白。而今以自己所不知道的，来废弃自己可以知道的，最后不信占卜违逆天意而行动，哪有这样而不灭亡的呢？不能因为不明白佛教缘起生灭的道理，就可以违背佛法，道理也是一样。又有因为不能回忆起过去前生的思想情志，就说精神不能永存不灭。其实，人在胎孕期间，甚至于婴幼儿，都不能说他没有精神。即使是同在一生之内发生的事情，现在想起来，仍有很多无法记起，更何况我们的精神是经历多次的生死和不同的身体离合，过去的记忆能不消亡吗？我们过去的记忆不见了，但不会损害精神的常存不灭啊。那么即使你不能明白佛教缘始的妙理，但又何妨你的理性通明呢？子路曾经向孔子询问有关死亡的问题，孔子回答说："你连生的问题都没有弄明白，又如何能明白死亡的事情呢。"于是转问如何服侍鬼神的问题，孔子回答说："连如何服侍人的问题都没有搞清楚，又哪里能搞清楚服侍鬼神的问题呢？"这不充分说明，恰恰因为子路的禀性好逞勇武而又热忱政事，本就只能感受局限于一生的事情？至于生死、鬼神的根本，虽说有疑问，但不是他对真正大道的感应。所以性与天道的道理，即使听到了也不能真正领悟明白。对于佛家所提出的众生有边无边之类的十四个问题，一切真正的智者都是弃而不答的。确实因为回答是没有任何意义和利益，反而会使人堕入恶道。既然这样，那么禀持圣人教化，信奉佛法至道的人，本就应该谢绝一切有害的事物，增加一切有益的事情，好比渴了的在黄河中饮水，只管手捧河水喝足就好了，哪里需要跑到昆仑山去探寻河水的源头究竟在哪里呢？佛法所说的一切，若是违背天理而是不可能这样的，则可以怀疑它。而今既没有不可能这样的障碍，反而有顺达天命清净精神的功用，难道还不是确实的吗！

　　夫人之生也，与忧俱生。患祸发于时事，灾沴奋于冥昧。虽复雅贵连云，拥徒百万，初自独以形神坐待无常。家人嗃嗃①，妇子嘻嘻②，俄复沦为惚恍③。人理曾何足恃？是以过隙宜竞④，赊谤冥化⑤，纵欲侈害，神既无灭，求灭不得，复当乘罪受身。今之无赖群生，虫豸万等，皆殷鉴也⑥。为之谋者，唯有委诚信佛，托心履戒，以援精神。生蒙灵援，死则清升。清升无已，径将作佛。佛固言尔，而人侮之。何以断人之胜佛乎？其不胜也，当不下坠彼恶，永受其剧乎？呜呼！六极苦毒⑦，而生者所以世无已也。所闻所见，精进而死者，临尽类多神意安定。有危迫者，一心称观世音，略无不蒙济。皆向所谓生蒙灵援、死则清升之符也。

【注释】

　　①嗃嗃（hèhè）：严酷貌。《周易·家人》："九三，家人嗃嗃，悔厉吉。"

孔颖达疏："嘀嘀，严酷之意也。"

②嘻嘻：欢笑貌，喜悦貌。《周易·家人》："妇子嘻嘻，终吝。"孔颖达疏："嘻嘻，喜笑之貌也。"

③惚恍：《老子》第二十一章"道之为物，惟恍惟惚。惚兮恍兮，其中有象；恍兮惚兮，其中有物。窈兮冥兮，其中有精，其精甚真，其中有信。"此处或指时间很短暂，犹在仿佛之间。或指出生之前或死后的混沌之态。

④过隙：喻时间短暂，光阴易逝。《礼记·三年问》："三年之丧，二十五月而毕，若驷之过隙。"

⑤赊谤：过去众多的诽谤。赊，长久。

⑥殷鉴：泛指可以作为后人鉴戒的往事。《诗经·大雅·荡》："殷鉴不远，在夏后之世。"

⑦六极：谓六种极凶恶之事。《尚书·洪范》："六极：一曰凶短折，二曰疾，三曰忧，四曰贫，五曰恶，六曰弱。"孔颖达疏："六极，谓穷极恶事有六。"

【译文】

再说，人一出生，就注定与忧患相伴。患祸、灾害常常是不期而至。即使你无比的儒雅高贵，乃至成为拥有百万人民的君主诸侯，也只能独自以形神坐待无常。家人严酷冷峻也罢，妻子儿女欢笑喜悦也罢，都会在瞬间消散而沦灭为惚恍之气。如此，人情物理有何值得凭恃依靠的呢？因此生命短暂、光阴易逝使人争竞不已，长久的诽谤暗中变化，使人纵欲造成很多的伤害，神既然不能消灭，还得再次禀受身体继续遭罪。如今这些无所依赖的众生，如虫豸等各种生物的遭遇，都是可以作为借鉴的例子啊。真正明智的人，只有虔诚信仰佛法，真心执行戒律，以此来援助精神超升。在生时蒙受神灵的援助，死后就可以得到清升。清升不停止，最后可以直接成佛。佛本就这样说过，而有人要侮辱，凭什么可以断定人能够超过佛呢？若不能战胜佛，能不下坠到地狱恶道之中,从而永远遭受剧痛吗? 呜呼! 人生穷极恶事苦毒难堪,活着的人一生都不能消除休止。从所闻所见的经验来看,凡是精进修行佛法的人在临死时都是神意安定的。在危急紧迫的时候,只要一心念观世音名号,也没有不蒙受救济的。这都是前面所说的"生蒙灵援、死则清升"的验证啊。

夫万乘之主,千乘之君,日昃不遑食①,兆民赖之于一化内耳。何以增茂其神,而王万化乎? 今依周、孔以养民,味佛法以养神,则生为明后,殁为明神,而常王矣。如来岂欺我哉? 非崇塔侈像,容养滥吹之僧②,以伤财害民之谓也。物之不窥远实而睹近弊,将横以诉法矣。盖尊其道,信其教,悟无常,空色有,慈心整化,不以尊豪轻绝物命,不使不肖窃假非服。岂非导之以德,齐之以礼,天下归仁之盛乎③! 其在容与之位④,及野泽之身⑤,何所足惜而不自济其精神哉!

【注释】

①日昃(zè):太阳偏西,约下午二时左右。

②滥吹之僧:指那些名不副实、妄言邪行的僧人。

③"岂非导之"三句:《论语·为政》:"道之以政,齐之以刑,民免而无耻;道之以德,齐之以礼,有耻且格。"《论语·颜渊》:"一日克己复礼,天下归仁焉。"

④容与:此为安逸富贵意。《九歌·湘夫人》:"时不可兮骤得,聊逍遥兮容与。"

⑤野泽:山野草泽。《后汉书·朱晖传》:"自去临淮,屏居野泽,布衣蔬食,不与邑里通。"

【译文】

一国之君勤于政事，午时过后就没有闲暇饮食，百姓们则依赖君王的勤政爱民过完一生。如何才能使这些君王的精神更加清明茂盛，从而能够统领万物的各种变化呢？今天若依据周公、孔子的教化来养育民众，体味佛法以修养精神，那么就可以达活着的时候成为明君，死后成为明神，这才是真正的永恒之王。佛祖如来怎么会欺骗我呢？人们信仰佛教，高建佛塔、广造佛像，甚至容留供养一些名不副实、妄言邪行的僧人，这确实也产生了一些社会弊端，但不能因此而认为是佛教在浪费财富、蠹害人民。若看不到这些做法的长远利益，而只是看到目前表面的弊端，必将蛮横无理地指责广大精微的佛法。如果人们都能尊重佛道，信奉教理，领悟万物变化无常的真理，体会一切事物的虚空本性，以慈悲之心关怀万物，不让尊贵奢豪之人随意灭绝有生命的物类，不使无才无德之人窃居高位。这难道不是孔子所追求的境界——用道德引导人们，用礼仪制度来规范人们，于是天下就达到万民归依于仁德的太平盛世了！而他自己是在安逸富贵之位，还是在山野草泽之中生活，有什么值得珍惜不舍，而不去自己拯救自己的精神的呢？

昔远和尚澄业庐山，余往憩五旬，高洁贞厉①，理学精妙，固远流也。其师安法师，灵德自奇。微遇比丘，并含清真②。皆其相与素洽乎道，而后孤立于山。是以神明之化，邃于岩林。骤与余言于崖树涧壑之间③，暧然乎有自言表而肃人者。凡若斯论，亦和尚据经之旨云尔。夫善即者，因鸟迹以书契④，穷神与人之颂。缇萦一言，而霸业用遂，肉刑永除⑤。事固有俄尔微感，而终至冲天者。今芜陋鄙言，以警其所感，奄然身没，安知不以之超登哉！

【注释】

①贞厉：谓守持正道，惕厉戒惧，不失常节。《周易·讼》："六三，食旧德，贞厉，终吉。"

②"微遇"二句：比丘：此处当指慧远的老师道安法师。慧远从小资质聪颖，勤思敏学，十三岁时便随舅父游学许昌、洛阳等地。精通儒学，旁通老庄。

③骤：屡次。《左传·宣公二年》："宣子骤谏。"

④因鸟迹以书契：指传说中仓颉观察鸟类的足迹受到启发，进而创造出最早的汉字。《说文解字·叙》载："及神农氏结绳为治而统其事，庶业其繁，饰伪萌生。黄帝之史仓颉，见鸟兽蹄迒之迹，知分理之可相别异也，初造书契。"书契，指文字。

⑤"缇萦"三句：指汉文帝时少女淳于缇萦为救父亲淳于意免于肉刑之责，上书文帝请求将自己没为官家奴隶，以代替父亲受刑。汉文帝看到上书后大为感动，下诏免除天下罪人肉刑。《史记》卷十《孝文本纪》载：汉孝文帝十三年五月，齐太仓令淳于意有罪当刑，诏狱逮徙系长安。有女五人，其少女缇萦自伤泣，上书，称其父康平，况死者不可复生，请没入官为婢，赎父刑罪，使得自新。天子悲其意，乃下诏曰：今法有肉刑三，而奸不止，其咎安在？非乃朕德薄而教不明欤？吾甚自愧。其除肉刑！

【译文】

昔日慧远和尚在庐山修习佛道，我曾前往休憩并学习了五十天时间，他志行高洁、贞正有节，其义理学问更是十分精妙，必当流传久远。慧远和尚的老师是道安法师，道安法师的神理道德，更是奇异超群。慧远和尚在没有遇到道安法师之前，已经向往清净无染的境界；遇到道安法师之后，于是与道安法师同时洽合于佛道，而后慧远独自在庐山修道弘法。因此他的神明教化，在岩林隐修之中愈发精深。多次和我在崖树涧壑之间交谈，慧远和尚是那样的和蔼超然，从他的言谈之中就能使人肃然起敬。我所说的这些言论，都是慧远和尚根据佛经的宗旨对我谈论过的。真正善于模仿的人，可以凭借鸟的足迹而创制文字，从此可以使人类尽相赞颂神灵与人事。缇萦的一句话，就使汉孝文帝成就霸业，使得肉刑被永久废除。这就是事情原本就有短暂细微的感应，而最终发展到冲天的程度。今天我这些鄙陋之谈，旨在警醒自己，也许忽然之间，人死身没，但又如何知道不会因此而超脱升登呢！

卷第三

喻道论

【题解】

　　本篇为晋代孙绰（314—371）所撰。本篇以问答的形式对佛和佛道、周孔之教与佛教的关系、出家是否违背孝道等问题进行了论证，主张佛、儒一致。序文首先说明佛、儒之不同，佛教为超俗，而儒教为世俗之教。正文则叙说我国古圣贤亦有报应之说，与佛教报应说仅说法有异。又主张出家为大孝，佛教十二部经，有四部专以劝孝为事，故与周孔之教，以孝为首，并无不合。

　　或有疑至道者，喻之曰：夫六合遐邈，庶类殷充，浑然无端。是以有方之识，各期所见。鳞介之物①，不达皋壤之事②；毛羽之族，不识流浪之势。自得于窅井者③，则怪游溟之量。翻翥于数仞者④，则疑冲天之力。缠束世教之内，肆观周孔之迹，谓至德穷于尧舜，微言尽乎老易，焉复睹夫方外之妙趣，寰中之玄照乎。悲夫！章甫之委裸俗⑤，韶夏之弃鄙俚⑥；至真绝于漫习，大道废于曲士也⑦。若穷迷而不迁者，非辞喻之所感。试明其旨，庶乎有悟于其闻者焉。

【注释】

①鳞介：泛指有鳞和介甲之水生动物。

②皋壤：指泽旁洼地。《庄子·知北游》曰："山林欤？皋壤欤？使我欣欣然而乐欤？"

③窞(dàn)井：同"窞窏"，即洞窟陷井。此句取自《庄子·秋水》"埳井之蛙"的故事。埳井之蛙谓东海之鳖曰："吾乐与！出跳梁乎井干之上，入休乎缺甃之崖；赴水则接腋持颐，蹶泥则没足灭跗；还虷蟹与科斗，莫吾能若也。且夫擅一壑之水，而跨跱埳井之乐，此亦至矣，夫子奚不时来入观乎！"

④翥(zhù)：飞举之意。此句见《庄子·逍遥游》："有鸟焉，其名为鹏，背若太山，翼若垂天之云，抟扶摇羊角而上者九万里，绝云气，负青天，然后图南，且适南冥也。斥鷃笑之曰：'彼且奚适也？我腾跃而上，不过数仞而下，翱翔蓬蒿之间，此亦飞之至也。而彼且奚适也？'"

⑤章甫：殷时冠名，即缁布冠。此句见《庄子·逍遥游》："宋人资章甫而适诸越，越人断发文身，无所用之。"

⑥韶夏：《庄子·天下》："黄帝有《咸池》，尧有《大章》，舜有《大韶》，禹有《大夏》，汤有《大濩》，文王有《辟雍》之乐，武王、周公作《武》。"另见《庄子·至乐》："咸池九韶之乐，张之洞庭之野，鸟闻之而飞，兽闻之而走，鱼闻之而下入，人卒闻之，相与还而观之。"

⑦曲士：指寡闻陋见之人。《庄子·秋水》曰："曲士不可语于道者，束于教也。"

【译文】

有些人对佛教持怀疑态度，这里拟借助比喻辩说一二：宇宙广袤无垠，世间森罗万象，且事物多千变万化，无有边际，因此那些受到生活范围局限的生物，各自只能见到所能够见到的事物。例如那带有鳞甲的水生动物，对于水边陆地上的事物一无所知；而那些飞翔在天的鸟雀，则无法明白波涛汹涌的气势；井底之蛙，那懂得江海之浩瀚；那些飞不到几尺高的鹦雀，则怀疑大鹏鸟有展翅千里的力量。那些深受世俗礼教束缚之人，往往只懂得周、孔的教化，认为尧、舜已经是道德的极限，《老》、《易》已说尽了所有的微言大义，哪里还能看见方外之教的至妙义理呢？真是可悲啊！这好比把华章美服放在裸俗之乡，把绝妙之礼乐置之于市井陋巷。至真会因污漫的习气而丧失，大道在孤陋寡闻的人那里毫无用处。对于那些执迷不悟的人，并不是通过几个譬喻就能使他们醒悟明白的，既然这样，不妨让我进一步阐明其中的要旨，希望这些人能有所觉悟。

　　夫佛也者，体道者也。道也者，导物者也。应感顺通，无为而无不为者也。无为，故虚寂自然；无不为，故神化万物。万物之求，卑高不同。故训致之术，或精或粗。悟上识则举其宗本，不顺者复其殃放。酒者罗刑，淫为大罚，盗者抵罪。三辟五刑①，犯则无赦。此王者之常制，宰牧之所司也。若圣王御世，百司明达，则向之罪人必见穷测，无逃形之地矣。使奸恶者不得容其私，则国无违民，而贤善之流必见旌叙矣②。且君明臣公，世清理治，犹能令善恶得所，曲直不滥。况神明所莅，无远近幽深，聪明正直，罚恶佑善者哉。故毫厘之功，锱铢之衅，报应之期，不可得而差矣。历观古今祸福之证，皆有由缘，载籍昭然，岂可掩哉。何者？阴谋之门，子孙不昌③；三世之将，道家明忌④。斯非兵凶战危，积杀之所致耶。若夫魏颗从治而致结草之报⑤，子都守信而受骢骥之锡⑥；齐襄委罪⑦，故有坠车之祸；晋惠弃礼⑧，故有弊韩之困：斯皆死者报生之验也。至于宣孟愍翳桑之饥⑨，而赵蒙倒戈之佑；漂母哀淮阴之惫⑩，而母荷千金之赏。斯一获万，报不逾世。故立德暗昧之中，而庆彰万物之上。阴行阳曜，自然之势。譬犹洒粒于土壤，而纳百倍之收。地谷无情于人，而自然之利至也。

【注释】

①三辟：指夏、商、周三代之刑法。五刑：指五种不同的刑法。古代以墨、劓、剕、宫、大辟为五刑。

②旌叙：表彰之意。

③"阴谋"二句：《史记》卷五十六《陈丞相世家》：陈平曰："我多阴谋，是道家之所禁。吾世即废，亦已矣，终不能复起，以吾多阴祸也。"

④"三世"二句：《史记》卷七十三《白起王翦列传》："夫为将三世者必败，必败者何也？以其所杀伐多矣！"

⑤结草之报：春秋时魏武子临终时命其子魏颗以妾殉葬。魏武子死后，魏颗不从父命而把妾另嫁他人。后来，魏颗与秦力士杜回交战，见一老人结草使杜回倒地，于是杜回被魏颗抓获。夜里魏颗梦见那个老人，那个老人对他说，他即是被嫁之妾的父亲。后来，多以"结草"喻报恩。见《左传·宣公十五年》。

⑥子都守信：《太平广记·独异志》载："魏鲍子都，暮行于野，见一书生，卒心痛。子都下马，为摩其心。有顷，书生卒。子都视其囊中，有素书一卷，金十饼。乃卖一饼，具葬书生，其余枕之头下，置素书于腹旁。后数年，子都于道上，有乘骢马者逐之。既及，以子都为盗，固问儿尸所在。子都具言，于是相随往。开墓，取儿尸归，见金九饼在头下，素书在腹旁，举家感子都之德义。由是声名大振。"

⑦齐襄委罪：指春秋时齐襄公指使彭生杀死鲁桓公又推卸责任给

彭生。《史记》卷三十二《齐太公世家》载："齐襄公故尝私通鲁夫人。鲁夫人者,襄公女弟也,自釐公时嫁为鲁桓公妇,及桓公来而襄公复通焉。鲁桓公知之,怒夫人,夫人以告齐襄公。齐襄公与鲁君饮,醉之,使力士彭生抱上鲁君车,因拉杀鲁桓公,桓公下车则死矣。鲁人以为让,而齐襄公杀彭生以谢鲁。""冬十二月,襄公游姑棼,遂猎沛丘。见彘,从者曰'彭生'。公怒,射之,彘人立而啼。公惧,坠车伤足,失屦。"

⑧晋惠弃礼:《史记》卷三十九《晋世家》载:晋惠公之立,倍秦地及里克,诛七舆大夫,国人不附。二年,周使召公过礼晋惠公,惠公礼倨,召公讥之。四年,晋饥,乞籴於秦,秦与之粟。五年,秦饥,请籴於晋。晋不与秦粟,而发兵且伐秦。秦大怒,亦发兵伐晋。六年春,秦缪公将兵伐晋,九月壬戌,秦缪公、晋惠公合战韩原。惠公马不行,秦兵至,晋军败,遂失秦缪公,反获晋公以归。

⑨宣孟愍翳桑之饥:《左传·宣公二年》载:秋九月,晋侯饮赵盾酒,伏甲将攻之。其右提弥明知之,趋登曰:"臣侍君宴,过三爵,非礼也。"遂扶以下,公嗾夫獒焉。明搏而杀之。盾曰:"弃人用犬,虽猛何为。"斗且出,提弥明死之。初,宣子田于首山,舍于翳桑,见灵辄饿,问其病。曰:"不食三日矣。"食之,舍其半。问之,曰:"宦三年矣,未知母之存否,今近焉,请以遗之。"使尽之,而为之箪食与肉,置诸橐以与之。既而与为公介,倒戟以御公徒,而免之。问何故。对曰:"翳桑之饿人也。"问其名居,不告而退,遂自亡也。

⑩漂母哀淮阴之惫:《史记》卷九十二《淮阴侯列传》载:信钓于城下,诸母漂,有一母见信饥,饭信,竟漂数十日。信喜,谓漂母曰:"吾必有以重报母。"汉五年正月,徙齐王信为楚王,都下邳。信至国,召所从食漂母,赐千金。

【译文】

　　所谓佛,就是体悟了道的人。而所谓"道",也就是导引万物的根本;它与万物相互感应,使万物顺遂通达;它可以说是无为而无不为的。因其无为,所以它本身是虚寂自然的;无不为,所以能够生化万物而神妙莫测。宇宙万物对道的要求高低不同,因此,训导教化的方法,有的细致深刻,有的简略粗浅。对于那些能够领悟最深道理的人,就应该向他标举大道的根本;而对那些不顺从教化的人,则应该通过惩罚来教化他们。如放纵饮酒的人要使他获刑,淫乱无礼之人要处以重罚,偷盗之人也要接受相应的惩罚。三辟五刑都是为了惩治那些不顺从教化的人,一旦违犯则无一赦免,这是君王统率天下的通常制度,是地方官吏治理百姓的基本职责。倘若有圣哲的君王治理天下,百官也都能够公正清廉,一切有罪之人都必定会被洞察发现而无所逃遁,让那些奸邪罪恶之人不能够藏匿他们的私恶,这样整个国家就不会有违背教化秩序的民众,而那些贤明和善的人则必定受到表彰和嘉奖。再说君主贤明、臣吏公正、政治清明、社会和谐,就能使善恶各有相应的回报、是非赏罚分明得当,何况神明是那样神通广大,无论远近幽深,都能洞若观火、明察秋毫,又是那样的聪明睿智、正直公平,总是惩罚罪恶奖佑良善的呢。所以即使毫厘之功,点滴之恶,所得的报应,不会有丝毫偏差。纵观古往今来,遭祸得福都有其缘由,这些都载之史籍,昭然明白,怎么能随便抹杀否定呢。为什么呢? 举凡阴谋之门,则其子孙不会昌盛发达,而三世之将,则向来为道家所忌。这难道不是残杀太多所导致的果报吗? 再如,魏颗把其父之妾改嫁,终致该女之父"结草"相报;魏国鲍子都待人讲德义,受到别人赠马的回报;齐襄王把罪过推给彭生,最后招致坠车之祸;晋惠公违背礼义,因此在韩原被秦穆公打败,这些都是死者报应生者的验证啊。至于赵宣孟怜悯一个睡在桑树下的饿人,漂洗衣服的老大娘同情韩信的疲惫,而且都是因为一餐饭拯救他们的性命。前者因此而蒙受倒戈护佑之报,后者则获得千金之赏。这些都是报在当世、恩惠少而回报大的事例。所以举凡为善积德,迟早都会得到报应的。在暗昧中施恩立德,而赏赐终究会彰显于万物之上。这就好比把种子播到地里,到头来终会获得百倍于前的收获。地与谷物都不是有意报答于人,播种必定会得到收获,乃是自然而然的事。

　　或难曰:"报应之事,诚皆有征。则周、孔之教,何不去杀,而少正卯刑①,二叔伏诛耶②?"

　　答曰:"客可谓达教声而不体教情者也。谓圣人有杀心乎?"曰:"无也。"答曰:"子诚知其无心于杀,杀故百姓之心耳。夫时移世异,物有薄淳。结绳之前,陶然太和;暨于唐虞,礼法始兴;爰逮三代,刑罔滋彰,刀斧虽严而犹不惩;至于君臣相灭,父子相害,吞噬之甚过于豺虎。圣人知人情之固于杀,不可一朝而息,故渐抑以求厥中。犹蝮蛇螫足,斩之以全身;痈疽附体,决之以救命。亡一以存十,亦轻重之所权。故刑依秋冬,所以顺时杀;春蒐夏苗③,所以简胎乳。三驱之礼④,禽来则韬弓;闻声睹生,肉至则不食。钓而不纲,弋不射宿⑤。其于昆虫每加隐恻,至于议狱缓死,眚灾肆赦;刑疑从轻,宁失有罪;流涕授钺,哀矜勿喜。生育之恩笃矣,仁爱之道尽矣。所谓'为而不恃,长而不宰⑥',德被而功不在我,日用而万物不知⑦。举兹以求,足以悟其归矣。

【注释】

①少正卯:《史记》卷四十七《孔子世家》载:鲁定公十四年,孔子年五十六,由大司寇行摄相事,诛鲁大夫乱政者少正卯。

②二叔:指周武王的弟弟管叔与蔡叔。《史记》卷四《周本纪》:"成

王少,周初定天下,周公恐诸侯畔周,公乃摄行政当国。管叔、蔡叔群弟疑周公,与武庚作乱,畔周。周公奉成王命,伐诛武庚、管叔,放蔡叔。"

③春蒐(sōu):古代帝王春时的射猎。《左传·隐公五年》:"故春蒐,夏苗,秋狝,冬狩,皆于农隙以讲事也。"夏苗:夏季捕杀危害农作物的禽兽。

④三驱:《易》有"王用三驱,失前禽"之语,意谓三面驱猎,让开一路,亦即网开一面,以示好生之德。

⑤"钓而"二句:《论语·述而》:"子曰:钓而不纲,弋不射宿。"朱熹《论语集注》:"纲,以大绳属网,绝流而渔者也。弋,以生丝系矢而射也。宿,宿鸟。……出其不意,亦不为也,此可见仁人之本心矣。"

⑥"为而"二句:养育而不自恃有功,滋长万物而不主宰它们。语出《老子》第十章。

⑦日用而万物不知:《周易·系辞上》:"仁者见之谓之仁,知者见之谓之知,百姓日用而不知。"

【译文】

有人诘难道:"报应之事若确实都是有根有据,无可置疑的,那么周公孔子在建立教化之道时为何不全然取消杀罚,而事实上孔子诛杀了少正卯、周公平叛了管、蔡之乱呢?"

我回答道:"说这话的人真可谓只懂得礼教的表象而不懂得礼教之实质。周、孔之设教所以不全然废除杀罚,难道是因为圣人有杀人之心吗?"那人说:"当然不是。"我接下去说道:"既然你知道圣人并无杀人之心,可见杀心本是世俗人固有的。世上万物都是在随着时代的变化而不断变化的,在远古时代,人们蒙昧无知,大家和睦相处,而没有什么礼教之类的东西,到了唐虞时代,才有礼教之设。降及三代,才逐渐有刑法。其时虽然严刑峻法,但以身试法者仍然很多,至于那些君臣父子相互杀戮吞噬,比豺狼虎豹还要残酷狠毒。圣人晓得世人本有好杀之情,不是一朝一夕所能改变的,所以其所设之教不全然弃除杀罚,乃是不得已的折中办法。这好比有人被毒蛇咬伤了脚后,宁可把脚砍去以保全性命;当身上长出毒疮时,宁愿忍痛把毒疮挖掉以使身体康健。这种舍小保大的做法,是对事情的轻重缓急所做出的权衡。所以古代之刑杀安排在秋冬时节就是要随顺秋冬肃杀的特点,而在春季狩猎,在夏天捕杀害兽,则是为了保护那些正在孕胎哺乳的动物。此外,更有网开一面、禽来藏弓,听到动物啼叫或看到活物就不食其肉的做法。不用系满钓钩的大网来捕鱼,不用系着丝带的箭射归巢的鸟。凡此都说明古代之礼教对即便像昆虫之类的生物亦多怀有恻隐之心;至于刑罚时尽量减少死罪,遇有天灾人祸则实行大赦,治罪若有疑问则尽可能从轻处罚,宁可错失对有罪之人的处罚,也不能枉罚无辜之人。迫不得已要打仗,流着眼泪授给大将斧钺,内心充满怜悯而不欢喜。这样对父母生育的感恩就会日益深厚,仁爱之道才会完全实现。这就是所谓的'养育而不自恃有功,滋养万物而不主宰它们',恩惠泽及万物而不认为功劳在自己,而万物虽时刻受用却不明白从何而来。上述列举这些事例,足以让人领悟自己应该归依何处了。"

或难曰:"周孔适时而教,佛欲顿去之,将何以惩暴、止奸、统理群生者哉。"

答曰:"不然。周孔即佛,佛即周孔,盖外内名之耳。故在皇为皇,在王为王①。佛者,梵语,晋训觉也。觉之为义,悟物之谓。犹孟轲以圣人为先觉,其旨一也。应世轨物,盖亦随时,周孔救极弊,佛教明其本耳。共为首尾,其致不殊,即如外圣有深浅之迹。尧舜世夷,故二后高让②;汤武时难,故两君挥戈③。渊默之与赫斯,其迹则胡越④;然其所以迹者,何尝有际哉! 故逆寻者每见其二,顺通者无往不一。"

【注释】

①"在皇"二句:《庄子·在宥》:"得吾道者,上为皇而下为王。"

②"尧舜"二句:此句意谓尧舜在世时世道纯朴,实行禅让制度。

③"汤武"二句:此句意谓商汤、周武王之时,世道艰难,故而不得不用兵革命。

④"渊默"二句:《庄子·在宥》:"渊默而雷声,神动而天随。"《诗经·大雅·皇矣》:"王赫斯怒,爰整其旅。"郑玄笺:"赫,怒意。"后因以"赫斯"指帝王盛怒貌。《庄子·德充符》:"自其异者视之,肝胆楚越也;自其同者视之,万物皆一也。"

【译文】

又有人诘难说:"周、孔顺应时世而设教,现在佛教欲将周、孔与礼教尽数废除,如此则何以惩暴止奸,治理众生而使天下太平呢?"

答道:"事情并非如此。实际上,周、孔与佛教并没有什么根本的区别,甚至可以说,周、孔就是佛,佛就是周、孔,差别仅仅是名称不同罢了。有如'皇'之与'王',名称不同,实际上并没有什么根本的差别——都是得道者的称呼。所谓'佛'者,本是梵语,意译为'觉',亦即觉悟之人。所谓'觉',也就是觉悟之意,此犹如孟子把先知先觉者称作圣人,宗旨是一致的。佛教之应世接物,也多是随顺世情的。当然佛教与周、孔之教也有一些不同之处,比如周、孔之教注重于救世、治世,而佛教则注重明本,探性灵之真奥。佛教与周、孔之教相为表里,其旨趣并没有根本的区别,即使有所不同,亦有如世俗之教本身也有深有浅,表现形式也因时势不同而各不相同。遇到尧、舜这样的太平治世,故二王可行禅让,而遇到商汤、周武王革命之时的艰难世道,故二君只好挥戈用兵,一则深沉不语,一则威武奋发,行迹完全不同,但产生如此行迹的原因,哪里有什么区别呢? 佛教与周、孔之教的相互关系也是这样,从名称及表现形式上看，二者颇有差异，但从实质上去看，二者则有许多共同之处。”

或难曰：“周孔之教，以孝为首；孝德之至，百行之本；本立道生，通于神明。故子之事亲，生则致其养，没则奉其祀；三千之责，莫大无后；体之父母，不敢夷毁；是以乐正伤足①，终身含愧也。而沙门之道，委离所生，弃亲即疏；刜剔须发，残其天貌；生废色养②，终绝血食③。骨肉之亲，等之行路，背理伤情，莫此之甚。而云弘道敦仁，广济群生，斯何异斩刈根本而修枝干，而言不殒硕茂？未之闻见‘皮之不存，毛将安附’，此大乖于世教，子将何以祛之。”

答曰：“此诚穷俗之所甚惑，倒见之为大谬，谇嗟而不能默已者也。夫父子一体，惟命同之。故母啮其指，儿心悬骇者，同气之感也。其同无间矣，故唯得其欢心，孝之尽也。父隆则子贵，子贵则父尊。故孝之为贵，贵能立身行道，永光厥亲。若匍匐怀袖，日御三牲；而不能令万物尊己，举世我赖；以之养亲，其荣近矣。夫缘督以为经④，守柔以为常，形名两绝⑤，亲我交忘，养亲之道也。既已明其宗，且复为客言其次者：夫忠孝，名不并立。颍叔违君⑥，书称纯孝；石碏戮子⑦，武节乃全。传曰：‘子之能仕，父教之忠；策名委质，二乃辟也。’然则结缨公朝者，子道废矣。何则？见危授命，誓不顾亲，皆名注史笔，事标教首。记注者岂复以不孝为罪？故谚曰：求忠臣必于孝子之门。明其虽小违于此而大顺于彼矣。且鲧放殛裔而禹不告退⑧，若令委尧命以寻父，屈至公于私戚，斯一介之小善，非大者远者矣。周之泰伯⑨，远弃骨肉，托迹殊域，祝发文身，存亡不反，而论称至德，书著大贤。诚以其忽南面之尊，保冲虚之贵；三让之功远，而毁伤之过微也。故能大革夷俗，流风垂训。夷、齐同饿首阳之上⑩，不恤孤竹之胤，仲尼目之为仁贤。评当者宁复可言悖德乎？梁之高行⑪，毁容守节；宋之伯姬⑫，顺理忘生；并名冠烈，妇德范诸姬。秉二妇之伦，免愚悖之讥耳。率此以谈，在乎所守之轻重可知也。

【注释】

①乐正：官名。周代乐官之长。《吕氏春秋·慎行论》："乐正夔一足。"

②色养：刘义庆《世说新语·德行》："王长豫为人谨顺，事亲尽色养之孝。"人子和颜悦色奉养父母或承顺父母颜色为"色养"。

③血食：指用于祭祀的食品。

④缘督：顺守中道。《庄子·养生主》曰："缘督以为经，可以保身，可以全生，可以养亲，可以尽年。"

⑤形名：事物的实在和名称。

⑥颍叔：即颍考叔，郑国大夫，执掌颍谷（今河南登封西），在郑庄公对其母亲武姜发出"不及黄泉，无相见也"的誓言后，孝子颍考叔让郑庄公派人挖了一个隧道，安排郑庄公与武姜在"黄泉"见面，这就是后世闻名的"黄泉相会"，《古文观止》中也对此事做出了"君子曰：颍考叔，纯孝也。爱其母，施及庄公"的评论。

⑦石碏（què）：春秋时卫国人。卫庄公有嬖妾所生子州吁，有宠而好武，庄公弗禁。他进谏，庄公弗听。其子石厚与州吁游，劝诫亦弗听。卫桓公十六年（前719）州吁杀桓公而自立为君，未能和其民。石厚向其父请教安定君位之法，他假意建议石厚从州吁

往陈,通过陈桓公以朝觐周天子。旋请陈拘留两人,由卫使右宰丑杀州吁于濮(今安徽亳州东南),又使其家宰獳羊肩杀石厚于陈。当时称他能"大义灭亲"。《春秋》对石碏给予很高的评价,称他为"纯臣"。

⑧鲧(gǔn):我国古代传说中的部落首领,相传为禹之父,奉尧之命治水九年而无功,被舜杀死于羽山。一说后被放逐。

⑨泰伯:周太王长子,有弟季历,季历有子昌(即周文王)。太王欲立季历,泰伯、仲雍奔避荆越,文身断发。

⑩夷、齐:即伯夷、叔齐。孤竹君的两个儿子。相传其父遗命立次子叔齐为君,孤竹君死后,叔齐让位给伯夷,伯夷不受,叔齐也不愿登位,先后都逃到周国。武王伐纣时,两人都曾叩马谏阻。武王灭商后,他们都耻食周粟,逃到首阳山,采薇而食,后饿死于首阳山里。

⑪高行:东周梁国寡妇,守寡时为梁王垂青,纳为姬,为抗此婚事,她不惜割鼻毁容。见于汉刘向《列女传·梁寡高行》。

⑫伯姬:春秋鲁宣公之女,宋共公夫人,亦称共姬、恭伯姬。共公死后,执节守贞。鲁襄公三十年,宋宫失火,左右劝其躲避,伯姬曰:"妇人之义:保傅不俱,夜不下堂……越义而生不如守义而死。"遂被烧死。见《穀梁传·襄公三十年》、汉刘向《列女传·宋恭伯姬》。

【译文】

或者还有人会诘难说:"周、孔的教化以孝德为首要,把孝道视为所有德行的基本,本立则道生,进而通于神明。所以子女孝顺双亲,活着时则应尽心赡养,逝世之后则应恭敬祭拜。另外,周、孔之教最重子嗣,故有'不孝有三,无后为大'一说,又有'身体发肤,受之父母,不敢毁伤'之说,所以儒门向来注重身体发肤之养护,因此乐正损伤了一条腿足,终生都愧疚不安,觉得对不起生他养他的父母。但是佛教提倡出家弃亲,远离亲人接近生人;剃除须发,残损上天所赋的容貌;父母在生时废除服侍敬养,父母死后断绝对祖宗的祭祀。把骨肉之情,视同路人,违情背理,没有比这更过分的了。然而佛教竟然大谈自己是弘扬道德敦行仁爱,广济群生,此何异于把树根树干砍断了而去修正枝干,还说这样不会损伤树的茂盛充实! 真是奇谈怪论,闻所未闻。俗话说:'皮之不存,毛将焉附?'佛门的这种做法实在背离了世间教化,你将用什么来消散这些批评呢?"

答道:"你的这些说法实在是被世俗之见所迷惑的缘故,完全颠倒了本末、是非,实在荒谬之至,实在让人嗟叹而不能不发表议论了! 所谓父子一体,乃是自天命上说是这样。而母亲咬自己的手指,做儿子的内心也会感到恐惧担心,这是因为母子同气相感的缘故。这种相同是没有间隔和断绝的,所以孝道之最根本的,乃是使父母高兴、欢心。在现实生活中,做父亲的隆盛则儿子就会获得富贵,儿子显贵则父亲就受到尊崇,所以儿子孝顺最可贵的地方,就在于能够树立品格、遵行大道,而能光宗耀祖。如果父母在世时,只知道在其身边打转,父母逝世后,也只懂得用三牲供养、祭拜,而不能弘道济世,使天下万物都遵从依赖于我,这样去奉养双亲,其中的光荣非常浅近,实在是没有什么值得称道的呀! 实际上,恒守中道,顺其自然,使事物的内外、亲人和我都能相互隔绝遗忘,这才是最根本的养亲之道啊。既然已经阐明了孝道的根本,就让我再为你说说其次的道理。事实上,忠与孝常常有不能同时实现的情形,如颍叔考违背君主,而史称其'纯孝';石碏大义灭亲杀死自己的儿子,其武节才得以保全。史书上说:'儿子出去当官,父亲教导他要尽忠,这是古代的制度;名字写在简策上,就当效忠以死,若有二心,当受大刑。'但是如果儿子把全部的精力都放在朝廷公务上,那他就很难去尽儿子赡养父母的责任了。为什么呢? 临危受命,全力以赴拯救国难时艰,而不能很好地照顾父母,这好像是很不符合周、孔之孝道的,但这种人却往往名载史册,彪炳千秋,记载史书的人也从来没有去责怪他们没有尽为子之孝道。所以古有谚语说：'欲求忠臣，必于孝子之门。'这是明白了忠孝难以两全，虽然在小处违背了孝道，却在大处实现了忠义。又如历史上鲧被放逐之后，他的儿子大禹并没有因此而从公务中告退，如果他置尧帝委派他治水的使命于不顾而去寻找自己的父亲的话，这就是把天下苍生的最大利益屈置于个人情感之下，这种个人的小德善行，离那些大德至善很远啊！还有，周代的泰伯，为了使季历顺利继位，而与其弟仲雍忍痛离开亲人，逃到荆越蛮荒之地，甚至采用当地的习俗——文身断发，不管父母生死，不返回家乡服侍祭拜，这可谓不孝之至啊！可孔子却称赞他为至德之人，史书也上表彰他为真正的大贤。之所以这样，确实是因为他放弃君王的尊贵地位，而保存了恬淡虚静无为的大德。与他三次礼让国君的深远功德相比，毁伤自己容貌之过错是那样的微不足道。因此泰伯能够使蛮夷的风俗有很大的改变，使这些流风美俗不断垂示教训于后人。又比如，殷商孤竹国的长子和三子——伯夷与叔齐，二人互相礼让国君之位，没有继承孤竹君的国家统绪，最后饿死于周朝的首阳山上，而孔子却称他们为贤仁之人，评价他们的人难道还可以说他们违背道德吗？梁国的寡妇高行，不惜毁坏容颜来保守贞节；春秋宋国的夫人伯姬，顺从妇道而不惧烧死，二人都被称为烈妇，其品德被当作女性守节的典范，也没有人认为她们愚昧悖德。照此看来，问题并不在于诸如祝发、文身、毁容、忘生等事情本身，而在于他们所坚守的价值有轻重大小之别啊。

"昔佛为太子，弃国学道；欲全形以遁，恐不免维絷，故释其须发，变其章服；既外示不反，内修简易。于是舍华殿而即旷林，解龙衮以衣鹿裘；遂垂条为宇，藉草为茵；去栉梳之劳，息汤沐之烦；顿驰骛之辔，塞欲动之门。目遏玄黄①，耳绝淫声，口忘甘苦，意放休戚②，心去于累，胸中抱一③，载

平营魄④,内思安般,一数二随三止四观五还六净⑤,游志三
四⑥,出入十二门⑦,禅定拱默,山停渊淡,神若寒灰,形犹枯
木,端坐六年,道成号佛。三达六通⑧,正觉无上。雅身丈
六,金色焜曜,光遏日月,声协八风⑨,相三十二,好姿八十,
形伟群有,神足无方。于是游步三界之表⑩,恣化无穷之境;
回天舞地,飞山结流;存亡倏忽,神变绵邈;意之所指,无往
不通;大范群邪,迁之正路;众魔小道,靡不遵服。于斯时
也,天清地润,品物咸亨。蠢蠕之生,浸毓灵液;枯槁之类,
改瘁为荣。还照本国,广敷法音;父王感悟,亦升道场;以此
荣亲,何孝如之? 于是后进笃志之士,被服弘训⑪,思齐高
轨,皆由父老不异所尚,承欢心而后动耳。若有昆弟之列
者,则服养不废。既得弘修大业而恩纪不替,且令逝没者得
福报以生天,不复顾歆于世祀,斯岂非兼善大通之道乎。夫
东邻宰牛,西邻禴祀⑫;殷美黍稷,周尚明德;兴丧之期于兹
著矣。佛有十二部经,其四部专以劝孝为事,殷懃之旨,可
谓至矣。而俗人不详其源流,未涉其场肆,便瞽言妄说,辄
生攻难;以萤烛之见,疑三光之盛,芒隙之滴,怪渊海之量;
以诬罔为辩,以果敢为名;可谓狎大人而侮天命者也⑬。”

【注释】

①玄黄:原指黑色与黄色,后多以玄黄喻天地。《周易·坤》曰:“夫
　　玄黄者,天地之杂也,天玄而地黄。”

②休戚:喜乐与忧虑。

③抱一:原为道家语。道家谓道生于一,故以精思固守为“抱一”。

④营魄:指精神、魂魄。《老子》曰:“载营魄抱一,能无离乎?”

⑤"内思"二句：是指早期禅修的方法，后为天台宗的六妙法门。《佛说太子瑞应本起经》卷上："既历深山，到幽闲处，见贝多树，四望清净。自念：我已弃家，在此山泽，不宜复饰发如凡人意，以有栉梳汤沐之念，则失净戒正定慧解度知见意，非道之纯污清净行。……端坐六年，形体羸瘦，皮骨相连。玄清靖漠，寂默一心，内思安般。一数二随，三止四观，五还六净，游志三四，出十二门。"安般，即数息观，一数二随三止四观五还六净为其顺序。

⑥游志三四："三四"指四禅、四无量心（慈、悲、喜、舍）、四空定，统称"十二门"或"十二门禅"。

⑦十二门：见上，即"十二门禅"。

⑧三达：又称"三明"、"三证法"，即"宿命智证明"、"漏尽智证明"，指达于无学位，除尽愚暗，而于三事通达无碍。六通：即佛菩萨依定慧之力所示现之六种神通。神足通、天耳通、他心通、宿命通、天眼通、漏尽智证通。

⑨八风：有多种说法，此处当指八音。《左传·襄公二十九年》："五声和，八风平。"清王引之《经义述闻·春秋左传中》："古者八音谓之八风。襄公二十九年传：'五声和，八风平。'谓八音克谐也。"

⑩三界：佛教指众生轮回的欲界、色界和无色界。见《俱舍论·世分别品》。

⑪被服：感化，蒙受。

⑫"东邻"二句：语出《周易·既济》："九五：东邻杀牛，不如西邻之禴祭，实受其福。"指修德者虽不杀牛而行薄祭，以其有德而实受其福。东方邻国殷商杀牛来祭神，不如西方邻国周王用饭菜的薄礼来祭神，实在地得到神的赐福。《周易·象传》说："东邻杀牛"，不如西邻"祭祀"得及时啊。"实受其福"，是说吉祥纷纷

到来。

⑬狎大人而侮天命者：《论语·季氏》：孔子曰："君子有三畏：畏天
命，畏大人，畏圣人之言。小人不知天命而不畏也，狎大人，侮圣
人之言。"

【译文】

"过去释迦牟尼身为太子，抛弃国家而外出访求学道，也想要隐遁
时能保全自己的身体，但有担心会被父王挽留，所以只好剃除头发胡
须，换掉华衣美服；既为了对世人表示自己绝不反悔的决心，又能使自
己修行更为简易。他更舍去豪华的宫殿而来到山林旷野，脱去太子的
华丽服饰而穿戴鹿皮；把树枝当作栖身的屋宇，把杂草当作睡觉的席
子；省去梳妆打扮劳累，免于沐浴的烦琐；抓住驰骛的心灵之绳，堵塞躁
动的欲望之门。在修行期间，他眼睛不看灿烂炫目的颜色，耳朵不听淫
荡的声音，饮食不择甘苦，意虑不管忧喜，使心灵远离俗累之事，使外在
的形体与内在的精神合抱为一，永不分离。然后专心禅修，自数息到随
行，从禅定到慧观，直至第五的回还与第六的净土；专心于三止四观中，
出入于十二因缘，最终使自己达到百念俱灭、无思无虑，神若寒灰、形如
枯木的境界。如此修行了六年，最后证成佛道，具有三种最高智慧、六
种神妙能力。炼就丈六真身，金光闪耀超过日月，发声与八音和谐；修
成三十二相八十种好，其形貌是世间最雄伟的，其神采更是无法形容比
拟；因此能够遨游漫步于欲、色、无色三界之中，应化无方，使天地回旋
舞动，使山岳飞驰、河流凝结，使生死之瞬间转换，使神变幽远难测，随
心所欲，无往不通，用大法约束各种邪神，让其走上觉悟正途。一切邪
魔外道，无不遵从改正。其时天地万物、芸芸众生，全蒙泽润，连愚蠢的
小虫，都受到灵液的滋润养育；枯槁的树木，最后都由死复生了。释迦
牟尼悟道后返回祖国，广为传播佛法，最后连他的父亲也受到佛法的感
化而皈依佛门。像这样的弘道济众、耀祖光宗的行为，岂是世间所说的
一般孝道所能比拟的？于是，许多年轻后辈，笃志学道，蒙受教化，见贤

思齐,皆由于他们的父老不以他们所遵从的为怪异,而都能秉承父母的欢心而后求道。如果有兄弟在家的,则服侍奉养父母的孝道就不会废止,既能够弘扬伟大事业,又能够使父母恩情不会衰退,还能令逝去的人能够得福报以转生天道,而不再顾恋歆美人间世俗的祭祀供养。这难道不是兼有人间世外至善的大通之道吗? 东方邻国殷纣王杀牛来祭神,西方邻国周王用饭菜的薄礼来祭神,说明纣王注重享受,而周王却崇尚美德。纣王必定败灭而周朝必定兴盛,于此就非常显著了。

　　"佛有十二部经,其中有四部是专门劝勉信守孝道的,其对于孝道的殷勤恳切,可以说是无以复加了。而那些俗昧之人并不明白孝道的本源与支流,又没有领略过其真实的境界,便信口雌黄,对佛教妄加指责,肆意诋毁,这恰是以萤烛微弱之光的见识,去怀疑日月之光的盛大,以点滴之水的见识,去怀疑江海水量的浩瀚,这种人实际上是把诬陷毁谤当作善辩,把无所敬畏的果言敢行当作勇德,正所谓儒家所说的'轻慢大人、蔑视天命'的人呀。"

宗居士炳答何承天书《难白黑论》

【题解】

大约在南朝宋文帝元嘉十年(433),沙门慧琳撰《白黑论》一文,主张形体一旦凋弊,则心神亦随之散灭,对儒释的同异,虽主张两家殊途同归,但意在抑佛扬儒。就在慧琳写成《白黑论》以后不久,何承天把这篇论文寄给宗炳。何承天很赞同《白黑论》,宗炳却极力反对慧琳的这种议论,因此两人进行了辩论。二者的争论现存于他们之间来往的五篇书信之中。何承天用"有生必有死"的观点来驳斥佛教的"神不灭",批判佛教的报应说,主张"神随形灭",而儒家经典中鬼神之说不过是圣人神道设教的权宜方便。何承天的《释均善难》偏袒《白黑论》而反驳宗炳,认为"有鬼神,非为来生有报应"。又反对宗炳之神形不可同终论,而主张形神俱灭。他又针对宗炳之"天堂与地狱是形声之影响",否认来生报应说。宗炳却认为,精神不灭,只有信仰佛教,严守戒律,拯救自己的精神,以至于最后成佛,这样才能摆脱生死的苦难。如果在外遵守礼乐法度,在内修习无生无灭的佛法教义,澄明精神达到自由无碍的境界,这才是真正的弘道。

何与宗书

近得贤从中郎书[①],说足下勤西方法事。贤者志大,岂

以万劫为奢？但恨短生，无以测冥灵耳。治城慧琳道人作
《白黑论》，乃为众僧所排摈，赖蒙值明主善救，得免波罗夷
耳②。既作比丘，乃不应明此。白徒亦何为不言？足下试寻
二家，谁为长者？吾甚昧然，望有以佳悟。何承天白。

【注释】

①贤从：对人称兄弟的美称。

②波罗夷：戒律中的极重罪，汉语译为断头，喻如断头，不能再生。
又译堕落，谓堕落于阿鼻地狱。比丘犯杀、盗、淫、大妄语四戒，
叫做四波罗夷。

【译文】

近来收到兄弟中郎的一封书信，说您勤于学习西方佛法。贤能的
人志向远大，岂能认为万劫的时间太多呢？只是恨生命苦短，无法测验
佛法的灵验。治城慧琳和尚写了一篇《白黑论》后，被大多数僧人排斥
摈弃，幸亏有明主帮助解脱困境，免除了断头的重罪。既然作为出家
人，不应该这样。俗人如何看待呢？您试试比较一下佛教和儒家，谁最
高明呢？我很愚昧，期望您赐教让我了解。何承天告白。

宗答何书

所送琳道人《白黑论》，辞情致美，但吾暗于照理，犹未
达其意。既云："幽冥之理，不尽于人事。周、孔疑而不辨，
释氏辨而不实。"然则人事之表幽暗之理，为最廓然唯空，为
犹有神明耶？若廓然唯空，众圣、庄、老，何故皆云有神？若
有神明，复何以断其不实？如佛言，今相与共在常人之域，
料度近事，犹多差错，以陷患祸。及博弈粗艺，注意研之，或
谓生更死，谓死实生。近事之中，都未见有常得而无丧者，

何以决断天地之外,亿劫之表,冥冥之中,必谓所辨不实耶?若推据事不容得实,则疑之可也。今人形至粗,人神实妙。以形从神,岂得齐终? 心之所感,崩城陨霜①,白虹贯日②,太白入昴③。气禁之医,心作水火,冷暖辄应。况今以至明之智,至精之志,专诚妙彻,感以受身,更生于七宝之土,何为不可实哉?

【注释】

①崩城陨霜:"崩城"指春秋时杞梁妻痛哭其亡夫致城墙崩塌事,"陨霜"指战国时邹衍蒙冤而致暑天降霜一事,其与下文"白虹贯日"、"太白入昴"均为中古人常用的天人感应典故,详细参见卷二《明佛论》注。

②白虹贯日:象征有灾祸。语出《战国策》:"聂政之刺韩傀也,白虹贯日;要离之刺庆忌也,苍鹰击于殿上。"

③太白入昴:象征要起战乱。太白,太白星。昴,西方白虎之宿。

【译文】

您所送来的慧琳道人的《白黑论》文字优美,言辞精致,但我见识短浅,对义理没有多少精深的了解,所以对《白黑论》中所说的许多内容还不是十分理解。《白黑论》中的白学先生说:"因果报应等幽冥之理与世间人事相去甚远,故周公、孔子觉得不确定因而不辨析,而佛教理论虽擅长辨析,却往往没有事实依据。"然而,人事之外的事理,究竟是空空如也,什么都没有,抑或确实存在着神明? 若真的空空如也,为什么周、孔众圣以及老、庄都说有神? 如果神明确实存在,为什么指责佛教所说的形尽而神不灭及三世因果等理论不真实呢? 正如佛所说,人们受日常生活中的经验所局限,这些事虽然都近在眼前,但人们在推测、判断时却常常发生错误,以致遭遇到各种意料不到的灾祸。再如行棋之类,往往有这样情形,粗看似活棋其实已死,乍看似死而后面又活过来。对于身边事情的判断、推测尚且不能都看得十分精确,怎么就能断定释迦牟尼佛所说的有关天地之外、亿劫之表、冥冥之中的事理必定辨而不实呢? 如果释氏所言确实海阔天空、不着边际,那么怀疑是可以的,但人的形体极其粗陋,而人之精神却十分精妙,形体与精神,怎么会一同消失呢? 许多事实说明,人心之所感通,甚至可以出现杞梁之妻痛哭使城墙崩塌,邹衍申诉冤屈让六月暑热天降下寒霜,荆轲刺秦王之前有白色长虹穿过太阳,太白星进入昴宿就会天下有兵乱等异象。此外,天象之与人事、人心之与各种自然现象,也都会遥相感应,何况作为至明、至精、专诚极妙之神明,为什么就不能感应以受身,并再生于佛之七宝国土呢?

又云:"析毫空树,无伤垂荫之茂。离材虚空,无损轮奂之美。贝锦以繁彩发华,和羹以盐梅致旨①。"以塞本无之教,又不然矣。佛经所谓"本无"者,非谓众缘和合者皆空也。垂荫、轮奂,处物自可有耳,故谓之"有谛";性本无矣,故谓之"无谛"。吾虽不悉佛理,谓此唱居然甚安②。自古千变万化之有,俄然皆已空矣。当其盛有之时,岂不常有也必空之实,故俄而得以空耶? 亦如惠子所谓:"物方生方死,日方中方睨。"死、睨之实,恒预明于未生、未中之前矣。愚者不睹其理,唯见其有,故齐侯摄爽鸠之余伪③,而泣恋其乐。贤者心与理一,故颜子庶乎屡空④,有若无,实若虚也。自颜以下,则各随深浅,而味其虚矣。若又逾下,纵不能自清于至言,以倾爱竞之惑,亦何常无仿佛于一毫? 岂当反以一火增寒,而更令恋嗜好之欲乎? 乃云:"明无常,增渴瘵之情⑤;

陈苦伪,笃竞辰之虑⑥。"其言过矣。

【注释】

①和羹以盐梅致旨:《尚书·说命下》:"若作和羹,尔惟盐梅。"孔传:"盐,咸;梅,醋。羹须咸醋以和之。"比喻大臣辅助君主综理国政。

②居然:这里指显然,表示明白清楚。

③齐侯摄爽鸠之余伪:《左传·昭公二十年》:"饮酒乐。公曰:古而无死,其乐若何? 晏子对曰:古而无死,则古之乐也,君何得焉? 昔爽鸠氏始居此地,季荝因之,有逢伯陵因之,蒲姑氏因之,而后大公因之。古者无死,爽鸠氏之乐,非君所愿也。"齐侯,齐景公。爽鸠氏,少暤氏司寇。

④颜子庶乎屡空:《论语·先进》:"子曰:'回也其庶乎,屡空。赐不受命,而货殖焉,亿则屡中。'"

⑤癃(yìn):心病。

⑥竞辰:珍惜时间,抓紧时间。

【译文】

《白黑论》中的白学先生又说:"佛教虽然把树木'空'掉了,但并不能改变其垂荫之茂;虽然把大厦'空'掉了,也丝毫不能减损它的美轮美奂。各种锦绣五光十色、光彩照人,各种食品甜酸苦辣、美味可口,怎么能说是一切皆空呢?"试图否定佛教之本无之教,实际上这是不能正确理解佛教"空"的理论所致。佛教所说的本无,并不是说众缘和合的假相也是一无所有,因此并没有否认大树之能垂荫、楼堂殿宇之美轮美奂。但这只是顺从世俗谛的角度看问题,故也称之为假有;但就其自性说,这些大树和楼堂殿宇都是众缘和合而成的,故并没有自性,因之又称之为本无。我虽然并不怎么精通佛教义理,但比起那位白学先生所说的,应该更接近于佛教的真理吧。自古以来,世间的事物之所以能千变万化,正是因为这些事物都是没有自性很快变"空"的。因此,所有的事物当其繁盛之时,历历在目,但不要多久,就都消失了。这有如惠施所说的:"物方生方死,日方中方睨。"从另一个角度说,事物之死、日之偏斜,其实是存在于事物之未生、日头之未中之前。那些不明事理的人,看问题只是停留在表面现象,只看到它存在的一面,而看不到它空的一面。因此齐侯只向往爽鸠氏长生不死的表象,贪恋那时的快乐。但贤者圣人则不然,他们能够看到事物的本质,所以颜回近乎圣道,在他心里,有若无,实若虚。自颜回以下,各人随着自己修养的深浅体味事物虚无之道了。境界次一等的,即使不能通达至高的道理,消除各种关于爱欲和争斗的迷惑,又何尝丝毫不明白这一点?难道反而想要用火来增加寒冷,增强世俗人嗜好的欲望吗?您所说的:"明白人生无常之理,反而加重欲求的心理;告诉人生皆苦之道,反而加深争斗的心态。"这话讲错了。

　　又以"舟壑塘驷之论①,已盈耳于中国,非理之奥,故不举为教本"。谓"剖析此理,更由指掌之民"。夫舟壑潜谢,佛经所谓"现在不住"矣,诚能明之,则物我常虚,岂非理之奥耶?盖悟之者寡,故不以为教本耳,支公所谓"未与佛同"也。何为以素闻于中国,而蔑其至言哉?

　　又以"效神光,无径寸之明;验灵变,无纤介之实。徒称无量之寿,孰见期颐之叟②?"诸若此类,皆谓"于事不符"。夫神光灵变,及无量之寿,皆由诚信幽奇,故将生乎佛土,亲映光明,其寿无量耳。今没于邪见,慢诞灵化③,理固天隔,当何由睹其事之符乎?

【注释】

①舟壑塘驷之论:《庄子·大宗师》:"夫藏舟于壑,藏山于泽,谓之

固矣。然而夜半有力者负之而走,昧者不知也。"意谓世事都在
不知不觉之中变化着,而昧者不觉察。舟壑,藏在山谷中的船,
后借指世事。又塘驷,亦称唐肆,即市集。

②期颐:也称为人瑞。指百岁以上的老人。

③慢诞:以某事物为荒诞而轻慢之。

【译文】

此外,《白黑论》中又说:"佛教中所说世事无常,这有如沧海桑田不
断变易的观点,在中国很早就流传了,并没有什么深奥的地方,所以儒
家不以此为教化之根本。"认为"分析这种道理很容易,普通百姓都知
道"。其实,所谓世事在人们不知不觉中悄悄变化,佛教是从当下念念
不执着的角度去理解它的,如果确实能够明白这个道理,那么会体悟到
物我永远是空无自性的,难道说这种思想不精深吗?只是因为中土人
士悟空者甚少,因此没有以之为教化的根本罢了,这也就是支道林所说
与佛教思想不同的地方,怎么能说早已在中土流传,而大家蔑视至理之
言呢?

《白黑论》又以佛教所说之神光、灵变没有事实可作根据,也无法验
证,以及佛经中常称无量之寿却不见百岁之人为由,批驳佛教。其实,
所谓神光、灵变及无量寿,皆因虔诚信仰佛教,故日后将生于佛土,亲映
光明,寿命无穷。如果沉溺于邪见之中,以佛法为荒诞而轻视怠慢,那
么与佛法就有天渊之隔,又怎么能亲睹这些呢?

又云:"要天堂以就善,曷若服义而蹈道? 惧地狱以救
身,孰与从理而端心?"夫心不贪欲,为十善之本①,故能俯绝
地狱,仰生天堂,即亦服义蹈道、理端心者矣②。今内怀虔
仰,故礼拜悔罪;达夫无常,故情无所吝。委妻子而为施,岂
有邀于百倍? 复何得乃云"不由恭肃之意,不乘无吝之情"

乎？泥洹以无乐为乐，法身以无身为身。若本不希拟，亦可为增耽逸之虑，肇好奇之心。若诚餐仰，则耽逸稍除，而获利于无利矣，又何问"利竞之俗"乎？

又云："道在无欲，而以有欲要之。俯仰之间，非利不动。"何诬佛之深哉！夫佛家大趣，自以八苦皆由欲来③，明言十二因缘，使高妙之流，朗神明于无生耳。欲此道者，可谓有欲于无欲矣。至于启导粗近，天堂、地狱皆有影响之实。亦由于公以仁活招封，严氏以好杀致诛④。畏诛而欲封者，必舍杀而修仁矣。励妙行以希天堂，谨五戒以远地狱，虽有欲于可欲，实践日损之清途，此亦西行而求郢，何患其不至哉！又嫌丹青眩媚彩之目，土木夸好壮之心；成私树之权，结师党之势；要厉精之誉，肆凌竞之志，固黑蝗之丑，或可谓作法于凉，其弊犹贪耳⑤，何得乃慢佛云"作法于贪"耶？王莽窃《六经》以篡帝位，秦皇因朝觐而构阿房，宁可复罪先王之礼教哉？

【注释】

①十善：佛教术语，即一不杀生，二不偷盗，三不邪淫，四不妄语，五不绮语，六不两舌，七不恶口，八不悭贪，九不嗔恚，十不邪见。佛教认为，心是三业的根源。

②蹈道：履行正道。

③八苦：佛教术语，即是生苦、老苦、病苦、死苦、怨憎会苦、爱别离苦、求不得苦及五取蕴苦。

④"亦由于公"二句：指汉代于公为官仁慈获得善报，严延年酷虐害民招致恶报事，详见卷二《明佛论》注。

⑤"作法"二句:《左传·昭公四年》:"浑罕曰:国氏其先亡乎? 君子作法于凉,其弊犹贪;作法于贪,弊将若之何?"意思是君子以轻税薄取为原则制作法律,贪污弊害仍然很多;要是贪图小便宜式的制定法律,弊害又该有多少呢? 凉,薄。贪,指贪图小便宜。

【译文】

《白黑论》中白学先生又说:"要运用天堂来劝善,哪里比得上服从道义从而履行正道? 通过惧怕地狱来管束人身,哪里比得上通过服从道理从而端正人心呢?"实际上,心不生贪欲,是十善的根本,自然可以免遭地狱之报,而生于天堂,此岂不就是服从道义从而履行正道,服从道理从而端正人心吗? 现在佛教徒因为内心虔诚崇信佛法,故能常礼拜以悔罪,怎么能说佛教徒之礼拜是不恭谨严肃呢? 因为懂得诸法无常的道理,故不为情欲所困。出家人连世俗最为注重的妻子、儿女都可以舍去,又如何能说信佛是为了施舍一份便想获取百倍的回报? 又怎么能说是"不由恭肃之意"、"不乘无吝之情"呢? 佛教所说的涅槃乃是以无乐为乐,而法身则以无身为身。如果事佛并非出于真心,而是出于某种不良的动机,这有可能增加沉溺于安逸之中的忧虑,引起好奇之心。如果事佛是出于诚心,则耽逸之虑根本不存在,而能获得无利之大利益,为何说是世俗社会中的利欲之争呢?

《白黑论》又说:"学道最重要的是必须无欲,而佛教却以利欲引诱之,几乎凡事非利不动,见利必争。"这种说法体现了他们对佛法误解诬蔑是如此之深。其实佛教的思想主旨,是认为人生诸苦皆由欲望而来,故提倡十二因缘,使高洁之士都能注重精神的修炼而崇尚无生无灭之理。向往此道之人,可以说多是有欲于无为宁静之乐而不执着于世欲之乐。至于佛教所说的因果报应,天堂地狱说并不是没有根据的,比如说于公以行仁义而得封官,严延年则因好杀而被诛杀。如果人们畏惧被诛杀的恶报,平日必定不敢滥杀无辜而修仁义,从事种种善行以希望日后能往生天堂,谨守五戒来远离地狱之报,虽然似乎也是有所追求,但在客观实践上却在日益减损其作恶的欲望,这也就好像是想去郢都而往西走,用不着担心走不到目的地。至于《白黑论》中对佛教各种塑像建筑妙好庄严之批评,对于佛教教徒树党结权邀誉竞志等攻击,也是毫无道理,即便丑如黑蝗,仍无法改变其贪婪之本性,怎么能说佛教之喜妙好庄严是出于贪欲呢? 很严肃,很详实,很诚信地制作法律,弊害仍然很多。因此,即便佛教中有某些不法之徒,借佛教以营私,难道就可以归罪于佛法吗? 正如王莽窃《六经》以篡帝位,秦始皇借行朝觐古礼而建阿房宫,这些难道可以归罪于先王的教化吗?

　　又云:"宜废显晦之迹,存其所要之旨。示来生者,蔽亏于道,释不得已。"请问其旨,为欲何要? 必欲使修利迁善,以遂其性矣。夫圣无常心,就物之心以为心耳①。若身死神灭,是物之真性,但当即其必灭之性,与周、孔并力致教,使物无禀,则迁善之实,岂不纯乎? 何诳以不灭,欺以佛理,使烧祝发肤,绝其牉合②,所遏苗裔,数不可量,为害若是,以伤尽性之美,释氏何为其不得已乎! 若不信之流,亦不肯修利而迁善矣。夫信者,则必耆域、犍陀勒、夷陀蜜、竺法乘、帛法祖、竺法护、于法兰、竺法行、于道邃、阙公则、佛图澄、尸梨蜜、郭文举、释道安、支道林、远和尚之伦矣,神理风操③,似殊不在琳比丘之后。宁当妄有毁人理,落簪于不实人之化哉④? 皆灵奇之实,引绵邈之心,以成神通清真之业耳。

　　足下藉其不信,远送此论,且世之疑者,咸亦妙之。故自力白,答以尘露众情⑤。夫世之然否佛法,都是人兴丧所大,何得相与共处以可否之间? 吾故罄其愚思,制《明佛论》,以自献所怀。始成,已令人书写,不及此信。晚更遣信,可闻当付往也。宗炳告白。

【注释】

①"夫圣"二句:典出《老子》第三十二章:"圣人无常心,以百姓心为心。"

②胖(pàn)合:两性相配合。

③神理风操:神理,犹神道,谓冥冥之中具有无上威力,能显示灵异,赐福降灾的神灵之道。风操,指人的志行品德。

④落簪:犹落发,剃发出家。

⑤以尘露众情:尘露,微尘滴露,喻事物微小不足称;众情,众人的情绪。

【译文】

《白黑论》又说:"对于佛教应该摒弃那些明显与隐晦的糟粕,而留存其根本的旨意,至于来生报应之说,本来就不合正道,佛教也是不得已才讲的。"请问:此中所说的佛教之旨趣是什么? 实际上,佛教之旨趣,乃在于使世俗人修利迁善,以顺遂其性。凡是大圣人,都没有固定不变的心,故就万物以为心。如果身死神灭是事物之真实本性,如此则应该顺从其必灭之性,与周孔并力弘教,如果事物没有上述禀性,那么弃恶从善的实行,岂不纯粹些? 怎么也奢谈佛理,以欺惑世人呢? 使他们剃掉头发,烧伤皮肤,杜绝两性婚育,所遏制的后裔人数,不可计量,害处如此之多,危害了尽性之美,佛教徒怎能以"不得已"为借口,做出这种事呢! 至于不相信佛教及其来生报应说的人,自然谈不上修利而迁善了。而既然信仰佛教,就应该像耆域、犍陀勒、夷陀蜜、竺法乘、帛法祖、竺法护、于法兰、竺法行、于道邃、阙公则、佛图澄、尸梨蜜、郭文举、释道安、支道林、远和尚等高僧名士那样。这些高僧大德,其神道及志行品德应该不在慧琳之下,您怎么舍高就下,附会不实之说呢? 他们才是灵秀奇异之才,善于用长远绵邈的心志修炼,成就神通清正纯粹的事业。

　　足下不信佛教及其来生报应说等,特送此《白黑论》给我,在当今世上,也有不少人颇赞赏《白黑论》的。故聊陈我作为俗众的微末管见以作答。人们赞同或非毁佛法,其涉及的都是一些较重大的问题,不是一般地做肯定或否定的回答就可完事的,故不揣愚昧,撰《明佛论》,略陈自己的一些看法。该论刚刚写完,已令人誊抄,现在不能与此信一并送去,待过些时候再行奉上。宗炳告白。

释均善难

　　前送《均善论》,并咨求雅旨,来答周至。及以为兹理兴丧宜明,不可但处以可否之间。吾虽不能一切依附,亦不甚执偏见,但求夜光于巨海,正自未得耳。

　　以为佛经者,善九流之别家,杂以道、墨慈悲爱施,与中国不异。大人君子仁为己任,心无意必①。且以形像彩饰,将谐常人耳目,其为糜损尚微,其所弘益或著,是以兼而存之。至于好事者,遂以为超孔越老,唯此为贵,斯未能求立言之本,而眩惑于末说者也②。知其言者,当俟忘言之人。若唯取信天堂、地狱之应,因缘不灭之验,抑情菲食,尽勤礼拜,庶几荫宝积之盖,升弥灯之坐③。淳于生所以大谑也④。

【注释】

①意必:犹意断,固执。

②眩惑:眼睛昏花看不清楚,也形容对事物感到迷惑。

③"庶几"二句:宝积,宝积佛,此佛以无漏圣道之法宝积集庄严,成就佛道,故称宝积佛。弥灯,弥灯佛。(菩萨)维摩诘,借师子座于须弥灯王佛。《维摩经·不思议品》曰:"东方度三十六恒河沙国有世界,名为须弥相,其佛号须弥灯王。今现在,彼佛身长八

万四千由旬,其师子座高八万四千由旬,严饰第一。"

④"淳于"句:指宗炳的上述言论会让淳于髡那样的滑稽之士感到
很可笑。淳于生,当指淳于髡,战国时期齐国著名的辩士与政治
家,以善用"隐语"调谑讽谏著称,其事迹参见《史记·滑稽列
传》。

【译文】

前面我送《均善论》给您,并请求雅正的意旨,您送来的答复很周
到。我以为这个道理应该弄清楚,不可只处在模棱两可之间。我虽不
能一切赞同,也不固执偏见,但求在茫茫大海的夜色中求得一线光明,
一直苦于未有所得。

我认为佛经所讲的,与中国的诸子九家相近,算得上另外一家,再
杂以道家、墨家的慈悲爱施思想,与中国并无不同。大人君子以仁为己
任,内心不会固执己见。而且佛教运用各种佛菩萨的庄严形像并加以
华彩装饰,让常人耳目感到愉悦和美,花费微少,而弘扬良好风气的益
处也许很明显,因此兼而存之。可到了好事者那里,就以为佛超越孔
子、老子,只有佛为最尊贵,这是未能求立言的根本,而迷惑于细枝末节
罢了。知其言者,当等待忘言之人。如果只是信奉天堂、地狱的报应,
看重各种因缘轮回不灭的证验,压抑自己的情感,吃粗劣的饮食,尽勤
礼拜,以为这样就可以荫宝积之盖,升上弥灯之坐而成佛。这正是淳于
髡那样的滑稽之士所以感到很好笑的原因啊。

论云:众圣、老、庄皆云有神明,复何以断其不如佛言?

答曰:明有礼乐,幽有鬼神,圣王所以为教,初不昧其有
也。若果有来生报应,周、孔宁当缄默而无片言耶? 若夫婴
儿之临坑,凡人为之骇怛,圣者岂独不仁哉?

又云:人形至粗,人神实妙。以形从神,岂得齐终?

答曰：形神相资，古人譬以薪火，薪弊火微，薪尽火灭，虽有其妙，岂能独传？

又云：心之所感，崩城陨霜，白虹贯日，太白入昴。气禁之医，冷暖辄应。专诚妙感以受身，更生七宝之土，何为不可哉？

答曰：崩城陨霜，贯日入昴，不明来生之譬，非今论所宜引也。又见水火之禁，冀其能生七宝之乡，犹观大冶销金①，冀其能自陶铸，终不能亦可知也。

又曰：有谛、无谛，此唱居然甚安。自古千变万化之有，俄然皆已空矣。当其盛有之时，岂不常有必空之实？愚者不知其理，唯见其有。

答曰：如论云："当其盛有之时，已有必空之实。"然则即物常空，空、物为一矣。今空、有未殊，而贤、愚异称，何哉？昔之所谓道者，于形为无形，于事为无事，恬漠冲粹②，养智怡神。岂独爱欲未除，宿缘是畏？唯见其有，岂复是过？以此嗤齐侯，犹五十步笑百步耳③。

【注释】

①大冶销金：见《庄子·大宗师》："今之大冶铸金，金踊跃曰：'我且必为莫铘！'大冶必以为不祥之金。"意思是现在有一个铁匠铸造一个金属器物，金属跳起来说："一定要把我铸成莫邪宝剑！"铁匠必定以为是不吉祥的金属。

②冲粹：中和纯正。

③犹五十步笑百步耳：出自《孟子·梁惠王上》，指打仗时候向后逃跑五十步的人嘲笑向后逃跑一百步的人胆小。比喻现在的某些人嘲笑他人的不足或过失，却没有反思到自己也有这样的不足

或过失,只是程度要比别人轻一些罢了。"五十步笑百步"是一
种没有自知之明的表现。

【译文】

论云:周孔众圣以及老子、庄子都说有神,为什么断定他们所说的
不同于佛教所说的理论呢?

回答说:现世显现在外的有礼乐,幽冥界有看不见的鬼神,圣王用
这些来教导民众,最初不会隐瞒这些现象。如果确有来生报应,周、孔
众圣怎么会缄默而无片言呢? 比如婴儿就要掉进坑里了,凡人都为之
惊骇担心,难道唯独圣者不仁义吗?

又云:人之形体极其粗陋,而人之精神却十分精妙。形之与神,怎
么会一同消失呢?

回答说:形体和精神是互相依靠的,古人曾用薪火来比喻其间的关
系。柴火快烧完了,火也就小了;柴火完全烧尽了,火也就熄灭了。虽
然火有它的妙用,可是哪能独自传化呢?

又说:许多事实说明,人心之所感通,甚至可以导致自然界出现崩
城陨霜、白虹贯日、太白入昴等异象。此外,天象之与人事,人心之与各
种自然现象,也都会遥相感应,何况作为至明、至精、专诚极妙之神明,
为什么就不能感应以受身,并再生于佛之国土呢?

回答说:崩城陨霜,贯日入昴,如果不明了前世来生之事,不是今天
辩论所合适引用的例子。比如佛教徒奉行水火之禁,希望其能生七宝
之国土,就好像观看铁匠铸造金属器物,金属跳起来希望凭自己就能陶
铸成宝器,最终不可能,这是很容易就能理解的道理。

又说:有谛、无谛,这种理论显然很合理。自古以来,世间的事物所
以千变万化,正是因为这些事物都是没有自性的。因此,所有的事物当
其繁盛之时,历历在目,但不要多久,就都消失了。那些不明事理的人,
看问题只是停留在表面现象,只看到它存在的一面,而看不到它空的
一面。

　　回答说：如前论所说："当万事万物繁盛之时，已有必然返归空无的事实。"那么即物常空，空、物为一。今空、有没有不同，而贤、愚称呼不同，为什么呢？从前所说的道，于形为无形，于事为无事，安静淡漠，中和纯正，养智怡神。难道他们只是爱欲未除，畏惧以前的因缘？只见到有的一面，岂不是又犯了过失？以此嘲笑齐侯，就好像五十步笑百步了。

　　又云：舟壑潜谢，佛经所谓"现在不住"。诚能明之，则物我常虚。

　　答曰：潜谢不住，岂非自生入死、自有入无之谓乎？故其言曰："有骇形而无损心，有旦宅而无情死①。"贾生亦云："化为异物，又何足患。"此达乎死生之变者也。而区区去就②，在生虑死，心系无量，志生天堂。吾党之常虚③，异于是焉。

　　又云：神光灵变，及无量之寿，皆由诚信幽奇，故映其明。今没于邪见，理固天隔。

　　答曰：今亦不从慢化者求其光明，但求之于诚信者耳。寻释迦之教，以善权救物，若果应验若斯，何为不见其灵变，以晓邪见之徒？岂独不爱数十百万之说，而吝俄顷神光？徒为化声之辩④，竟无明于真智，终年疲役，而不知所归，岂不哀哉！

　　又云：内怀虔仰，故礼拜悔罪。达夫无常，故情无所吝。委妻子而为施，岂有邀于百倍？

　　答曰：繁巧以兴事，未若除贪欲而息竞。遵戒以洗悔，未若剪荣冀以全朴⑤。况乃诱所尚以祈利，忘天属以要誉⑥。

谓之无邀,吾不信也。

又云:泥洹以无乐为乐,法身以无身为身。若诚能餐仰,则耽逸稍除,获利于无利矣。

答曰:泥洹以离苦为乐,法身以接善为身,所以使餐仰之徒不能自绝耳[7]。果归于无利,勤者何获?而云获于无利耶?此乃形神俱尽之证,恐非雅论所应明言也。

又云:欲此道者,可谓有欲于无欲矣。至若启导粗近者,有影响之实。亦犹于公以仁活致封,严氏以好杀致诛。励妙行以希天堂,谨五戒以远地狱。虽有欲于可欲,实践日损之途,此亦西行而求郢,何患其不至。

答曰:谓粗近为启导,比报应于影响,不亦善乎!但影、响所因,必称形、声。寻常之形,安得八万由旬之影乎?所滞若有欲于无欲,犹是常滞于所欲。夫耳目殊司,工艺异业。末伎所存[8],虑犹不并。是以金石克谐[9],泰山不能呈其高;鸿鹄方集,冥秋不能传其旨。而欲以有欲成无欲,希望就日损。虽云西行,去郢兹远,如之何?

【注释】

①"有骇形"二句:见《庄子·大宗师》:"彼有骇形而无损心,有旦宅而无情死",意为人的肉体会有变化,但精神没有损伤,精神可以不断变易身体,而没有真正的死亡。骇形,谓形骸变化。损心,谓损累心神。旦宅,谓变化的躯体。

②去就:离去或留下

③吾党:犹吾辈,吾俦,我们的同类人。

④化声:此处指各种论辩是非的言论。

⑤荣冀：谓对荣华富贵的欲望。

⑥天属：天性相连，父子、兄弟、姊妹等有血缘关系之亲属为"天属"。

⑦餐仰：犹崇奉。

⑧末伎：古指工商业；不足道的技艺。

⑨克谐：能够成功。克，助动词，能够。谐，和谐，有圆满、顺利的意思。

【译文】

又说：沧海桑田之变，佛教是从当下念念不执着的角度去理解它的，如果确实能够明白这个道理，那么会体悟到物我永远是空无自性的。

回答说：一切不断变化，当下念念不执着，难道没有包含自生入死、自有入无这些事情吗？因此有这样的话："人的肉体会有变化，但精神没有损伤，精神可以不断变易身体，而没有真正的死亡。"贾生也说："变化为不同的东西，又有什么值得担心害怕的。"这达到了面对生死之变而不动心的境界了。而小小的离去或留下，在生的时候考虑死亡，心系无量极乐世界，立志死后生于天堂。吾辈内心虚灵，不像佛教这样用"空"来引诱众生追求天堂之乐。

又说：所谓神光、灵变及无量寿，皆因虔诚信仰佛教，故日后将生于佛土，亲映光明，寿命无穷。如果沉溺于邪见之中，以佛法为荒诞而轻视怠慢，那么与佛法就有天渊之隔，无法目睹。

回答说：现今也不要求难以教化的人得到光明，但求之于诚信的人。考虑到释迦之教，以善巧方便拯救万物，如果真的像他们说的后来发生的事实与预先所言、所估计的相符，为什么不显现其灵妙变化，以让邪见之徒明白领悟？岂能不爱惜自己关于普渡众生的数百万言学说，而吝惜那一点点神光？仅仅作为各种论辩是非的言论，竟然不能让人明了真智，终年疲于所役，而不知所归向的目标，岂不是很悲哀吗！

又说：今佛教徒因为内心虔诚崇信佛法，故能常礼拜以悔罪，怎么能说佛教徒之礼拜是不恭谨严肃呢？因为懂得诸法无常的道理，故不为情欲所困。出家人连世俗最为注重的妻子、儿女都可以舍去，又如何能说信佛是为了"施一以邀百倍"呢？

回答说：以各种繁巧的手段来振兴事业，比不上消除贪欲而停止过多的竞争。通过遵守戒律来洗心忏悔，比不上剪除对荣华富贵的欲望来保全朴素的心。何况通过所崇尚的东西来诱惑以祈求利益，忘却有血缘关系的亲属来追求声誉。说是不邀功，我不相信。

又说：佛教所说的涅槃乃是以无乐为乐，而法身则以无身为身。如果事佛是出于诚心，则耽逸之虑根本不存在，而能获得无利之大利益。

回答说：涅槃以离苦为乐，法身以修习诸善为身，所以使崇奉的信徒不能自己停下来。如果归于无利，勤奋的人能获得什么呢？而为什么说获于无利？这就是形神俱尽的证明，恐怕不是雅论所应该明确表达的意思了。

又说：向往此道之人，可以说多是有欲于无为宁静之乐而不执着于世欲之乐。至于佛教所说的因果报应，天堂地狱说并不是没有根据的，比如说于公以行仁义而得封官，严延年则因好杀而被诛杀。如果人们畏惧被诛杀的恶报，平日必定不敢滥杀无辜而修仁义，修种种善行以希望日后能往生天堂，谨守五戒来远离地狱之报，虽然似乎也是有所追求，但在客观实践上却在日益减损其作恶的欲望，这也就好像是想去郢都而往西走，用不着担心走不到目的地。

回答说：认为因果报应，天堂地狱就好像影子和回声，不也是很好吗！但影、响的原因，必定有形体、声音。寻常的形体，哪里有八万由旬长的影子啊？如果执着有欲于无欲，就还是对所欲之物的执着。耳目掌管不同的功能，工艺有不同的专业方向。即使对于不足道的技艺，心中所想要达到的境界和实际能掌握的程度还是有很大差别。所以，金石音乐调整得和谐优美，泰山不能呈现其高大；具备鸿鹄高飞之志者，深秋不能传其意旨。而想要以有欲成就无欲，希望一天天减少贪欲。这就好像虽然说是西行，离开郢都却越远，怎么办呢？

又云：若身死神灭，是物之真性，但当与周、孔并力致教。何为诳以不灭，欺以佛理，使烧祝发肤，绝其牉合，以伤尽性之美？

答曰：华、戎自有不同。何者？中国之人，禀气清和，含仁抱义，故周、孔明性习之教。外国之徒，受性刚强，贪欲忿戾，故释氏严五戒之科。来论所谓圣无常心，就物之性者也。惩暴之戒，莫苦乎地狱。诱善之劝，莫美乎天堂。将尽残害之根，非中庸之谓。周、孔则不然，顺其天性，去其甚泰。淫盗著于五刑①，酒辜明乎《周诰》②；春田不围泽，见生不忍死；五犯三驱③，钓而不纲④；是以仁爱普洽，泽及豚鱼。嘉礼有常俎⑤，老者得食肉；春耕秋收，蚕织以时；三灵格思⑥，百神咸袟⑦。方彼之所为者，岂不弘哉！又甄供灌之赏，严疑法之罚⑧；述蒲宰之问，为劝化之本⑨；演焉蒿之答，明来生之验⑩。祗服盱衡而矜斯说者⑪，其存心亦悍矣。

论又称："耆、陀、尸梨之属，神理风操，不在琳比丘后。"

足下既明常人不能料度近事，今何以了其胜否于百年之前、数千里之外耶？若琳比丘者，僧貌而天虚⑫，似夫深识真伪，殊不肯忌经护师，崇饰巧说。吾以是敬之。孙兴公论云："竺法护之渊达，于法兰之纯博。"足下欲比中土何士也？及楚英之修仁寺⑬，笮融之赒行馑⑭，宁复有清真风操乎？昔在东邑，有道含沙门，自吴中来，深见劝譬，甚有恳诚。因留三宿，相为说练形澄神之缘，罪福起灭之验，皆有条贯。吾拱听谠言⑮，申旦忘寝⑯。退以为士所以立身扬名、著信行道者，实赖周、孔之教。子路称："闻之而未之能行，唯恐有闻。"吾所行者多矣，何遽舍此而务彼⑰？又寻称情立文之制⑱，知来生之为奢。究终身不已之哀，悟受形之难再。圣人我师，周、孔岂欺我哉？缘足下情笃，故具陈始末。想耆旧大智，诲人不倦，于此未默耳。前已遣取《明佛论》，迟寻至，冀或朗然于心。何承天白。

【注释】

①淫盗著于五刑：见《牟子理惑论》注。

②酒辜明乎《周诰》：《尚书·酒诰》记录周公对饮酒作了严格规定。

③五犯三驱：三驱见前《喻道论》注。五犯，见《礼记·王制》："昆虫未蛰，不以火田，不麛，不卵，不杀胎，不殀夭，不覆巢。"

④钓而不纲：只用有一个鱼钩的钓竿钓鱼，而不用有许多鱼钩的大绳网钓鱼。纲，渔网上的大绳。

⑤俎(zǔ)：古代祭祀时放祭品的器物；切肉或切菜时垫在下面的砧板。

⑥三灵格思：三灵，指天神、地祇、人鬼或天、地、人。格，来，到。思，语助词。

⑦秩(zhì)：此处指秩序、次第。

⑧疑法：疑难案件。亦指审判疑难案件。

⑨"述蒲宰"二句：《史记》卷六七《仲尼弟子列传》记载子路曾为蒲大夫。《论语·先进》载：子路问事鬼神。子曰："未能事人，焉能事鬼？"曰："敢问死。"曰："未知生，焉知死？"

⑩"演焄(xūn)蒿"二句：焄蒿：香气蒸出。《礼记·祭义》："宰我曰：吾闻鬼神之名，而不知其所谓。子曰：气也者，神之盛也。魄也

者,鬼之盛也。合鬼与神,教之至也。众生必死,死必归土,此之
谓鬼。骨肉毙于下,阴为野土。其气发扬于上为昭明,焄蒿凄
怆,此百物之精也,神之著也。"

⑪祗服(zhīfú):敬谨奉行。盱(xū)衡:扬眉举目;观察。

⑫僧貌而天虚:参见《庄子·田子方》:"其为人也真,人貌而天虚,
缘而葆真,清而容物。物无道,正容以悟之,使人之意也消。无
择何足以称之!"意思是:"他为人真诚,具有人的体貌和天一样
的空虚之心,随顺物性而保持真性,心性高洁又能容人容物。人
与事不合正道,他端正己之仪态使自悟其过而改之。我哪里配
得上去称赞他呀!"

⑬楚英之修仁寺:汉明帝永平八年(65)给楚王英诏书说:"楚王诵
黄老之微言,尚浮屠之仁祠,洁斋三月,与神为誓。"明帝永平十
三年,有人告楚王英大逆不道,英被废,后自杀。

⑭笮融之赒行僮:参见《正诬论》注。

⑮谠言:正直之言。

⑯申旦:自夜达旦,犹通宵。

⑰何遽:表示反问,可译为"怎么"。

⑱寻称情立文之制:《荀子·礼论》说"称情而立文",意思是说,丧
服的节文是按照生者与死者的感情深浅来确立的,而感情的深
浅是由彼此关系的亲疏决定的。

【译文】

又云:如果身死神灭是事物之真实本性,如此则应该即其必灭之
性,与周、孔并力弘教,如此岂不纯粹些,怎么也奢谈佛理,欺惑世人,使
他们剃掉头发,烧伤皮肤,杜绝两性生活,危害了尽性之美!

回答说:中华、西戎本来就有不同。为何? 中国之人,禀气清正温
和,讲究仁义,故周公、孔子两位圣人阐明修养身心的教化。外国之徒,

生性刚硬强梁，贪欲很多，蛮横无理，动辄发怒，故释氏用五戒来约束他们。所送来的论文说圣无常心，是就万物的本性来说的。惩罚暴行的戒律，没有比地狱更苦的了。劝诱善行的功德，没有比天堂更美的了。略尽残害的根本，不是中庸之道。周、孔则不然，顺应人们的天性，去其奢侈放逸之心。奸淫盗窃写入五刑，饮酒戒律明乎《周诰》；春天打猎不把整个猎场围起来抓光所有野兽，见其生，不忍见其死；有五犯三驱的规矩，钓鱼只用有一个鱼钩的钓竿，而不用有许多鱼钩的大绳网；因此圣人仁爱普施，恩泽遍及豚鱼。饮宴婚冠、节庆活动方面的礼节仪式有固定的祭祀，老者得食肉；春耕秋收，养蚕织布根据时节安排；天神、地祇、人鬼三灵来到，百神都井然有序。像这样的一些行为，难道不值得弘扬光大呢！又重视供灌行为的赏赐，严格要求审判疑难案件；叙述蒲地长官子路对孔子的生死之问，作为劝化的根本；演绎孔子与宰予师徒煮蒿之答的深意，明了来生之验证。敬谨奉行，而仍然骄傲无知，其居心也肯定有问题了。

论又称耆、陀、尸梨等高僧大德，其神道及志行品德不在慧琳之下。

足下既然明白常人不能预料近事，今为何知道慧琳不能胜于百年之前、数千里之外的高僧呢？慧琳比丘，具有僧人的体貌和天一样广阔的空虚之心，深刻地辨别真伪，一点也不忌经护师，崇拜粉饰巧说。我因此敬重他。孙绰称赞慧琳："具有竺法护那样的渊博通达，于法兰那样的淳厚广博。"您想要比中土哪位呢？比如汉代楚王刘英之修仁寺，笮融之救济沿途饥饿百姓，这些人哪里有幽静高洁的风操啊？以前我住在东邑，有一位法名叫做道含的沙门，从吴中来，有深远的见识，劝说很明了，为人很诚恳。因此留他住了三宿，为我解说净化心灵、修炼形体，以求超脱的因缘，以及罪福起灭的验证，说得很有条理，很系统。我恭听他正直的言论，通宵达旦。我以为士人之所以能够立身扬名、著信行道，实在依赖周、孔之教。子路称："听说了却没有行动，唯恐有所听闻。"我所行很多了，怎么舍此而务彼？又想到古代"称情立文"的制度，知道来生仍然能转世为人是一种很奢侈的事。面对父母的死亡,终生都感到悲哀,由此领悟到很难再次形成身体之形。圣人是我们的老师,周、孔难道会欺骗我们吗? 因为足下感情笃厚,所以我详细地陈述始末。想到那些年高望重具有大智慧的人,诲人不倦,对这些问题没有保持沉默。前面已派人去取《明佛论》,很快就会看到,希望我能朗然于心,领悟您的道理。何承天告白。

答何衡阳难《释白黑论》

　　敬览来论,抑裁佛化,毕志儒业。意义检著,才笔辩核。善可以警策世情,实中区之美谈也。观足下意,非谓制佛法者非圣也,但其法权而无实耳。未审竟何以了其无实? 今相与断现事大计,失得略半也。灵化超于玄极之表①,其故纠结于幽冥之中,曾无神人指掌相语②,徒信史之阙文于焚烧之后③,便欲以废顿神化相助④,寒心也。

　　夫圣人穷理尽性,以至于命;物有不得其所,若己纳之于隍⑤。今诳以不灭,欺以成佛,使髡首赭衣⑥,焚身燃指,不复用天分以养父母、夫妇、父子之道。从佛法已来,沙河以西三十六国,未暨中华,绝此绪者,亿兆人矣。东夷、西羌,或可圣贤⑦,及由余、日䃅得来之类⑧,将生而不得生者多矣。若使佛法无实,纳隍之酷,岂可胜言! 及经之权为合何道,而云欲以矫诳过正,以治外国刚强忿戾之民乎? 夫忿戾之类,约法三章,交赏见罚,尚不信惧。宁当复以即色本无、泥洹法身、十二因缘、微尘劫数之言以治之乎? 禀此训者,皆足下所谓“禀气清和、怀仁抱义”之徒也。资清和以疏微言,励义性以习妙行,故遂能澄照观法,法照俱空,而至于道。

皆佛经所载,而足下所信矣。

　　至若近世通神令德,若孙兴公所赞"八贤",支道林所颂"五哲",皆时所共高,故二子得以缀笔,复何得其谓妄语乎?孙称:"竺法护之渊达,于法兰之淳博,吾不关雅俗,不知当比何士。"然法兰弟子道邃,未逮其师。孙论云:"时以对胜流,云谓庾文秉也。"是护、兰二公,当又出之。吾都不识琳比丘,又不悉世论。若足下谓与文秉等者,自可不后道邃,犹当后护、兰也,前评未为失言。诚能"僧貌天虚,深识真伪",何必非天帝释化作,故激励以成佛耶?《白黑论》未可以为诚实也。

【注释】

①灵化:神异的变化。

②曾无神人指掌相语:意谓没有高人指点。

③信史:确实可信的历史,古人称《春秋》为信史。阙(quē)文:原指有疑暂缺的字,后亦指有意存疑而未写出的文句,犹佚文、省文。

④神化:谓神灵的教化,圣王的教化;此处指佛陀对众生神妙地潜移默化。

⑤若己纳之于隍:《孟子·万章下》称伊尹"思天下之民,匹夫匹妇,有不与被尧舜之泽者,若己推而纳之沟中"。汉张衡《东京赋》:"人或不得其所,若己纳之于隍。"后以"纳隍"指出民于水火的迫切心情。

⑥髡首:剃去头发。《楚辞·九章·涉江》:"接舆髡首兮,桑扈臝行。"王逸注:"髡,剔也;首,头也。自刑身体,避世不仕也。"

⑦"东夷"二句:参见《孟子·离娄下》:"舜生于诸冯,迁于负夏,卒于鸣条,东夷之人也。文王生于岐周,卒于毕郢,西夷之人也。

地之相去也,千有余里;世之相后也,千有余岁。得志行乎中国,
若合符节。先圣后圣,其揆一也。"

⑧"及由余"句:由余见《牟子理惑论》注释。日䃅,即金日䃅(前
134—前86),字翁叔,是驻牧武威的匈奴休屠王太子,汉武帝因
获休屠王祭天金人故赐其姓为金,深受汉武帝喜爱。

【译文】

怀着敬意阅读了先生您寄来的论文,了解到您贬抑佛法教化,以弘
扬儒家事业为志向,意义清晰明白,您才笔雄辩字字珠玑,句句皆是关
键,并且都是可以用来警醒鞭策世间人情的好文章,这也确实符合我所
称道的思想。根据先生您的意思看来,并不是说制佛法者不是圣人,只
不过是佛法并不实际存在罢了。但您没有推究到底佛法为何不实际存
在? 现在看来,您对事物的判断与理解,大体上得失各占一半。神异的
变化玄妙深微,超越一切表面现象,很容易让人陷入困惑状态,如果没
有高人指点,仅仅依赖历史上那些在秦始皇焚书坑儒之后剩下的书本
知识,便想否定佛陀的神奇教化,确实让人寒心啊!

古代圣人推究天下万物的道理与本性,以至于万物的命运,如果万
物不能达到合宜的归宿,圣人之心就会像拯救民众出于水火一样迫切。
如今以神不灭来骗人,骗世人能成佛,使人们剃光头发身穿红褐色僧
衣,焚身燃指,不再用其与生俱来的使命赡养父母,以尽夫妇、父子之
道,自从这样的佛法传入以来,先是到达沙河以西三十六国,未到中华
之地,穷尽这种事业而导致夫妇父子治道断绝的人恐怕多达亿兆。舜
帝生于东夷,周文王生于西羌,都可以成为圣贤,以及由余、金日䃅这些
从国外来的人,将生而不得生者很多了。如果佛法所说不实在,使民众
遭受纳入河沟那样的生存痛苦之事,又哪里会说得完呢! 考虑到佛经
以善巧教化民众,又符合什么样的圣人之道,而说他们是以矫诳过正的
方式,来治理华夏之外刚强忿戾的人民吗? 其实对于刚强忿戾的人,连
约法三章,赏罚交替进行这样宽松的方式治理,他们尚且既不信守也不

畏惧。那么能够用即色本无、泥洹法身、十二因缘、微尘劫数的说教来治理吗？秉承这种理念者，皆是足下所说"禀受天地清和之气，胸怀仁义"的人。借助天地清和之气以领悟微言大义，磨砺仁义之性用以修习妙行，因此最终能够澄心观照万法，法照俱空，而达到圣人之道。这些都是佛经上的记载，也是先生您所相信的。

至于近世以来，通达神理，具有高尚道德的人，如孙绰所赞赏的"八贤"，支道林所称颂的"五哲"，都是时下人们共同认为名望很高的人，孙绰、支道林可以根据这些情况写成文章，难道又能说他们写的是虚妄不实的吗？孙绰称赞："竺法护学识渊博，德性通达；于法兰淳朴敦厚，知识渊博。而我却不熟悉雅人和俗人，不知道应当与谁相比。"然而于法兰的弟子道邃，不及他的老师。孙绰论述道："能够与时下名流相当者，应当像庾文秉那样。"于是，竺法护、于法兰两位先生又应当超出庾文秉之上。我不认识慧琳，又不熟悉世间之论。如果像先生您所说与庾文秉相当的人，自然不可以落后于道邃，又应当在竺法护、于法兰之后。前面的评论不能说不恰当。如果真是"僧貌天虚，深识真伪"，他未必不是天帝释变化所作，故意说反话激励俗人修行以成佛呢？《白黑论》不可认为是很诚实的。

来告所疑："若实有来生报应，周、孔何故默无片言？"此固偏见之恒疑也，真宜所共明。夫圣神玄发，感而后应，非先物而唱者也。当商、周之季，民坠涂炭，杀逆横流，举世情而感圣者，乱也。故《六经》之应，治而已矣，是以无佛言焉。刘向称《禹贡》九州[①]，盖述《山海》所记："申毒之民[②]，偎人而爱人。"郭璞谓之："天竺[③]，浮屠所兴。"虽此之所夷，然万土星陈于太虚，竟知孰为华哉？推其"偎爱"之感，故浮屠之化应焉。彼之粗者，杂有乱虐，君臣不治。此之精者，随时抱道,佛事亦存。虽可有禀法性于伊洛,餐真际于洙泗④。苟史佚以非治道而不书⑤,卜商以背儒术而弗编⑥。纵复或存于复壁之外典,复为秦王所烧。周、孔之无言,未必审也。夫玄虚之道,灵仙之事,世典未尝无之。而夫子道言远,见庄周之篇。瑶池之宴,乃从汲冢中出⑦。然则治之《五经》,未可以塞天表之奇化也。

　　难又曰:"若即物常空,空、物为一。空、有未殊,何得贤、愚异称?"夫佛经所称即色为空,无复异空者,非谓无有,有而空耳。有也,则贤、愚异称;空也,则万异俱空。夫色不自色,虽色而空;缘合而有,本自无有。皆如幻之所作,梦之所见,虽有非有。将来未至,过去已灭,现在不住,又无定有。凡此数义,皆玄圣致极之理。以言斥之,诚难朗然。由此观物我,亦实觉其昭然,所以旷焉增洗汰之清也,足下当何能安之?

　　又云:"形神相资,古人譬之薪火,薪弊火微,薪尽火灭,虽有其妙,岂能独存?"夫火者薪之所生,神非形之所作。意有精粗,感而得形随之。精神极则超形独存。无形而神存,法身常住之谓也。是以始自凡夫,终则如来,虽一生尚粗,苟有识向,万劫不没,必习以清升。螟蛉有子,蜾蠃负之⑧。况在神明理,荫宝积之盖,升灯王之座,何为无期?

【注释】

①《禹贡》:即《尚书·禹贡》,中国第一篇区域地理著作,是战国时魏国的文士托名大禹的著作,因而就以《禹贡》名篇。

②申毒:印度之古称,又作身毒,贤豆。

③天竺：天竺是古代中国以及其他东亚国家对当今印度和其他印度次大陆国家的统称。在中国历史上，对印度的最早记载在《史记·大宛列传》，当时称为身毒（梵文 Sindhu 译音）。《山海经》记载："西方有天毒国"。《汉书》记载："从东南身毒国，可数千里，得蜀贾人市。"《后汉书·西域传》记载"天竺国一名身毒"。

④"禀法性"二句：伊洛，夏禹立都之地，这里借指夏禹，《国语·周语上》："昔伊洛竭而夏亡，河竭而商亡。"洙泗，为孔子的家乡，这里借指孔子。

⑤史佚：周文王时史官。

⑥卜商：字子夏，春秋末年晋国温地（今河南温县）人，一说卫国人，"孔门十哲"之一，七十二贤之一，人称卜子。相传《诗经》、《春秋》等书，均是由他传授下来。

⑦汲冢：指晋不准所盗发之古冢，墓在汲郡，故称。晋太康二年，汲郡人不准盗发魏襄王墓（或言安釐王冢）所得的数十车竹书。

⑧螟蠃：出《诗经·小雅·小苑》："螟蛉有子，蜾蠃负之"。螟蛉之子，即义子，俗话指干儿子、干女儿。古人以为蜾蠃不产子，于是捕螟蛉回来当义子喂养。

【译文】

您提出疑问："如果真的存在来生报应，周公、孔子为什么没有提及只言片语？"这是持固有偏见者通常的疑问，实在应该让大家都明白。圣人的精神洞察世变的出现，是先意识到才有反应，并不是先于事物而存在。在商朝、周朝末年，人民坠入生灵涂炭的境地，杀戮叛逆随处可见，时代风气给圣人的感觉就是混乱。所以《六经》的回应，是天下安定罢了，因此没有相关佛教的言论。刘向称《禹贡》九州，描述《山海经》所记载："印度的人民，相互依靠并且相互关爱。"郭璞说："天竺，是佛教所兴盛的地方。"这在中国看来固然是夷狄，然而众多邦国列陈于无垠之太虚，谁知道哪一个是中华？推及其"相互关爱"的认识，所以产生了佛陀的教化。其粗陋之处，是夹着动乱和暴虐，以及君臣关系没协调好。其博大精深之处是能够随时持守正道，佛事也能够存在。虽然夏禹秉承觉悟的法性，孔子体悟真如本性境界。如果史官依照不记录书写不是治世之道的内容的原则，卜商奉行违背儒术而不编撰的原则，纵然是重新恢复那些也许在孔子墙壁中存在的典籍著作，也会再一次被秦始皇所烧毁，周公、孔子在著作中没有提及佛教，世间的人就不知道有佛，这种说法并不严谨。玄远虚无之道，神仙的事迹，世间典籍未尝没有记载。而孔子向其弟子陈述幽远的事迹，《庄子》中亦有诸多篇幅记录。关于周穆王在瑶池的宴会，乃是出自于《汲冢书》中。这样的话，研究《易》、《诗》、《书》、《礼记》、《春秋》等儒家经典，不可能涵盖所有上天显示的奇迹。

又诘难说："如果万事万物永远性空，空与物相等同。空、有没有分别，为何会有贤明、愚昧的不同说法呢？"佛经中所说的一切事物和现象性空，没有差异，并不是说事物和现象不存在，它们存在并且性空。存在则有贤明、愚昧的不同说法；性空，则万事万物的差异都为空性。事物不是自己独立地存在，其存在的本质是性空；因缘和合而产生事物，事物来自于无。一切都如同幻象所引起，梦中所见到的一样，看似存在实际上并非真的存在。将来还未来临，过去已经幻灭，现在也不会停留，因此事物不是真实不变的存在。所有这些意思，都是玄妙极致的道理。用这些话来指责，实在是很难说明白。以这种方式来观照物我，的确能让人觉得昭然明白，所以心胸空旷，通过清洗更加清净了，足下应当怎样理解它呢？

您又说："人的形体与精神相互资借，古人用薪与火来进行比喻，随着柴薪的燃烧，火亦逐渐减弱，柴薪烧尽火则熄灭，虽然火有它的妙用，但它岂能单独存在？"火是因为柴薪的燃烧而产生，人的精神并却非由形体所产生。意有精细和粗重的区别，感通而得到形体随附。一个人的精神境界达到极致则超越形体而独立存在，没有形体而精神长存即所谓的法身常住。所以从凡夫俗子开始，最终可以成为如来佛祖。虽然刚出生尚是粗重，一旦认识到修行的方向，就算万世也不能使其隐没，必定反复研习以至于精神达到清扬飞升的境界。无法生殖的螺蠃，会捕获螟蛉的幼虫，将它哺育长大，以此传宗接代。更何况修习佛法者有神灵昭示使之明理，在宝积佛的荫泽之下，升起须弥灯王的法座，成佛怎么会遥遥无期呢？

又疑：释迦以善权救物，岂独不爱数十百万之说，而吝俄顷神光，不以晓邪见之徒？夫虽云善权，感应显昧，各依罪福。昔佛为众说，又放光明，皆素积妙诚，故得神游。若时言成，已着之筌，故慢者可睹。光明发由观照，邪见无缘瞻洒。今睹经而不悛其慢，先洒夫复何益？若诚信之贤，独朗神照，足下复何由知之？而言者会复谓妄说耳。恒星不现夜明也，考其年月，即佛生放光之夜也。管幼安风夜泛海①，同侣皆没，安于暗中见光，投光赴岛，阖门独济。夫佛无适莫，唯善是应。而致应若王祥、郭巨之类②，不可称说，即亦见光之符也。岂足下未见，便无佛哉？

又陈周、孔之盛，唯方佛为弘。然此国治世君王之盛耳。但精神无灭，冥运而已，一生瞬息之中，八苦备有，虽克儒业，以整俄顷，而未几已灭。三监之难③，父子相疑，兄弟相戮。七十二子，虽复升堂入室，年五十者曾无数人。颜夭冉疾，由醢予族④，赐灭其须。匡、陈之苦，岂可胜言？忍饥弘道，诸国乱流，竟何所救！以佛法观之，唯见其哀。岂非世物宿缘所萃耶？若所被之实理，于斯犹未为深弘。若使外率礼乐，内修无生，澄神于泥洹之境，以亿劫为当年，岂不诚弘哉！事不传后，理未可知。幸勿据粗迹，而云"周、孔则不然"也。人皆谓佛妄语。《山海经》说死而更生者甚众。昆仑之山，广都之野，轩辕之丘，不死之国，气不寒暑，凤卵是食，甘露是饮，荫玗琪之树，歃朱泉之水，人皆数千岁不死。及化为黄熊⑤，入于羽渊⑥，申生、伯有之类，丘明所说亦不少矣。皆可推此之粗，以信彼之精者也。

承昔有道，闻佛法而敛衽者⑦，必不啻作蒲城之死士可知矣⑧。当由所闻者未高故耶？足下所闻者高，于今犹可豹变也⑨。人是精神物，但使归信灵极，粗禀教戒。纵复微薄，亦足为感，感则弥升。岂非脱或不灭之良计耶？昔不灭之实，事如佛言。而神背心毁，自逆幽司⑩，安知今生之苦毒者，非往生之故尔耶？轻以独见，傲尊神之训，恐或自贻伊阻也。

佛经说释迦文昔为小乘比丘，而毁大乘，犹为此备苦地狱，经历劫数。况都不信者耶？复何以断此经必虚乎？足下所诘前书中语，为因琳道人章句耳。其意既已粗达，不能复一二辩答。所制《明佛论》，已事事有通，今付往。足下力为善寻，具告中否？老将死，以此续其尽耳。此书至，便倚索答，殊不容悉。宗炳白。

【注释】

① 管幼安：即管宁（158—241），字幼安，北海朱虚人。管宁以贤能名世，据传其远祖是春秋时代的贤相管仲。一次管宁和家人坐船回乡，船队在海上航行时，遇到风暴，大部分船都沉没了，管宁坐的这只船也很危险，但奇迹发生了，夜幕中突然出现了一点亮光，给船只指引方向，到达了一处荒岛，这才转危为安。当时人

们发现,岛上没有居民,也没有点火的痕迹,这光是从哪里来的呢?人们把它解释为奇迹,并说这是管宁的"积善之应"。

②王祥、郭巨之类:晋干宝《搜神记》卷十一:"(王祥)母常欲生鱼,时天寒冰冻,祥解衣,将剖冰求之,冰忽自解,双鲤跃出。"郭巨,二十四孝之一。干宝《搜神记》载:"(巨)兄弟三人,早丧父。礼毕,二弟求分以钱二千万,二弟各取千万。巨独与母居客舍,夫妇佣赁以给公养。居有顷,妻产男。巨念举儿妨事亲,一也;老人得食,喜分儿孙减馔,二也,乃于野凿地欲埋儿,得黄金一釜。"

③三监之难:"三监"起初是周武王灭商后为监管殷遗民而采取的措施。周武王攻下商都朝歌后,纣王被迫自焚而死,商朝亡,但商的奴隶主阶级仍保存了很强的实力。为加强对殷民的控制,巩固西周在中原地区的统治,武王封商纣王之子武庚于商都,并将商的王畿分为卫、墉、邶三个封区,分别由武王弟管叔(东卫管叔鲜)、蔡叔(西墉蔡叔度)、霍叔(北邶霍叔处)去统治,以监视武庚,总称三监。武王死后,三监因不满周公摄政,联合武庚发动叛乱,乱平后他们或被杀或被流放。

④由醢:指孔子弟子仲由在卫国内讧中惨遭杀害事,参见前《牟子理惑论》注释。

⑤黄熊:也作"黄能",是一种已经绝迹的动物,是三只脚的龟,在《山海经》中有记载。《国语·晋语八》:"昔者鲧违帝命,殛之于羽山,化为黄能,以入于羽渊。"南朝梁任昉《述异记》卷上:"尧使鲧治洪水,不胜其任,遂诛鲧于羽山,化为黄能,入于羽泉,今会稽祭禹庙不用熊,曰黄能,即黄熊也。陆居曰熊,水居曰能。"

⑥羽渊:池潭名。传说鲧死后化黄熊处。《左传·昭公七年》:"昔尧殛鲧于羽山,其神化为黄熊,以入于羽渊。"

⑦敛衽:整饬衣襟,表示恭敬。《战国策·楚策一》:"一国之众,见君莫不敛衽而拜,抚委而服。"

⑧必不喑作蒲城之死士：孔子弟子子路曾为蒲大夫，后遇难。

⑨豹变：像豹子的花纹那样变化。比喻润饰事业、文字或迁善去恶，也可比喻地位高升而显贵。《周易·革》："上六，君子豹变，小人革面。"《三国志·蜀书·后主刘禅传》："降心回虑，应机豹变。"《晋书·应贞传》："位以龙飞，文以豹变。"

⑩幽司：即阴司，阴间的官府。《南史》卷三十七《沈庆之传》称，沈僧昭少事天师道，"时记人吉凶，颇有应验。自云为泰山录事，幽司中有所收录，必僧昭署名"。

【译文】

您又质疑：释迦牟尼以善行和各种方便来拯救万物，岂会不爱惜自己数十百万言的学说，而吝啬片刻神光，不使心存邪见之人通晓明白？虽说权衡善恶，个人所感应或明显或细微，都是依据各自从前罪福报应。过去佛祖为众生讲解佛法，又展现佛的智慧光明，这些都是当时人们平时积累善行，因此得以瞻仰神迹。如果当时的说法已经成了已执着之筌，因此傲慢者可以看到。光明发自内心觉悟观照，心存邪见的人无缘瞻仰和得到洗涤。现在阅读佛经的人，不悔改其冷淡不敬的态度，即使得到瞻仰和洗涤又有什么用呢？如果具有真诚信仰的贤德之人，能够独自感见佛的神通和观照，先生您又如何知道这些人的说法呢？这些说法往往会被认为是虚妄之说。恒星隐没而黑夜如白昼，考究这种现象发生的年月，正是佛祖出生大放光明的那天晚上。管幼安晚上在有风暴的海上航行时，其他的船都沉入水中了，他凭着夜幕中见到的亮光，到达了一处荒屿，全家幸运获救。佛不会根据感情的亲疏厚薄来帮助人，只是因为管幼安平时积善才会有此好的回报。至于如王祥、郭巨这一类现象，多得不可称说，也是见到佛祖光明的符瑞吧！由此看来，怎么能说您没有见到佛，佛就不存在呢？

您又陈说只有周公、孔子之教的兴盛，才有佛法的弘扬。然而这些不过是明君才有的盛世。但是，精神不会消失，只是在悄悄运行着。在人的短暂一生中,有生苦、老苦、病苦、死苦、怨憎会苦、爱别离苦、求不得苦以及五取蕴苦,虽然儒家治理不乏有短暂的和平昌盛之世,但不会长久。安抚殷民、监视武庚的三监政策实施起来困难重重,父子之间相互猜疑,兄弟之间相互杀戮。孔子的七十二个弟子,虽然学识达到很高的成就,然而能超过五十岁的却没有几人。颜回夭折,冉耕病逝,子路因卫国贵族内讧被杀,宰我被诛灭其族,子贡在卫蒯瞆之乱中割掉胡须方得脱身,此外,还有孔门师徒被围困在匡、陈的苦难,岂能说得完?他们忍饥挨饿以弘扬儒家之道,对于诸国的混乱流弊,竟然什么都挽救不了!以佛法看来,这是十分悲哀的。难道不是事物从前因缘汇集的结果吗?被接受的真实至理犹未被深入弘扬。如果在外遵守礼乐法度,在内修习不生不灭的教义,澄明精神达到自由无碍的境界,以亿万年为一年,这才是真正的弘道啊!事迹没有在后世流传,并不代表他们不知道真实至理。切勿侥幸地根据简单的事迹,就轻易断言"周公、孔子则不是这样"。世人都说佛经是虚妄之语,《山海经》记载死而复生的例子比比皆是。昆仑山上,有广都之野,轩辕之丘,是人寿很长、永不灭亡的国家,这里的气候既不寒冷也不炎热,人们以凤鸟的卵作为食物,渴了就饮甘露,在生长红色玉石的玗琪树下乘凉,饮用朱泉之水,人人都能达到数千岁而不死。至于鲧死后化为黄熊,入于羽渊。晋国世子申生魂魄显现,郑国伯有死后变鬼复仇之类神异事迹,左丘明也有不少记载。由此粗略推论,可以相信佛经所说不是虚妄之语啊!

昔日有德有才通达事理的人,学习佛法后更加恭敬有礼节,必定不仅仅像子路一样只作蒲城的死士。应当是由于所听闻的不够高明的缘故,先生您所听到的是很高的智慧,尤其在当前可以让人迁善去恶。人是具有精气、元神的动物,一旦使其归依佛祖相信神极,接受佛法教义和戒律。纵使再浅薄,也足以感应到佛的教化,感应到佛的教化则能不断提升境界。这岂不是脱离苦海、摆脱轮回的最好方式吗?过去说精神不灭的情况,事实就像佛所说的那样。而那些背离神明心灵败坏的人,背逆于幽司,又怎么会知道今生今世的苦毒乃是前世造作的缘故呢? 把轻薄的言论作为独到的见解,并自尊为神明的教导,恐怕这是自己给自己设置障碍啊。

佛经记载,释迦文佛曾经是小乘比丘,因诋毁大乘佛法,而饱受地狱折磨之苦,经历了很长时间。更何况完全不相信佛法的人呢? 又怎么可以断定此经一定是虚妄之说呢? 先生您所诘难前一封信中所提到的说法,只是承袭慧琳道人的章句罢了。既然意思已经基本说明,就不一一进行辩答了。我所撰写的《明佛论》,已对各种事情都有涉及,今随信附上。先生您致力于探求善的意义,不知能否详细地告诉我? 我年纪大了,但即使到生命尽头也要坚持我的观点! 写这封信,请求您的回答,恕不详说。宗炳告白。

何重答宗

重告并省大论,置阵如项籍,既足以贱汉祖,况弱士乎! 证譬坚明①,文词渊富②,诚欲广其利释,施及凡民,深知君子之用心也。足下方欲影响,以神其教。故宜缄默,成人之美。但常谓外国之事,或非中华所务,是以有前言耳。果今中外宜同,余则陋矣,敢谢不敏。虽然,犹有所怀。夫明天地性者,不致惑于迂怪③。识盛衰之径者,不役心于理表。倘令雅论不因善权笃诲④,皆由情发,岂非通人之蔽哉? 未缘言对,聊以代面。何承天白。

【注释】

①坚明:坚定明确。

②渊富:精深宏富。

③迂怪:神怪;迂阔怪诞。

④善权:佛教语,谓多方巧说导人觉悟。笃诲:笃行训教。

【译文】

我一并拜读了您第二次写给我的书信和您的《明佛论》，并发现您的大论，如项籍一样善于摆阵，既足以让汉祖刘邦感到羞愧，何况文人弱士呢！文章论证坚定，譬喻明确，文词精深宏富，您实在是想要推广信佛的利益，施及凡夫民众，我深知君子用心之良苦。您想要扩大影响，以神化其教。因此我应该缄默，成人之美。但我常认为外国之事，也许不是中华所应该注重的，所以有前面的言论。如果确实中外一样，我则显得孤陋寡闻了，自己不聪敏，在此道歉。即使这样，心中还有感想。明悟天地本性的人，不会被神怪所迷惑。认识领悟盛衰变化之道的人，心灵不会被事物表面所奴役。假若各种高论不是出于各种导人觉悟的善巧方便而发，不力求笃行训教，而是都由妄情而发，岂不让通达之人受到蒙蔽吗？没有机缘当面对话，暂且以此回信代替面谈。何承天陈述。

卷第四

达性论

【题解】

　　本篇为刘宋何承天(370—447)所撰。何承天素来注重儒道,不信佛法,与治城沙门慧琳交往很好,慧琳著《白黑论》,反对佛理,主张形体一旦凋弊,则心神亦随之散灭。其时衡阳太守何承天亦撰《达性论》,以呼应慧琳之说,并陆续撰文以代慧琳答辩,在此期间与宗炳、颜延之等人展开多次论辩。本文中,何承天以传统的儒家三才论,对抗佛教的众生说,批判佛教的报应说,主张"神随形灭",并指出儒家经典中鬼神之说不过是圣人神道设教的权宜方便。

　　夫两仪既位,帝王参之,宇中莫尊焉。天以阴阳分,地以刚柔用,人以仁义立。人非天地不生,天地非人不灵,三才同体,相须而成者也①。故能禀气清和、神明特达②。情综古今,智周万物。妙思穷幽赜③,制作侔造化。归仁与能,是为君长。抚养黎元,助天宣德。日月淑清,四灵来格④;祥风协律,玉烛扬晖⑤。九谷乌豢,陆产水育;酸咸百品,备其膳羞。栋宇舟车,销金合土;丝纩玄黄⑥,供其器服。文以礼度,娱以八音。庇物殖生,罔不备设。夫民用俭则易足,易足则力有余,力有余则志情泰,乐治之心于是生焉。事简则不扰,不扰则神明灵,神明灵则谋虑审,济治之务于是成焉。故天地以俭素训民,乾坤以易简示人,所以训示殷懃若此之笃也。安得与夫飞沉蠉蠕并为众生哉⑦!若夫众生者,取之有时用之有道。行火俟风暴⑧,畋渔候豺獭⑨,所以顺天时也。大夫不麛卵⑩,庶人不数罟⑪。行苇作歌⑫,宵鱼垂化⑬,所以爱人用也。庖厨不迩,五豝是翼⑭。殷后改祝,孔钓不纲⑮,所以明仁道也。至于生必有死,形弊神散;犹春荣秋落,四时代换。奚有于更受形哉?诗云:“恺悌君子,求福不回⑯。”言弘道之在己也。三后在天⑰,言精灵之升退也。若乃内怀嗜欲,外惮权教。虑深方生⑱,施而望报。在昔先师,未之或言。余固不敏,罔知请事焉矣。

【注释】

①“三才”二句:《周易·说卦》:“昔者圣人之作易也,将以顺性命之理。是以立天之道,曰阴与阳;立地之道,曰柔与刚;立人之道,曰仁与义。兼三才而两之,故易六画而成卦。”

②神明特达:指精神独特而通达。《尚书·君陈》:“至治馨香,感于神明;黍稷非馨,明德惟馨。”

③妙思穷幽赜(zé):指思想深远,能穷尽幽深精微之理。《周易·系辞上》:“圣人有以见天下之赜,而拟诸其形容。”

④四灵:一指麟、凤、龟、龙四种灵畜。《礼记·礼运》:“何谓四灵?麟、凤、龟、龙谓之四灵。”二指传说中的苍帝、黄帝、白帝、黑帝四神帝。《文选·张衡〈东京赋〉》:“尊赤氏之朱光,四灵懋而允怀。”薛综注:“《河图》曰:‘四灵,苍帝神名灵威仰,赤帝神名赤熛怒,黄帝神名含枢纽,白神名白招拒,黑帝神名协光纪。’今五云

四灵,谓除赤,余有四。"三指古代神话中掌东西南北四方之神。三国魏曹植《神龟赋》:"嘉四灵之建德,各潜位乎一方。苍龙虬于东岳,白虎啸于西岗,玄武集于寒门,朱雀栖于南乡。"四指古代又用以指东西南北四方的星宿。南朝齐谢超宗《齐南郊乐歌·武德宣烈乐》:"四灵晨炳,五纬宵明。"

⑤玉烛:谓四时之气和畅,形容太平盛世。《尔雅·释天》:"四气和谓之玉烛。"

⑥丝纩玄黄:此处指将丝麻等染色。

⑦飞沉:指鸟和鱼。蠉蠕(xuānrú),指飞翔、爬行的昆虫。

⑧行火俟风暴:《礼记·王制》:"獭祭鱼,然后虞人入泽梁。豺祭兽,然后田猎。鸠化为鹰,然后设罻罗。草木零落,然后入山林。昆虫未蛰,不以火田。不麛,不卵,不杀胎,不殀夭,不覆巢。"

⑨畋渔俟豺獭:指君主和诸侯围猎捕鱼,要等自然界的豺和獭等开始捕猎之后才进行。

⑩大夫不麛(mí)卵:麛,泛指幼兽。《礼记·曲礼下》:"国君春田不围泽,大夫不掩群,士不取麛、卵。"

⑪庶人不数罟(gǔ):指平民不在同一个地方多次下网。《孟子·梁惠王上》:"数罟不入洿池,鱼鳖不可胜食也。"

⑫行苇作歌:《诗经·大雅·行苇》:"敦彼行苇,牛羊勿践履。"按,古文毛序以为泛言周王朝先世之忠厚,今文三家遗说则以为专写公刘的仁德。后遂用为仁慈的典实,多用于称颂朝廷。

⑬宓鱼垂化:用来颂扬地方官善于教化。《吕氏春秋·具备》:"宓子贱治亶父……三年,巫马旗短褐衣弊裘,而往观化于亶父,见夜渔者,得而舍之。巫马旗问焉,曰:'渔为得也。今子得而舍之,何也?'对曰:'宓子不欲人之取小鱼也。所舍者小鱼也。'巫马旗归,告孔子曰:'宓子之德至矣。使民暗行,若有严刑于旁。'"

⑭"庖厨"二句:《孟子·梁惠王上》:"是以君子远庖厨"。犯(bā),

《说文》："豝，牝豕也。"母猪。《诗经·召南·驺虞》："一发五豝。"《毛诗序》认为是歌颂文王教化的诗作。

⑮"殷后"二句：《史记·殷本纪》："汤出，见野张网四面，祝曰：'自天下四方，皆入吾网。'汤曰：'嘻，尽之矣！'乃去其三面。"《论语·学而》："子钓而不纲。"都指古来圣者的仁义之德。

⑯"恺悌（kǎitì）"二句：见《诗经·大雅·旱麓》。恺悌，和乐平易。君子，指周文王。回，违背，奸邪。

⑰三后在天：《诗经·大雅·下武》："下武维周，世有哲王。三后在天，王配于京。"三后：指周的三位先王太王、王季、文王。后，君王。

⑱虑深方生：指对于生存在世间之事考虑较深远。《庄子·齐物论》："方生方死，方死方生。"

【译文】

天地已就其位，帝王作为天地之间与之并列的第三大主体，乃是宇宙中最为尊贵的。天以阴阳分别其性质，地以刚柔来阐明其功用，人则以仁义来立身行事。人没有天地不能生存，天地没有人则没有灵气。天、地、人是同一形体，相互配合因而相互成就。所以只有那些禀受天地清和之气的人，其神明独特而通达。情趣广泛，精通古今，智识渊博，无所不知，深远的思想能够穷尽天地间的幽深精微，神奇的制作可与自然造化等齐。选贤任能，使天下归仁，这样的人能作君王。他会去安抚养育黎民百姓，帮助上天实现化生之大德。日明月朗，四灵降临；祥风习习，符合音律，四时和气，温润明朗；各种谷物禽畜，不论陆地生长还是水中繁育；各种食物不论酸咸，都是天地为人民储备的各种美味。建设高楼广厦，制造舟船车辆，浇铸金属，和合泥土；抽丝煮麻，织布染彩，都是圣君为百姓提供的器具衣服。圣人君王还用礼仪法度使天下变得文明，用各种乐器娱乐百姓。庇护万物繁育生命，可以说是无微不至。人民日用节俭就容易满足，容易满足就有余力，有余力就会心情安泰，百姓于是就会产生圣君治理下的快乐之心。圣君政事简要就不会内心扰乱，内心不扰乱就会使其神明聪敏，神明聪敏就会使其谋虑审慎，君王于是就会成就治理天下的事业。所以，天地以节俭素朴来教导人民，圣人制作《易经》以平易简要告诫人民。天地圣哲如此勤奋恳切地教导训示生灵，难道能与那些飞鸟沉鱼、螺蠕小虫之类的并称为"众生"吗？而所谓的众生，他们依凭季节的特点索取生存所需，遵循自然之道使用万物。人们知道等风暴来了再取火，知道等豺狼水獭进行猎食和捕鱼了再开始捕猎，这都是为了顺应时节啊。所以大夫打猎不取幼兽和未孵化之卵，而百姓则绝不在同一个地方多次撒网捕鱼。百姓做歌词来称咏朝廷的仁德惠及路边的芦草，地方的官吏善于教化，使当地人民夜间捕鱼能将所得小鱼重归水中。这是为了爱惜人民的材用啊！君子都有远离厨房的仁德，只想保护那五只小母猪不被猎人射中；商汤改变捕鸟人的祝词让他撤去三面罗网，孔子不用带着钩绳的大网捕鱼，都是为了阐明仁爱之道啊！至于说，万物有生必有死，一旦形体凋散，精神也就跟着消散了，好比树木春天枝繁叶茂，一到秋天便枝枯叶落了，四时更替，天道循环，哪里有什么东西死亡消散了还能再次禀受成形呢？《诗经》中说："和乐平易好个君子，求福有道不邪不奸。"是说弘扬大道，关键在于自己啊。《诗经》说："三后在天，王配于京。"是说他们的精神魂魄飞升上天了。至于说到那些讲"众生"的人，内心充满奢欲，却又忌惮权宜之教，做事深谋远虑，刚施惠于人就希望报答。这些都是孔夫子没有谈到过的现象，我本来就不够聪敏，所以迷惑无知才向您请教啊！

释《达性论》

【题解】

　　本篇为刘宋颜延之所撰。针对何承天撰《达性论》，颜延之以佛教的观点加以驳斥，认为圣人与众人以及飞虫鸟兽一样都是"含识"之类，都可以称作"众生"，另外认为儒家经典中鬼神的记载，证明了神灵的存在和轮回报应的真实。

　　前得所论，深见弘虑。崇致人道，黜远生类。物有明征，事不愆义。维情辅教，足使异门扫轨。况在薪同，岂忘所附。徒恐琴瑟专一①，更失阐谐。故略广数条，取尽后报。足下云：同体二仪，共成三才者，是必合德之称②，非遭人之目。然总庶类同号众生，亦含识之名，岂上哲之谥。然则议三才者无取于氓隶，言众生者亦何滥于圣智。虽情在序别，自不患乱伦，若能两籍方教，俱举达义，节彼离文，采此共实，则可使倍宫自和，析符复合，何讵怏怏执吕以毁律？且大德曰生，有万之所同，同于所方万，岂得生之可异？不异之生，宜其为众。但众品之中，愚慧群差。人则役物以为养，物则见役以养人。虽始或因顺，终至裁残。庶端萌起，情嗜不禁。生害繁惨，天理郁灭。皇圣哀其若此，而不能顿夺所滞。故设候物之教，谨顺时之经，将以开仁育识，反渐息泰耳。与道为心者，或不剂此而止，又知大制生死，同之荣落。类诸区有，诚亦宜然。然神理存没，傥异于枯荄变谢。就同草木，便当烟尽。而复云三后升遐，精灵在天。若精灵必在，果异于草木，则受形之论，无乃更资来说。将由三后粹善，报在生天耶？欲毁后生，反立升遐。当毁更立，固知非力所除。若徒有精灵，尚无体状，未知在天，当何凭以立。吾怯于庭断，故务求依仿。而进退思索，未获所安。凡气数之内，无不感对；施报之道，必然之符。言其必符，何猜有望。故遗惠者无要，在功者有期。期存未善，去惠乃至。人有贤否，则意有公私。不可见物或期报，因谓树德皆要，且经世恒谈，贵施者勿忆，士子服义，犹惠而弗有。况在闻道要，更不得虚心，而动必怀嗜、事尽惮权耶！曾不能引之上济，每驱之下沦。虽深诮校责，亦已厚言不伐。足下婴城素坚，难为飞书。而吾自居忧患，情理无托。近辱褒告，欲其布意裁往释，虑不或值，颜延之白。

【注释】

①琴瑟专一：《左传·昭公二十年》："若琴瑟之专壹，谁能听之？"意思是：琴瑟如果只弹奏一个音符，没有其他音符相配，终不能组成悦耳动听的乐章，谁又愿意去听呢？

②合德：《周易·乾·文言》说："夫大人者，与天地合其德，与日月合其明，与四时合其序，与鬼神合其吉凶，先天而天弗违，后天而奉天时。天且弗违，而况于人乎？"这里指人的修养境界能与天地之道相通。

【译文】

先前拜读您的大作《达性论》，对您博大精深的思想与见识，甚感钦佩。您在文中推崇人道，而斥逐疏远其他的生物。于物有明显的征验，于事不违反道义。您的论文维系人之情性，辅助君王教化，足以使其他教门隐遁，何况您本意在于去异求同，应当不会忘记这些言论所依附的根本。只是担心您如此专断同一，反而会失去宽舒和谐啊！因此在此略微增加几条意见，作为对您的答复。先生在文中说：与天地同体，共同构成宇宙中的三才的存在，一定是与天地同德才能授予"大人"的称呼，而并非随意授予这个称呼。但是在佛教中，把所有有意识、有感情的生物都统称为"众生"，也叫"含识"。哪里是专门褒称那些具有超凡的道德、才智之人的呢？既然谈论天、地、人三才，不关注黎民百姓，那么辩说众生，又何必多此一举，去讨论所谓的圣贤之人呢？虽然您的本意在于二者的次序分别，但是即使称之为众生，也就不用担心对伦常的扰乱，如果能够使儒教和佛教相互借鉴，双方举出公认的义理，删节有分歧的文义，采用双方共通的见解，这样就可以使倍音与宫音自然和谐，使分开的符节再次吻合，又怎么会不服气地用偶数的"吕"调去攻击奇数的"律"音呢？再说，天地有大德，就是生生不息。天下万物的同一之处就在于他们都是那万有之中的一个，怎能生出一个完全不同的事物呢？所谓没有差异的万有之生，就在于它们就是众多。但是在万有之多中，却是有愚笨智慧各个差别的。譬如其中人类可以使役其他物类为自己的长养服务，其他物类就只能被役使来供养人类。虽然二者刚开始还能够相互顺应，但最终发展到互相残杀。一旦各种心绪萌发生起，情欲就不能禁止。一方面是生育日益繁茂，另一方面是侵害日益惨烈，直至天理完全消失断灭。伟大的圣人哀伤众生如此深陷苦海，但又不能违反情理地强行断绝众生的执着。因而只好用占验物候的方便对众生施行教化，以顺应时宜的常行义理、法度来教化百姓。目的就是以此来开启他们的仁爱之心，培育他们的觉悟之智，使众生炽烈的情欲之心能够回归于平静。

那些立志于和大道融为一体的人，并不会到此为止，他们还知道如何超越生死，与万有同生共灭。类比天下万物，也确实应该这样。然而，人之灵魂的陨没或许不同于草根干枯凋谢，如果与草木相同，则也应当如烟云一般散尽不复。可是您却说周朝三位先王的灵魂都飞升上天了。若灵魂果真存在，也果真异于草木，那么人死后能够再次禀受身形的说法，岂不是反而帮助灵魂不灭的说法吗？正是因为"三后"的精粹纯良，于是才有灵魂升天的福报啊！您本想破除死后复生之说，却又树立升天的思想，应当毁坏的反而建立，本来就应知道这不是人力所能消除的啊。如果只有灵魂存在，而没有身体形状，不知"三后"的灵魂在天上依靠什么存在呀！我不敢随意决断，所以务必寻求依傍仿效先贤。然而在进退思索之间，一直未能获得定论。举凡禀气而生并有限数的事物，没有不相互感应相待的；所以说凡施为必有报应的自然之道，必定是对应符合的。说它一定会符合应验，就不必猜测是否有报应了。所以有些施加恩惠给别人的人并不强求回报，而有些为人做了功德的人却会期望回报，期待回报的人没有达到真正的善，只有远离施与恩惠之心的人才达到至善。因为人有贤与不贤之分，因而人的意愿就有为公与为私的差别。一个人行善不需要看见实物或者期望回报，因此说所谓树立德行都属于强求名誉，况且历代俗语说得好，施恩的人不猜测期待回报是最可贵的。学子服膺正义，施恩于人而不以此为德。况且目的在于听闻至道大要，如果不能使内心澄虚明净，心念躁动则必定怀抱嗜欲，做事情就会老是忌惮权宜之教呀！人心若不能引导它向上获得拯救，就会被驱使向下沉沦。即使要严厉批评指责他人，也应该是忠厚之言而不是自我夸耀。先生您从来都是坚定地防守着自己的阵地，就连让我发射飞书的空档都没有。而我这边也是一直蛰居，并未想到把自己的想法托人传递给您。近来承蒙您来信襃扬劝告，我想要表达自己对您的见解的认识，但又担心有所不当。颜延之谨陈述。

答颜永嘉

【题解】

在本篇中，何承天反驳颜延之《释〈达性论〉》中的观点。对于天、地、人三才的问题，何承天认为人能以仁义相处，能与天地相参，并且智慧无穷，不应该与其他生命同称众生。他举例子说圣人虽然和常人一样禀于天地五常，但是不能说他们就是普通人。他认为，做人之道，体现在仁义上面，有恻隐之心就是仁人的表现，有廉耻好恶之感就是义心的开始。

敬览芳讯①，研复渊旨②。区别三才③，步验精粹，宣演道心，褒赏施士，贯综幽明，推诚及物；行之于己则美，敷之于教则弘，殆无所间。退寻嘉诲之来，将欲令参观斗极，复迷反径，思或昧然，未全晓洽④，故复重申本怀。

足下所谓共成三才者，是必合德之称⑤。上哲之人，亦何为其然？夫立人之道，取诸仁义，恻隐为仁者之表，耻恶为义心之端。牛山之木，剪性于鉴斧⑥；恬漠之想，汩虑于利害；诚直滋其萌蘖⑦，援其善心。遂乃存而不算，得无过与？

又云：议三才者，无取于氓隶，言众生者，亦何滥于圣智？既已闻命，犹未知二涂，当以何为判？将伊、颜下丽，宁乔、札上附？企望不倦，以袪未了。必令两藉俱举，宫和符合，岂不尽善？

又曰：大德曰生[8]，有万之所同，同于所万，岂得生之可异？非谓不然，人生虽均被大德，不可谓之众生。譬圣人虽同禀五常，不可谓之众人，奚取于不异之生，必宜为众哉？来告云：人则役物以为养，物则见役以养人，大判如此，便是顾同鄙议。至于情嗜不禁，害生惨物，所谓甚者泰者，圣人固已去之。

又云：以道为心者，或不剂此而止[9]。请问不止者，将自己不杀耶？令受教咸同耶？若自己不杀，取足市廛，故是远庖厨，意必欲推之于编户，吾见雅论之不可立矣！

又云：若同草木，便当烟尽；精灵在天，将何凭以立？夫神魄惚恍[10]，游魂为变[11]，发扬凄怆[12]，亦于何不之？仲由屈于知死，赐也失于所问，不更受形，前论之所明言。所凭之方，请附夫子之对，及施报之道，必然之符，当谓于氏高门，俟积善之庆；博阳不伐，膺公侯之祚[13]，何关于后身乎？

又云：经世恒谈，施者勿忆，士子服义，惠而不有。诚哉斯言。微恨设报以要惠，说徒之所先，悦报而为惠，举世之常务。疑经受累劫之罪[14]，勤施获积倍之报，不似吾党之为道者，是以怏怏耳。知欲引之上济，亦甚所不惜，但丈夫处实者，颇陋前识之华，故不为也。若乃施非周急，惠存功誉，揆诸高明[15]，亦有耻乎？此吾率其恒心，久而不化，内惭璩子[16]，未暇有所谓也。何承天白。

【注释】

① 芳讯：嘉言。

② 渊旨：深远的旨趣。

③ 三才：指天、地、人。

④ 晓洽：明白透彻。

⑤ 合德：同德。《周易·乾·文言》："夫大人者，与天地合其德，与日月合其明，与四时合其序，与鬼神合其吉凶。"

⑥ "牛山"二句：《孟子·告子上》："牛山之木尝美矣，以其郊于大国也，斧斤伐之，可以为美乎？是其日夜之所息，雨露之所润，非无萌蘖之生焉，牛羊又从而牧之，是以若彼濯濯也。人见其濯濯也，以为未尝有材焉，此岂山之性也哉？"鏎(mí)，镰刀。

⑦ 萌蘖(niè)：草木砍伐后长出的新芽。这里引申开端、萌生。

⑧ 大德曰生：《周易·系辞下》："天地之大德曰生，圣人之大宝曰位。"

⑨ 刬：同"藉"，借此。

⑩ 神魄惚恍：《老子》第二十一章："道之为物，惟恍惟惚。"

⑪ 游魂为变：《周易·系辞上》："精气为物，游魂为变。"

⑫ 发扬凄怆：《礼记·祭义》："气也者神之盛也，魄也者鬼之盛也……其发扬于上，为昭明，焄蒿凄怆，此百物之精也，神之著也。"

⑬ "当谓"四句：见《明佛论》注释，涉及两事均发生在汉朝，于氏指于定国父子事，博阳指丙吉封博阳侯事。

⑭ 累劫：连续数劫。谓时间极长。劫，梵语 kalpa 之音译"劫波"的略称。

⑮ 揆(kuí)：度量，揣度。《诗经·墉风·定之方中》："揆之以日，作于楚室。"毛传："揆，度也。"

⑯ 璩子：蘧伯玉，春秋末年卫国大夫，为人有贤名。《论语·宪问》："蘧伯玉使人于孔子，孔子与之坐而问焉。曰：'夫子何为？'对

曰:'夫子欲寡其过而未能也!'"

【译文】

看到您的来信,我又推究它深远的旨趣。您的信中对于天、地、人三才的区别,每一步的论证都很精粹。宣讲向道之心,褒扬、赞赏贤士,贯穿综合了世间有形和无形的事物,将自己诚实的向道之心也推究到事物身上。这种诚实之心,实行在自己身上就是美德,如果将它施予教化就会发扬光大,必定没有差别。仔细考虑您对我的教诲,就好像想要去参观北斗星与北极星,然后迷失了道路,思绪变得恍恍惚惚,没有完全想明白,所以在一次申明自己心中所想的问题。

您所说的与天地同体,共同构成宇宙中三才的存在,一定要与天地同德,那人才能有这个称呼,上古的先贤哲人,又是怎样认为的呢?做人之道,体现在仁义上面,有恻隐之心就是仁人的表现,有廉耻好恶之感就是义心的开始。牛山上的树木十分强壮,却被斧头修剪了性情;恬静淡漠的想法可以让我们冷静地思考利害关系。忠诚、正直可以滋养他的成长,延伸他的向善之心。只把问题保留下来不加以讨论,难道就没有过错吗?

您的信中又说,谈论天、地、人三才,可以不关注平民百姓,那么辩说众生,又何必多此一举,去讨论所谓的圣人、智者呢?我已经听闻了您的论断,但还是不知道合德圣人与普通众生应该以什么为判断依据来区分呢?是将伊尹、颜回作为众生而与"下"相附,还是把子产、季札作为合德之人而与"上"相附呢?孜孜不倦地企望达到圣人的高度,为我们消除那些没弄清的困惑。必定会举出圣人与众生这两类人物,使宫音与其他音调自然和谐,就像分开的符节再次吻合,这不是最高境界的善吗?

您又说:天地有大德,就是生生不息,天下万物的同一之处就在于他们都是那万有之中的一个,怎能生出一个完全不同的事物呢?不是说不是这样,虽然所有的人生来就蒙受生生不息之大德的恩赐,但并不是所有人都可以称作众生。比如说，圣人虽然和常人一样禀于天地五常，但是不能说他们就是普通人，难道因为生命没有不同，就一定是普通人吗？您的来信告诉我说：人类可以役使其它物类为自己的生活服务，其它物类就只能被役使来供养人类，大概的判断依据就是这样，就算是姑且同意了我的议论。但对于性情、嗜好没有节制，残害生命和万物，这就是所谓的欺人太甚和奢侈放纵的欲望，圣人已经从内心里面去掉了。

您又说：那些立志于和大道融为一体的人，并不会到此为止。请允许我问您，那些不停止作恶的人自己不会去杀生吗？让他们接受的教育都一样吗？如果自己不杀，去市井购买别人杀死的动物，认为也是"君子远离庖厨"的善心体现，肯定想要把这种方式推广给每家每户平民。我看您的观点无法成立。

您又说：人之灵魂倘若同于干枯草木的凋谢，则也应当如烟云一般散尽不复，那么天上的精灵，又是凭借什么才得以立足呢？精神、魂魄忽然失去而恍惚，游荡的魂魄也不断发生变化，其气发扬于上，显得很凄怆，又为什么不可以呢？仲由向孔子提问生死是否可知，没有得到正面回答，子贡说很少听到孔子关于性与天道的言论，万物死后不会再禀受形体，这些内容前面的议论已经说得很明白了。我所说的这些，希望能够与您的意思相符合，对于施恩和回报这一方面，我们一定是相符合的。应当说于定国父子是世家高门，是因积累善事而达到的；博阳侯丙吉为人忠厚，不吹嘘自己的功劳，接受了公侯的福运，跟后世又有什么关系呢？

您又说：况且历代俗语说得好，施恩的人不图回报是最可贵的。学子服膺正义，施恩于人而不以此为德。这些话确实说得好啊！对人没有怨恨，只因想要回报来取得一些利益，是从那些说客开始的，因喜欢回报和利益才去施恩他人，是全世界的人都经常在做的事。佛教认为怀疑经典要经受几世几劫的罪责，殷勤地施恩能获得无数倍的回报，与我们修道的做法很不一样，因此感觉很不满意。我知道您想要把他们接引到更高的境界，也因此而不惜一切代价，但大丈夫在处理实际情况时，很能显现出以前认识的华而不实，所以他们不会同意你的观点。如果能施恩而不急于求报，恩惠记载于功名和荣誉之中，揣度各种高明的方法，难道也有耻辱吗？我虽然一直遵从自己的恒心而不断努力，但多年来也没变得更好，因此内心极其惭愧，并非是有意去讥讽他人。何承天陈述。

重释何衡阳

【题解】

在本篇中,颜延之针对何承天以为天地人"三才同体,相须而成","人"不能等同于"众生"提出诘难,在形神生死的问题上,则对何承天"有生必有死,形毙神散,犹春荣秋落"等观点进行反驳。颜延之认为只有深刻理解因果报应的道理,才能增长美德减少恶行,让人民回归安宁顺利,并且认为事物是不会随随便便产生的,各自以不同的类别互相感应,善有善报,恶有恶报。

薄从岁事,躬敛山田^①,田家节隙,野老为俦^②,言止谷稼,务尽耕牧。谈年计耦,无闻达义^③,重获微辩,得用昭慰。启告精至,愈惭固结,今复忘书往怀,以输未述。

夫藉意探理,不若析之圣文,三才之论,故当本诸三画^④。三画既陈,中称君德,所以神致太上,崇一元首^⑤。故前谓自非体合天地,无以允应。斯弘知研其清虑^⑥,未肯存同,犹以恐兼容罔弃,广载不遗,笃物之志,诚为优赡;恐理位杂越,疑阳遂众^⑦。若恻隐所发,穷博爱之量;耻恶所加,尽佑直之正,则上仁上义,吾无间然。但情之者寡,利之者众,豫有其分,未臻其极者,不得以配拟二仪耳[8]。今方使极者为师,不极者为资,扶其敬让,去其忮争,令鉴斧铸刃,利害寝端,驱百代之民,出信厚之涂。则何萌不滋?何善不援?而诬以不算,未值其意。三才等列,不得取偏才之器;众生为号,不可滥无生之人。故此去氓隶,彼甄圣智,两藉俱举,旨在于斯。若乔、札未能道一,皇王岂获上附?伊、颜犹共赖气化,宜乎下丽,二涂之判,易于赜指。

又知以人生虽均被大德,不可谓之众生[9];譬圣人虽同禀五常[10],不可谓之众人。夫不可谓之众人,以茂人者神明也[11],今已均被同众,复何讳众同?故当殊其特灵,不应异其得生。徒忌众名,未亏众实,得无似蜀梁逃畏,卒不能避[12]?所谓役物为养[13],见役养人者,欲言愚慧相倾,惛算相制,事由智出,非出天理。是以始矜萌起,终哀郁灭,岂与足下刍豢百品,共其指归[14]?凡动而善流,下民之性;化而裁之,上圣之功。谨为垣防,犹患逾盗,况乃罔不备设。以充侈志,方开所泰,何议去甚!故知惨物之谈,不得与薄夫同忧。乐杀意偏,好生情薄。所云与道为心者,博乎生情,将使排虚率遂[15],跖实莫反[16],利泽通天,而不为惠,庸适恩止麛卵,事法豺獭耶?推此往也,非唯自己,不复委咎市廛乎庖厨[17],且市庖之外,非无御养。神农所书[18],中散所述[19],公理美其事[20],仲彦精其业[21],是亦古有其传。今闻其人,何必以刲刳为禀和之性,爓瀹为翼善之具哉[22]?

【注释】

①山田:山间的田地。《汉书·楚元王刘交传》:"免为庶人,屏居山田。"

②野老:村野老人。

③达义:通理,公认的义理。

④三画:三画卦。画,卦象的横线。

⑤神致太上,崇一元首:《礼记·曲礼上》:"太上贵德,其次务施报。礼尚往来。往而不来,非礼也,来而不往,亦非礼也。"

⑥清虑:思虑。晋陆机《吊魏武帝文》:"纤广念于履组,尘清虑于余香。"

⑦疑阳遂众:《周易·坤·文言》:"阴疑于阳,必战,为其嫌于无阳也。"意思是阴和阳势均力敌,一定要斗争,为了阴要兼并阳。

⑧二仪:天地。三国魏曹植《惟汉行》:"太极定二仪,清浊始以形。"

⑨众生:佛教语。梵文萨埵 Sattva 的汉译词,一译"有情",众人共生于世。《妙法莲华经文句·释方便品》引《中阿含十二》:"劫初光音天,下生世间,无男女尊卑众共生世,故言众生。"

⑩五常:旧时的五种伦常道德,即父义、母慈、兄友、弟恭、子孝。《尚书·泰誓下》:"今商王受,狎侮五常。"孔颖达疏:"五常即五典,谓父义、母慈、兄友、弟恭、子孝,五者人之常行。"

⑪茂人者神明也:超出常人的才德神明。《三国志·魏书》卷二八引王弼传注:"弼以为圣人茂于人者神明也,同于人者五情也。"

⑫"蜀梁"二句:《淮南子·谬称训》:"故若行独梁,不为无人,不兢其容。"蜀梁,当作独梁,一木之小桥。

⑬役物为养:《列子·杨朱》:"人肖天地之类,怀五常之性,有生之最灵者也。人者,爪牙不足以供守卫,肌肤不足以自捍御,趋走不足以从利逃害,无毛羽以御寒暑,必将资物以为养,任智而不恃力。故智之所贵,存我为贵;力之所贱,侵物为贱。"

⑭"刍豢"二句:《孟子·告子上》:"故义理之悦我心,犹刍豢之悦我口。"朱熹集注:"草食曰刍,牛羊是也;谷食曰豢,犬豕是也。"指归:主旨,意向。

⑮排虚:排虚,排开云层,多形容高。《淮南子·人物训》:"鸟排虚而飞,兽跖实而走。"

⑯跖实:兽类足踏实地而行。

⑰委咎:归罪。市廛(chán):指店铺集中的市区。

⑱神农:三皇五帝之一的炎帝,农业的发明者,医药之祖。

⑲中散:嵇康(224—263),字叔夜,谯郡(今安徽宿州)人,三国魏文学家,思想家,音乐家,"竹林七贤"之一,与阮籍齐名。嵇康与魏宗室通婚,曾任中散大夫。崇尚老庄道学,著有《养生论》。

⑳公理美其事:公理,仲长统(? —220),字公理,汉末政论家,有方外之志,曾作诗云:"飞鸟遗迹,蝉蜕亡壳,腾蛇弃鳞,神龙丧角。至人能变,达士拔俗。乘云无辔,骋风无足。垂露成帏,张霄成幄。沆瀣当餐,九阳代烛。恒星艳珠,朝霞润玉。六合之内,恣心所欲。人事可遗,何为局促?"余参《后汉书·仲长统传》。

㉑仲彦:当指矫慎,字仲彦,东汉扶风人,善养生导引之术。

㉒"何必"二句:句意谓不必以剖割杀生和炙烤浸渍作为辅助行善之方法。刲(kuǐ),割。爓(yàn),火花,火苗,引申为用火苗熏烤。

【译文】

我在山间田地从事接近一年的农事,在农家节日空闲的时候,和村野老人为伴,言谈仅仅是谷物庄稼,全都尽力耕田放牧。在耕作中只谈论年景,没能听到通达的意义,再次获得细微的论辩,得以用来明示告慰。受到的启发非常精妙,羞愧之心也越来越重,现在又胡乱书写以前内心的想法,来传达未曾述说的内容。

凭借猜测探究推理,不如分析圣人的文章典籍,天、地、人、三才的论断,本来应该来自于三画卦之类。三画卦既然布置了,中爻称为君王之德,因此人的精神达致大道境界,与君主同心同德。所以您前面所说的并不与天地相合,我不能够应答。您的各种想法思虑,我不能完全予以肯定,但您强调兼容而不遗弃,广泛地承载而不遗失,忠实原物的志向,这是很好的;唯恐万事万物杂乱而泯灭界限,阴和阳势均力敌,一定会发生很多斗争。如果恻隐之心萌发,穷尽博爱的力量,以造恶为羞耻,尽力估护正直之人,那么就是高层次的仁义,我没什么可挑剔的了。但是喜爱它的人很少,借它获利的人很多,做事犹豫不决,这样没有达到最高境界的人,不能够依据资历拟定二仪。现在正当以最高境界的人为榜样,以没有达到最高境界却有相当修为的人为辅助,扶持恭敬谦让之心,去除违递之情,运用镰斧和铸刀之刃,消除事端祸害,驱使百代的老百姓,产生诚实敦厚的品德。那么什么品德不能增长? 什么善良的行为不能得到增加? 然而您却认为佛教徒在此问题上欺罔不实,没有符合善意。三才出于同等地位,不得取用片面才干的人;众生这个称号,不可随便用在没有生灭的圣人身上。因此这里不考虑平民,挑出圣智之人,两方面都注重,意旨就在这里。如果子产、季札没有能够与道合一,皇王怎么能够获得品德高尚的人? 伊尹、颜回仍然依靠阴阳之气的变化而存活,当然要归类为下层。圣人与众生的判别,这样容易深入探求。

您认为人生来虽然都蒙受生生不息之大德,但不能都称之为众生,比如圣人虽然同等承受五常,不能称之为众人。然而圣人不同于众人的,是他们有才德的神明,现在已经都被当成众人,又为什么忌讳同称众人? 所以应当看重精神之灵性,不应该有意区别其肉体生命。忌讳众生之名,难逃众生之实。恐怕就像很多人在独木桥上逃跑,大家都不能避免掉落的危险? 我所说的人与万物比较起来,有知识的人类役使万物,万物为人类所控制,是想说明愚蠢和聪明的人互相倾轧、牵制,大家只是出于表面的聪明,不是出于天理。所以大多数人以自大骄傲开始,最终以烦恼悲痛结束,怎能与您品味评判各种事物,目标相同呢?

行为流动可变,这是下民的本性;教化他们使之去掉不良习性,是圣人的功劳。谨慎地筑好墙壁加以防范,尚且担心爬墙的强盗,何况在防止过多欲望的方面,没有任何的防备。这样会导致极端的放纵,满足过多的欲望。所以说论证和主旨背离得很远啊!众生有侵害万物的行为,不能够和众生同忧愁,他们喜欢杀生,好生的感情薄弱。所说的立志于和大道一体的人,有博大的胸怀,爱护众生万物,像鸟儿在高空飞行一样,直率朴实,像兽类足踏实地而行,利益恩泽通天,却不追求回报。何止像大夫打猎不取幼兽和未孵化之卵一样施恩,知道等豺狼、水獭进行猎食和捕鱼了再开始捕猎?以此往前推测,并非只是克制自己身体的欲望,不再归罪于集市店铺里的厨房,况且市庖之外,并不是没有用来养生的东西,神农所记录的,嵇康引用转述,仲长统使其美化,矫慎使其精妙,这些古已有传言。现在听到这样的人,何必用剖割作为禀受天地和气的人类的本性,用火苗浸渍薰烤作为辅助善行的工具呢?

若以编户难齐,忧鄙论未立,是见二叔不咸虑①,周德先亡。傥能申以远图,要之长世,则日计可满,岁功可期。精灵草木,果已区别,游魂之答②,亦精灵之说。若虽有无形,天下宁有无形之有?顾此惟疑,宜见正定。仲尼不答③,有无未辩,足下既辩其有,岂得同不辩之答?虽子嗜学,惧未获所附,或是晓晦涂隔,隐著事悬,遂令明月废照世,智限心知,谓必符之。

言体之极于罔讲求,反意如非相尽,或世人守璞受让④,玉市将译胥牵俗,还说国情,苟未照尽,请复其具申。近释报施⑤,首称气数者⑥,以为物无妄然,各以类感。感类之中,人心为大。心术之动,隶历所不能得及,其积致于可胜原,而当断取世见据为高证。庄周云:"莽卤灭裂,报亦如之⑦。"

孙卿曰:"报应之势,各以类至⑧。"后身著戒,可不敬与?慈护之人,深见此数。故正言其本,非邀其末,长美遏恶,反民大顺,济有生之类,入无死之地,令庆周兆物,尊冠百神,安宜祚极子胤、福限卿相而已。常善以救善,亦从之势,犹影表不虑自来⑨,何言乎?要惠悦报,疑罪勤施,似由近验吝情,远猜德教,故方罚矜功,而滥咎忘贤,遗存异义,公私殊意,已备前白⑩。若不重云,想处实陋华者,复见其居厚去薄耳⑪。若施非周急⑫,惠而期誉,乃如之人,诚道之蠹。惟子之耻,丘亦耻之⑬。

【注释】

①咸:和。《左传·僖公二十四年》:"昔周公吊二叔之不咸,故封建亲戚以蕃屏周。"二叔,指管叔、蔡叔。

②游魂:游散的精气。古代哲学家认为人或其他动物的生命是由精气凝聚而成的。精气游散,则趋于死亡。《周易·系辞上》:"精气为物,游魂为变。"王弼注:"精气烟煴聚而成物,聚极则散,而游魂为变也"。

③仲尼:孔丘(前551—前479),字仲尼,我国古代伟大的思想家和教育家,政治理论家,儒家学派创始人。据儒家典籍记载,他不正面回答弟子有关生死、鬼神之类的提问。

④璞(pú):未雕琢过的玉石,或指包藏着玉的石头。喻人的天真状态,质朴,淳朴。

⑤报施:《左传·僖公二十四年》:"报者倦矣,施者未厌。"杜预注:"施,功劳也,有劳则望报过甚。"后以"报施"谓报答、赐予。

⑥气数:气运,命运。

⑦"莽卤"二句:《庄子·则阳》:"君为政焉勿卤莽,治民焉勿灭裂。

昔予为禾，耕而卤莽之，则其实亦卤莽而报予；芸而灭裂之，其实亦灭裂而报予。"意思是处理公事切不可粗心大意，治理民众切不可轻率马虎。从前我种庄稼，耕地时随随便便，结果庄稼就以随随便便的收成来回报我；锄草时轻率马虎，结果庄稼也同样以轻率马虎的收成来回敬我。

⑧"报应"二句：《汉书·刑法志》："孙、吴、商、白之徒，皆身诛戮于前，而国灭亡于后。报应之势，各以类至，其道然矣。"

⑨影表：圭表，为古代测度日影的天文仪器，俗称量天尺。

⑩白：陈述，辩说。

⑪居厚去薄：严以律己，宽以待人。

⑫周急：周济困急。《论语·雍也》："吾闻之也，君子周急不继富。"朱熹集注："急，穷迫也；周者，补不足。"

⑬"惟子"二句：《论语·公冶长》："巧言，令色，足恭，左丘明耻之，丘亦耻之。"

【译文】

如果认为编入户口的平民很难都接受这些说法，就担心我的论点不能成立。那就好像是看到管叔、蔡叔与周朝不和睦，就认为周朝的道德礼仪提前消亡。假如能以长远的目光审视自己，一生一世都如此，那么每日计划都可以完满，每年的功绩都可以达到期望。草木与精灵，已经被区别出来了，你对游荡魂魄的谈论，就是证实精灵存在的说法。像它们即使是没有形态的，天下人岂能相信没有形态的物体存在？这正是怀疑的地方啊，应该被确定下来。仲尼不回答生死鬼神之问，对于是不是有鬼神的这个道理没有分辩，你既然辩论认为精灵是以有形的姿态存在，怎么会得到不同的辩论答案呢？虽然你勤奋学习，恐怕还没有获得所需要的东西，也许是知道夜晚道路阻隔，隐藏着孤立的事情久延不决，于是使得光明的月亮放弃照亮世间，智力只局限于自己心里知道，还说必须与它相符合。

您在来信中说："对于施恩和回报之道,我们的看法是一致的。"但是深入研究的话,我的观点和您的本意是相反的。或者说,有世人守着璞玉,拿到玉石市场接受众人的评论,玉器市场的译官拘泥于本国的风俗习惯,对这块璞玉的价值并不能作出恰当评判,因此我请求完整详细地再表达我的观点。近来解释因果报应,首先说起气数的人,认为事物是不会随随便便发生的,各自以不同的类别互相感应,善有善报,恶有恶报。属于感应的万物中,人心是根本。内心念头的生起,从外在经历是看不到的,但心念力量不断积累可带来外在的巨大变化,足以使人们注意到它并且去探究,所以应当采用一些世俗社会的事例,作为让人们眼见为实从而信服的重要证据。庄周说:"处理公事粗心大意,治理民众轻率马虎,会导致分裂灭亡,报应也是像这样的。"孙卿回答:"报应的趋势,各自以不同的类别到来。"转世之后守持清静戒律,难道不值得尊敬吗?慈祥爱护的人,对这种报应之数有深刻的见解。所以正确说出其根本,不注重其末节,这样才能增长美德减少恶行,让人民平安顺利,这是帮助拥有生命的众生,进入没有死亡的地方,使万物庆贺喜悦,能得到的福报尊崇超过众多的神仙,哪里只限于赐福给子嗣、当上执政大臣罢了。善行经常带来善行,它们也是互相跟从的,就好像测量太阳影子的圭表不用思考影子自然就会来,为什么这么说呢?期待自己施予他人恩惠后会有好的报答,经常怀疑这种想法有错误,也会带来不良后果,就好像在近处表现出鄙俗的感情,远方之人就会猜疑道德教化,因此需要惩罚恃功傲物的人,但过多指责也是忘了先贤教诲。不同的道理遗留存在,公与私的意义差别很大,前面已经完整说明。如果不慎重地说明,想要在处理实际事情时,意识到自己认为是华而不实的人,却也会看见他严以律己宽以待人。如果施恩不是周济急需,施予别人恩惠只是期望自己获得好声誉,像这样的人,实在是损害道德的蛀虫。不但你知道这样可耻,我也同样知道可耻。

重答颜永嘉

【题解】

　　本篇由何承天所写，他针对颜延之前面的观点进行反驳。何承天认为，避世隐居没有烦闷，但不符合厚德载物的纲目，君子自强不息不是一般人所理解的意思。他强调，圣人既然具有特别灵慧的神明，和大众不同，那么得到生命之理，肯定也不相同，因此不能把圣人看做众人，否则无法区分圣人和老百姓。

　　吾少信管见①，老而弥笃，既言之。难云：将湮腐方寸，故愿凭流飙，以托麟翮。厚意垂怀，慧以重释，稽证周明，华辞博赡②。夫良玉时玷，贱夫指其瑕；望舒抱魄③，野人睨其缺。岂伊好辩？未获云已。复进请益之问④，庶以研尽所滞。

　　来告云：三才之论，故当本诸三画，三画既陈，中称君德，所以神致太上，崇一元首。若如论旨，以三画为三才，则初拟地爻，三议天位。然而遁世无闷⑤，非厚载之目⑥；君子乾乾⑦，非苍苍之称；果两仪阒托，亦何取于立人？但爻在中和⑧，宜应君德耳。

又云:恻隐穷博爱之量⑨,耻恶尽佑直之方,则为上仁上义,便是计体仁义者为三才寻。又云:乔、札未获上附⑩,伊、颜宜其下丽,则黄裳之人,其犹弗及,虽赜之旨,高下无准,故惑者未悟也。夫阴阳陶气,刚柔赋性,圆首方足,容貌匪殊;恻隐耻恶,悠悠皆是。但参体二仪,必举仁义为端耳。知欲限以名器,慎其所假,遂令惠人洁士,比性于毛群;庶几之贤,同气于介族,立象之意,岂其然哉?

【注释】

①管见:狭隘的见识,如从管中窥物,多用作自谦之辞。

②博赡:渊博丰富。

③望舒:神话中为月驾车的神。《楚辞·离骚》:"前望舒使先驱兮,后飞廉使奔属。"王逸注:"望舒,月御也。"抱魄:安心定志。

④请益:要求老师再讲一遍。《礼记·曲礼上》:"请业则起,请益则起。"郑玄注:"益,谓受说不了,欲师更明说之。"泛指向人请教。

⑤遁世:避世隐居。

⑥厚载:地厚而载万物。《周易·坤》:"坤厚载物,德合无疆。"

⑦乾乾:自强不息貌。《周易·乾》:"君子终日乾乾,夕惕若厉,无咎。"孔颖达疏:"言每恒终竟此日,健健自强,勉力不有止息。"

⑧中和:中庸之道的主要内涵。儒家认为能"致中和",则天地万物均能各得其所,达于和谐境界。《礼记·中庸》:"喜怒哀乐之未发谓之中,发而皆中节谓之和;中也者,天下之大本也,和也者,天下之达道也。致中和,天地位焉,万物育焉。"

⑨恻隐:同情,怜悯。《孟子·公孙丑上》:"今人乍见孺子将入于井,皆有怵惕恻隐之心。"

⑩乔:郑乔(? —前522),字子产,郑穆公的孙子,因称公孙侨、郑子

产。政治家，没有著述，进行了有利于朝廷的改革，带有比较激进的法家色彩，他的法律思想具有折中于礼、法之间的特征。

札：季札（前576—前484），吴王寿梦第四子，因称公子札。政治家和外交家，品德高尚，是春秋时代的风云人物，曾与孔子并称"南季北孔"。

【译文】

我对佛教相信甚少而且见识有限，年纪越大越是这样，此前已经言及过。论难说：将要湮灭腐朽心神，于是愿意拿轻风来寄托美好理想。心意厚重虚怀若谷，用智慧加以重新阐释，广泛引证周遍证明，华丽的辞藻渊博而丰富。然而美玉偶尔也有瑕疵，卑陋的人能够指出来；为月驾车的神灵心志安定，村野之人也能指出其缺失。难道是他喜欢辩论？只不过是自己的观点没有被认同而已。于是在此再一次请教，也许能研究穷尽所有的滞惑。

来信说：天地人三才的言论，本应源自三画卦，三画卦陈列开来，中间表示为君王之德，所以人的神明能够达到最高的境界，与君主同心同德。如果按照来信的主旨，以为三画卦就是天地人三才，那么当初就应该拟定地这一卦，多次议论天的位次。然而避世隐居没有烦闷，这不符合厚德载物的纲目；君子自强不息，不是对一般普通老百姓的要求；如果天地都无所寄托，那么取用什么东西来立人呢？只是卦画在中道之位，应该符合君子的德性。

您又说：具有怜悯同情心会穷尽博爱的力量，以犯罪为耻辱会尽力佑助正直的原则，这些就是至上的仁义道德，也就是以仁义作为天地人的归属。又说：郑乔、季札未能获得与圣人并列的地位，伊尹、颜回适宜向下依附作为众生，那么穿着黄色衣裳的人还是不能达到三才中的君德标准，虽然是深奥的意旨，因为高下没有标准，所以我不能很好地领悟您的观点。阴阳二气陶铸气质，阳刚阴柔赋予个性，圆形的头方形的脚，体貌形体不是很特殊；同情恻隐与耻恶之心，比比皆是。但是体会研究天地，一定会以仁义为根本。知道您想要用名号与车服仪制来限制普通人的资格，应该小心不要随便赐予他们名器，这样就会使仁义施惠、操守清白的人，本性比附于动物；接近圣贤之人，气质也等同于贝壳之类低等物种，设立物象的本意，难道是这样的吗？

又云：已均被同众，复何讳众同？故当殊其特灵，不应异其得生。夫特灵之神，既异于众，得生之理，何尝暂同？生本于理而理异焉，同众之生，名将安附？若执此生名，必使从众，则混成之物，亦将在例耶？

又云：谨为垣防，犹患逾盗，况乃罔不设备。以充侈志，方开所泰，何议去甚！足下始云：皇圣设候物之教[①]，谨顺时之经，将以反渐息泰。今复以方开所泰为难，未详此将难鄙议，将讥圣人也？

又云：市庖之外，岂无御养？神农所书[②]，中散所述[③]，何必以刲剔为禀和[④]，爓瀹为翼善[⑤]？夫裸瘗茧栗[⑥]，宗社三牲，晓芧豆俎，以供宾客。七十之老，俟肉而饱，岂得唯陈列草石，取备上药而已！吾所忧不立者，非谓洪论难持，退嫌此事不可顿去于世耳。

又云：天下宁有无形之有？顾此唯疑，宜见正定[⑦]。寻来旨，似不嫌有鬼，当谓鬼宜有质，得无惑？天竺之书，说鬼别为生类故耶。昔人以鬼神为教，乃列于典经，布在方策。郑乔、吴札亦以为然。是以云和六变，实降天神，龙门九成，人鬼咸格[⑧]。足下雅秉《周礼》，近忽此义，方诘无形之有，为支离之辩乎？

【注释】

①候物：占验物候。

②神农：传说中的太古帝王名。始教民为耒耜，务农业，故称神农氏。又传他曾尝百草，发现药材，教人治病。也称炎帝，谓以火德王。《周易·系辞下》："包牺氏没，神农氏作，斲木为耜，揉木为耒；耒耨之利，以教天下。"

③中散：嵇康，字叔夜，三国时魏末文学家，思想家与音乐家。竹林七贤之一，与魏宗室通婚，拜中散大夫，世称嵇中散。

④刲刳：剖割。

⑤翼善：辅助善行。

⑥禋瘗（yīnyì）：谓祭祀天地。禋，指祭天，将牲体、玉帛等放在柴火上焚烧，升烟以祭。瘗，指祭地，礼毕将牲体、玉帛等埋于地以享。茧栗：形容牛角初生之状，言其形小如茧似栗；借指牛犊；古以小牛祭祀，因以"茧栗"泛指祭品。

⑦正定：佛教语。梵语"三昧"之意译。谓屏除杂念，心不散乱，专注一境。为八正道之一。隋慧远《大乘义章》卷十三："心住一缘，离于散动，故名为定。言三昧者，是外国语。此名正定，定如前释；离于邪乱，故说为正。"

⑧"是以"四句：《周礼·春官·大司乐》："云和之琴瑟，《云门》之舞。冬日至，于地上之圜丘奏之，若乐六变，则天神皆降，可得而礼矣。""龙门之琴瑟，九德之歌，九韶之舞，于宗庙之中奏之，若乐九变，则人鬼可得而礼矣。"云和，琴瑟琵琶等弦乐器的统称。

【译文】

您又说：圣人现在已经都被当成众人中的一部分，又为什么忌讳同称众人呢？因此应当看重圣人精神灵明之本性，不应该把他们得到生命之理看得与众人有所不同。我认为，其实特别灵慧的神明，既然和大众不同，那么得到生命之理，又何尝相同？生命本乎大道，然而大道不同,和大众相同的生命,他的名号将到哪里附着呢? 若把圣人看做普通人,必然会跟随大众俗化,那么混杂而成的东西,也将会在范例之内吗?

您又说:谨慎地筑好墙壁加以防范,尚且担心爬墙的强盗,何况是根本不加防备。用此来满足放纵的心志,这正好是打开了根本修行之门,这与您前面所说的相差太远了! 您在开始的《释〈达性论〉》中认为,伟大的圣人哀伤众生如此深陷苦海,但又不能违反情理地强行断绝众生的执着,因而只好用占验物候的方便对众生施行教化,以顺应时宜的常行义理、法度来规范百姓,让百姓炽烈的情欲之心能够回转,慢慢地平息安定。现在在此责难"正好打开了根本之门",我实在难以理解:这是在批评我的观点呢? 还是在讥笑圣人?

您又说:集市厨房以外的地方,难道没有很好的养身的东西吗? 神农所著作的,以及嵇康所撰述的都很好,何必以剖割作为形成祥和气氛的祭祀的手段,以薰烤为辅助善行的工具? 用来祭祀天地的各种祭品,包括牛羊马、香豆等都用来招待宾客。七十岁的老人等待吃肉填饱肚子,岂能只是摆设香草石头之类的东西,只不过是拿来准备做上等的药材而已! 我所担忧不能建立的,不是洪大的议论难以维持,而是担心祭祀用肉这种事情是不能一下子就能消除的。

您又说:天下哪里会有无形的东西? 看到这个就会怀疑,应当屏除杂念心不散乱。探究你的来信,好像不嫌弃有鬼的论断,认为神鬼应该有形体质量,难道没有疑惑吗? 印度的著作,认为神鬼是另类的生物罢了。古人把神鬼作为教化的手段,于是布列在经典之中,排列在典册之上。郑乔、吴札也是这样认为的。因此用琴瑟表演《云门》舞,冬至那天,在地上的圜丘上进行演奏,如果舞乐演奏六遍,天神就都会下降,就可以向神进献玉继而进行祭祀了,用琴瑟表演《咸池》舞,夏至那天,在泽中的方丘上进行演奏,如果舞乐演奏九遍,地神就都会出来,可以向神进献玉,继而进行祭祀了。您非常熟悉《周礼》,近来却忽略了这些思想,才会问难鬼神无形的问题,难道不算作是支离的辩论吗?

又云：后身著戒①，可不敬与？慈护之人，深见此数。未详所谓慈护者，谁氏之子？若据外书报应之说②，皆吾所谓权教者耳。凡讲求至理，曾不折以圣言，多采谲怪，以相扶翼，得无似以水济水耶③？

又云：物无妄然，必以类感④，常善以救善，亦从之。势犹影表⑤，不虑自来。斯言果然。则类感之物，轻重必侔⑥；影表之势，修短有度。致饰土木，不发慈愍之心⑦；顺时蒐狩⑧，未根惨虐之性。天宫华乐，焉赏而上升？地狱幽苦，奚罚而沦陷？昌言穷轩轾⑨，立法无衡石，一至于此。且阿保傅爱⑩，慎及溷腴⑪；良庖提刀，情怵介族。彼圣人者，明并日月，化开三统⑫，若令报应必符，亦何妨于教，而缄扃羲、唐之纪，埋闭周、孔之世？肇结网罟，兴累亿之罪；仍制牲牢，开长夜之罚。遗彼天厨，甘此刍豢⑬，曾无拯溺之仁，横成纳隍之酷。其为不然，宜简渊虑。若谓穷神之智，犹有所不尽，虽高情爱奇想，亦未至于侮圣也。

【注释】

①后身：佛教有"三世"的说法。即是来世之身，犹今俗转胎之说。著戒：守持清静戒律。

②报应：指有施必有报，有感必有应，故现在之所得，无论祸福，皆为报应。如行放生、布施、梵行等善业，即因种善因而招感善报；反之，行杀生、偷盗、邪淫等恶业，即因种恶因而招感恶报。

③以水济水：用清水来给清水增味。比喻随声附和，对事情没有好处。《左传·昭公二十年》："君所谓可，据亦曰可，君所谓否，据亦曰否。若以水济水，谁能食之？"

④类感：同类相互感应。

⑤影表：即圭表。为古代测度日影的天文仪器。俗称量天尺。

⑥侔：相等，齐。

⑦愍（mǐn）：怜悯，哀怜。

⑧狝狩：泛指狩猎。《礼记·祭义》："孝弟发诸朝廷，行乎道路，至乎州巷，放乎狝狩，修乎军旅，众以义死之，而弗敢犯也。"

⑨昌言：善言，直言无讳。轩轾（xuānzhì）：车前高后低叫轩，前低后高叫轾。引申为高低、轻重、优劣。

⑩阿保（ēbǎo）：指左右近幸之臣；保护养育。《汉书·宣帝纪》："故人下至郡邸狱复作尝有阿保之功，皆受官禄田宅财物，各以恩深浅报之。"颜师古注引臣瓒曰："阿，倚；保，养也。"

⑪溷腴（hùnyú）：猪狗的内脏，可引申为猪肉。《礼记·少仪》："君子不食溷腴。"

⑫三统：《汉书·刘向传》："王者必通三统，明天命所授者博，非独一姓也。"颜师古注引张晏曰："一曰天统，为周十一月建子为正，天始施之端也。二曰地统，谓殷以十二月建丑为正，地始化之端也。三曰人统，谓夏以十三月建寅为正，人始成立之端也。"

⑬刍豢：指牛羊猪狗等牲畜，泛指肉类食品。

【译文】

您又说：转世之后守持清静戒律，难道不是值得尊敬吗？仁慈有爱护他人之心的人，对此有深刻理解。但并不知道爱护的人到底是谁的孩子。如果谈到其他书籍中关于报应的说法，其实就是我所说的教化手段罢了。凡是讲解探究至高道理，如果不分析、理解圣人的言论，而是采用怪诞、荒诞不稽的言论和事情来相互支持，难倒不像是用清水来给清水增加味道一样对任何事情没有好处吗？

您又说：事物之间不是胡乱发展的，同类之间必定互相关联，常做善事就会使善良得到发扬。事物的形势就像是测量太阳影子的圭表，不需要人为的考虑，就会自行发展。这些话是对的。和同类相互联系的事物，轻重必定相等；圭表测量太阳影子，长短有度。尽全力修饰建筑物，而没有体现慈悲怜悯之心；在固定的时间狩猎，还是没有根除残忍暴虐的本性。天宫奢华安乐，靠什么被赏赐上升？地狱非常痛苦，为何受到了惩罚还要沦落？直言不讳可以穷尽辨析优劣的事，立法没有准则，竟到如此地步。而且身边亲近之臣对君主有爱护之心，对于猪狗的内脏也会谨慎；技术好的厨师手提屠刀，感情上也会害怕低等动物。所谓圣德贤明的人，光辉可与日月相媲美，使天、地、人三统化开，如果报应是真实的，又何妨教化，而这些因果报应之事封锁于羲、唐时期，埋闭在周公、孔子所处的春秋时代？编织网子捕鱼，造成重大的罪过，仍然伤害畜生，开启了连绵不绝的罪罚。放弃天然的食物，喜欢吃各种肉类食品，几乎没有拯救人们的仁爱之心和出民于水火的迫切心情。其实并不是这样的，应当深思熟虑。要是说穷尽所有精神的智慧，还是有不恰当之处，即使充满热情喜爱思考，还没有到侮辱圣人的地步。

足下论仁义则云：情之者少，利之者多。言施惠则许其遗贤忘报，在情既少，孰能遗贤？利之者多，曷云忘报？若能推乐施之士，以期欲仁之俦，演忘报之意，别向义之心，则义实在斯，求仁不远。至于济有生之类，入无死之地，庆周兆物，尊冠百神，斯旨宏诞①，非本论所及。无乃秦师将遁，行人言肆乎？岂其相迫，居吾语子。圣人在上，不与百神争长②，有始有卒③，焉得无死之地？夫辩章幽明，研精庶物，及初结绳，终繁文教。性以道率，故绝亲誉之名犯违，造化无伤。博爱之量，以畋以渔，养兼贤鄙，三品之获④，实充宾庖。金石发华，笙籁协节，醉酒饱德，介兹万年⑤。处者弘日新之业，仕者敷先王之教，诚著明君，泽被万物。龙章表观⑥，鸣玉节趋⑦,斯亦尧孔之乐地也。及其不遇,考盘阿涧以善其身⑧,杀鸡为黍,聊寄怀抱;或负鼎割烹,扬隆名于长世;或屠羊鼓刀,凌高志于浮云,此又君子之处心也。何必陋积善之延祚⑨,希无验于来世,生背当年之真欢,徒疲役而靡归。系风捕景⑩,非中庸之美;慕夷眩妖,违通人之致。蹲膜揖让,终不并立,窃愿吾子舍兼而遵一也。及蜀梁二叔⑪,世人驿胥之譬,非本义所断,故不复具云。

【注释】

①宏诞:夸大虚妄。

②百神:各种神灵。《诗经·周颂·时迈》:"怀柔百神,及河乔岳。"《孟子·万章上》:"使之主祭,而百神享之,是天受之。"

③有始有卒:做事能贯彻始终,坚持到底。《论语·子张》:"有始有卒者,其唯圣人乎?"

④三品:三种,三类。《周易·巽》:"六四:悔亡,田获三品。"高亨注:"田,猎也。品,种也。筮遇此爻,其悔将亡,行猎将得三种猎物。"

⑤"醉酒"二句:《诗经·大雅·既醉》:"既醉以酒,既饱以德,君子万年,介尔景福。"这是感谢主人宴请的客气话,意思是你的美酒我已醉,你的身教恩惠我已饱受,君子长寿万万岁,赐你大福永不休。

⑥龙章表观:《礼记·郊特牲》:"旗十有二旒,龙章而设日月,以象天也。"龙章:龙纹,龙形,喻不凡的文采、风采。表观(guān):表面的样子、性格或性质;五官能感觉到的,尤指视觉能感觉到的。

⑦节趋:进止;心意的节制与趣向。

⑧考盘:亦作"考槃",扣击木盘,指君子不得其位而隐居独善其身,

　典故出自《诗经·卫风·考槃》。

⑨延祚(zuò)：长久的福禄。

⑩系风捕景：拴住风，捕住影，比喻不可能做到的事，也形容事物虚无缥缈，没有根据。《汉书·郊祀志下》："听其言，洋洋满耳，若将可遇；求之，荡荡如系风捕景，终不可得。"

⑪蜀梁二叔：不详，或指《荀子》所载涓蜀梁惧影事。在《荀子·解蔽》寓言中有一个叫涓蜀梁的人，此人性格愚蠢而且胆小，在有明亮月光的晚上行走时，低头看见他自己的影子，以为是趴着的鬼，仰望上面的头发，以为是站着的妖怪，转身逃跑，等他到家，已经绝气身亡。其寓意是人不能盲目拜神，要相信自己。

【译文】

　　您在讨论仁义时就说：有仁爱之心的人少，追逐利益的人多。说到施恩惠时则要求他们忘掉自己的行善行为，不求别人的回报，既然有仁爱之情的人少，谁能忘掉自己的行善行为？追逐利益的人多，怎能忘掉回报呢？如果能推崇乐于施舍的人，来鼓励想要发扬仁义的同一类的人物，推广不求回报的思想，来强调趋向道义的心态，于是，道义就会确实在这里了，追求仁爱就不远了！至于帮助拥有生命的众生，达到没有死亡的境界，使万物庆贺喜悦，怀着敬意拜祭所有的神仙，这样的内容宏大虚妄，并非本辩论所涉及的。莫非是秦国的军队将要逃走，路人说话都放肆无忌惮了？岂是因为他们相互逼迫，只有坐下来才好说话？圣人在上面，不和诸位天神争夺首领之位，有始有终，怎么能达到不死的境界呢？辨别事物清楚明确，对众多的事物研究得比较精粹，最初发明结绳来帮助记忆、理解，最终发展出复杂的文化教育。本性遵循自然之道，因此超越一切荣誉和名声，这样命运不会遇到什么损害。博爱万物，用打猎和捕鱼得到的东西，供养有才能的人和普通的人，打猎得到的东西种类比较多，放进宾客的厨房里。金属和石制的乐器散发着光彩，笙和簧协奏出美丽的旋律，喝醉美酒，饱受身教恩惠，君子长寿，具有无穷的福气。有道德而不去做官的人弘扬光大历久弥新的功业,在朝为官的人推广先王的教化思想,果真如此的话就会让君主更加英明,万物都会受到恩泽。龙纹绣在物体表面,玉饰在行走时相击发声,这些也是让尧和孔子快乐的地方呀!当没有遇到赏识自己的明主,归隐山间扣击木盘自得其乐,修养自己变得更高尚,杀鸡作黍般勤款待宾客,暂且寄托自己的心事;抑或像伊尹背负鼎俎拜见汤王,以滋味比喻王道之事,这样在世间传播自己的名声;或像吕尚一样在京城屠羊、磨刀,让自己高远的志向超过浮云,这又是君子的隐世心思。何必要积累善事来延续长久的福禄,寄希望于无法验证的来世,活着的时候背离生活的真正快乐,白白的被奴役而没有好的归属。做一些虚无缥渺、没有根据的事情,不符合中庸之美德;美慕外在的东西,迷惑于怪诞的事物,有违通达之人的本性。蹲跪膜拜与揖让两种礼节不能同时存在,我希望您舍弃一个,而遵守另外一个。至于蜀梁二叔,世人驿骨之譬,并非这篇文章本来要说的,因此就不再讨论了。

又释何衡阳

【题解】

本篇由颜延之所撰写,他针对何承天撰写的《重答颜永嘉》逐条进行解释,主要还是围绕天、地、人三才、圣人与众生、因果报应、精灵有没有形体等问题进行驳斥。颜延之认为,三才学说强调中和,圣人与众人以及飞虫鸟兽一样都是"含识"之类,都可以称作众生,另外他强调精灵应该有形体,轮回报应非常真实。

圣虑难原,神应不测。中散所云,中人自竭,莫得其端①,岂其浅岸所可探抽②?徒以魏文火布③,见刊异世;滕修虾须④,取愧当时。故于度外之事⑤,怙以意裁耳。足下已审其虚实,方书之不朽,独鉴坚精,难复疑问。聊写余怀,依答条释,事纬殊福⑥,义杂胡华,虽存简章⑦,自至烦文⑧。过此以往,余欲无言。

【注释】

① "中散"三句:《嵇康集·难宅无吉凶摄生论》:"夫神祇退远,吉凶难明,虽中人自竭,莫得其端。"意思是鬼神、占卜之事是高深莫

测、难以明了的,即使常人竭尽全力地去探索,其中的底细却无从得知。中散,三国魏嵇康曾任中散大夫,世以"中散"称之。

②探抽:探索抽绎。

③魏文火布:《抱朴子·内篇·论仙》:"魏文帝穷览洽闻,自谓于物无所不经,谓天下无切玉之刀,火浣之布,及著《典论》,尝据言此事。其间未期,二物毕至。帝乃叹息,遽毁斯论。事无固必,殆为此也。"

④虾须:虾的触须。王隐《交广记》:"吴置广州,以滕修为刺史,或语修,虾须长一丈,修不信,其人后故至东海,取虾须长四丈四尺,封以示修,修乃服之。"

⑤度外:法度之外。指不按常法或不遵常礼。《三国志·魏书·杨阜传》:"曹公有雄才远略,决机无疑,法一而兵精,能用度外之人,所任各尽其力,必能济大事者也。"

⑥事纬殊福:文章贯穿了旦夕祸福。纬,指安排组织文章。

⑦简章:书籍,典章。

⑧烦文:文字冗杂而寡要,亦谓冗杂的文字。《尚书序》:"先君孔子生于周末,睹史籍之烦文,惧览之者不一。"

【译文】

圣人的思想难以寻其根源,神明的感应也无法预料。正如嵇康所说的"普通的人就算穷尽思虑,也想不出其中的原委。"这深刻的道理岂是像那些在浅岸边就可以探取的东西一样?就像魏文帝一样写文章说天下无切玉之刀,火浣之布,结果这两样东西很快就来了一样;像滕修一样不相信东海巨虾的触须长一丈,为人们所耻笑。因此对于法度之外的事,要谨慎随便决断。足下已经仔细考察其虚实,方才写下这篇不朽的文章,非常精当,很难让人再产生疑问。我暂且抒发一下我的想法,依照回答列举解释,行文贯穿旦夕祸福等主题,主旨融汇了西域和中原的观念,虽然以前已经写了一些相关书籍、典章,现在又写出这篇冗长繁杂的文章。从此以后,我不打算对这些问题再说什么话了。

　　答曰:若如论旨,以三画为三才①,则初拟地爻②,三议天位。然而遁世无闷③,非厚载之目;君子乾乾,非苍苍之称。果两仪罔托,亦何取于立人? 但爻在中和,宜应君德耳。

　　释曰:闻之前学,淳象始于参画④,兼卦终于六爻。参画立本,三才之位,六爻未变,群龙所经。是以重卦之后,则以出处明之⑤。故遁世乾乾,潜藏偕行⑥,圣人适时之义,兼之道也。若以初爻非地,三位非天,以为两仪罔托,立人无取。未知足下前论三才同体,何因而生? 若犹受之系说,不轶师训,何独得之复卦,丧之单象? 如义文之外,更有三才,此自春秋新意,吾无识焉。且遁世乾乾,虽非覆载之名⑦;一体之中,未失卑高之实,岂得以变动之辞,废立本之义? 又知以爻在中和,宜应君德,若徒有中和之爻,竟无中和之人,则爻将何放? 若中和在德,则不得人皆中和。体合之论同,未可殊越⑧。

【注释】

①三画:三画卦。

②爻:《周易》中组成卦的符号。分为阳爻和阴爻。每三爻合成一卦,可得八卦,称为经卦;两卦(六爻)相重则得六十四卦,称为别卦。爻含有交错和变化之意。《周易·系辞上》:"爻者,言乎变者也。"韩康伯注:"爻各言其变也。"

③遁世无闷:逃避世俗而心无烦忧。

④淳象:纯卦。"淳"同"纯"。参画:参"同"叁",指三画卦。

⑤出处(chūchǔ)：古代指士人出任官职及退隐。

⑥"遁世"二句：《周易·乾卦·文言》："潜龙勿用，阳气潜藏。见龙在田，天下文明。终日乾乾，与时偕行。"

⑦覆载：覆育包容。《礼记·中庸》："天之所覆，地之所载，日月所照，霜露所队，凡有血气者，莫不尊亲。"

⑧殊越：超绝，超出寻常。

【译文】

您在回答中说：如果像你论题的主旨所说，把三画卦当做天、地、人的象征，那么初爻就被拟想为地，三爻就被拟做天位。然而虽然隐世没有忧愁，但并不是厚德载物的特征；君子自强不息，不是芸芸众生的称呼。如果天地都无所承担，又如何谈做人？爻在中和的位置，对应君王中正和谐的德性。

我解释说：听闻前人的学说，纯卦起始于三画卦，兼卦最终发展到六爻。三画先确立了根本，才有了"三才"学说现在的位置，六爻的道理一直没有变过，是群龙之象所经历的。因此重卦出现之后，就用出仕和隐退来诠释。因此君子隐世也可以有进益道德，修营功业的情怀，二者共同存在并发展，是圣人适应时机的意思，这便是"兼"的道理了。如果因为觉得初爻无法代表地，三爻无法指代天，就认为天地无所依托，更无从谈及做人。可不知足下之前所说的天、地、人三才一体，又是因何而产生？如果指教育禁锢思想的学说，让人不敢逾越老师的教诲，那为何只接受复卦说，却又忘记了单卦说？比如文义之外，又有三才，这是从春秋以来发展的新学说，我不是很懂。况且在隐逸中也可自强不息，虽然不是覆育包容之名；一个整体之中，并没有丧失尊卑的实质，怎么会因为变动的说辞而废除了确立根本的意义呢？而且知道爻卦的精髓在于中和，应该对应君王的德行，但如果只是得出中和的爻卦，最终却并无中和的人，那么爻应该放于何处？如果中和的意义在于道德，那么不可能所有人都达到了中和的境界。内外整体和合是否一致的辩论，还是有不可超越的地方啊！

　　答曰：上仁上义①，便是许体仁义者为三才寻。又云：乔、札未获上附，伊、颜宜其下丽，则黄裳之人其犹不及，虽赜之旨高下无准②，故惑者未悟。

　　释曰：所云上仁上义，谓兼总仁义之极③，可以对飨天地者耳④。非谓少有耻爱，便为三才⑤。前释已具，怪复是问。四彼域中，唯王是体知⑥，三才两仪，非圣不居，《易》《老》同归，可无重惑。案东鲁阶差⑦，乔、札理不允备⑧，何由上附至位？依西方准墨，伊、颜未获法身⑨，故当下丽生品⑩。来论挟姬议释，故两解此意，冀以取了，反致辞费。圣作君师，贤为臣资，接畅神功，影向大业⑪，行藏可共⑫，默语亦同，体分至此，何负黄裳？议者徒见不得等位⑬，元首横生消恨⑭，而不知引之极地，更非守节之情⑮。指断如斯，何谓无准⑯？

【注释】

①上仁：至仁。《老子》：“上仁为之，而无以为也。”上义：至义，最高的义。《老子》：“上义为之而有以为。”魏源《老子本义》：“至义则虽其上者亦真下德矣，故为之而有以为。”

②赜（zé）：深奥，玄妙。

③仁义：仁爱和正义；宽惠正直。《礼记·曲礼上》：“道德仁义，非礼不成。”孔颖达疏：“仁是施恩及物，义是裁断合宜。”《礼记·丧服四制》：“恩者仁也，理者义也，节者礼也，权者知也，仁义礼知，人道具矣。”

④飨（xiǎng）：乡人饮酒，引申为礼待他人。

⑤三才：天、地、人。《周易·说卦》：“是以立天之道曰阴与阳，立地

之道曰柔与刚,立人之道曰仁与义。兼三才而两之,故《易》六画
而成卦。"

⑥"四彼"二句:《老子》第二十五章:"域中有四大,而王居其一焉。"

⑦案:同"按"。东鲁:指孔子,孔子为春秋鲁人,故称。

⑧允备:允当而完备。

⑨法身:佛教语,梵语意译,谓证得清净自性,成就一切功德之身。
"法身"不生不灭,无形而随处现形,也称为佛身,各乘诸宗所说
不一。

⑩生品:生物的品类。

⑪影向:向,通"响",影响。

⑫行藏:出处或行止。《论语·述而》:"用之则行,舍之则藏。"

⑬等位:官阶爵位。

⑭诮(qiào)恨:讥笑和恼恨。

⑮守节:坚守节操。

⑯无准:没有准则或依据。

【译文】

您在回答中说:最高的仁义,便是那些为仁义追寻三才境界的人。
又说:郑乔、季札未能够获得较高的位置,伊尹、颜回适宜向下依附,那
么穿着黄色衣裳的大臣还是不能企及,虽然是深奥的意旨,因为高低没
有标准,所以迷惑者是不能很好领悟的。

我解释说:所说的至高的仁义,可以说是兼顾仁义的巅峰,是能够
对世间万物都以礼相待的人。不是说稍微有些羞耻和仁爱心,便可以
成为三才。前面的解释都已经有了,奇怪您又问这个问题。天地四域
之中,王居其一,三才两仪,不是圣贤之人是不能这样称呼的。《周易》
和《老子》有同样的趋向,这是没有较大疑惑的。根据孔子的标准,郑
乔、季札的修养不够完备,怎能向上到更高的位置? 依据西方佛教的准
则,伊尹、颜回没有获得修炼得道之法身,因此应当还是较低的等级。

你的论说运用儒家的思想来解释说明佛教,因此误解了这个意思,希望别人能理解,却反而是在说废话。人格极其高尚的圣人作君师,有道德有才能的贤人当臣子,才会取得神圣的功业,有助于帝王大业,行进的路径相同,沉默或言说也相同,禀赋和素质达到这种情形,大臣哪里会背弃?议论的人只看见没有得到官阶爵位,对帝王滋生恼恨,却不知道将恼恨转向极地,更不是坚守节操之情。像这样辨别,怎么说没有准则呢?

　　答曰:夫阴阳陶气,刚柔赋性,圆首方足,容貌匪殊。恻隐耻恶,悠悠皆是。但参体二仪①,必举仁为端耳。

　　释曰:若谓圆首方足,必同耻恻之实,容貌匪殊,皆可参体二仪。蹻、跖之徒②,亦当在三才之数耶?若诚不得③,则不可见横目之之④,便与大人同列⑤。悠悠之伦⑥,品量难齐⑦。既云仁者安仁⑧,智者利仁,又云力行近仁⑨,畏罪强仁⑩。若一之正位,将真伪相冒。庄周云:"天下之善人寡,不善人多⑪。"其分若此,何谓皆是?

【注释】

①参体:并立。

②蹻(jué)、跖:庄蹻、盗跖。古代传说中的两个大盗。《淮南子·主术训》:"执术而御之,则管晏之智尽矣;明分以示之,则跖蹻之奸止矣。"

③诚:的确。副词。

④横目:指人民,百姓。《庄子·天地》:"夫子无意于横目之民乎?愿闻圣治。"注:"五行之内,唯民横目,故谓之横目之民。"

⑤大人:指高位者,如王公贵族。

⑥伦：类。

⑦品量：品格器量。

⑧仁者安仁：《论语·里仁》："仁者安仁，知者利仁。"

⑨力行近仁：《礼记·中庸》："好学近乎智，力行近乎仁，知耻近乎勇。"

⑩畏罪强仁：《礼记·表记》："仁者安仁，知者利仁，畏罪者强仁。"

⑪"天下"二句：《庄子·胠箧》："天下之善人少而不善人多，则圣人之利天下也少而害天下也多。"

【译文】

您在回答中说：阴阳二气陶铸气质，阳刚阴柔赋予个性，圆形的头方形的脚，体貌形体不是很特殊；具有同情恻隐与耻恶之心，很多人都是这样的。但是要说与天地二仪并立，一定会以仁义为根本。

我解释说：如果说头是圆的脚是方的，就一定都有同情心与羞耻心，容貌不是很特别，都可以和天地并立。难道庄跷、盗跖这样的坏人，也应当在三才的行列之内吗？如果的确不可以，就不可以看到了百姓的共同之处，便将其和王公贵族同列。那么多的类别，品评、衡量都难以相同。既然说仁者安心实现仁的境界，智者有利于仁，又说力行者近于仁爱，害怕犯错误是勉强实行仁。如果每一个都列入仁的行列，那么真的就会被假的冒充。庄周说："普天之下有善心的人很少，没有善心的人很多。"如果这样划分仁者，那么什么才是仁者呢？

答曰：知欲限以名器①，顺其所假②，遂令惠人洁士③，比性于毛群④；庶几之贤⑤，同气于介族⑥。立象之意⑦，岂其然乎？

释曰：名器有限，良由资体不备⑧，虽欲假之，疑阳谓何⑨？含灵为人，毛群所不能同；禀气成生，洁士有不得异。

象仿其灵,非象其生。一之而已,无乃诬漫⑩。

【注释】

①名器:名号与车服仪制。

②假:依靠。

③惠人:施恩惠于他人的人。洁士:操守清白的人。

④毛群:指兽类。

⑤庶几:接近于(圣贤)。

⑥同气:气质相同,气类相同。

⑦立象:设立物象。

⑧资体:资质性理。

⑨谓何:如何,为何。

⑩诬漫:虚妄夸诞。漫,辽远无边际的样子。

【译文】

您在回答中说:知道你想要用名号与车服仪制来限制,顺着这些所依靠的,就会使施恩于他人的人,操守清白的人,性格比附于动物;接近于圣贤之人,气质也等同于贝壳之类,设立物象的本意,难道是这样的吗?

我解释说:用名号与车服仪制来限制,实在是由于人们的资质不完备,即使想依靠这些,为何这样奋起自卫辩论?人内蕴灵性,这是和兽类不相同的地方;人的本性天成,天性操守清白的人不会改变。就好像在模仿洁士的精神,而不是模仿他的肉身。这只是其中之一罢了,不是虚妄夸诞。

答曰:已均被同众云云,特灵之神既异于众,得生之理何尝暂同。生本于理,而理异焉,同众之生名将安附? 若执此生名,必使从众,则混成之物,亦将在例耶?

释曰:吾前谓同于所万①,岂得生之可异? 足下答云②:非谓不然，又曰奚取不异之生必宜为众。是则去吾为众，而取吾不异，岂有不异而非众哉？所以复云，故当殊其特灵，不应异其得生耳。今答又谓，得生之理何尝暂同，生本于理，而理异焉。请问得生之理，故是阴阳耶？吾不见其异，而足下谓未尝暂同，若有异理，非复煦蒸耶③？则阴阳之表，更有受生涂趣④，三世讵宜竖立⑤？使混成之生与物同气⑥，岂混成之谓？若徒假生名莫见生实，则非向言之匹⑦。言生非生，即是有物不物，李叟此说⑧，或更有其义，以无诘有，颇为未类。

【注释】

①同于所万：指万物或众生都相同。同前文颜延之《释达性论》中"有万之所同"。

②足下：古代下称上或同辈相称的敬辞。

③煦蒸：化育；蒸腾。南朝宋鲍照《侍郎报满辞阁疏》："宿福余庆，爰遘圣明，煦蒸霜霰，荨甲云露。"

④受生：投生，投胎。

⑤三世：佛家以过去、现在、未来为三世。北齐颜之推《颜氏家训·归心》："三世之事，信而有征。"

⑥同气：气质相同；气类相同。《周易·乾》："同声相应，同气相求。"

⑦向言：古籍所载的一种特异现象。向，通"响"。《晋书·五行志中》："吴孙休时，乌程人有得困病，及差，能以响言者，言于此而闻于彼。"后用为建言讽喻而使在上者明察下情的典故。

⑧李叟：李耳（？—约前471），字伯阳，楚国苦县（今河南鹿邑）人，是我国古代伟大的哲学家和思想家、道家学派创始人。

【译文】

您在回答中说：圣人现在已经都被当成众人中的一部分，圣人具有特别灵慧的神明，既然和大众不同，那么得到生命之理，又何尝相同？生命本乎道，然而道理不同，和大众相同的生命，他的名号将到哪里附着呢？若把圣人看做普通人，必然会跟随大众俗化，那么混杂的俗物，也将会在范例之内吗？

我解释说：我之前说世间万物都是相同的，难道能认为生命都是不同的吗？阁下回答说：不是这样的，又说为何把没有差异的生命肯定地认为是众生呢？这样看来除去我所强调的众人，却拿我不同的事来说，岂会有不相同而不是众人的呢？所以又说：那么就应当特殊对待圣人特殊的灵性，而不应该把这些得到生命的看做异类。现在回答认为，得生的道理又何尝相同，生本就是于理中来，而理是不相同的。请问得生的道理，就是阴阳的变化么？我看不见其中的区别，而阁下却说他们未必相同，如果有不相同的理，那么不会有天地化育了。那么阴阳的表象，更是有投生的乐趣，三世因果报应岂能确立？使混同而成的生命与万物气质相同，难道这就是混同而成的说法了吗？如果只见假借生命的名称没有见到实际的生命，那么就不是向言这种特异现象能相比的了。说生不是生，即指有物不是物，老子这种说法，或许更有其中的深意，用无来诘问有，颇为另类。

答曰：谨为垣坊云云。始云，皇圣设候物之教，谨顺时之经，将以反渐息泰。今复以方开所泰为难，未详此将难鄙议，为讥圣人也？

释曰：前观本论，自九谷以下①，至孔钓不纲②，始知高议③。谓凡有宰作，皆出圣人，躬为师匠④，以率先下民也。孤鄙拙意⑤，自谓每所施为⑥，动必有因。圣人从为之节，使不迁越此⑦，二怀之大断，彼我所不同。吾将节其奢流，故有息泰之说。足下方明备设⑧，未知于何去甚而中？答又云，所谓甚者，圣人固已去之，不了此意，故近复以所泰为问。答云未详谁难，或自忘前报。

【注释】

①九谷：古代九种主要农作物。九谷名目，相传不一。

②孔钓不纲：孔子不用带绳的大网捕鱼。纲，渔网上的总绳，指代渔网。《论语·述而》："子钓而不纲。"

③高议：高明的议论。

④师匠：宗师、大匠，可以为人取法者。

⑤孤鄙拙意：鄙，用于谦称自己或跟自己有关的事物。拙，用于对别人称自己的东西。

⑥施为：行动；行事。

⑦迁越：越出范围而变化。

⑧方明：古代祭器，上下四方神明之象。木制，方四尺，设六色六玉。古代诸侯朝见天子、会盟或天子祭祀时所置。

【译文】

您在回答中说：谨慎地做好墙壁加以防范，尚且担心爬墙的强盗，何况是不加防备，等等。您在开始的《释〈达性论〉》中认为，伟大的圣人哀伤众生如此深陷苦海，但又不能违反情理地强行断绝众生的执着，因而只好用占验物候的方便对众生施行教化，以顺应时宜的常行义理、法度来规范百姓，让百姓炽烈的情欲之心能够回转，慢慢地平息安定。现在又拿"打开了根本之门"为难，不知道这个是要用来诘难我的鄙陋议论，还是为了讥笑圣人？

我解释说：我观察前面文章的观点，自从有九谷以来，到孔子钓鱼而不用大网，现在才明白这高明的议论。从前但凡是有杰作的，都出自圣贤之人，他们亲自做宗师，来给天下百姓做表率。我在这里谈谈我卑微的想法，自认为每一次的行动，都是有原因的。古代贤哲的人向来以

此为节度,使行动不越出这个范围而变化,心里情感想法的区别,判断
事物的不同,就是和你我不同的地方。我将会控制过度的行为,所以有
息泰的说法。足下将神明之象设置齐全,不知道在哪里去除过度而做
到中道?又答道:所谓的过分,古代贤哲的人本来已经将它去除了,不
能了解这个意思,所以近来又把方开所泰拿来诘问。回答说不知道诘
难谁,或者是您自己忘记了前面的答复吧。

答曰:市庖之外云云,夫裎瘛茧栗,宗社三牲①,晓芗豆
俎②,以供宾客。七十之老,俟肉而饱③,岂得唯陈草石取备
上药而已。所忧不立者,非谓洪论难持,退兼此事,不可顿
去于世耳。

释曰:神农定生,周人备教,既唱粒食④,又言上药;既用
牺牢⑤,又称蘋蘩祭膳之道⑥,故无定方。前举市庖之外,复
有御养者,指旧刬瀹之滞⑦,以明延性不一。非谓经世之事,
皆当取备草石。然刍豢之功,希至百龄⑧,芝术之懿⑨,亟闻
千岁。由是言之,七十之老,何必谢恩于肉食?但自封一域
者,舍此无术耳。想不顿去于世,犹是前释所云,不能顿夺
所滞也⑩。始获符同⑪,敢不归美⑫。既知不可顿去,或不谓
道尽于此。

【注释】

①宗社:宗庙和社稷的合称。汉蔡邕《独断》:"天子之宗社曰泰社,
天子所为群姓立社也。"三牲:牛、羊、豕,俗谓之大三牲。猪、鱼、
鸡,俗谓之小三牲。道教谓獐、鹿、麂为玉署三牲。

②晓芗(xiāng):古书上指用以调味的紫苏之类的香草。豆俎(zǔ):
古代祭祀用的礼器。

③七十之老,俟肉而饱:《孟子·尽心上》:"五十非帛不暖,七十非
　肉不饱。"

④既唱粒食:唱,通"倡"。

⑤牺牢:供宴飨或祭祀用的牛、羊、猪。

⑥蘋蘩(pínfán):蘋和蘩。两种可供食用的水草,古代常用于
　祭祀。

⑦刳瀹(kūyuè):清除疏导使畅通。刳,剖开,清除。瀹,疏导。

⑧百龄:犹百年。指长久的岁月。

⑨芝术(zhú):芝术,药草名。懿,美好。

⑩顿夺:谓违反情理地强行断绝。

⑪符同:符合,相同。

⑫敢不:说不定。归美:称许,赞美。

【译文】

您在回答中说:集市厨房以外的地方,难道没有很好的养身的东西
吗? 等等。用来祭祀天地的各种祭品,包括牛羊猪三牲、香豆等都用来
招待宾客。七十岁的老人要吃肉才能填饱肚子,岂能只是摆设香草石
头之类的东西,只不过是拿来准备做上等的药材而已! 我所担忧不能
建立的,不是洪大的议论难以维持,而是考虑到这种事情,是不能一下
子就能废除掉的。

我解释说:神农氏让百姓安定,周朝的百姓接受良好的教化。既提
倡种植粮食,又主张采用上等药物以延长寿命;既用牛、羊、猪来祭祀,
又称颂用蘋和蘩这两种可供食用的水草来祭祀的礼仪,因此没有固定的
方式。除了前面举的集市上的厨师外,还有那些御养者,清除疏导滞塞
的地方使畅通,来表明性质各不相同。不是说凡是世间礼仪之事,都应
当采集准备草石。然而人们喜欢肉食品,是希望能活到百年,芝术的美
好,多次听闻被极长久地珍藏。因此这样说来,七十岁的老人,何必因
得到肉食品谢恩呢? 但是故步自封的人,舍弃这个就没有办法了。想

不在世间忽然强行废除那些事情，还是前面解释所说的那样，不能够违反情理地强行断绝人们所执着的事物。开始得到您的赞同，哪敢不赞美。您已经知道不能够在世间忽然违反情理地强行废除那些事情，就不必说大道的实现到此为止。

　　答曰：天下宁有无形之有云云，寻来旨似不嫌有鬼，当谓鬼宜有质，得无惑。天竺之书，说鬼别为生类耶？昔人以鬼神为教，乃列于典经，布在方策。郑乔、吴札亦以为然。是以云和六变，实降天神；龙门九成，人鬼咸格。足下雅秉《周礼》，近忽此义，方诘无形之有，为支离之辩乎？

　　释曰：非唯不嫌有鬼，乃谓有必有形，足下不无是同处有复异。是以比及质诘①，欲以求尽，请舍天竺之说②，谨依中土之经③。又置别为生类，共议登遐精灵④，体状有无。固然宜报定。典策之中，鬼神累万，所不了者，非其名号，比获三论⑤，每来益众。万鬼毕至，竟未片答。虽启告周博⑥，非解企渴，无形之有，既不匠立，徒谓支离以为通说⑦，若以核正为支离者⑧，将以浮漫为直达乎⑨？

【注释】

①质诘：质询诘问。

②天竺：印度的古称。古伊朗语 hindukahindukh 音译。

③中土：指中国。《后汉书·西域传论》："其国则殷乎中土。"

④登遐：登仙远去。

⑤三论：佛教三论宗所依据的经典，即《中论》、《百论》、《十二门论》。《中论》因申明大乘中道实相之理，故名中论，为龙树菩萨所造；《十二门论》因申明十二个法门，故名十二门论，也是龙树

菩萨所造;《百论》本来是二十品,因每品各有五偈,依其偈数故
名百论,为龙树之弟子提婆菩萨所造。

⑥周博:宽大,宏大。

⑦支离:分散,残缺,没有条理。

⑧核正:核实校正。

⑨浮漫:轻率。

【译文】

您在回答中说:天下哪里会有无形的东西? 看到这个就会怀疑,应
当屏除杂念心不散乱等等。探究你的来信,好像不嫌弃有鬼的论断,认
为神鬼应该有形体质量,难道没有疑惑吗? 印度的著作,认为神鬼是另
类的生物罢了。古人把神鬼作为教化的手段,于是布列在经典之中,排
列在典册之列。郑乔、季札也是这样认为的。因此用琴瑟表演《云门》
舞,冬至那天,在地上的圜丘上进行演奏,如果舞乐演奏六遍,天神就都
会下降,就可以向神进献玉继而进行祭祀了,用琴瑟表演《咸池》舞,夏
至那天,在泽中的方丘上进行演奏,如果舞乐演奏九遍,地神就都会出
来,可以向神进献玉,继而进行祭祀了。您非常熟悉《周礼》,近来却忽
略了这些思想,才会问难于鬼神无形的问题,难道不算作是支离的辩
论吗?

我解释说:不仅我不怀疑存在鬼,而且认为鬼一定有形体,您还是
说存在相同之处也存在许多不同,因此既然诘问,想要求最终的解释,
请舍弃天竺的说法,严格依据中土的经文。而且放下活生生的事物,共
同商讨死后的精灵,到底有没有形体,这应该是本来就应该知道的事。
典册中,记载了鬼神累积上万,那些不明白的人,不是因为它的名称,等
到获得三论(即《中论》《百论》《十二门论》),每次来得更多,万鬼齐集,
居然没有回答。虽然您的论述内涵博大,也不能解答他们渴望得到的
知识,没有形体的东西,既然不能成立,白白认为分散、残缺的说法是通
达的言论,如果将核实校正的言论看做分散、残缺的说法,难道将轻率

之论当做最终的答案吗？

答曰：后身著戒云云，未详所谓慈护者，谁氏之子？若据外书报应之说，皆吾所谓权教者耳。凡讲求至理，曾不析之圣言，多采谲怪以相扶翼，得无似以水济水乎？

释曰：慈护之主，计亦久闻其人，责以谁子，将以文殊释氏①。知谓报应之说皆是权教，权道隐深②，非圣不尽，虽子通识，虑亦未见其极。吾疲于推求，而足下逸于独了，良有恶然③。若权教所言，皆为欺妄④，则自然之中，无复报应。吾懦于击决⑤，足下烈于专断⑥，亦又惧焉。神高听卑，庸可诬哉？想云圣言者，必姬、孔之语，今之所谈皆其信顺之事，而谓曾不析之，复是未经详思来论，立姬废释。故吾引释符姬，答不越问，未觉多采。由余、日磾不生华壤⑦，何限九服之外不有穷理之人⑧，内外为判诚亦难乎？若自信其度独思，耳目习识之表，皆为谲怪，则吾亦已矣。

【注释】

①文殊：佛教菩萨名。文殊师利或曼殊室利的省称，意译为"妙吉祥"、"妙德"等。其形顶结五髻，象征大日如来的五智；持剑、骑青狮，象征智慧锐利威猛。为释迦牟尼佛的左胁侍，与司"理"的普贤菩萨相对。中国传其说法道场为山西省五台山。释氏：佛姓释迦的略称。亦指佛或佛教。《晋书·何充传》："于时郗愔及弟昙奉天师道，而充与弟准崇信释氏。"

②权道：佛教语，原指小乘说法的权教教义，也泛指教化世间的佛法。

③恧然(nǜrán)：惭愧貌。

④欺妄：欺骗。

⑤击决：迅速作出决定。

⑥专断：独自决断，专决。

⑦华壤：华夏之区。指中原。

⑧九服：王畿以外的九等地区。《周礼·夏官·职方氏》："乃辨九服之邦国：方千里曰王畿，其外方五百里曰侯服，又其外方五百里曰甸服，又其外方五百里曰男服，又其外方五百里曰采服，又其外方五百里曰卫服，又其外方五百里曰蛮服，又其外方五百里曰夷服，又其外方五百里曰镇服，又其外方五百里曰藩服。"

【译文】

　　您在回答中说：转世之后守持清静戒律，难道不值得尊敬吗？仁慈有爱护他人之心的人对此有深刻理解，但并不知道慈护的人到底是谁的孩子。如果谈到其他书籍中关于报应的说法，其实就是我所说的教化手段罢了。凡是讲解探究至高道理，如果不分析、理解圣人的言论，而是采用怪诞、荒诞不稽的言论和事情来相互支持，难倒不像是用清水来给清水增加味道一样对事情没有任何好处吗？

　　我解释说：有仁慈之心的人，估计也很久听说过这个人，您诘问是谁的孩子，我将用文殊菩萨和释迦牟尼佛的理论来说明。您认为所谓报应的说法都是权宜之教，佛法精深，不是圣人不能透彻了解，即使你学识渊博，我认为也不能完全理解它的终极境界。我厌倦推理寻求，然而足下安于独自探究，确实惭愧。如果认为是权宜之教，都是欺骗的话，那么宇宙万物之中，不再有报应之说。我不能迅速作出决定，足下擅长独自决断，我又很担心了。神灵高明，听者低下，岂可诬陷？认为圣人的言论，一定是黄帝、孔子所说的，现在还被谈论，都是因为他们的话真实通达。而认为从未分析，许多是没有经过详细的思考便进行讨论，赞同扶立周公孔子而废除佛教。所以我引用佛教的话来与儒家学说相对应,答案不超出问题,没有发觉多余的辞藻。比如由余、金日磾不是生于中原,怎么就限定中华大地之外没有穷究事物真理的人,内外区别,实在是很难啊!如果过分相信自己独自思考,耳目学习只达到事物的表面,认为别人的理论都是些奇异怪诞的言论,那么我什么也不说了。

答曰:又云,物无妄然,必以类感云云。斯言果然,则类感之物,轻重必侔;影表之势,修短有度。致饰土木,不发慈愍之心,顺时搜狩;未根惨虐之性。天宫华乐,焉赏而上升?地狱幽苦,奚罚而沦陷?昌言穷轩轾,立法无衡石①,一至于此。

释曰:影表之说,以征感报,来意疑不必侔,嫌其无度,即复除福应也②。福应非他,气数所生③,若灭福应,即无气数矣。足下功存步验,而还伐所知④,想信道为心者必不至此。若谓不慈于土木之饰,有甚于顺时之杀者,无乃大负夫人之心。黄屋玉玺非必尧舜之情⑤,崇居丽养岂是释迦之意⑥?责天宫之赏,求地狱之罚,颇类昔人亚夫之诘、英布之问⑦,有味乎其言,此盖众息心之所详,吾可得而略之。

【注释】

①衡石:泛指称重量的器物。

②福应:预示幸福吉祥的征兆。

③气数:气运,命运。

④伐:自夸,夸大。

⑤黄屋:古代帝王专用的黄缯车盖。此指帝位。

⑥释迦:释迦牟尼。本是古印度迦毗罗卫国(今尼泊尔境内)的太

子，父为净饭王，母为摩耶夫人，佛为太子时名叫"乔达摩·悉达
多"，意为"一切义成就者"。

⑦亚夫：范增（前277—前204），居巢（今安徽巢湖）人，秦末农民战
争中为项羽主要谋士，被项羽尊为"亚父"，又称"亚夫"。英布
（？—前196）：六县（今安徽六安）人，因受秦律被黥，又称黥布。
初属项羽，为霸王帐下五大将之一，被封为九江王，后叛楚归汉，
被封为淮南王，与韩信、彭越并称汉初三大名将。

【译文】

您在回答中说：你又说：事物之间不是胡乱发展的，同类之间必定
互相关联，常做善事就会使善良得到发扬，等等。如果这些话是对的，
那么和同类相互联系的事物，轻重必定相等；主表测量太阳影子，长短
有度。尽全力修饰建筑物，而没有慈悲怜悯之心；在固定的时间狩猎，
还是没有根除残忍暴虐的本性。天宫奢华安乐，被赏赐了怎能还往上
升？地狱非常痛苦，受到了惩罚怎能还沦落？直言不讳可以穷尽辨析
优劣的事，立法没有准则，竟到如此地步。

我解释说：关于主表的言说，是用来象征因果报应的，你怀疑不必
齐等，嫌弃没有节制，也就是消除预示幸福吉祥的预兆。预示幸福吉祥
的预兆不是别的，而是命运所繁衍出来的，如果消灭了预示幸福吉祥的
预兆，那么气数也没有了。足下的功业很大，然而夸耀自己所知道的，
想必在心里相信道的人必定不会是这样。如果说一个人不爱惜土木建
筑，罪过比顺应时间打渔捕猎更厉害，大概极大地辜负了圣人之心。住
富丽堂皇的宫殿和拿着玉玺必定不是尧舜所看重的，居住在高大的屋
子里，被优厚供养难道也是佛祖的本意吗？责备天宫的赏赐，追求地狱
的责罚，与前人亚夫质问英布的问题十分相像，这是很有趣的话啊！这
大概是大家心里都能详细了解的，我可以略过。

答曰：且阿保博爱，慎及涸腴；良庖提刀，情怵介族。彼

圣人者,明并日月,化关三统,若令报应必符,亦何妨于教?而缄扃羲、唐之纪①,埋闭周、孔之世。肇结网罟,兴累亿之罪;仍制牲牢,开长夜之罚。遗彼天厨,甘此刍豢,曾无拯溺之仁,横成纳隍之酷,其为不然,宜简渊虑。若谓穷神之智,犹有不尽,虽高情爱奇,想亦未至于侮圣。

释曰:知谓报应之义,缄羲周之世,以此推求,为不符之证。羲唐邈矣②,人莫之详,《尚书》所载③,不过数篇,方言德刑之美,遑记祸福之源④。今帝典王策,犹不书性命之事,而征阙文⑤,以为古必无之,斯亦师心之过也。且信顺殃庆⑥,咸列姬、孔之籍⑦,谓之埋闭,如小径乎。但言有远近,教有浅深,故使智者与此而夺彼耶!夫生必有欲,欲必有求,欲欠则争,求给则恬;争则相害,恬则相安。网罟之设,将蠲害以取安乎⑧?且畋渔牲牢⑨,其事不异,足下前答,已知牲牢不可顿去于今世,复谓畋渔不可独弃于古,未为通类矣。好生恶死,每下愈笃。故宥其死者顺其情,夺其生者逆其性,至人尚矣,何为犯顺而居逆哉?是知不能顿夺所滞,故因为之制耳。圣灵虽茂,无以睿蒙阐之心⑩,弱丧之民,何可胜论。罪罚之来,将物自取之。事远难致,不由天厨见遗;物近易耽,故常刍豢是甘。拯溺出隍,众哲所共,但化物不同,非道之异。不尽之让,亦如过当,子长爱奇,本不类此。

【注释】

①缄扃(jiōng):关闭。羲、唐:伏羲、唐尧。伏羲,古代传说中的三皇之一,风姓,相传其始画八卦,又教民渔猎,取牺牲以供庖厨,因称庖牺,亦作"伏戏"、"伏牺"。唐尧,古帝名,帝喾之子,姓伊

祁,名放勋,初封于陶,又封于唐,号陶唐氏,以子丹朱不肖,传位于舜。

②邈:遥远。

③《尚书》:又称《书》、《书经》,为一部多体裁文献汇编,是中国现存最早的史书。分为《虞书》、《夏书》、《商书》、《周书》。战国时期总称《书》,汉代改称《尚书》,即"上古之书"。

④遑:怎能。

⑤征:征引。

⑥信顺:诚信不欺,顺应物理。《周易·系辞上》:"天之所助者,顺也;人之所助者,信也。"

⑦姬:周公旦,姓姬,名旦,亦称叔旦。西周时期的政治家、军事家、思想家、教育家,被尊为"元圣",儒学先驱。周文王的第四子,周武王的同母弟。因采邑在周,称为周公。

⑧蠲(juān):清除,疏通。

⑨牲牢:牲畜。《诗经·小雅·瓠叶序》:"上弃礼而不能行,虽有牲牢饔饩,不肯用也。"郑玄笺:"牛羊豕为牲,系养者曰牢。"

⑩蒙阇:幼稚不明事理。

【译文】

您在回答中说:况且身边亲近之臣对君主有爱护之心,对于宰杀肥猪这样的事情还是有所小心谨慎;好的厨师提起刀,感情上还是会害怕贝类等低等动物。所谓圣德贤明的人,光辉可与日月相媲美,使天、地、人三统化开,如果因果报应是真实的,又何妨运用这种思想来教化众生?然而伏义、唐尧、周孔时期因果报应之说完全没有记载。编织网子捕鱼,造成重大的罪过,仍然伤害畜生,开启了连绵不绝的罪罚。放弃天然的食物,喜欢吃各种肉类食品,几乎没有拯救人们的仁爱之心和出民于水火的迫切心情。这种行为不应该,应当深深反思。要是说穷尽所有精神的智慧,还是达不到,即使充满热情喜爱思考奇异之事,也不致于达到侮辱圣人的地步。

我解释说：您认为报应的思想，在伏羲、唐尧、周孔时期没有记载，以此来证明因果报应的思想不正确，这是不符合情理的。伏羲、唐尧的时代距离现在已经很遥远了，因此人们了解并不详细。《尚书》所记载的只不过寥寥几篇，仅仅记录他们的德刑之美，而很少提到祸福的根源。当今的帝王家的史书，尚且不记录关乎性命的事情，然而根据那些简单的文献，认为古时肯定没有这些因果报应的事情，这也是自以为是的过错呀！而且忠信之人顺应事理，和遭殃或获福的事情，在周公、孔子的书籍里也有所记载，说成是完全没有记载，这种思想就像小路一样狭隘。但是语言有远近之说，教化也有深浅之分，因此智者有时候注重这方面的事情而忽略那方面的事情。每个人活着就肯定有欲望，有欲望就一定有所求，没有达到他的欲望他就要争，求的东西得到了就会恬静快乐；争斗则会相互伤害，安静则会相安无事。网罟的设置，就可以清除祸害而得到安宁吗？并且打猎、捕鱼和饲养牲畜，这些事没有什么不同的，你之前已经回答过了，已经知道了饲养牲畜不能忽然就在现在取消，再一次说渔猎这种习俗不能在古时候被放弃，还没有成为相同的类别。贪生怕死这种情况越来越严重。因此要宽恕死者并且顺应其情理，消灭生者的欲望而悖逆其习性，只有超凡脱俗，达到无我境界的人才可以这样，为什么要违背世人习惯的事情而逆道而行呢？所以知道不可以马上夺取人们所执着的东西，只是顺应这些欲望为他们设置法度了。圣人的心灵虽然很高尚，却也不能使糊涂的心变得睿智，那些病弱的居民，更加没有什么可以说的了。所有的祸灾，都是自取的。事物很远，所以很难达到，致使天然的庖厨之物被遗忘；物体离得近，又容易沉溺于其中，因此以吃牛羊猪狗等牲畜的肉为美味。把处于危险困难境地的人拯救出来，是所有哲人的共同责任，但哲人间的差异是因其所教化的对象与所用方法不同，不是因为道的不同。过多的谦让，与过多的承当一样走极端，即使您确实爱好奇异之事，也不该像这样。

答曰：足下论仁义，则云情之者少，利之者多，言施惠则许其遗贤忘报。在情既少，孰能遗贤，利之者多，曷云忘报？若能推乐施之士，以期欲仁之俦，演忘报之意，引向义之心，则义实在斯，求仁不远。

释曰：情仁义者寡，利仁义者众；闻之庄书，非直孤说，未获详校，遽见弹责①。夫在情既少，利之者多，不能遗贤，曷云忘报②？实吾前后勤勤以为不得配拟二仪者耳③，复非笃论所应据正。若乐施忘报，即为体仁④；忘报而施，便为合义。可去欲字，并除向名，在斯不远，谁不是慕？

【注释】

①弹责：批评，指摘。

②曷（hé）：同"盍"，何不。

③勤勤：次数多，不间断。

④体仁：躬行仁道。《周易·乾》："君子体仁，足以长人。"孔颖达疏："言君子之人，体包仁道，泛爱施生，足以尊长于人也。"

【译文】

您在回答中说：足下讨论仁义时认为，有仁爱之情的人少，追逐利益的人多。说到施恩惠时则要求他们忘掉自己的行善行为，不求别人的回报。既然仁爱之情的人少，谁能忘掉自己的行善行为？追逐利益的人多，怎能忘掉回报呢？如果能推崇乐于施舍的人，来鼓励想要发扬仁义的同一类的人物，推广不求回报的思想，来强调趋向道义的心态，于是，道义就会确实存在这里了，追求仁爱就不远了。

我解释说：出于真心实践仁义的人越来越少，利用仁义谋取名利的人越来越多；从庄子书中听闻，并不是一己之见，您没有进行详细的考证，就急忙批判。有仁爱之情的人少，追逐利益的人多，不能忘掉自己的行善行为,怎能不求回报? 实在是我从一开始就多次恳切至诚的认为不能够配拟天地二仪的意思,那么不是您的评论所应该纠正的了。如果乐意施舍不求回报,便是躬行仁道;不求回报而做出施舍,就是合于道义。可以去除欲字,并且能够去除向往名利的思想,就离仁义不远了,谁不向往呢?

答曰:济有生之类云云,斯旨宏诞,非本论所及。无乃秦师将遁,行人言肆乎?

释曰:足下论挟姬、释①,吾亦答兼戎、周②。足下以此抑彼,谓福极高门③;吾申彼释,此云庆周兆物。足下据此所见,谓祚止公侯,吾信彼所闻,云尊冠百神。本议是争,曷云不及? 夫论难之本,以易夺为体,失之已外,辄云宏诞④。求理之涂,几乎塞矣,师遁言肆,或不在此。

【注释】

①姬、释:此指儒家和佛教。姬,黄帝的姓,周人以后稷(黄帝之后)为祖,亦姓姬。

②戎:古代典籍泛指我国西部的少数民族。《礼记·王制》:"西方曰戎。"

③高门:富贵之家,高贵门等。《庄子·达生》:"有张毅者,高门县薄,无不走也。"成玄英疏:"高门,富贵之家也。"

④宏诞:夸大虚妄。

【译文】

您在回答中说:至于帮助拥有生命的众生,达到没有死亡的境界,使万物庆贺喜悦,怀着敬意拜祭所有的神仙等等,这样的内容宏大虚妄,并非本辩论所要涉及的。莫非是秦国的军队将要逃走,路人说话都放肆无忌惮了吗？

　　我解释说：您兼论儒家和佛教，我也兼论少数民族和周朝，以此来回答。您借此来压制对方，认为福气在富贵之家达到了极点；我多次重申佛教的说法，即他们所说的使万物庆贺喜悦。您根据这样的见解，认为福气到公侯那里为止了。我相信他们所听闻的，说怀着敬意拜祭所有的神仙。本来所讨论的就是有争辩性的话题，为什么又说不考虑这些了呢？辩论责难的根本，以容易争辩为体，自己不理解的，就说是夸大虚妄。寻求真理的道路，差不多都被堵塞了，秦师将退走，行人说话放肆这种现象，或许不在这里。

　　答曰：岂其相迫，居吾语子？圣人在上，不与百神争长，有始有卒，焉得无死之地云云？

　　释曰：岂其相迫，一何务德①；居吾语子，又何壮辞。凡为物之长，岂争之所得？非唯不争，必将下之，不可见尊冠百神，便谓与百神争长。无乃取之滕薛②，弃之体仁知。谓物有始卒，无不死之地，求之域内，实如来趣。前释所谓胜类诸区，有诚亦宜然者也。至如《山经》所图③，《仙传》所记④，事关世载，已不可原。况复道绝恒情，理隔常照，必以于我，不然皆当绝弃，此又所不得安。

【注释】

①一何：何其，多么。

②滕薛：争夺尊位或首位。《左传·隐公十一年》：“十一年春，滕侯、薛侯来朝，争长。”

③《山经》：《山海经》，先秦古籍，是一部富于神话传说的古老的地理书。它主要记述古代地理、物产、神话、巫术、宗教等，也包括

古史、医药、民俗、民族等方面的内容。成书年代及作者不详。

④《仙传》：或指《列仙传》，记述神仙故事的书。

【译文】

您在回答中说：岂是因为他们相互逼迫，只有坐下来才好说话？圣人在上面，不和诸位天神争夺首领之位，有始有终，怎么能达到不死的境界呢？等等。

我解说：岂是他们相互逼迫，何其致力于德行了；坐下来才好说话，又是多么雄壮的语气。凡作为万物之首领，岂是通过争夺就能获得的？只有不争夺，才能谦让，不可见到怀着敬意拜祭所有的神仙，便认为是与百神争夺首领之位。恐怕那些争夺取得尊位的人，就是放弃他们躬行仁道的学识了。认为一切事物都有始有终，没有长生不死的地方，在区域内追求，就是如来所趣向的。前面所解释的所谓的美丽的地方，有诚信才会这样。正如《山海经》里描绘的，《列仙传》里记载的，事情的经过由一辈一辈相传下来，已经不能恢复原来的面貌了。何况大道超越常情，佛理与常人的了解完全不同，一定要按照自己亲自修炼来体证，不然就应当全都放弃，但是这又不能让人心安。

答曰：夫辩章幽明，研精庶物云云。

释曰：逮省此章，盛陈列代；文博体周，颇善师法①；歌诵圣世，足为繁声②；讨求道义，未是要说耳。昔在幼壮，微涉群纪③，皇王之轨，贤智之迹，侧闻其略，敢辱其详④。惠示之笃，实勤执事⑤。

【注释】

①善：擅长。

②繁声：浮靡的音乐。

③群纪：指各种史书。

④敢：谦辞，"不敢"的简称，冒昧的意思。

⑤执事：先生，兄台，旧时书信中用以称对方，表示对人的敬称，不直指其人之意。

【译文】

您在回答中说：对幽暗或光明之物辨别清楚明确，对众多的事物研究得比较精粹，等等。

我解释说：考察这些文章，广泛的述说历代王朝；文章博大精深内容完备，很擅长学习，道法自然；讴歌和赞颂圣代，完全可以当做繁荣的声音；探求道理和正义，不是为了要宣扬出来。过去我在幼年和壮年的时候，稍微涉猎了各种史书，古圣王的教化，贤能智士的事迹，略知一二，不敢不知高下地说了解得很详细。您如此诚恳地让我知道，兄台实在很勤劳啊！

答曰：何必陋积之延祚，希无验于来生，蹲膜揖让，终不并立。窃愿吾子舍兼而尊一云云。

释曰：不陋积庆①，已申信顺之条；贯希来生，亦具感报之说。藻衮大裘②，同用一体，蹲膜揖让，何为不俱行一世？理有可兼，无谓宜舍。

答曰：蜀、梁二叔，世人驿骨之譬，非本论所继，故不复具云。

释曰：近此数条，聊发戏端，亦犹越人问布，见采于前谈，肆业及之，无想多怪。然二叔为问，欲以却编户之疑，没而不答，诚有望焉。足下连国云从③，宏论风行④，吾幽生孤说⑤，每获窃议，此之不侔⑥，事有固然，实由通才所共者⑦。理欻忘其烦，贪复息心⑧。

【注释】

①积庆：接踵而来的喜庆之事。

②藻衮：古代君王等的礼服。

③云从：语出《诗经·齐风·敝笱》："齐子归止，其从如云。"后用"云从"比喻随从之盛。

④风行：普遍流行，盛行。

⑤孤说：一己之见。

⑥不侔（móu）：不相等。侔，相等。

⑦通才：学识广博兼备多种才能的人。

⑧贪：同"探"，探求。息心：除掉杂念，专心致志，消灭本心不具，受外物污染而起的妄心、妄念。

【译文】

您在回答中说：何必要积累善事来延续长久的福禄，寄希望于无法验证的来世。蹲跪膜拜与揖让两种礼节不能同时存在，我希望您舍弃一个，而遵守另外一个。

我解释说：不轻视行善积福，已经表达了忠信顺从的道理；连续不断地把希望寄托在来生上，也是有感恩报应的说法。带有藻饰的君王礼服和天子祭天的衣服，也可以用在同一人上，蹲礼膜拜作揖谦让，为何不能都实行在同一个时代？道理可以兼顾，没有所谓的应该舍弃一种。

您在回答中说：蜀、梁二叔，世人驿胥之譬，不是本论所能证明的，所以不用再说。

我解释说：这里的几个观点，只是我姑且戏说罢了，就好像越国人询问布一样，看见采桑的就上前去交谈，只是自己的行业促使他这样罢了，不用觉得有多奇怪。然而您用蜀、梁二叔来讲道理，想要解决平民的疑问，实际上没有回答，实在是让人失望。您掌管的地方很广，随从众多，广博、高深的言论盛行，我的只是山野人的一己之见，每次只是发表私下暗地里的言论，这是不相等的，事情本来就是这样，很多真理也确实是学识广博兼备多种才能的人才能共有。从理上忘掉苦闷与烦躁的事，再次止息贪爱的妄心、妄念，回归宁静。

更生论

【题解】

本篇由东晋罗君章(罗含)撰,主要论述万物不断转生的观点,认为天地所以运行不止、生生不灭,是因为万物反复再生的原因。万物各有其不变之本体,死生仅仅是本体的聚散而已,因此生死如一体之两面。此说与佛教"神不灭论"颇相吻合。

善哉! 向生之言①。曰天者何? 万物之总名。人者何? 天中之一物。因此以谈,今万物有数而天地无穷,然则无穷之变,未始出于万物,万物不更生②,则天地有终矣。天地不为有终,则更生可知矣。

【注释】

①向生:即向秀,晋代竹林七贤之一。

②更(gēng)生:死而复生,比喻复兴。《庄子·达生》:"弃世则无累,无累则正平,正平则与彼更生,更生则几矣。"郭象注:"更生者,日新之谓也。"

【译文】

向生之言很好啊! 天是什么呢? 是万物的总称。人是什么呢? 天中之一物。因此可以说,现在万物有一定的数目而天地无穷无尽,然而无穷的变化出于万物,如果万物不代谢更生,天地就有终结的一天了。天地无始无终,那么万物反复再生的道理可以知道了。

　　寻诸旧论,亦云万兆悬定①,群生代谢,圣人作《易》,已备其极。穷神知化②,穷理尽性,苟神可穷,有形者不得无数。是则人物有定数,彼我有成分,有不可灭而为无,彼不得化而为我。聚散隐显,环转于无穷之涂③,贤愚寿夭,还复其物。自然相次,毫分不差,与运泯复,不成不知,遐哉邈乎④,其道冥矣。天地虽大,浑而不乱,万物虽众,区已别矣。各自其本,祖宗有序,本支百世⑤,不失其旧。又神之与质,自然之偶也;偶有离合死生之变也;质有聚散往复之势也。人物变化各有其性,性有本分,故复有常物。散虽混淆,聚不可乱,其往弥远,故其复弥近。又神质冥期⑥,符契自合⑦。世皆悲合之必离,而莫慰离之必合;皆知聚之必散,而莫识散之必聚,未之思也。岂远乎哉? 凡今生之为,即昔生之故事。即故事于体无所厝⑧,其意与已冥,各不自觉。孰云觉之哉? 今谈者徒知向我非今,而不知今我故昔我耳。达观者所以齐死生,亦云死生为寤寐⑨,诚哉是言。

【注释】

①悬定:预定。

②穷神知化:谓穷究事物之神妙,了解事物之变化。

③环转:循环,旋转。

④遐哉邈乎:辽阔,辽远;久长,久远。

⑤本支百世：指子孙昌盛，百代不衰。出处见《诗经·大雅·文王》。

⑥神质冥期：谓上天给世人精神和形体所定的生命期限。

⑦符契：犹符节。《韩非子·主道》："符契之所合，赏罚之所生也。"

⑧厝：放置，安排。

⑨寤寐：日夜。寤，醒时。寐，睡时。

【译文】

寻找那些以前的论著，都说万事万物是预定的，各种生命不断地新陈代谢，圣人作《易经》，已经谈得非常精微深刻了。穷究事物之神妙与道理，了解事物之本性与变化，如果精神可以被穷究，有形式的外在物质不会没有定数。因此人和事物有定数，彼我有定分，有不可消失而变为无，彼不会变化而为我。积聚与消散，消隐与彰显，不断循环而无穷无尽，贤能与愚蠢，长寿与短命，轮转而回复成为原先的事物。自然的秩序，一点也不会紊乱，随天运沉浮时而消灭时而复生，不成就其形就不会被人知晓，永恒不断啊！其道非常深远玄奥。天地虽然无穷大，混沌而不混乱，事物虽然无穷多，互相区别而不紊乱。各有其根本，祖宗有序，子孙昌盛，百代不衰。精神与物质，自然偶合；偶合则有离合死生的变化，物质有聚散往复的趋势。人物变化各有其本性，性有本分，因此不断复归，而有恒常的事物。消散虽然混淆，聚集不可混乱，其往越远，故其回复越近。上天给世人的精神和形体确定了生命期限，如同符节之契合。世人皆悲痛合之必离，而没有欣慰于离之必合；都知道聚之必散，而没有认识到散之必聚，很少全盘考虑啊！难道这些道理远离人们吗？其实凡是今生的所作所为，即是前生的故事的延续。即使前生故事于今生本体无所安排，其意旨与冥合的命运仍相一致，只是人们不能自己觉察到。怎么谈论自觉呢？今谈者只知道以前的我不是今天的我，而不知道今天的我就是以前的我。达观者因此把生死等同看待，也说生与死就像觉醒与睡觉一样转换，这些话说得确实有道理啊！

与罗君章书

【题解】

本篇原题"孙长沙书(安国)",由东晋史学家孙盛所撰写。孙盛,字安国,曾任长沙太守,撰有《晋阳秋》等史学名著。他驳斥神明"更生"说,明确主张"形既粉散,知亦如之",在形质变为异物之后,人的神识应该也会随之消亡。

省《更生论》,括囊变化①,穷寻聚散,思理既佳,又指味辞致亦快,是好论也。然吾意犹有同异。以令万物化为异形者,不可胜数,应理不失,但隐显有年载②,然今万化,犹应多少? 有还得形者无? 缘尽当须冥远,耳目不复开逐,然后乃复其本也。吾谓形既粉散,知亦如之③,纷错混淆④,化为异物,他物各失其旧,非复昔日。此有情者所以悲叹,若然,则足下未可孤以自慰。

【注释】

①括囊:犹囊括,包罗。

②年载:年岁。

③形既粉散,知亦如之:形体消灭粉散,各为异物,则神识(知)应该
　　也会随之消亡。

④纷错:纷繁杂乱。

【译文】

　　拜读了《更生论》,此论囊括天地变化,探寻聚散之理,思想理路既
佳,主旨和用词也不错,是一篇很好的论文。然而我的看法有所不同。
万物变化为不同的形状,不可胜数,从道理上讲是不会消失的,但是消
隐和呈现有时间序列的不同,千变万化的事物到底有多少呢?事物消
失了会不会再次得到形体?缘分尽了应当要遥走远避,耳目不再发挥
功能去追逐事物形象,然后才能回归其根本。我认为形体四面分散,质
变为异物之后,人的神识(知)应该也会随之消亡,纷繁杂乱的事物变成
异物后,各自失去了旧时的形状,和以前不同了。这就是有情众生所以
悲叹的原因,如果是这样,则您无法独自自己安慰自己。

答孙安国书

【题解】

在本篇中,罗君章针对孙安国说的神识应该会随物体之消亡而消失,再一次强调万物各有其不变之本体,死生仅仅是本体的聚散而已,因此生死如一体之两面。

获书。文略旨辞,理亦兼情。虽欣清酬,未喻乃怀。区区不已,请寻前本,本亦不谓,物都不化,但化者各自得其所化,颓者亦不失其旧体,孰主陶是?载混载判,言然之至分而不可乱也。如此岂徒一更而已哉?将与无穷而长更矣。终而复始,其数历然,未能知今,安能知更?盖积悲妄言,谘求所通①,岂云唯慰聊以寄散而已矣。

【注释】

①谘求:询求,访求。

【译文】

已经得到您的书信了。这封信内容简略但主旨鲜明,合理合情。虽然对您的回答很欣喜,但我并不理解,还是有自己的想法。万事万物永不停止,请探寻其根本,如果没有本体,事物都不会变化,但变化的事物在显现各自的变化形态,消失的东西也不会失去其旧的根本,谁在主宰呢? 这样难道只是一次变化而已吗? 其实是无穷无尽不断变化啊! 终而复始,过程清清楚楚,未能知今,岂能知道变化? 因此怀着悲痛,胡乱说说,询求道理,岂是仅仅安慰自己寄托情怀而已!

神不灭论

【题解】

　　本篇作者郑鲜之，字道子，荥阳开封（今河南开封）人，事宋文帝，官至尚书。他认为，形体与精神虽然混合，与生俱存，然而有粗妙之别，形体是五脏六腑、四肢七窍相合而成，精神是形体的主宰，永远不会消失。

　　多以形神同灭，照识俱尽，夫所以然其可言乎一世，既以周、孔为极矣。仁义礼教先结其心，神明之本绝而莫言，故感之所体，自形已还。佛唱至言，悠悠不信，余坠弱丧①，思拔沦溺，仰寻玄旨，研求神要②，悟夫理精于形，神妙于理，寄象传心，粗举其证。庶鉴诸将悟，遂有功于滞惑焉。

　　夫形神混会，虽与生俱存，至于粗妙分源，则有无区异。何以言之？夫形也，五脏六腑，四肢七窍，相与为一，故所以为生。当其受生则五常殊授，是以肢体偏病，耳目互缺，无夺其为生。一形之内，其犹如兹，况神体灵照，妙统众形！形与气息俱运，神与妙觉同流，虽动静相资，而精粗异源。岂非各有其本，相因为用者耶？近取诸身，即明其理，庶可悟矣。一体所资，肌骨则痛痒所知，爪发则知之所绝。其何故哉？岂非肌骨所以为生，爪发非生之本耶？生在本则知存，生在末则知灭，一形之用，犹以本末为兴废，况神为生本，其源至妙，岂得与七尺同枯，户牖俱尽者哉③？推此理也，则神之不灭，居可知矣。

【注释】

①弱丧：谓少而失其故居。

②神要：此处指佛教宗旨。

③户牖（yǒu）：门窗，门户，借指家。

【译文】

世人多以为形与神同灭，物体和形象同时消亡，之所以会有这种看法，大概因为长期以来，人们皆以周孔学说为极致，注重用仁义礼教陶冶人心，而神明之本绝而不言。致使本由神明所感而成之众生，竟不相信佛所说的神不灭之论。我自幼即遭丧乱，经常寻求摆脱苦海之路，遂探讨玄旨，研讨佛教宗旨，终领悟到理精于形而神妙于理。现简略列举一些事实，寄象传心，也许能有助于破诸疑滞。

神之与形，虽然与生俱存，但二者之间，却有精粗之区别。为什么这么说呢？形者，如五脏六腑，四肢七窍，因缘和合构成一个整体，遂有躯体的产生。当人受生之后，则五常分别授予不同的器官。所以即便肢体有病或缺少耳、眼等器官，也不妨碍其生存。形体尚且如此，何况神体灵照，妙统众形。形与气息一起运作，神与妙觉同时流行，虽然动与静相成相生，而精粗却各有其源，故二者各有其本而相因为用。现近取诸身，即能明白其中的道理。人的身体，肌体骨肉能够感觉到痛痒，而爪、发则毫无知觉，这是什么原因呢？因为肌肉骨头乃生之本，而爪、发则非生之本。生之本则有知觉，非生之本则不会有知觉。同在一形体之内尚且有此区别，何况神为诸形本之本，其源至为精妙，岂能与七尺之躯一样，俱荣俱枯。由此推之，则神之不灭，当不言自明也。

客难曰:"子之辩神形尽矣。即取一形之内,知与不知精矣。然形神虽粗妙异源,俱以有为分。失所以为有,则生为其本。既孰有本已尽而资乎本者独得存乎?出生之表,则廓然冥尽;既冥尽矣,非但无所立,言亦无所立其识矣。识不立则神将安寄?既无所寄,安得不灭乎?"

答曰:"子之难,辩则辩矣,未本诸心。故有若斯之难乎?夫万化皆有也,荣枯盛衰,死生代互,一形尽、一形生,此有生之终始也。至于水火则弥贯群生,赡而不匮。岂非火体因物,水理虚顺,生不自生,而为众生所资,因即为功,故物莫能竭乎?同在生域,其妙如此,况神理独绝,器所不邻①,而限以生表冥尽,神无所寄哉?因斯而谈,太极为两仪之母,两仪为万物之本,彼太极者浑元之气而已。犹能总此化根,不变其一,矧神明灵极,有无兼尽者邪?其为不灭,可以悟乎?"

【注释】

①"况神理"二句:作为形而上的神本体超越一切二元对立,与作为末、无知觉的形器,性质截然不同。《周易·系辞下》:"形而上者谓之道,形而下者谓之器。"

【译文】

有客诘难道:"你辨析神形关系,即于一体之内分有无知觉加以说明,此固然很有说服力,但形神虽然精粗异源,却都是一种存在。而这两种存在,都以生命为本,既然生命已经不存在了,那么寄存于生命的东西,怎么能够独存呢?生命之外,则廓然冥尽,既是冥尽,则不但无所立言,亦无所立其识也。识既不立,则神将寄托于何处?既然无所寄托,怎能不灭呢?"

　　答道:"你的诘难,虽然有一定的道理,但根本的失误在于没有把心作为根本,故有此问难。世间万物,都是一种存在,荣枯盛衰,变化不断。一种事物死亡了,另一种事物又产生了,故生生不息,日新月异。至于水火,则遍布世间,永不枯竭。同样是一种存在,其至妙若此,何况神灵独绝,并不一定依附于某个特定的事物,而你却认为生命完结之后,神则无所寄托,岂不是很荒谬? 如太极乃两仪之母,两仪则是万物之本。所谓太极者,乃浑元之气而已,其尚且能成为万化之根源,何况神明灵极,岂会因具体的生命体的死亡而消失,精神不灭,你可以理解了吗?"

　　难曰:"子推神照于形表,指太极于物先,诚有其义。然理贵厌心①,然后谈可究也。夫神形未尝一时相违,相违则无神矣,草木之无神无识故也。此形尽矣,神将安附而谓之不灭哉? 苟能不灭,则自乖其灵,不资形矣。既不资形,何理与形为生? 终不相违,不能相违,则生本是同,断可知矣。"

　　答曰:"有斯难也,形神有源,请为子循本而释之。夫火因薪则有火,无薪则无火,薪虽所以生火,而非火之本;火本自在,因薪为用耳。若待薪然后有火,则燧人之前②,其无火理乎? 火本至阳,阳为火极,故薪是火所寄,非其本也。神形相资,亦犹此矣。相资相因,生涂所由耳。安在有形则神存,无形则神尽,其本惚恍不可言矣,请为吾子广其类以明之。当薪之在水则火尽,出水则火生,一薪未改,而火前期。神不赖形又如兹矣。神不待形,可以悟乎?"

【注释】

①理贵厌心：道理贵于合乎内心。厌，满足。

②燧人：即燧人氏，传说中人工取火之发明者。

【译文】

客又诘难道："你主张神可独立于形体之外，太极存在于万物之先，这确实可算是一种看法，但凡所立论，应该合乎情理。实际上，神之与形，一时也不可相离，相离则无神也。至于草木之类，因其无识故无神。神与形既不可相离，此形既毁，神又依附到哪里呢？如果神不灭，则自己违背了自己的神灵性，因其不借助形体而存在。既不借助形体存在，又如何与形为生？可见，神之与形，终不能相离。既不能相离，则可知神与形同是一本。"

答道："确实有如你刚才那样去诘难神可离形而独存的。但是，应该知道，形与神各有其源，今为你追根索源解释之。例如，火因薪则生，无薪则无火。薪虽然可以生火，但不是火之本。火之理原本自在，不过是借薪以为用罢了。如果必须有薪才有火，那么燧人之前，火理岂不存在了！其实，薪只是火的暂时载体罢了，并非火之本，神形相资为用，也是这个道理。二者相因相资，前者只是后者的一种形式，怎能说有形则神存，无形则神灭呢？进一步说，当薪浸泡于水中时，火就灭了，把薪拿出水面，火又烧着了，同一把薪，则有时能生火有时不能生火，神与形的关系亦是如此，难道你没有从中领悟到神不依赖形的道理吗。"

难曰："神不待形，未可顿辩。就如子言，苟不待形，则资形之与独照，其理常一。虽曰相资，而本不相关，佛理所明，而必陶铸此神①，以济彼形。何哉？"

答曰："子之问，曰有心矣，此悠悠之所惑，而未暨其本者也。神虽不待形，然彼形必生；必生之形，此神必宅；必宅、必生，则照感为一，自然相济；自然相济，则理极于陶铸^①；陶铸则功存，功存则道行。如四时之于万物，岂有心于相济哉！理之所顺，自然之所至耳。"

难曰："形神虽异，自然相济，则敬闻矣。子既譬神之于形，如火之在薪。薪无意于有火，火无情于寄薪，故能合用无穷。自与化永，非此薪之火移于彼薪，然后为火。而佛理以此形既尽，更宅彼形，形神去来，由于罪福。请问，此形为罪？为是形耶？为是神耶？若形也，则大冶之一物耳^②；若神也，则神不自济，系于异形。则子形神不相资之论，于此而踬矣。"

答曰："宜有斯问，然后理可尽也。所谓形神不相资，明其异本耳。既以为生，生生之内，各周其用。苟用斯生以成罪福，神岂自妙其照，不为此形之用耶？若其然也，则有意于贤愚，非忘照而玄会。顺理玄会，顺理尽形。化神宅形，子不疑于其始，彼此一理，而性于其终耶？"

【注释】

①陶铸：烧制瓦器和熔铸金属，引申为锻炼。

②大冶：喻造物主。

【译文】

客又诘难道："神可不依赖于形而存在，如你所说确实有一定道理。但如果神不依赖于形，则神与形相结合时同神离形而独存时，其理是一样的，如此说来，则虽然神有时依赖于形，但与形却了不相关。不过，佛教又常常教导人们，必须陶冶此神，以济其形，这又是为什么呢？"

答道："你的提问确实是专心思考过的，这是平常人的疑惑，尚未达到根本。神虽然不一定依赖于形而存在,但事物借助各种条件必定要产生。而一旦形体产生之后,则神必定要寄托其中。既然各种形体必定产生,而神又必定寄托其中,则二者互相照应感通,成为一个整体,故自然能够相济助。既神形自然相济,则陶冶其神,必定能济助其形。"

客又诘难道:"形与神虽相异而又能相济,这种说法真使我大开眼界。你既以火薪譬喻神形,称薪与火可以独立存在而不一定俱生俱灭,故二者能合用无穷,生生不息。此中所言,非此薪之火,移至彼薪然后为火。而佛教常说,此形既尽,神灵更转寄彼形,并由此建立轮回报应理论。请问,此形所做之罪业,是形之罪,抑神之罪? 如果是形之罪,则形不过是因缘而起之一假相罢了;如果真的是神之罪,则神是不依赖于形相互独立的,如此说来,造业者是哪一个呢? 可见,你所提出的神形不相依赖的主张是不能成立的。"

答道:"你这个问题问得好,只有这样,才能把问题引向深入。所谓形神不相依赖,是指二者之本各有不同。既然神与形已存在于同一生命体中,神不可独照,而形不可独用,二者既各司其职,又共同起作用。如果用形体作为获罪或得福的依据,则精神岂会独自神妙,不为形体所用? 如果是这样,则是有意区分俗体贤愚之别,不是忘却差别的玄理会通之道。依照自然之理会通玄道,穷形尽理。精神妙化居于形体中。你不怀疑其开始时彼此道理一致,却在末端谈论性理吗?"

难曰:"神即形为照,形因神为用,斯则然矣。悟既由惑,亦不在神。神随此形,故有贤愚;贤愚非神,而神为形用。三世周回,万劫无算,贤愚靡始,而功显中路。无始之理玄,而中路之功未熟,有在未之功,而拔无始之初者耶? 若有嘉通,则请后尘。"

答曰:"子责其始,有是言矣。夫理无始终,玄极无涯①,

既生既化，罪福往复，自然所生耳。所谓聪明诚由耳目，耳目之本非聪明也。所谓贤愚诚应有始，既为贤愚，无始可知矣。夫有物也，则不能管物，唯无物然后能为物所归。若有始也，则不能为终，唯无始也然后终始无穷。此自是理所不然，不可征事之有始而责神同于事。神道玄远，至理无言，仿佛其宗，相与为悟。而自末征本，动失其统，所以守此一观，庶阶其峰，若肆辩竞辞，余知其息矣。《洪范》说生之本②，与佛同矣。至乎佛之所演，则多河汉③，此溺于日用耳。商臣极逆，后嗣隆业④，颜冉德行，早夭无闻。周孔之教，自为方内，推此理也，其可知矣。请广其证，以究其详。夫禀灵乘和，体极淳粹，尧生丹朱⑤，顽凶无章，不识仁义；瞽叟诞舜⑥，原生则非所育求，理应传美。其事若兹，而谓佛理为迂，可不悟哉？"

【注释】

①玄极：极其玄妙深微。

②《洪范》：《尚书》篇名。旧传为箕子向周武王陈述的"天地之大法"。《汉书·五行志》曰："禹治洪水，赐《洛书》，法而陈之，《洪范》是也。"故亦称"洛书"。其中提出水、火、木、金、土"五行"及其性能作用。

③河汉：银河；比喻浮夸而不可信的空话，转指不相信或忽视某人的话。

④商臣极逆，后嗣隆业：商臣，即楚穆王，事见前《明佛论》。

⑤丹朱：尧子名。《史记·五帝本纪》："尧知子丹朱之不肖，不足授天下，于是乃权授舜。"

⑥瞽叟（gǔsǒu）：上古传说人物，双目失明。是舜与象的父亲，曾与

象一起陷害舜,舜不计较,更加孝悌,后感化父亲与兄弟。

【译文】

诘难道:"神即形体之照,形体因神而为用,这样才对啊! 领悟既然出于困惑,或者也不在神。神附随着此形体,因此有贤能和愚蠢的区别;贤愚不是神,而神为形体所用。三世轮回,万劫无穷无尽,贤愚没有开始,而功用在途中显现。无始之理很深奥,而中路之功未精熟,有在末端之功用,而拔无始之初的本体之理吗? 您那里如果有美好通达的道理,我就信服您。"

回答说:"您询问原初之理,很好啊! 其实本体之理无始无终,极其玄妙深微,没有边际,生灭变化,罪福往复,自然所生。所谓聪明在于耳目,而耳目的根本不是聪明。所谓贤能与愚蠢应该有始端,既然体现为贤愚,可知没有始端了。有物,不能管物,唯有无物然后才能为物所回归。如果有开始,那么就有终结,只有无始才能终始无穷。这些自然是从理上说的,不可探求事物的开始而责求神明同于表面之事。神道玄妙深微,极高深的大道理无法用言语表达,接近其宗旨,要依靠悟才能理解。而从枝末去寻求根本,一开始就失去了方向,所以守着根本观察万事万物,超越一切表象,那些肆意的论辩和言辞,我知道应该停下来了。《洪范》一书所说的生命之根本,与佛所说的相同。有人认为佛所说的是浮夸而不可信的空话,这是沉溺于日常见解的表现。楚穆王弑父倒行逆施,而他的后代旺盛,颜回与冉耕很有德行,而过早夭折默默无闻。周孔之教,自称是方内,推此理可知。再广举事例证明,以便探究更加详细。秉受灵秀之气,淳厚精粹的尧帝生的儿子丹朱,顽皮凶狠,不懂仁义;双目失明的瞽叟生下舜帝,却不喜欢自己的儿子。像这样一些事出现,而您却认为佛理迂腐,难道不能醒悟吗?"

新论·形神

【题解】

　　本篇为东汉桓谭(前 23—50)所著的《新论》中的一篇。本文主要反对谶纬神学、灾异迷信,阐述了"形神"即形体同精神的关系问题,认为"精神居形体,犹火之然(燃)烛矣",烛完则火灭,形体死亡,精神不复存在。

　　余尝过故陈令,同郡杜房见其读老子书,言:"老子用恬淡养性,致寿数百岁;今行其道,宁能延年却老^①?"余应之曰:"虽同形名,而质性才干乃各异度,有强弱坚脆之姿焉,爱养适用之,直差愈耳。譬犹衣履器物,爱之则完全乃久。"

【注释】

　　①却老:谓避免衰老。《史记·孝武本纪》:"是时而李少君亦以祠灶、穀道、却老方见上,上尊之。"

【译文】

　　我曾经拜访过去的陈县县令也是我的同郡的杜房先生,看见他在家读《老子》书,他对我说:"老子用恬淡寡欲的方法陶冶心性,长寿至几百岁。而今我遵行这种修养之道,不知能不能和老子一样延年益寿甚至避免衰老呢?"我回答他说:"虽然形体、名称同样是人,但各自的资质才干都是不同的,各有其坚强、脆弱的形态。爱惜保养它,只能稍微好点罢了。就好比日常生活中的衣服及各种器用之物,若我们爱惜使用,则会保持完好较长时间。"

　　余见其旁有麻烛①,而炧垂一尺所②,则因以喻事。言:"精神居形体,犹火之然烛矣。如善扶持,随火而侧之,可毋灭而竟烛。烛无,火亦不能独行于虚空,又不能后然其炧。炧犹人之耆老,齿堕发白,肌肉枯腊,而精神弗为之能润泽。内外周遍,则气索而死,如火烛之俱尽矣。人之遭邪伤病,而不遇供养良医者,或强死,死则肌肉筋骨,常若火之倾剌风而不获救护,亦道灭,则肤余干长焉。

【注释】

①麻烛:即蒉烛。古时束麻蘸油制成的火炬。用来照明。《周礼·秋官·司烜氏》"凡邦之大事,共坟烛庭燎"汉郑注:"故书'坟'为'蒉'。郑司农云:'蒉烛,麻烛也。'玄谓'坟',大也。树于门外曰大烛,于门内曰庭燎,皆所以照众明也。"

②炧(xiè):蜡烛的余烬。

【译文】

　　我见他旁边有麻烛(束麻蘸油制成的火炬),垂下的灯烛灰有一尺多长,就借它作比喻说:"精神附在人体上,就像烛在燃烧。如将烛扶植好,随着火热转动,就可使烛不熄灭直到整只烧完。没有烛,火就不能在虚空中独自燃烧,也不能使残烬再度燃烧。烛的残烬,就像衰老了的人,牙齿掉了,头发白了,肌肉萎缩了,而精神却不可能使它重新恢复。一旦身体全都衰枯,那就气绝而死,好比火和烛同归于尽。人随时还可能遭受邪气或染疾得病，若得不到很好的养护和医治，也可能早死，死时肌肉筋骨并未干枯，犹如烛火遇到大风未能得到救护而被风吹灭，而烛干还剩下一长段没烧完。

"余尝夜坐饮，内中然麻烛，烛半压欲灭，即自敕视，见其皮有剥铁①，乃扶持转侧，火遂度而复。则维人身，或有亏剥，剧能养慎善持，亦可以得度。

【注释】

①铁(xì)：古代装在马头上像角的金属装饰物，用来割除网罗。或指古代结在车辕两边，防止马打架的一种装置。

【译文】

"我曾在房中夜饮，点着麻烛，烛烧了一半，就要熄灭了，我仔细观察，发现麻皮有一处脱落，烛火烧不过去，就持烛转动，使火延烧过去，烛又燃起来了，由此联想到人的身体有了亏损，如能尽快谨慎养护，调理周备，也能安然康复从而延续生命。

"又人莫能识其始生时，则老亦死不当自知。夫古昔平和之世，人民蒙美盛而生，皆坚强老寿，咸百年左右乃死，死时忽如卧出者，犹果物谷实久老则自堕落矣，后世遭衰薄恶气①，娶嫁又不时，勤苦过度，是以身生子皆俱伤，而筋骨血气不充强，故多凶短折②，中年夭卒。其遇病，或疾痛恻怛，然后终绝，故咨嗟憎恶，以死为大故。

【注释】

①衰薄：衰败浇薄。常指世风道德。《诗经·王风·中谷有蓷序》：

"夫妇日以衰薄，凶年饥馑，室家相弃尔。"

②凶短折：夭折，早死。《尚书·洪范》："六极：一曰凶短折。"孔颖达疏："郑玄以为凶短折皆是夭枉之名，未龀曰凶，未冠曰短，未婚曰折。"

【译文】

"又如，没人能知晓自己出生时的情形，那么老死的时候也应当是无知觉的。在古代太平盛世里，人们生活美好丰盛，人人健壮长寿，都是活到百岁左右才死，死的时候很快，如同在睡梦中醒来一样，就像果实稻谷一旦成熟则自然落地。后世的人，生活在政治衰败、世风浇薄的恶劣环境之中，而且结婚年龄不适宜，加上辛苦过度，由此导致自己及其后代都受到损害，筋骨不坚强，血气不充实，所以很多人都早年夭折，或者到中年就死了。有的人生病，遭受许多的痛苦忧伤然后去世，所以大家都悲叹生命、憎恨死亡，认为死亡是人生中最大的变故。

"昔齐景公美其国，嘉其乐，云：'使古而无死，何若？'晏子曰：'上帝以人之殁为善，仁者息焉，不仁者如焉。'①今不思勉广，日学自通，以趋立身扬名，如但贪利长生，多求延寿益年，则惑之不解者也。"

【注释】

①"昔齐"以下数句：指齐景公与晏子讨论死亡问题的一段对话，各版本间文字稍有差异。陶鸿庆云：昭二十年左传："公曰：'古而无死，其乐若何？'"此文"何如"上当补"其乐"二字，意始明。

【译文】

"过去齐景公赞美自己的国家，嘉奖自己的礼乐。说：'假使古人没有死亡，他们的礼乐不知怎样啊？'晏子回答说：'上天把人的死亡当做好事情,仁者使他安息,不仁义的人也让他死去。'今天的人不想着勤勉增广见闻,只知道学习以求自己通达,进而希求立身扬名,如同那些只知贪求益寿延年乃至长生的人,真是糊涂而不能觉悟啊!"

　　或难曰:"以烛火喻形神,恐似而非焉。今人之肌肤,时剥伤而自愈者,血气通行也。彼蒸烛缺伤,虽有火居之,不能复全。是以神气而生长,如火烛不能自补完,盖其所以为异也,而何欲同之?"

　　应曰:"火则从一端起,而人神气则于体当从内稍出合于外,若由外腠达于内,固未必由端往也。譬犹炭火之赤,如水过渡之,亦小灭,然复生焉;此与人血气生长肌肉等,顾其终极,或为炙,或为炝耳。曷为不可以喻哉!"

【译文】

　　有人反驳说:"用火和烛的关系来比喻人的形体和精神的关系,恐怕似是而非吧。人的肌肤有时剥落损伤而自行痊愈,这是血气流通的缘故。至于麻烛体干有了缺损,即使火在其上燃烧,也不能使之恢复完整。所以精神血气能够生长肉体,而火烛则不能自行补充完好,这就是差异所在,怎么可以等同呢?"

　　我回答:"烛火是从一头燃起,而人的精神血气则是充满全身,从体内逐渐传到体外,若从外部肌肉达到体内,本来就不像烛火从一头烧到另一头。譬如炭经过火烧红之后,如果从水中穿过,也只会暂时由红变黑,过会又红了。这和人的血气循环可以生长肌肉是相同的。所不同的只是最后人的身体变成干肉,烛变成灰烬罢了。为什么不能用它作比喻呢!"

　　余后与刘伯师夜然脂火坐语，灯中脂索，而炷焦秃，将灭息，则以示晓伯师，言人衰老亦如彼秃灯矣。又为言前然麻烛事。

　　伯师曰："灯烛尽，当益其脂，易其烛；人老衰，亦如彼自蹶缵①。"

　　余应曰："人即禀形体而立，犹彼持灯一烛，及其尽极，安能自尽易？尽易之乃在人。人之蹶缵亦在天，天或能为。他其肌骨血气充强，则形神枝而久生，恶则绝伤，犹火之随脂烛多少长短为迟速矣。欲灯烛自尽易以不能，但促敛旁脂以染渍其头②，转侧蒸干使火得安居，则皆复明焉。及本尽者，亦无以然。今人之养性，或能使堕齿复生，白发更黑，肌颜光泽，如彼促脂转烛者，至寿极亦独死耳。明者知其难求，故不以自劳；愚者欺惑，而冀获尽脂易烛之力，故汲汲不息。又草木五谷，以阴阳气生于土，及其长大成实，实复入土，而后能生，犹人与禽兽昆虫，皆以雄雌交接相生。生之有长，长之有老，老之有死，若四时之代谢矣。而欲变易其性，求为异道，惑之不解者也。"

【注释】

　　①蹶缵（zuǎn）：此处指生与死。蹶，枯竭，衰竭。缵，继续、承接。

　　②促敛：收拢，聚拢。

【译文】

　　我后来与刘伯师夜间点燃油灯坐着谈话，见灯中油脂已经烧干，灯芯也变得焦枯，快要熄灭了，于是指给伯师看，说人衰老也就像这盏无油的秃灯啊。同时谈起先前燃烧麻烛的一段往事。

　　伯师说:"灯烛烧尽了,可添加脂油、更换灯芯,人衰老了,也可像灯烛快灭时那样添油易烛,使自己继续生存。"

　　我答道:"人既然禀受形体而存在,就像那灯光必须依靠烛的燃烧,灯烛烧尽了,灯烛自己怎能添换? 添油换烛只能靠人。人的衰老在于天,如要继续生存,或许天能做到。人的肌骨血气充实强健,形体精神自然能够支持得长久,而筋骨血气一旦衰颓,就会使形体精神损伤断绝,就像烛火燃烧的时间长短,取决于灯里的油的多少和烛干的长短一样。要灯烛自己添换虽然不可能,但聚拢一些灯旁的残油把灯芯染浸一下,将烛干转动使火能继续停留在上面,这样就又有烛光明亮了。等到烛干彻底烧尽时,也就没有什么可再燃烧了。现在善于养生的人,或许能使掉落的牙齿重生,白的头发变黑,肌肤重现光泽,犹如上述搜集灯油转动烛干一样,但真正到寿命的极限了,就只能是死亡了。明达的人知道长生不死难求,所以不枉费心力;只有愚笨的人自欺欺人,希望得到添油换烛的能力,因此急切地追求长生。又草木五谷之类,靠阴阳之气生于土中,等到成熟结果,果实又落入土中,再产生第二代。人和禽兽昆虫也是如此,都是两性交接后产生。产生了就有长大,长大了就有衰老,衰老了就有死亡,就像四季的交替变换。欲图改变这种自然的本性,寻求怪异的办法以求长生,真是糊涂而不能觉悟啊!"

沙门不敬王者论

【题解】

本篇为东晋名僧慧远(334—416)所撰,慧远在本篇中着重论述沙门不需礼敬王侯的理由。首先于序论中叙述撰述理由,其次再从第一《在家》、第二《出家》两篇论述佛教出家的本质,强调出家的生活必然超越世俗生活;第三论《求宗不顺化》,谓求佛道者,不应随顺世俗,而需否定世俗生活;第四论《体极不兼应》,谓体得佛法者,不应再顺应世俗;第五论《形尽神不灭》,谓肉体终将衰亡,而精神永不灭绝。本论中,显示佛道的追求者坚守宗教真理,对于世俗的权威丝毫不让步。

序

晋成、康之世,车骑将军庾冰①,疑诸沙门抗礼万乘。所明理,何骠骑有答②。至元兴中,太尉桓公亦同此义③,谓庾言之未尽,与八座书云④:"佛之为化,虽诞以茫浩,推乎视听之外,以敬为本,此出处不异。盖所期者殊,非敬恭宜废也。老子同王侯于三大⑤,原其所重,皆在于资生通运,岂独以圣人在位,而比称二仪哉? 将以天地之大德曰生,通生理物,存乎王者,故尊其神器而礼实惟隆⑥。岂是虚相崇重,义存弘御而已？沙门之所以生，生资国存，亦日用于理命，岂有受其德而遗其礼，沾其惠而废其敬哉？"于时朝士名贤答者甚众。虽言未悟时，并互有其美，徒咸尽所怀而理蕴于情。遂令无上道服毁于尘俗，亮到之心屈乎人事。悲夫！斯乃交丧之所由^⑦，千载之否运。深惧大法之将沦，感前事之不忘，故著论五篇，究叙微意。岂曰渊壑之待晨露，盖是伸其罔极，亦庶后之君子，崇敬佛教者，式详览焉。

【注释】

①车骑将军：军事职官名称。汉代重要将军名号之一。始于汉，位在骠骑将军之下，卫将军之上，位比公，不常设置。魏晋南北朝沿置。

②骠骑：汉代军事职官名称。重要将军名号之一。位次大将军，在车骑将军之上，位比公，不常置。掌统军，主征伐。魏晋南南北朝沿置，仍为领兵将领。

③太尉：官名。秦至西汉设置，为全国军政首脑，与丞相、御史大夫并称三公。汉武帝时改称大司马。东汉时太尉与司徒、司空并称三公。历代亦多曾沿置，但渐变为加官，无实权。至宋徽宗时，定为武官官阶的最高一级，但本身并不表示任何职务。一般常用作武官的尊称。元以后废。

④八座：亦作"八坐"。封建时代中央政府的八种高级官员。历朝制度不一，所指不同。东汉以六曹尚书并令、仆射为"八座"；三国魏、南朝宋、齐以五曹尚书、二仆射、一令为"八座"；隋唐以六尚书、左右仆射及令为"八座"。

⑤老子同王侯于三大：《老子》第二十五章："道大，天大，地大，王亦大。域中有四大，而王处一焉。"

⑥神器：犹言神物。《老子》第二十九章："将欲取天下而为之，吾见其不得已。天下神器，不可为也，不可执也。为者败之，执者失之。"

⑦交丧：世道兴衰交替。《庄子·缮性》："世丧道矣，道丧世矣，世与道交相丧也。"

【译文】

晋朝成帝、康帝在位时，车骑将军庾冰，质疑僧人不遵礼教，违抗帝王。当时骠骑将军何充对庾冰所提出的理由作了解答。到了元兴年间，太尉桓玄也有与庾冰相同的看法，但他认为庾冰所说的道理不够详尽，他在《与八座论沙门敬事书》中写到："佛教的教化虽然怪诞不经，超乎人们的视听之外，但在以恭敬为本这一点上，与名教是一致的。只不过是恭敬的对象不同罢了，并不是要废除恭敬。老子将王者与天和地并称为"三大"，探察他重视王者的原因，就在于王者能促成万物的生长发育，哪里只是因为圣王的地位，才将王者与天地相提并论呢？因为天地最大的功能在于化生万物，而王者能通晓万物生长的法则、治理万物，所以人们崇敬王者的神妙功德而诚心实意的礼敬王者。哪里只是表面上崇拜尊重，以此增强王者的统治地位呢？僧人们的生存，要依赖于国家，国家提供了僧人们维持生命的日常生活条件，哪里有接受王者恩德而不遵守礼教，得到王者的恩惠而不尊敬王者的道理呢？"当时很多朝廷的官员和名人贤士，纷纷对他的论书进行辩答，这些辩答虽未使当时的人们领会到佛教的旨意，但也各有所见，只是他们在尽力表达自己心中想要说的话时，感情掩盖了说理。于是使无比高尚的佛教礼仪与世俗相混，真诚之心屈服于人世间的俗礼。可悲呀！这是世道兴衰交替的根源，真是千载不遇的厄运。我深深惧怕佛教大法将会沦丧，又想起从前排佛一事，所以写了五篇论文，探究阐述佛教的微妙深意。怎敢比喻为深渊峡谷期待晨光雨露！只是为了阐述佛教的根本义理，也希望今后真正崇敬佛教人们能仔细地阅读它。

在家一

原夫佛教所明，大要以出家为异。出家之人，凡有四科①，其弘教通物，则功侔帝王，化兼治道。至于感俗悟时，亦无世不有，但所遇有行藏②，故以废兴为隐显耳。其中可得论者，请略而言之：

在家奉法，则是顺化之民，情未变俗，迹同方内，故有天属之爱，奉主之礼。礼敬有本，遂因之而成教。本其所因，则功由在昔。是故因亲以教爱，使民知其有自然之恩；因严以教敬，使民知有自然之重③。二者之来，实由冥应，应不在今，则宜寻其本。故以罪对为弄罚，使惧而后慎；以天堂为爵赏，使悦而后动。此皆即其影响之报，而明于教，以因顺为通，而不革其自然也。何者？

夫厚身存生，以有封为滞，累根深固，存我未忘。方将以情欲为苑囿，声色为游观，沈湎世乐，不能自勉而特出，是故教之所检，以此为涯，而不明其外耳。其外未明，则大同于顺化，故不可受其德而遗其礼，沾其惠而废其敬。是故悦释迦风者，辄先奉亲而敬君；变俗投簪者，必待命而顺动。若君亲有疑，则退求其志，以俟同悟。斯乃佛教之所以重资生、助王化于治道者也。论者立言之旨，貌有所同，故位夫内外之分，以明在三之志④。略叙经意，宣寄所怀。

【注释】

①四科：比丘、比丘尼、优婆塞、优婆夷为佛教四众。前二为出家信徒，后为在家信徒，此处泛指出家之人。

②所遇有行藏：语出《论语·述而》："用之则行，舍之则藏。"

③"是故"四句：《孝经·圣治章》："圣人因严以教敬，因亲以教爱。"严，对父亲的尊称。此处严、亲当为同意。

④在三之志：《国语·晋语一》："民生于三，事之如一：父生之，师教之，君食之。"后称事父、敬师、尊君为"在三"。

【译文】

探究佛教的道理，主要有出家和在家的不同。出家和在家学佛的人共有四种，他们弘扬佛教、通万物之理，其功德等同帝王，他们的教化兼有治理社会的作用。至于感化世俗、觉醒时人的情况，每个时代都有，只是在不同的时期有时盛行有时隐藏，佛教教化的作用因时代的兴废而有隐显罢了。其中在家信奉佛法和出家修行佛道的不同，请让我大略的讲一下：

在家信奉佛法的，是顺应自然和礼教生活的人，他们的思想感情没有改变世俗习惯，他们的所作所为和世俗的人是相同的，所以有亲情天伦之爱、敬奉君主之礼。亲情之爱与敬君之礼，有其自然和社会的根源，由此而形成了礼教。现实的亲情君民关系是由过去的行为决定的。所以，因循亲情关系，教人们要相亲相爱，使人们知道自然孕育的恩情；根据父子的分别而教人们相互敬重，使人们懂得自然分别的重要。亲爱与严敬的由来，实来自于冥世中的报应，而非在现世，所以应该探寻它的本源。因此，用刑罚来惩治罪恶，使人们惧怕刑罚而谨慎行事；用天堂之乐来作为奖赏，使人们向往天堂而行善。这些如同形与影、声与响的关系一样，都是以善恶报应作为设教的依据，既能因循人的常情又不违背因果自然的法则啊。为什么呢？

因为这些人看重身体珍惜生命，以有形的世界为执著的对象，根深蒂固，念念不忘自我的实在，从而把情欲当成美好的乐园，追求声色享受，沉迷于世间的快乐，不能自我克制、超脱俗情。因此，对于尚未超情脱俗的人，不去阐明出世的道理。对于不明出世的道理的人，要顺从自然常情进行教化,因而不能接受王侯的恩德而不尊礼教、得到王侯的恩惠而不尊敬王侯。所以在家喜爱佛法的人,首先应该侍奉双亲、礼敬君王;想脱俗出世的人,必须得到君亲的同意而行动。如果君亲不同意,就应该暂时搁置自己的想法,等待君亲的觉悟。这就是佛教之所以重视人生常情、协助帝王进行教化、有利于社会治理的道理。讨论者双方的论说,似乎混淆了在家和出家的不同,所以我提出内外之分,阐明不同于双方的见解。略述经书的大意,表达自己的看法。

出家二

　　出家则是方外之宾,迹绝于物。其为教也,达患累缘于有身,不存身以息患;知生生由于禀化,不顺化以求宗。求宗不由于顺化,则不重运通之资;息患不由于存身,则不贵厚生之益。此理之与形乖,道之与俗反者也。若斯人者,自誓始于落簪,立志形乎变服,是故凡在出家,皆遁世以求其志,变俗以达其道。变俗则服章不得与世典同礼,遁世则宜高尚其迹。夫然者,故能拯溺俗于沈流,拔幽根于重劫。远通三乘之津,广开人天之路。如令一夫全德,则道洽六亲,泽流天下,虽不处王侯之位,亦已协契皇极①,在宥生民矣②。是故内乖天属之重,而不违其孝;外阙奉主之恭,而不失其敬。从此而观,故知超化表以寻宗,则理深而义笃;照泰息以语仁③,则功末而惠浅。若然者,虽将面冥山而旋步④,犹或耻闻其风,岂况与夫顺化之民,尸禄之资⑤,同其孝敬者裁?

【注释】

①皇极：帝王统治的准则。《尚书·洪范》："五，皇极，皇建其有极。"

②在宥：无为而治，顺应事物自然发展。《庄子·在宥》："闻在宥天下，不闻治天下也。"

③照泰息以语仁：《庄子·天运》："夫德遗尧、舜而不为也，利泽施于万世，天下莫知也，岂直大息而言仁孝乎哉！"

④面冥山而旋步：《庄子·天运》："夫南行者至于郢，北面而不见冥山，是何也？则去之远也。"

⑤尸禄：谓空食俸禄而不尽其职，无所事事。汉刘向《说苑·至公》："久践高位，妨群贤路，尸禄素餐，贪欲无厌。"

【译文】

出家修道的僧人则是世外之人，行迹超物脱俗。他们根本的理论是：明白人生的苦难是由于有人身，所以不以养生保命来消除苦难；知道生命的产生是来自于自然的化育，所以不以顺应自然化育去追求终极的解脱；追求终极的解脱，不能在顺应自然化育中得到，所以不重视生活资财；消除苦难不能由执着生命而来，所以不以养生保命为贵。所以出家人的思想行为和养生相违，和世俗相反。这样的人，以落发表示自己出家的誓愿，以改变服饰表明自己不同凡俗的志向。所以凡是出家人都避世隐居以追求自己的志向，改变习俗以实现成就佛道的愿望。改变习俗，服饰就不能遵从世俗经典的规制；避世隐居，就应该使自己的行迹保持高洁。如果这样的话，就能拯救沉溺于世俗河流中的人，拔除轮回于无量劫中的深根，使之走上三乘的道路，打开通向天、人的大门。如果能使一人成就了这样的功德，那么他的六亲就会得到道的浸润，恩泽流布天下，虽然身不居王侯的高位，也已经协助帝王，治化百姓了。因此，于内虽不重自然的亲情，而不违背孝道，于外虽不跪拜帝王，而不失去恭敬之礼。由此看来，可知超越名教来追寻其根本，则道理深刻而意义真实。只看到自然化育而教以仁义，则功德小而收效少。如果这样的话，如同即将见到冥山却又回转脚步，因为听说其中的风俗而感到羞耻，何况与顺从自然变化的俗世之民及空食俸禄的官员们同守孝道呢？

求宗不顺化三

问曰："寻夫老氏之意，天地以得一为大，王侯以体顺为尊①。得一，故为万化之本；体顺，故有运通之功。然则明宗必存乎体极，体极必由于顺化。是故先贤以为美谈，众论所不能异。异夫众论者，则义无所取，而云不顺化，何耶？"

答曰："凡在有方，同禀生于大化，虽群品万殊，精粗异贯，统极而言，唯有灵与无灵耳。有灵则有情于化。无灵则无情于化。无情于化，化毕而生尽，生不由情，故形朽而化灭。有情于化，感物而动，动必以情，故其生不绝。其生不绝。则其化弥广而形弥积，情弥滞而累弥深，其为患也。焉可胜言哉！是故经称：泥洹不变，以化尽为宅；三界流动，以罪苦为场。化尽则因缘永息，流动则受苦无穷。何以明其然？

"夫生以形为桎梏，而生由化有。化以情感，则神滞其本，而智昏其照，介然有封，则所存唯已，所涉唯动。于是灵辔失御②，生涂日开，方随贪爱于长流，岂一受而已哉！是故反本求宗者，不以生累其神；超落尘封者，不以情累其生。不以情累其生，则生可灭；不以生累其神，则神可冥。冥神绝境，故谓之泥洹。泥洹之名，岂虚称也哉？请推而实之。天地虽以生生为大，而未能令生者不死；王侯虽以存存为功,而未能令存者无患。是故前论云:达患累缘于有身,不存身以息患,知生生由于禀化,不顺化以求宗,义存于此。义存于此,斯沙门之所以抗礼万乘,高尚其事,不爵王侯③,而沾其惠者也。"

【注释】

①"天地"二句:《老子》第三十九章:"昔之得一者:天得一以清,地得一以宁,神得一以灵,谷得一以盈,万物得一以生,侯王得一以为天下正。"

②灵辔:借指神灵的车驾。晋王该《日烛》:"灵辔虽迅,缘枢靡穷。"

③"高尚"二句:《周易·蛊》:"上九,不事王侯,高尚其事。"《象》曰:"不事王侯,志可则也。"

【译文】

问:"寻求老子理论的根本,天地因得到'一'(自然之道)而为大,王侯因体察顺应自然之道而为尊。能得到一,所以成为万物变化的根本;能体察顺应自然之道,所以具有使万物变化顺畅的功用。那么,探求万物的原委就必须体究它的根本,体究根本必须顺从自然变化。所以先贤把这些话作为美谈,众多观点都不能否定这个论点。因为如果和大家的共同论点相违背,那么这种理论本身就不可取,而佛教却说不要顺应自然变化,有什么道理呢?"

答:"凡是世界上存在的东西,都是从自然运化中产生的,虽然种类繁多,又有粗精的不同,但总的来看,只有有知觉和无知觉的两类东西。有知觉的事物就会在变化中产生情欲,无知觉的事物在变化中就没有情欲。因为无知觉的东西在变化中没有情欲,所以变化完了,自身也就终结了;它的产生不是由于情欲而生,所以形体朽坏就不再变化了。有知觉的东西在变化中有情欲,所以受外物的感应而活动;其活动是受情欲支配的,所以生命连绵不断。生命连绵不断,于是变化越来越广,而形体越来越多;情欲越来越滞凝,而系累越来越深重。情欲带来的苦患,哪里说得完呢? 因此佛经说:涅槃是不变的,以变化终止为境界。流转不已的三界,是苦难的场所。变化终止,则苦难的根源永远消失;变化流转,则遭受无穷无尽的苦难。怎样证明这一点呢?

"生命以形体为束缚,而生命是变化流转产生的,生命的变化流转又是被情欲感召来的,精神的本体受到滞累,而智慧失去观照的能力。生命一旦形成,便执着自我,动而无静。于是灵魂失去了控制,转生的大门一天天打开,生命随着贪爱流转不停,哪里是只转生一次呢? 所以,返归本体追求究极的人,才不会被生命拖累自己的精神;超脱尘世束缚的人,才不会被情欲拖累自己的生命。不被情欲拖累生命,生命就不会流转。不被生命拖累精神,则精神就可以停止活动。没有精神活动、没有任何境相的境界就叫做"涅槃"。涅槃的名称,哪里是虚构的呢? 请让我以实际情况来推理吧。天地虽然因为生长万物而为大,却不能让万物不死;王侯虽然有使万物生存的功德,却不能使生存者没有苦难。所以前面说到:'明白人生的苦难是由于有人身,所以不以保养生命来消除苦难;知道生命的产生是来自于自然的化育,所以不以顺应自然的化育去求得终极的解脱。'就是这个道理。这就是僧人之所以不向帝王行跪拜礼,行为高洁,不做王侯,而受王侯恩惠的原因啊!"

体极不兼应四

问曰:"历观前史,上皇已来,在位居宗者,未始异其原本。本不可二,是故百代同典,咸一其统。所谓"唯天为大,唯尧则之①。"如此,则非智有所不照,自无外可照;非理有所不尽,自无理可尽。以此而推,视听之外,廓无所寄。理无所寄,则宗极可明。今诸沙门,不悟文表之意,而惑教表之文,其为谬也,固已甚矣,若复显然有验,此乃希世之闻!"

　　答曰："夫幽宗旷邈，神道精微，可以理寻，难以事诘。既涉乎教，则以因时为检。虽应世之见，优劣万差，至于曲成在用②，感即民心而通其分。分至则止其智之所不知，而不开其外者也。若然，则非体极者之所不兼，兼之者不可并御耳。是以古之语大道者，五变而形名可举，九变而赏罚可言③。此但方内之阶差，而犹不可顿设，况其外者乎？

　　"请复推而广之，以远其旨。六合之外，存而不论者，非不可论，论之或乖。六合之内，论而不辩者，非不可辩，辩之或疑。春秋经世，先王之志，辩而不议者，非不可议，议之者或乱④。此三者，皆即其身耳目之所不至，以为关键，而不关视听之外者也。因此而求，圣人之意，则内外之道可合而明矣。常以为道法之与名教，如来之与尧孔，发致虽殊，潜相影响；出处诚异，终期则同。详而辩之，指归可见。理或有先合而后乖，有先乖而后合。先合而后乖者，诸佛如来，则其人也。先乖而后合者，历代君王，未体极之主，斯其流也。何以明之？经云⑤：佛有自然神妙之法，化物以权，广随所入，或为灵仙转轮圣帝⑥，或为卿相国师道士。若此之伦，在所变现，诸王君子，莫知为谁。此所谓合而后乖者也。或有始创大业，而功化未就，迹有参差，故所受不同，或期功于身后，或显应于当年，圣王则之而成教者，亦不可称算，虽抑引无方，必归途有会。此所谓乖而后合者也。若今乖而后合，则拟步通途者，必不自崖于一揆。若今合而后乖，则释迦与尧孔，发致不殊，断可知矣。是故自乖而求其合，则知理会之必同；自合而求其乖，则悟体极之多方。但见形者之所不兼,故惑众途而骇其异耳。因兹而观,天地之道,功尽于运化;帝王之德,理极于顺通。故虽曰道殊,所归一也。不兼应者,物不能兼受也。若以对夫独绝之教、不变之宗,固不得同年而语其优劣,亦已明矣。"

【注释】

① "唯天"二句:只有天最大,只有尧能够效法天。语出《论语·泰伯》:"大哉! 尧之为君也,巍巍乎! 惟天为大,惟尧则之。"

② 曲成:多方设法使有成就。《周易·系辞上》:"曲成万物而不遗。"韩康伯注:"曲成者,乘变以应物,不系一方者也。"

③ "是以古之"三句:意为古代懂"大道"的人论道时,变化了五次才讲到形名,变化了九次才讲到赏罚。语出《庄子·天道》:"是故古之明大道者,先明天而道德次之,道德已明而仁义次之,仁义已明而分守次之。分守已明而形名次之,形名已明而因任次之,因任已明而原省次之,原省已明而是非次之,是非已明而赏罚次之。赏罚已明而愚知处宜,贵贱履位;仁贤不肖袭情,必分其能,必由其名。……古之语大道者,五变而形名可举,九变而赏罚可言也。骤而语形名,不知其本也;骤而语赏罚,不知其始也。"

④ "六合"几句:大意为中国古代圣人不注重对天地之外抽象事理的讨论。见《庄子·齐物论》:"六合之内,圣人论而不议。《春秋》经世先王之志,圣人议而不辩。故分也者,有不分也;辩也者,有不辩也。"

⑤ "经云"下引佛经文句:全文大意出自《太子瑞应本起经》。

⑥ 转轮圣帝:意即旋转轮宝(相当于战车)之王。王拥有七宝(轮、象、马、珠、女、居士、主兵臣),具足四德(长寿、无疾病、容貌出色、宝藏丰富),统一须弥四洲,以正法御世,其国土丰饶,人民和乐。

【译文】

问："历观过去的历史，从上古帝王以来，凡登位的君王都从未改变过原来的根本。根本是不能变易的，所以百代以来，治国的典籍代代相同，都是遵循同一的道理。这就是所谓的'只有天是最大的，只有尧能效法天'。因此，并不是他们的智慧没有洞察世外的事，而是根本没有世外的事；并不是还有未被认识的理，而是根本没有那个理。由此可以推知：人们视听之外的事情虚无缥缈，理无所依托，理无所寄托那么究极的本原就可以明白了。现今的僧人们，不明白世间典籍的意思，而被佛教书籍所迷惑，其错误已经是十分清楚了，如果真的还有什么应验，那可真是举世罕见的事了。"

答："佛道的深奥义理，广如大海，神明之道十分精微，可以按道理来推求，却难以用事相来诘问。既然涉及教化，当然要以是否符合时宜来检验。虽然适应时代进行教化的道理有优劣种种差别，但最终目的都是感化民心。根据人们思想认识的不同而采取不同的教化方式，因此教化方式不能超出人们的思想认识之外。所以，不是体证最高道理的人不能兼顾教化所有的人，而是被教化的人不能同时接受一样的教化罢了。所以古代所讲"大道"，变化了五次才讲到形名，变化了九次才讲到赏罚。这世间的教化犹有差等，不是一次性设立的，何况世外的事呢？

"请让我再推而广之，进一步加以论述。圣人对于天地之外的事，搁置而不加论述，并不是不可以论述，而是论述它可能会偏离。对于天地以内的事，虽然论述却不辨析，并不是不能辨析，而是辨析了可能会引起疑惑；对于史书上记载的先王政绩，辨析而不评议，不是不能评议，而是评议了会引起混乱。以上这三件事，也都是以人的身体耳目所感知的范围为界限，没有涉及视听之外的事。由此来推想圣人的心意，则关于世间内和世间外的道理是可以相互来证明的。我认为佛法和名教、如来佛和尧舜孔子，他们的出发点虽然不同，但是却暗暗地互相影响；他们的出发点确实存在差异，但最终的目的却是相同的。仔细分辨看来，是可以看到他们的共同归宿的。理，有的是先相合后相离，有的是先相离后相合。先相合后相离的，如诸佛如来就是。先相离而后相合的，如历代君王和尚未体证究极的这一类的人。怎么证明呢？佛经上说：'佛有自然神妙的方法，以权巧之法教化生灵，根据不同情况，有时变现为精灵仙人、转轮圣帝，有时变现为王卿宰相、国师道士。'像这一类的人物形象，全在诸佛如来变现。依此看来，各位帝王高官，真不知道是谁啊！这就是先相合而后相离的情形。有人起初创立大业，但功业教化没有成就，事迹各有不同，因为禀受有所不同，有人期待功成于身后，有的当世便显示出来。圣王依此而终成教化的，也不计其数。虽然采取抑制或引导等各种各样的教化方式，但最后结果是相同的。这就是所谓先相离后相合的情形。如果是先相离后相合的话，那么要走向大道的人，就不必将自己限制在同一个出发点上。如果是先相合而后分离的话，那么释迦与尧舜孔子的出发点相同，这一点不就非常明白了。所以从相离而求相合，就知道各种'理'最后必然是会通一致的；从相合而求相离，就知道体证究极应该有多种途径。人们只是看到表面上不兼通，所以迷惑于多种途径而惊讶它们的差异。由此看来，天地之道，体现于运动变化；帝王之德，体现于顺从天地变化。虽然各自的功能不同，但归宿是一致的。不能同时兼有所有的功能，是因为应对的对象不能同时接受各种不同的教化。那么将世俗的道理和超绝世俗的佛教道理相提并论来论述它们的优劣，很明显是不行的。"

形尽神不灭五

问曰："论旨以化尽为至极，故造极者，必违化而求宗。求宗不由于顺化，是以引历代君王，使同之佛教，令体极之至，以权君统，此雅论之所托，自必于大通者也[①]。求之实当，理则不然。何者？夫禀气极于一生，生尽则消液而同无,神虽妙物②,故是阴阳之所化耳。既化而为生,又化而为死;既聚而为始,又散而为终。因此而推,固知神形俱化,原无异统,精粗一气,始终同宅。宅全则气聚而有灵,宅毁则气散而照灭;散则反所受于天本,灭则复归于无物。反复终穷,皆自然之数耳。孰为之哉? 若令本异,则异气数合,合则同化,亦为神之处形。犹火之在本,其生必存,其毁必灭。形离则神散而罔寄,木朽则火寂而靡托,理之然矣。假使同异之分,昧而难明,有无之说,必存乎聚散。聚散,气变之总名,万化之生灭。故庄子曰:'人之生,气之聚,聚则为生,散则为死。若死若生,为彼徙苦,吾又何患?'③古之善言道者,必有以得之。若果然邪,至理极于一生,生尽不化,义可寻也。"

答曰:"夫神者何耶? 精极而为灵者也。精极则非卦象之所图,故圣人以妙物而为言,虽有上智,犹不能定其体状,穷其幽致。而谈者以常识生疑,多同自乱,其为诬也亦已深矣。将欲言之,是乃言夫不可言,今于不可言之中,复相与而依稀。"

【注释】

①大通:犹大道。《庄子·大宗师》:"堕肢体,黜聪明,离形去智,同
　　于大通,此谓坐忘。"

②神虽妙物:《周易·说卦》:"神也者,妙万物而为言者也。"

③"故庄子曰"几句:《庄子·知北游》原文与此处不同:"人之生,气
　　之聚也。聚则为生,散则为死。若死生为徒,吾又何患?"

【译文】

问："你的理论宗旨是以变化的消失为终极，要达到终极的人，必须逆自然变化而行。追求终极则不顺应自然变化，以此引导历代君王，使他们赞同佛教，使人们体证终极，以达到维护君主统治的目的。这种高雅之论，当然是出自于实现社会大治的愿望。但求之于实际效验，就于理不通了，为什么呢？生命是禀受气而形成的，生命只有一次，生命结束了，属于生命的一切都消亡了，等同于无，神虽然是神妙之物，仍然不过是阴阳之气变化而成的罢了。它由阴阳之气变化而生，又因阴阳之气变化而死；生命由阴阳之气相聚而开始，又因阴阳之气离散而结束。由此推想，就知道神形本来就是一起变化，原本就没有不同的统属，虽有精粗差别却同属一气，精气和粗气结合一起，始终同在一个住宅里。住宅完好，气凝聚而有灵知；住宅毁灭，气消散而灵知灭亡；气消散便返回到原来的自然中去；灵知灭亡，便重新回归于无。如此反复循环变化，都是自然规律罢了。哪里有什么主宰支配着呢？即使神和形本原不同，那么不同的气自然结合，结合在一起就一同变化，精神寄托在形体中，就像火寄托在木头上燃烧，木头在火就存在，木头毁了火就灭了。形体离散则神散失无处寄寓，就像木头朽烂，火就会熄灭，无所寄托，是同样的道理啊！如果神与形的本原是同是异的问题难以讲明的话，那么，形神的有无必定是由气的聚散决定的。聚散，是气变化的总体称呼，是所有自然变化生灭的原因。所以庄子说：'人的生命，是气相聚而成的，气相聚就是生，气散开就是死。死或是生，只是气的变化罢了，我又有什么好担心的。'古代善于论道的人，必然是有他的道理的。如果的确是这样，真正的道理是生命只有一生，生命终止了，也就不再变化了，来生是没有的，这个道理是可证明的。"

答："精神是什么呢？它是精妙到了极点的精神。它精妙到了极点，不是卦象所能显示的，所以圣人只是说神是神妙之物。即使具有上等的智慧，也不能确切说明它的相状，穷究它的深微。而试图谈论它的人，因为与常识相矛盾又产生怀疑，陷入自相混乱中，其错误已经很深了。虽然想要说明它，其实是不可言说的。现在，我只好进入这不可言说之中，和它保持共同的仿佛依稀，勉强地来谈谈它吧。"

神也者，圆应无生，妙尽无名，感物而动，假数而行。感物而非物，故物化而不灭；假数而非数，故数尽而不穷。有情则可以物感，有识则可以数求。数有精粗，故其性各异；智有明暗，故其照不同。推此而论，则知化以情感，神以化传，情为化之母，神为情之根，情有会物之道，神有冥移之功。但悟彻者反本，惑理者逐物耳。古之论道者，亦未有所同，请引而明之。庄子发玄音于《大宗》曰："大块劳我以生，息我以死。"又，以生为人羁，死为反真[①]。此所谓知生为大患，以无生为反本者也[②]。文子称黄帝之言曰："形有靡而神不化，以不化乘化，其变无穷[③]。"庄子亦云："持犯人之形，而犹喜之。若人之形，万化而未始有极。"此所谓知生不尽于一化，方逐物而不反者也[④]。二子之论，虽未究其实，亦尝傍宗而有闻焉。论者不寻无方生方死之说[⑤]，而惑聚散于一化；不思神道有妙物之灵，而谓精粗同尽，不亦悲乎？火木之喻，原自圣典[⑥]，失其流统，故幽兴莫寻，微言遂沦于常教，令谈者资之以成疑。向使时无悟宗之匠，则不知有先觉之明，冥传之功，没世靡闻。何者？夫情数相感，其化无端，因缘密构，潜相传写，自非达观，孰识其变？自非达观，孰识其会？请为论者验之以实。

【注释】

①"以生为"二句：认为生命是人的枷锁，死亡是返回真性。出自《庄子·大宗师》："嗟来桑户乎！而已反其真，而我犹为人猗。"

②"此所谓知生"二句：知道生是人的大患，把无生作为返归本原。出自《老子》第十三章。

③"文子"几句：见《文子·守朴》："故形有靡而神未尝化，以不化应化，千变万转而未始有极，化者复归于无形也，不化者与天地俱生也，……未尝化其所化者即化，此真人之游也，纯粹之道也。"

④方逐物而不反者：《庄子·天下》："惜乎！惠施之才，骀荡而不得，逐万物而不反，是穷响以声，形与影竞走也。悲夫！"

⑤方生方死之说：见《庄子·齐物论》："彼是方生之说也，虽然，方生方死，方死方生；方可方不可，方不可方可。"

⑥"火木"二句：佛典中也有以木与火的关系来比喻形与神的关系。如《中论·观邪见品》："五阴常相续，犹如灯火炎。以是故世间，不应边无边。从五阴复生五阴，是五阴次第相续，如众缘和合有灯炎。若众缘不尽灯则不灭，若尽则灭。是故不得说世间有边无边。"

【译文】

精神这个东西，它感应变化而无生灭，微妙至极不能名状，精神感应外物而活动，借助生命形质而运行。它感应万物而自己却不是物，所以外物消亡而自己却不会灭亡；借助生命形质而运行，自己又不是生命形质，所以生命形质消失了而自己也不会穷尽。有情感就可以用外物来感动它，有意识就可以通过它假借的形质来探求它的存在，生命形质有精粗之分，所以万物的品性各有不同；智慧有明有暗，所以观察认识的能力有差异。由此推论，就知道生命的流转变化是情欲感召的结果，精神又借生命的流转变化而传递，情欲是生命流转的根源，精神是情欲的根源，情欲有凝结成生命的作用，精神有在生命流转中冥冥迁移的功能。只是彻底证悟的人返回无生灭的本原，而迷惑的人追逐外物罢了。古代论道的圣人，也没有相同的观点，请让我引用他们的话来说明这个问题。庄子在《大宗师》中发出高论说："自然用生来使我穷苦，用死来让我休息。"又认为生命是人的枷锁，死亡是返回真性。这正是知道生是人的大患，把无生作为返归本原的思想。文子引用黄帝的话说："形体有灭亡而神不灭亡，以不变化驾驭变化，所以变化无穷。"庄子也说过："诞生为人而高兴，人的生命体生生灭灭，没有止境。"这就是所谓知道人的生命不仅只有一次，于是追逐外物而不知道返本。二位贤人的观点，虽然没有达到最真实的认识，但也因靠近终极之理而为人所称闻。论者不探讨庄子的方生方死之说，却被气的聚散只有一生的观点所迷惑；不思考精神是神妙万物的精灵，而说精气粗气是一起灭亡，不是太可悲了吗？木和火的比喻本来源自于佛教的典籍，但在流传中来源被湮没了，所以人们不知道它本来的深奥旨趣，于是奥妙的道理就被常识混淆了，使谈论的人依照常识而产生疑惑。如果没有彻悟佛教宗旨的人出现，就不知道有先觉之明。那么神在冥冥之中传递的功能，就永远不被人们知道。为什么呢？情欲与生命形质互相感应，使生命流转变化无穷；因与缘紧密结合使精神在冥冥之中传递，如果没有特别的智慧，怎能知道生命流转变化呢？如果没有特别的智慧，怎能知道精神在冥冥之中与形体结合呢？请让我为辩论的人用事实加以验证。

　　火之传于薪，犹神之传于形；火之传异薪，犹神之传异形。前薪非后薪，则知指穷之术妙[①]；前形非后形，则悟情数之感深。惑者见形朽于一生，便以为神情俱丧，犹睹火穷于一木，谓终期都尽耳。此由从养生之谈，非远寻其类者也。就如来论，假令神形俱化，始自天本，愚智资生，同禀所受。问所受者，为受之于形邪？为受之于神邪？若受之于形，凡在有形，皆化而为神矣；若受之于神，是以神传神，则丹朱与帝尧齐圣，重华与瞽叟等灵，其可然乎？如其不可，固知冥缘之构，著于在昔，明暗之分，定于形初。虽灵均善运，犹不能变性之自然，况降兹已还乎？验之以理，则微言而有征；效之以事，可无惑于大道。

【注释】

①知指穷之术妙：《庄子·养生主》："指穷于为薪，火传也，不知其尽。"

【译文】

火传到柴上，就像精神传到形体上一样；火能从一根柴上传到另一根柴上，就像精神从一个形体转到另一个形体上一样。前一根柴不是后一根柴，就可知道火传递的微妙；前一个形体不是前一个形体，就可知道情欲与形体互相深深感应。不明白的人看到一生中形体死亡了，就以为精神和情欲都灭亡了，就像看到一根木头上的火烧完了，说火和木头永远不存在一样。这是片面接受了养生说的说法，并非从更久远的地方寻求同类认识啊。如果像您所说的那样，精神和形体是一起变化，那么从禀受自然之本原之气开始，愚蠢的人和聪明的人，所禀受的都是一样的。请问，他们所禀受的是形体呢？还是精神呢？如果禀受的是形体，那么，凡是形体的，都应该化作精神了；如果禀受的是精神，那么以精神传精神，不肖子丹朱就应该和他的父亲尧帝一样圣明，而虞舜就应该和他的父亲瞽叟一样愚蠢。事实是这样的吗？如果不是这样，就可以了知冥冥之中因缘在前世已经形成了，聪明和愚蠢的差别，在形体产生以前就已经决定了。制陶者再善于运转陶具，也不能改变泥土的自然本性，更何况不如制陶者呢？用道理来检验，则佛教的微妙之言可以证明；考察事实，则不再会疑惑佛教的正道。

论成后，有退居之宾，步朗月而宵游，相与共集法堂，因而问曰："敬寻雅论，大归可见，殆无所间，一旦试重研究，盖所未尽，亦少许处耳。意以为沙门德式，是变俗之殊制，道家之名器，施于君亲，故宜略于形敬。今所疑者，谓甫创难就之业，远期化表之功，潜泽无现法之效，来报玄而未应。乃今王公献供，信士屈体，得无坐受其德，陷乎早计之累，虚沾共惠。贻夫素餐之讥邪？"

主人良久乃应曰："请为诸贤，近取其类。有人于此，奉宣时命，远通殊方九译之俗，问王者以当资以糇粮，锡以舆服不？"答曰："然。"主人曰："类可寻矣。夫称沙门者，何邪？谓其发蒙俗之幽昏，启化表之玄路，方将以兼忘之道①，与天下同往，使希高者挹其遗风，漱流者味其余津。若然，虽大业未就，观其超步之迹，所悟固已弘矣。然而运通之功、资存之益，尚未酬其始誓之心，况答三业之劳乎？又斯人者，形虽有待，情无所寄，视夫四事之供②，若焦蚊之过乎其前者耳。濡沫之惠③，复焉足语哉？"众宾于是始悟冥途以开辙为功，息心以净毕为道，乃欣然怡襟，咏言而退。

晋元兴三年，岁次阏逢④，于时天子蒙尘，人百其忧，凡我同志，金怀缀旒之叹⑤，故因述斯论焉。

【注释】

①兼忘之道：《庄子·天运》："以敬孝易，以爱孝难；以爱孝易，以忘亲难；忘亲易，使亲忘我难；使亲忘我易，兼忘天下难；兼忘天下易，使天下兼忘我难。"

②四事之供：《无量寿经》："常以四事，供养恭敬一切诸佛。"具体指

衣服、饮食、卧具、医药。

③濡沫之惠:《庄子·大宗师》:"泉涸,鱼相与处于陆,相呴以湿,相濡以沫,不如相忘于江湖。"

④岁次阏逢:亦作"阏蓬"。十天干中"甲"的别称,用以纪年。《尔雅·释天》:"太岁在甲曰阏逢。"《淮南子·天文训》:"寅,在甲曰阏蓬。"高诱注:"言万物锋芒欲出,拥遏未通,故曰阏蓬也。"

⑤缀旒:亦作"缀斿"、"缀游"。比喻国势垂危。《文选·潘勖〈册魏公九锡文〉》:"当此之时,若缀旒然。"张铣注:"旒,冠上垂珠,而缀于冠者,言帝室之危如旒之悬。然,辞也。"

【译文】

这篇论文写成了以后,有从朝中隐退的宾客,在夜间月下散步游玩,与我在法堂相聚,因而问道:"拜读了您的雅作高论,旨趣可见,似乎没有什么不妥,但有一天我重新加以研究,觉得有少许不够详尽之处。我认为,僧人的德行规范,是改变世俗所特有的制度,这是修道者的标志,所以在对待君主和亲属的礼节上,当然应该免去形式上的礼敬。我现在所疑惑的是:僧人们现在从事艰难的修道之业,期望将来取得超越世间教化的功德,但潜在的功德没有现世的效应;来世的果报,又玄虚而不能兑现。现在王公献上供养,信奉的人屈膝跪拜,僧人们是不是要受到坐享他人恩德、背离自己以前的许诺、空得恩惠,白白吃饭的讥讽呢?"

我沉默了良久,回答道:"请让我为众位大人,用同类事物作个比喻。如果有人在此奉宣君王的命令:到遥远的异国了解那里的风俗。请问:君王是否应该资助使者的粮食、车马和衣服呢?"宾客回答说:"应该"。我说:"这就可以类推了。僧人是什么人呢? 他们能启发蒙昧的俗人,开启教化的玄妙之路,要与天下人一起走上物我兼忘的大道,使清高的人崇拜他的风范,使隐退之士品味他的精神。这样,虽然伟大的功业尚未成就,但看他们超乎世俗的行迹,就知道他们的觉悟就已经很高了。那么王侯为他们提供的通行方便和生存条件，其恩惠还不够酬劳他们立誓为天下人的心愿，何况报答他们修三业的辛劳呢？而且，这些人身体上虽然需要生活资料，情欲上却没有任何希求。他们把四事的供养，看得比蚊虫飞过这样的小事还轻，这小小的恩惠有什么值得一说的呢？"宾客们由此开始领悟到，修行佛教之道最重要的是开辟通往玄妙之境的道路；止息欲心最重要的是以洁净彻底以至无欲。于是众人欢欣神怡，歌咏而后离开了。

晋元兴三年（404），岁在阏逢（甲辰年），当时天子蒙受尘蔽，人民百般忧虑，凡是和我志同道合的人，都怀着国家危机的感叹，因此写了上面的论文。

沙门袒服论

【题解】

本篇由东晋名僧慧远法师所作,是佛教东传历史上最早捍卫沙门袒服制的专论。在文中,慧远肯定了沙门袒服也是一种礼制,并具体阐发了其规制形式的意义,从理论层面上说,袒服与儒家礼学的方法并无二致,因为儒家礼学也十分注重礼乐条文背后的意义。正是由于慧远的精思睿辩,沙门袒服之争在理论上得到了相当圆满的解决。

或问曰:沙门袒服,出自佛教,是礼与?

答曰:然。

问曰:三代殊制,其礼不同,质文之变,备于前典,而佛教出乎其外,论者咸有疑焉。若有深致,幸诲其未闻。

答曰:玄古之民,大朴未亏,其礼不文。三王应世,故与时而变。因兹以观,论者之所执,方内之格言耳,何以知其然?中国之所无,或得之于异俗,其民不移,故其道未亡。是以天竺国法,尽敬于所尊,表诚于神明,率皆袒服,所谓去饰之甚者也①。虽记籍未流兹土,其始似有闻焉。

【注释】

①所谓去饰之甚者也：参见《礼记·檀弓下》："去饰，去美也；袒、括发，去饰之甚也。"

【译文】

有人问：出家人穿的袈裟露出右肩，出自佛教，合于礼吗？

答：合于礼。

问：中国夏商周三代制度不同，其礼仪也有所不同，而其质朴与文饰的变迁过程，典籍上都有记载。佛教的礼制超出了中国历史上的典籍记载范围，所以论者对它表示怀疑。你若有深刻见解，我愿荣幸地听你的教诲。

答：上古之民，朴实无华，其礼制没有过多的文饰。三代之王出现于世，礼制因时而变。由此观之，论者所依据的，是中国历史上的格言。何以知之？中国所没有的礼制，或许来源于异国的风俗，民众若坚持不改，说明其原则依据未消失。按印度国家的习俗，对尊者表示最高的崇敬，对神明表示最大的忠诚，都要求穿露肩之服装，表示去华饰的意思。这样的记载虽然还没有流传到中国，但我很早就听说过这样做的原因。

佛出于世，因而为教，明所行不左，故应右袒。何者？将辩贵贱，必存乎位①。位以进德，则尚贤之心生。是故沙门越名分以背时，不退己而求先。又人之所能，皆在于右，若动不以顺，则触事生累。过而能复，虽中贤犹未得，况有下于此者乎？

请试言之。夫形以左右成体，理以邪正为用。二者之来，各乘其本。滞根不拔，则事求愈应，而形理相资，其道微明。世习未移，应微难辩。袒服既彰，则形随事感，理悟其心。以御顺之气，表诚之体，而邪正两行，非其本也。

【注释】

①"将辩"二句：万事万物的贵贱在于其存在的位置当位不当位而已。当位就贵，不当位就贱。

【译文】

释迦牟尼出现于世间，宣讲自己的教法，他阐明自己的行为，不崇尚左，所以选择了裸露右肩的服装。为何？辨识事物的贵贱，主要在于其当位不当位。当位便可以增进道德，生发出尚贤之心。沙门超越了世俗的名教，违背了世俗的时序，也不参与世俗的竞争。再者，人们的动作，多在人体的右边，露右肩动作方便。若行动不顺当，则做事时生烦恼。犯了错误能够改正，即使中等贤者也很难做到，而何况那些不贤者呢？

试加以说明。身体以左右为整体，道理以邪正为用。两者同时存在，各自发挥根本功用。迷滞的根不拔除，麻烦的事就会愈来愈多。如果两者互相配合，对立统一，大道就在其中。可是世俗的尚左礼习没有改变，故佛教的右袒礼习难以辩明。现在已把袒服的理由说明白了，形体穿衣适合做事的需要，从道上讲有利于本心的悟解。所以说袒服只是为了身气通顺，体现身体的端正，至于邪正的辨别，不是其根本。

是故世尊以袒服笃其诚而闲其邪，使名实有当，敬慢不杂。然后开出要之路，导真性于久迷。令淹世之贤，不自绝于无分，希进之流，不惑途而旋步。于是服膺圣门者①，咸履正思顺，异迹同轨。缅素风而怀古，背华俗以洗心。寻本达变，即近悟远，形服相愧。理深其感如此，则情化专向，修之弗倦，动必以顺，不觉形之自恭。斯乃如来劝诱之外因，敛粗之妙迹。而众谈未喻，或欲革之，反古之道②，何其深哉！

【注释】

①服膺：铭记在心，衷心信奉。

②反古：违反古制。《商君书·更法》："然则反古者未必可非，循礼者未足多是也。"

【译文】

所以释迦牟尼以袒服坚定其诚心，减弱其邪恶，使名实相当，让尊敬和怠慢不杂乱。然后开导众人走出迷滞之路，让其长久迷惑的真如本性显现出来。使滞留在世间的贤者，不至于没有修道成功的机会，希望进取者不至于在迷途中徘徊而停步。衷心信奉佛门之人，都要行为端正而思想和顺，从不同的方向走向同一条成佛的道路。具有朴素的生活作风而缅怀古圣，远离奢华而清心寡欲。探寻本根，通达其变革形式，于当下之事中领悟深远之理，形服简陋，心生惭愧。如此深刻感悟大道，则心情专一，修炼不倦，行动必须和顺，不知不觉形体自然恭敬。这就是如来用袒服规劝世人的外因，约束不屑者的妙法。而许多人没有理解，甚至提出要革除它，违反古制的做法何其深啊！

难袒服论

【题解】

　　本篇由曾任东晋镇南将军的何无忌所撰写。他对慧远法师《沙门袒服论》的观点提出诘难，指出仪礼的设置，是因时而运用，因此有些礼仪有内外的区别，应该根据深浅程度不同来面对，中国传统礼制中有崇尚左的风俗，因此认为沙门袒服尚右，不合礼制。

　　见答问袒服，指训兼弘，标末文于玄古，资形理于近用。使敬慢殊流，诚服俱尽，殆无间然。

　　至于所以明顺，犹有未同。何者？仪形之设，盖在时而用。是以事有内外，乃可以浅深应之。李、释之与周、孔，渐世之与遗俗，在于因循不同，必无逆顺之殊，明矣。故老明兵凶处右①，礼以丧制不左。且四等穷奉亲之至②，三驱显王迹之仁③，在后而要，其旨可见。宁可寄至顺于凶事，表吉诚于丧容哉？郑伯所以肉袒，亦犹许男舆榇④，皆自以所乘者逆，必受不测之罚。以斯而证，顺将何在？故率所怀，想更详尽，令内外有归。

【注释】

①老明兵凶处右：见《老子》第三十一章："夫兵者不祥之器，物或恶之，故有道者不处。君子居则贵左，用兵则贵右……吉事尚左，凶事尚右。偏将军居左，上将军居右。"

②四等：即慈、悲、喜、舍四无量心。

③三驱：古王者田猎之制。谓田猎时须让开一面，三面驱赶，以示好生之德。《周易·比》："九五，显比，王用三驱。"

④舆榇（yúchèn）：载棺以随，表示决死或有罪当死。见《左传·僖公六年》："许男面缚衔璧，大夫衰绖，士舆榇。"

【译文】

读了《沙门袒服论》，感觉文章阐明宗旨与开导解释皆有高论，书写妙文证之于远古，依据形理运用于当今。使敬仰或怠慢等不同的读者，心悦诚服，我也如此，认为几乎没有什么可批评的。

至于袒服是否顺礼，我还有不同的见解。为何？仪礼的设置，是因时而运用。因此有些礼仪有内外的区别，应该根据深浅程度不同来面对。例如李耳、释迦与周公、孔子的差别，外来的习俗与古老的遗俗的差别，只是在于它们继承的传统有差别，必定不属于逆礼和顺礼的根本不同，这是很明白的。故《老子》说明用兵和凶事尚右，《礼记》说丧礼不贵左。且四等礼制反映了奉亲之孝的极至，三驱制度显示了王者的仁义之心，田猎时须让开一面，三面驱赶，以示好生之德，其宗旨是明白的。沙门袒服尚右，岂不是寄托至顺于凶事，表现吉诚于丧礼吗？郑伯之所以赤身请罪，与许男载棺相随一样，都是自己的所作所为违背了礼仪，必然受到不可预测的惩罚。由此而论，沙门袒服，顺乎礼制之处何在？我坦率的表达心意，望您做更详尽的说明，令内外人士都能归服。

答何镇南

【题解】

在本篇中,慧远法师针对何无忌撰文诘难的看法,重申佛教的立场,更详细地阐述自己的观点。核心观点有二,一是儒释殊途而同归,"道训之与名教,释迦之与周孔,发致虽殊,而潜相影响,出处诚异,终期则同"。二是由出家人的特点决定的,即出家人是方外之宾,变俗遁世,而变俗的表现之一就是服饰的区别,"变俗则服章不得与世典同礼"。但这种服制并非没有根据,这种根据不在于世俗的六代之典,而是佛教的"殊制"。

敬寻问旨,盖是开其远途,照所未尽,令精粗并顺,内外有归,三复斯诲,所悟良多。常以为道训之与名教,释迦之与周孔,发致虽殊,而潜相影响,出处诚异,终期则同。但妙迹隐于常用,指归昧而难寻,遂令至言隔于世典,谈士发殊途之论。何以知其然。圣人因弋钓以去其甚[①],顺四时以简其烦。三驱之礼,失前禽而弗吝。网罟之设,必待化而方用。上极行苇之仁[②],内匹释迦之慈,使天下齐已,物我同观,则是合抱之一毫,岂直有间于优劣,而非相与者哉?

然自迹而寻,犹大同于兼爱。远求其实,则阶差有分。

分之所通,未可胜言,故渐慈以进德,令事显于君亲。从此而观,则内外之教可知,圣人之情可见。但归途未启,故物莫之识。若许其如此,则袒服之义,理不容疑。

【注释】

①圣人因弋钓以去其甚:参见《喻道论》注。

②上极行苇之仁:参见《达性论》注。

【译文】

怀着敬意探讨您的旨意,您的文章非常深远广阔,令学问精深与粗疏之人、佛教内外人士都能归服。再三读您的教诲,所悟良多。常常以为佛法与名教,释迦与孔子,情致虽殊,而暗地互相影响,虽然出发点有所不同,而终极目标不异。但微妙的迹象往往隐藏于日常生活中,真理奥秘无穷,宗旨隐晦难寻,于是使至理隔离于世俗经典之外,言谈之士发出两种截然不同的言论。怎么知道是这样呢?圣人提出,射鸟钓鱼不贪多,反对过分捕杀,顺应四时之礼简化生产任务。三驱制度要求放走前面的禽兽决不吝啬。网罟安设,要待鱼产卵之后的季节方可使用。在上位者实行《行苇》歌唱之仁爱,内心配合释迦的慈悲,使天下万物齐同,物我同观,那么合抱之木与一秋毫之间岂只有优劣的区别,而没有相关联之处吗?

循事物的迹象去探寻本质,所有事物大致相同,应该兼爱,远求那外在的状况,则有等级名分的差别。而差别之外的通达,难以言明,所以要不断通过慈爱增进功德,在实际行动中忠君孝亲。由此看来,则佛教与儒家内外两教是很明白的,圣人的情怀也是清楚的。但是皈依佛教的道路没有开启,因此人们往往还不认识。如果这样,那么沙门袒服的道理,是不容怀疑的。

　　来告何谓宜更详尽，故复究叙本怀。原夫形之化也，阴阳陶铸，受左右之体。昏明代运，有死生之说①。人情咸悦生而惧死，好进而恶退，是故先王即顺民性，抚其自然，令吉凶殊制，左右异位。由是吉事尚左，进爵以厚其生。凶事尚右，哀容以毁其性②。斯皆本其所受，因顺以通教，感于事变，怀其先德者也。

　　世之所贵者，不过生存，生存而屈伸进退，道尽于此，浅深之应，于是乎在。沙门则不然，后身退已而不谦卑，时来非我而不辞辱。卑以自牧谓之谦，居众人之所恶谓之顺。谦顺不失其本，则日损之功易积，出要之路可游。是故遁世遗荣，反俗而动。动而反俗者，与夫方内之贤，虽貌同而实异。何以明之？凡在出家者，达患累缘于有身，不存身以息患。知生生由于禀化③，不顺化以求宗。推此而言，固知发轸归途者④，不以生累其神。超落世务者，不以情累其生。不以情累其生，则生可绝。不以生累其神，则神可冥。

　　然则向之所谓吉凶成礼，奉亲事君者，盖是一域之言耳，未始出于有封。有封未出，则是玩其文，而未达其变。若然，方将滞名教以徇生，乘万化而背宗。自至顺而观，得不曰逆乎。渐世之兴遗俗，指存于此。

【注释】

①"昏明"二句：见《庄子·大宗师》："死生，命也，其有夜旦之常，天也。"

②哀容以毁其性：指节哀以顺生的丧礼要求。《礼记·丧服四制》："三日而食，三月而沐，期而练，毁不灭性，不以死伤生也。"

③禀化：承受天地自然的化育。

④发轸(zhěn)：车子出发，比喻事物的起始、开端。

【译文】

问者希望详尽论述，所以我再探讨一番袒服的本义和根据。身体之生长变化，由阴阳二气熏陶练就，产生了左右之体后，昏沉与清明不断变化，从此有了死生的说法。人都喜欢活着而怕死，好功名上进而不喜欢退隐，所以先王顺应民情，又遵循自然规律，令吉凶有不同礼制，左右表示不同地位。规定吉事尚左，进爵时尚左，表示重视其昌盛。凶事尚右，以哀容表示心情受到打击。这些都是因其本性，顺应人情以通达教化，感于世事变化，怀念先德的风范。

世人所最看重的，不过是生存，围绕着生存而如何屈伸进退，世间之道基本围绕这些展开。或深或浅的应世之道，于是也就有了。佛教则不是这样，不争先，退功名，不卑不亢；任何时候受到打击侮辱而不伤心。把自己看作奴仆可谓谦虚，居于众人所厌恶的地方谓之顺从。谦顺而并没失去根本宗旨，则为道日损的功力容易积累，超脱世俗的道路可走。所以佛教遁世以求道，抛弃荣辱，违反世俗而行动。行动违反世俗的佛者，与世俗名教之贤者，外表相似而实际上有差异。怎样能证明？凡出家人追求清静无累，有累是缘于有身体，不执着身体方可无大患。知道生生繁殖是由于天地自然的化育，不顺从自然的繁殖之道是为了求取佛法解脱宗旨。由此而言，发心开始走这条回归之路的人，不以生殖和生命累其精神。超脱世俗事务的人，不以感情拖累其生命。不以感情累其生命，则生命的浮躁可断绝。不以生命的造作行动累及精神，则精神可以进入冥冥玄远、虚极静笃的境界。

然而一向所谓吉凶、礼仪和奉亲事君者，是一个地域之内的思想，未能超出界限。如果故步自封，这些思想只是玩弄词句文采，而未能通达其变。若是这样，将会迷滞于名教，曲从于生命，追逐万化世界而背离了真正的宗旨。从顺应的角度看，这不也是逆礼吗？对外来习俗与传统遗俗的关系，其理解的宗旨也是这样。

明报应论

【题解】

　　本篇全称《答桓南郡明报应论》，为慧远（334—416）所撰。此篇旨在回答桓玄对佛教因果报应说的质疑，并进而详说因果报应的不妄。论文以书信的形式出现，桓玄的问答在这封信中也保留下来。在形神关系上，慧远能够抓住桓玄提问本身的弱点进行有力反驳，得出了以神为本、形神一化的结论。在人的正常情感智慧是否合理的问题上，慧远避开这个问题本身，代之以无明、情爱造成业报，认为这才是有因必有果的"自然法则"。在对因果报应的价值评价这一问题上，慧远站在佛教出世主义的立场，神化佛教在"治心"上的作用，间接肯定佛教的伦理价值。

　　问曰："佛经以杀生罪重，地狱斯罚，冥科幽司①，应若影响②，余有疑焉。何者？夫四大之体③，即地水火风耳。结而成身，以为神宅。寄生栖照，津畅明识。虽托之以存，而其理天绝。岂唯精粗之间，固亦无受伤之地。灭之既无害于神，亦由灭天地间水火耳。"又问："万物之心爱欲森繁，但私我有己，情虑之深者耳。若因情致报，乘惑生应，则自然之迹何所寄哉?”

答曰:“意谓此二条,始是来问之关键,立言之津要。津要既明,则群疑同释。始涉之流,或因兹以悟。可谓朗滞情于常识之表,发奇唱于未闻之前。然佛教深玄,微言难辩。苟未统夫指归,亦焉能畅其幽致? 当为依傍大宗,试叙所怀。

“推夫四大之性,以明受形之本,则假于异物,托为同体④。生若遗尘⑤,起灭一化,此则惠观之所入,智刃之所游也。于是乘去来之自运⑥,虽聚散而非我;寓群形于大梦,实处有而同无。岂复有封于所受,有系于所恋哉! 若斯理自得于心,而外物未悟;则悲独善之无功,感先觉而兴怀,于是思弘道以明训,故仁恕之德存焉。若彼我同得,心无两对。游刃,则泯一玄观;交兵,则莫逆相遇⑦。伤之岂唯无害于神? 固亦无生可杀。此则文殊案剑⑧,迹逆而道顺。虽复终日挥戈,措刃无地矣。若然者,方将托鼓舞以尽神⑨,运干戚而成化⑩。虽功被犹无赏,何罪罚之有耶? 若反此而寻其源,则报应可得而明;推事而求其宗,则罪罚可得而论矣。尝试言之:夫因缘之所感,变化之所生,岂不由其道哉? 无明为惑网之渊,贪爱为众累之府⑪。二理俱游,冥为神用。吉凶悔吝,唯此之动。无明掩其照,故情想凝滞于外物;贪爱流其性,故四大结而成形。形结则彼我有封,情滞则善恶有主。有封于彼我,则私其身而身不忘;有主于善恶,则恋其生而生不绝。于是甘寝大梦,昏于同迷。抱疑长夜所存唯著。是故失得相推,祸福相袭。恶积而天殃自至,罪成则地狱斯罚。此乃必然之数，无所容疑矣。何者？会之有本，则理自冥对。兆之虽微，势极则发。是故心以善恶为形声，报以罪福为影响。本以情感，而应自来。岂有幽司，由御失其道也。然则罪福之应，唯其所感。感之而然，故谓之自然。自然者，即我之影响耳。于夫主宰复何功哉？请寻来问之要，而验之于实。难旨全许地水火风结而成身，以为神宅。此则宅有主矣。问主之居宅，有情耶？无情耶？若云无情，则四大之结，非主宅之所感；若以感不由主，故处不以情，则神之居宅无情，无痛痒之知；神既无知，宅又无痛痒，以接物，则是伐卉剪林之喻，无明于义。若果有情，四大之结，是主之所感也；若以感由于主，故处必以情，则神之居宅，不得无痛痒之知；神既有知，宅又受痛痒，以接物，固不得同天地间水火风明矣。

　　"因兹以谈，夫神形虽殊，相与而化；内外诚异，浑为一体。自非达观，孰得其际耶？苟未之得，则愈久愈迷耳。凡禀形受命，莫不尽然也。受之既然，各以私恋为滞。滞根不拔，则生理弥固；爱源不除，则保之亦深。设一理逆情，使方寸迷乱，而况举体都亡乎？是故同逆相乘，共生雠隙；祸心未冥，则构怨不息。纵复悦毕受恼，情无遗憾。形声既著，则影响自彰。理无先期，数合使然也。虽欲逃之，其可得乎？此则因情致报，乘惑生应，但立言之旨本异，故其会不同耳。"

【注释】

①冥科幽司:指冥界之官吏对有情众生所犯罪进行判决,给犯罪业者予应得之责罚。《大方广佛华严经》卷三十五:"佛子! 此菩萨摩诃萨又作是念:'十不善业道,上者地狱因,中者畜生因,下者饿鬼因。于中,杀生之罪能令众生堕于地狱、畜生、饿鬼;若生人中,得二种果报,一者短命,二者多病。"

②影响:比喻感应迅捷。《尚书•大禹谟》孔安国传曰:"吉凶之报,若影之随形,响之应声,言不虚。"

③四大:古印度以地、水、火、风构成世界,为一切万物的基本元素。

④"则假于"二句:语出《庄子•大宗师》,意为借着不同的原质,聚合而成一个形体。

⑤生若遗尘:语出《庄子•德充符》:"物视其所一而不见其所丧,视丧其足犹遗土也。"

⑥乘去来之自运:《庄子•田子方》:"吾以其来不可却也,其去不可止也,吾以为得失之非我也,而无忧色而已矣。"

⑦莫逆:彼此同心相契,后多指知心朋友。

⑧文殊案剑:指文殊菩萨为了帮助大众领悟佛法而向如来挥剑。《大宝积经》曰:五百菩萨得宿命智,知亿多劫所作重罪。以忧悔故,不证无生法忍。时文殊知其念已,于大众中偏袒右肩,手执利剑,直向世尊欲行逆害。佛言文殊汝勿害我,若必欲害,应善害,何以故? 一切诸法如幻化,无我无人,为谁杀而受殃。是时诸菩萨知宿罪皆如幻化,得无生忍,异口同音说偈曰:文殊大智人,深达法源底。自手握利剑,驰逼如来身。如剑佛亦尔,一相无有二。无相无所生,是中云何杀?

⑨托鼓舞以尽神:《周易•系辞上》:"圣人立象以尽意,设卦以尽情伪,系辞焉以尽其言。变而通之以尽利,鼓之舞之以尽神。"

⑩运干戚而成化:指舜挥舞干戚以完成教化。《淮南子•奇俗训》:

"当舜之时,有苗不服,于是舜修政偃兵,执干戚而舞之。"

⑪"无明"二句:按照佛教教义,无明居十二因缘的首位,贪爱居第
　　八位。

【译文】

提问说:"佛教以杀生为第一重罪,认为必将受到下地狱之惩罚,此
种报应有如影子和回声,感应迅捷,是逃脱不了的,我对这种说法表示
怀疑。为什么呢? 因为按照佛经的说法,人的身体是由地、水、风、火四
种基本元素凝聚而成的,又以身体作为神识居住之所。一方面生命神
明寄托栖居于此身体中,一方面身体又润泽舒畅这明察之神识。虽然
神识寄存在身体之中,但二者从根本上是不同的。哪里只是精细与粗
大之间的差别呢? 神识本来就没有受伤害的可能。人们杀生,本来就
没有伤害其神识,所谓杀生也不过是消灭天地间的水火而已。又问:
"万物存世,本就爱欲繁多。只不过人有自私利己之心和更深更丰富的
情感和思虑而已。假若因为这些感性欲望与情虑迷惑就应导致报应,
那么万物自然的法则又从哪里显现出来呢?"

答道:"先生所说的这两点,实是发问的关键,也是立论的要害。如
果这两点搞清楚了,其他的疑惑也就迎刃而解了。那些开始接触佛法
的人,也许可以因此而有所醒悟。可以说是在人们未闻佛法之前,就能
发出这样的奇妙议论,使人们积郁的心胸明察旷达,超越于世俗常识之
外。不过,佛教的义理深奥玄妙,言辞含蓄而精微,普通人难以辨明其
中的深意。如果没有统领佛法的中心主旨,又如何能畅达其中深幽极
致的道理呢? 因此,我在这里依靠佛经最根本的原则,试着谈谈自己的
一些看法。

"先生推理四大元素的属性,以此来阐明形成身体之形的根本,如
此则不同的事物都不过是假借它物而成,实际上是寄托在同一物体中
而没有差别的。有情众生与世间微尘没有什么差别,万物之生灭也不
过相互变化而已,这正是智慧所产生作用的地方了。当我任凭万物来

去起灭,把这都看做自然的运动变化,即使一切聚散无常,但都与我无关;当我把天地万物都寄寓在一场大梦中,看似处于实有,实际上却是同一于虚无。这样的话,万物之中哪里又有什么界限呢？人们又哪会迷恋执着这些虚假之物呢？如果只是心中明白这些道理,而对外物的本性没有彻底的体悟,则会使人悲哀这种没有真正功德的'独善'之举,感叹那些先知先觉者的伟大而抒发羡慕情怀,这时候若能立志弘扬正道阐明真理,那仁恕的道德就会保存下来。若能使他人和我同样领悟这些真谛,就可以达到心中没有差别对立的境界。用刀解牛,就统一于玄观而没有任何差别,而是一视同仁;两军交战,就好像莫逆之交久别重逢。杀生伤人哪里只是无害于神,本来就无生可杀啊。这正如文殊菩萨按剑刺杀如来佛祖,虽然行迹是大逆之罪,却不违背佛法无我真谛,即使是终日长剑挥舞,却找不到一个实在的佛来施剑。如果真是这样的话,将来只需寄以鸣鼓起舞来愉悦神明,挥舞干戚以完成教化。既然功德盖世也没有奖赏,杀生自然谈不上地狱之报应了。但是,如果反过来探寻事物的根源,那么佛教所说的罪罚报应之说就可以得以阐明了。我试着对此做一番论述:世间一切之所以因缘相感、变化相生,难道不都是依据其本然之道吗？无明是众生迷惑自缚的根源,贪爱是众生为滞情所累的府库。无明和贪爱从来都是相生相随的,而且暗中为神明所使用,一切的吉、凶、悔、吝都因它们而产生。无明遮蔽有情的智慧,使他们的情感思想凝滞在外在事物上;贪爱使众生的本性迁移改变,因而使四大聚结成身体之形。而一旦有了具体的身形,就会产生人我的界限分别;一旦情感执着于外物,就会使善恶有一定的对象。一旦有人我分别,则人人都会偏爱自我而时刻不忘自我的存在,善恶一旦有定见,则人人都会眷恋自己的生命而不可断绝。因此之故,世间众生往往因梦幻之境而甘于沉迷,所以人人都在甜美大梦之中而乐于昏昧。终日怀抱着疑惑,唯以眼前所见之现存为真实。因此最终是得失相互推移,祸福前后相连。恶念聚积多了,天降的祸殃就会不请自来,罪恶一旦铸成，地狱的惩罚就会如期而至。这可是必然的规律，是不容置疑的。为什么这么说呢？举凡报应，都与其造作诸业暗相对应；虽然报应的征兆刚开始极为微细不明，一旦趋势发展到极点，报应就发生了。所以善恶之心与罪福之报，犹如形、声之与影、响，有此必有彼，本来就是因为众生的情欲而感受，所以报应也就自然而至。哪里有什么阴间的官府在控制施为呢？其实都是由于自己驾驭偏离正道所导致的啊。既然这样，那么罪福之报都只是对人的善恶之业的感应，这就是所谓的自然。自然也就是我的所作所为所招致的必然结果罢了。和所谓的主宰作用又有什么关系呢？请允许我探寻你刚才所提出之疑问的关键之处，并用事实来验证。问题的根本在于，你认为一切事物乃至众生都是地、水、火、风四大的产物，此四大凝结而成为人身，并作为神识的宅所。照此说来，住宅则一定有主人。请问此神识所居住的身体，是有情呢？还是无情？若属无情，则四大之凝结为身，并非由于宅主神识所感而成；而如果此人身不是宅主神识所感而成，则此身体乃一无情物，其中既无有知之神，身体也不知痛痒；如果真是这样，杀生岂不有如砍伐树木、剪除花草？如同花木的人也就无法明白这些道理了。此身体若属有情，则四大之凝结，乃是神主所感而成。如果身体是由神识所感而成，属于有情，则神识所居之身体不得无痛痒之知觉。人的神识既有知觉，而身体又有痛痒之感觉，并能同外物接触。因此众生的身体生命与天地间的地、水、风、火四大等不同就十分清楚了！

　　"由此看来，神之与形虽然有所差别，但又共同变化；身体的内外确有所不同，但二者又浑然为一体。对于这种现象，如果不是达观之人，又怎么能够洞察其真际呢？而如果不懂得此中之道理，年岁越久则会越执迷不悟。凡举禀受形体天命的有情众生，无不是如此。其一旦受形之后，则迷恋执着于自身。而沉迷的根本不除，则对生存的贪求就会越来越坚固；偏爱的根源不除，则保住形体希求长生不死的欲望就会越来越深重。设若人身有一方面不能满足人的这种贪情爱欲，就会使人心迷乱，更何况人的整个身体和生命都要消亡呢？于是，顺同与违逆之情相互侵袭，互为仇敌；若为祸之心没有停止，则仇怨之构结就难以断灭。更何况喜悦之后必定是烦恼，情感没有任何遗落。既然人的身体和情欲之心已经形成，则祸福报应必定相随如影、应对如响。并不是有什么预先安排的定理，而是自然之道、命运之数使其如此。想要逃脱它，又怎么可能呢？这就是你所提到的人因贪念之情和偏爱之惑而导致祸福报应，只是我这么言说的目的与你本来就不一样，所以我们的理解自然不会相同啊！"

问曰："若以物情重生，不可致丧，则生情之由，私恋之惑耳，宜朗以达观，晓以大方，岂得就其迷滞以为报应之对哉！"

答曰："夫事起必由于心，报应必由于事。是故自报以观事，而事可变；举事以责心，而心可反。推此而言，则知圣人因其迷滞以明报应之对，不就其迷滞以为报应之对也。何者？人之难悟，其日固久。是以佛教本其所由，而训必有渐；知久习不可顿废，故先示之以罪福；罪福不可都忘，故使权其轻重；轻重权于罪福，则验善恶以宅心；善恶滞于私恋，则推我以通物。二理兼弘，情无所系，故能尊贤容众，恕己施安。远寻影响之报，以释往复之迷；迷情既释，然后大方之言可晓，保生之累可绝。夫生累者，虽中贤犹未得，岂常智之所达哉？"

【译文】

提问说："如果认为万物的情性都是注重生存而厌恶死亡，那么对于那些有贪生之情和偏私之惑的众生,就应该以达观的思想使其内心明朗,以正道真谛使其醒悟,怎能迁就众生的迷惑执着来谈论报应之理呀?"

答道:"善恶之事必定是根源于人我分别之心和善恶之念,而祸福报应必定是响应善恶之事的。因此我们可以从祸福报应出发来观察事之善恶,事之善恶因而就可以改变;进一步通过善恶之事来责问心灵,心灵因而就可以返回根本。将此推广开来,就能明白圣人恰是因众生容易迷惑执着而以报应之说来训导他们,而不是你所说的迁就他们的迷惑执着而谈论报应之理啊! 为什么呢? 众生迷惑已久,很难启发开悟。因此佛教依据其迷惑凝滞的缘由,必定只能逐渐训导;因为明白了长久的习染不能够在一瞬间全部根除,所以先用罪罚福赏之说来警示众生;因众生对罪福不能全部都遗忘,所以使他们权衡其事情之轻重;如果可以用罪福来权衡事情的轻重,就可以用善恶来验证人们的用心;如果明白善恶取决于人是否贪恋偏私,就可以把我之情推广到万物之上,从而贯通物我。如果物我之情理都明白了,则人的情欲再也不会有所执着,故而能够做到尊重贤能、包容异己,推己及人、广施安宁。从幽远之处推寻报应之理,就是为了使众生从积重难返的迷误中解脱出来;迷惑既已解除,就可以通晓佛教那些伟大的教诲了,从而因执着身形贪念长生而产生的烦劳就可以断绝了。这些以生为累的道理,即使一般的贤人尚且不能明白,哪里是那些普通智慧的人能够晓达的呢!"

三报论

【题解】

　　本篇副题为"因俗人疑善恶无现验而作"，慧远法师所撰。东晋孝武帝太元十九年(394)，戴逵撰《释疑论》，怀疑佛教因果报应说；慧远法师乃作此论，为世俗解惑。在论文中，慧远提出三报的新报应说：即报应的种类分为现报、生报和后报；报应的主体是"心(神识)"；报应虽然有先后，但报应的轻重急缓是与人所作善恶诸业的轻重程度相对应的。随后，慧远对三世报应说作了较为详细的论证。

　　经说：业有三报①，一曰现报，二曰生报，三曰后报。现报者，善恶始于此身，即此身受。生报者，来生便受。后报者，或经二生、三生、百生、千生，然后乃受。受之无主，必由于心。心无定司，感事而应②。应有迟速，故报有先后。先后虽异，咸随所遇而为对。对有强弱，故轻重不同。斯乃自然之赏罚，三报之略也。非夫通才达识，入要之明，罕得其门。降兹已还，或有始涉大方③，以先悟为蓍龟④。博综内籍⑤，反三隅于未闻⑥。师友仁匠，习以移性者⑦，差可得而言。请试论之。

【注释】

①三报：即现报、生报和后报。《阿毗昙心论》卷一："若业现法报，次受于生报，后报亦复然，余则说不定。"

②"心无"二句：指人的心灵没有固定的控制者，一切思想情感都是感物而动的。《礼记·乐记》："人心之动，物使之然也。感于物而动，故形于声。"

③大方：指大道理，引申为见识广博。

④著（shī）龟：著指著草，龟指龟甲，二者均是古人占卜之用具。此指能够钩玄致远、预卜未来之先知。

⑤内籍：指佛教典籍。

⑥反三隅于未闻：举一反三以说明未闻之事。《论语·述而》："不愤不启，不悱不发，举一隅不以三隅反，则不复也。"

⑦习以移性：通过修习改变性情。《论语·阳货》："性相近也，习相远也。"

【译文】

佛经《阿毗昙心论》说：业（人的造作）有三种报应，一称现报，二称生报，三称后报。现报是现身作善作恶，现身就得善报恶报。生报是来生受报应。后报是在二生、三生、百生、千生以后终受报应。受报应时已没有了现身，人是通过心来受报应的。心没有固定的掌管者，它是随事物而所感应的。感应有迟有速，所以报应也有先有后。先后虽有差别，但报应都与所作之事相对应。对应有强有弱，所以福报祸报也有轻有重，这乃是自然的赏罚、三报的大致内容。若不是博学通识而且把握关键智慧的人，则难以找到门径。话说回来，或者有人初步领会到天地大法则，能够像用著龟占卜一样先懂得吉凶，博览并综合各种佛教典籍，举一反三去说明过去未闻之事。以仁者为师友，通过学习而修正人性，方可以得到三报的要领。我尝试作一论证。

　　夫善恶之兴，由其有渐，渐以之极，则有九品之论①，凡在九品，非其现报之所摄，然则现报绝夫常类，可知。类非九品，则非三报之所摄。何者，若利害交于目前，而顿相倾夺，神机自运，不待虑而发。发不待虑，则报不旋踵而应。此现报之一隅，绝夫九品者也。又三业殊体，自同有定报。定则时来必受，非祈祷之所移，智力之所免也。将推而极之，则义深数广，不可详究。故略而言之，想参怀佛教者，有以得之。

【注释】

①九品：此处指佛教的"九品往生"。

【译文】

　　善恶的兴起，是逐渐积累的，积累达到极点的，就产生了净土九品的区别。所有九品的区别，不是今生善恶的报应，而是前生所作善恶的报应。可知现报绝不是通常所理解的那样。不属于九品者，就不在三报的范围之内。为什么？假如利害就发生在眼前，人们马上就开始做倾轧争夺，自恃自谋，不加考虑就会发生。行为不是深思熟虑而作，故不待转动脚跟的时间，报应就来了。这是现报的一个方面，只会发生在现世，而净土世界的九品，是与现报无关的。又三业（身、口、意）性质不同，各自有定报。这种定报是时来必报，决不是祈祷能转移，主观努力所能避免的。推而广之，极而言之，则报应之事含义深远，不可详究，只能略而言之。这对于有意参佛者，应该是会有收获的。

　　世或有积善而殃集，或有凶邪而致庆，此皆现业未就，而前行始应。故曰祯祥遇祸，妖孽见福，疑似之嫌，于是乎在。何以谓之然。或有欲匡主救时，道济生民，拟步高迹，志在立功，而大业中倾，天殃顿集。或有栖迟衡门^①，无闷于世^②，以安步为舆^③，优游卒岁。而时来无妄，运非所遇，世道交沦^④，乖其闲习。或有名冠四科^⑤，道在入室^⑥，全爱体仁，慕上善以进德。若斯人也，含冲和而纳疾，履信顺而夭年，比皆立功立德之舛变，疑嫌之所以生也。大义既明，宜寻其对。对各有本，待感而发。逆顺虽殊，其揆一耳。何者，倚伏之契^⑦，定于在昔，冥符告命，潜相回换。故令祸福之气，交谢于六府^⑧，善恶之报，舛互而两行。是使事应之际，愚智同惑，谓积善之无庆，积恶之无殃。感神明而悲所遇，慨天殃之于善人。咸为名教之书，无宗于上。遂使大道翳于小成^⑨，以正言为善诱。应心求实，必至理之无此。原其所由，由世典以一生为限，不明其外。其外未明，故寻理者，自毕于视听之内。此先王即民心而通其分，以耳目为关键者也。如令合内外之道，以求弘教之情，则知理会之必同，不惑众途而骇其异。若能览三报以观穷通之分，则尼父之不答仲由，颜、冉对圣匠而如愚，皆可知矣。亦有缘起，而缘生法，虽预入谛之明，而遗爱未忘，犹以三报为华苑，或跃而未离于渊者也。

【注释】

① 栖迟衡门：《诗经·陈风·衡门》："衡门之下，可以栖迟。"衡门：横木为门，简陋的门。可以：何以。朱熹解释说："此隐居自乐而无求者辞。"

② 无闷于世：指不忧虑世事。《周易·乾》："遁世无闷。"

③ 安步为舆：指生活悠闲从容。《战国策·齐策四》："晚食以当肉，

安步以当车,无罪以当贵,清静贞正以自虞。"

④世道交沦:世界与道交相沉沦凋散。《庄子·缮性》:"世丧道矣,道丧世矣,世与道交相丧也。"

⑤四科:原指孔门四科,即德行、言语、政事、文学四科,到汉武帝时,以四科举士,一德行高妙,志节清白;二学通行修,经中博士;三明达法令,足以决疑;四刚毅多略,遇事不惑。

⑥道在入室:指孔子弟子中德行较高者,如颜回。《论语·先进》:"由也升堂矣,未入于室也。"

⑦倚伏之契:《老子》五十八章:"祸兮福所倚;福兮祸所伏。"

⑧六府:指人体中的六种器官,即胃、大肠、小肠、三焦、膀胱和胆。三焦指其食道、气管、肠、胃等部分及其生理机能。《太平御览》三六三引《韩诗外传》曰:"何谓六府?咽喉量入之府,胃者五谷之府,大肠转轮之府,小肠受成之府,胆积精之府,膀胱液之府。"

⑨大道翳(yì)于小成:指大道隐蔽在小事之中。《庄子·齐物论》:"道隐于小成,言隐于荣华。"

【译文】

世上有人一生积善而终获灾殃的,也有人一生凶邪而终致福庆的。这都是他们前世行为所得报应,而今世作业还没有到报应的时候。所以说祯祥遇祸,妖孽见福,对报应之怀疑,于是乎产生了。怎么说明这个道理呢?有人想匡助明主,图救时势,道济民众,追随高尚之人,志在建立功业,然而事业心却中途失败,灾祸与不幸伴随着他。有人悠然生活在简陋的房屋之中,无忧于世事,他以步代车,优游自乐地度过岁月。他从未胡乱妄为,然而命运却不理想。遇到人世与天道交相沦丧的状况,他不得不违背自己以往的生活习惯。有人在德行、言语、政事、文字四方面都名列前茅,学问之道步步加深,全心博爱,体会仁义,追慕至善,以增进道德。像这样的人,含冲和之气却得了重病,守信用、顺天命却早死,以上都是立功立德向善,却遭受到错乱之变,所以对报应的怀疑就这样产生了。三报的大义既然明了,就要善于寻找其对应之处,对应之处各有其本,待感应而后发生。发生的报应有逆有顺,表面上不同,但道理是相同的。为什么呢?今世的祸福报应,是在前世就确定了的,这是暗中命运的应验,冥冥之中的轮回。所以祸福之气,交相代谢于人体六府轮回之中。善恶的报应,有时交错而截然不同。就这使事物发生报应的时刻,令愚蠢和明智的人都发生困惑,他们说积善之人无福庆,积恶之人无灾殃。感叹神明而悲所际遇,愤慨上天降灾殃于行善之人。还说儒家名教之书上,没有三报的根据。他们说,大道隐蔽在小成之中,要以报应论作为教人行善的手段。然而感应于心,求证于实,在儒家至理之中,没有这种理论。追究以上这种看法的理由,在于世俗的典籍只限于今生而论,不明今生以外的来世。今生以外的来世不明,故追求至理者仅限于耳目视听之内。先王不离民心而通达其职责,也是以耳目感觉为界限的。如果合佛、儒、道诸家之道,以求弘扬佛教的精神,就会知道彼此之间的精神实质是相同的,就不会迷惑于众多途径而惊骇它们之间的差异。如果能考察三报,通达一切奥妙,则孔子不回答子路提出的鬼神生死问题,颜回、冉有对孔子的教导"不违、愚蠢",就都可以理解了。又有缘起之说,因缘生法界万象,虽然进入进法四谛的智慧,但不忘儒家之仁爱学说。三报这样的理论也是如此,虽然属于因缘学说,但也没有离开儒家学说的体系。

　　推此以观,则知有方外之宾,服膺妙法,洗心玄门,一诣之感,超登上位。如斯伦匹,宿殃虽积,功不在治,理自安消,非三报之所及。因兹而言,像经所以越名教、绝九流者①,岂不以疏神达要,陶铸灵府,穷源尽化,镜万象于无象者哉。

【注释】

①越名教、绝九流：名教，多指以正名定分为中心的封建礼教。九流，即九家，指先秦的九个学术流派，见于《汉书·艺文志》。这九个学派是指儒家、道家、阴阳家、法家、名家、墨家、纵横家、杂家、农家。也有以职业为主划分的"九流"。"九流"分为"上九流"、"中九流"、"下九流"。"上九流"是：帝王、圣贤、隐士、童仙、文人、武士、农、工、商。"中九流"是：举子、医生、相命、丹青（卖画人）、书生、琴棋、僧、道、尼。"下九流"是：师爷、衙差、升秤（秤手）、媒婆、走卒、时妖（拐骗及巫婆）、盗、窃、娼。

【译文】

由此推之，则知有方外之佛祖，崇拜妙法，洗心而入玄门，广博感应深入探究，超然而居于轮回之上。达到这样的境界，即使祸殃积聚，不必去理会，自然消灭，已超出了三世报应的范围。因此而言，佛教之所以能超越名教、九流，正由于它通达心神，陶冶灵魂，穷源尽化，能以因缘无象之法统摄万象之事物啊。

卷第六

释驳论

【题解】

　　本篇由东晋释道恒法师所撰写。他针对当时社会对出家人的垦殖田圃,自给自足,寺庙壮丽,乃至抵掌空谈,坐食百姓等种种非难,以自问自答的方式,撰写本论以破斥之。他认为,出家沙门帮助教化人民,用道德辅佐治理国家,使国境和平,年成丰收,没有灾害疾疫,人们安居乐业,这些都是佛教对社会的益处。他指出,出家人中有很多杰出人物,有的气度幽深长远,声望很高,是时代的楷模;有的禅思微妙无比,精神进入澄明之境,超越了一切外在环境;有的人诠释微言大义,播散幽思,把不通畅的道理解释清楚。因此人们体悟到深奥玄妙的旨趣而诚心归顺,帝王望见玄宗而信服,天龙八部感受美好的教化而洗涤内心。

　　晋义熙之年①,如闻江左袁、何二贤②,并商略治道,讽刺时政。虽未睹其文意者,似依傍韩非《五蠹》之篇③,遂讥世之阙,发五横之论④。而沙门无事⑤,猥落其例。余恐眩曜时情⑥,永沦邪惑⑦,不胜愤惋之至⑧,故设宾主之论以释之。

【注释】

①义熙:东晋安帝司马德宗的第四个年号,405 年—418 年。

②江左:指长江下游以东地区。东晋及南朝宋、齐、梁、陈各代的基业都在江左,故当时人又称这五朝及其统治下的全部地区为江左,南朝人则专称东晋为江左。袁、何二贤:袁,不详。何,当指何无忌,《晋书》卷八十五有传,曾作《难袒服论》,慧远与之答问,见《弘明集》卷五。

③韩非《五蠹》:《五蠹》是韩非子政治思想的重要论文。作者根据古今社会变迁的实际情况,阐明他所主张的法治思想是合于时代要求的。韩非斥责当时的学者、言谈者、带剑者、患御者和商工之民为五蠹,因而主张养耕战之士而除五蠹之民。

④五横:五种无益于国之人。指韩非在《五蠹》篇中所说的学者、带剑者、言谈者、患御者和商工之民等五种人。

⑤沙门:梵语 sramaṇa,巴利语 samana。音译室罗末拏、舍啰摩拏等,又作沙门那、沙闻那、娑门、桑门、丧门。意译勤劳、功劳、勤恳、静志、息心、息恶、勤息、修道、贫道、乏道。为出家者之总称,通于内、外二道。

⑥眩曜:惑乱,迷惑。

⑦邪惑:为邪道所惑。

⑧愤惋:怅恨,愤恨。

【译文】

东晋义熙年间,偶尔听闻江东袁、何两个贤能之人,一起探讨谋略与治世的纲要,讽刺当时的政治。虽然没有亲自看见他们的文章的意思,但好像是从韩非子《五蠹》这篇文章中受到的启迪,然后讥讽当时社会的问题,阐发了关于五种无益于国之人的言论。但是出家人没有任何过错,却被卑微鄙贱地列为这五横之类。我害怕人们为邪道所惑,永远沉沦于邪见妄想之中,自己怅恨、惋惜到了极点,因此用宾客主人对答的方式讨论，以此来解释这些问题。

  有东京束教君子①，诘于西鄙傲散野人曰②：仆曾预闻佛法冲邃③，非名教所议；道风玄远，非器象所拟。清虚简胜，非近识所关；妙绝群有，非常情所测；故每为时君之所遵崇④，贵达之所钦仰⑤。于是众庶朋契，雷同奔向⑥，咸共嗟咏，称述其美云。若染渍风流⑦，则精义入微；研究理味，则妙契神用。澡尘垢于胸心，脱桎梏于形表⑧，超俗累于笼樊，邈世务而高蹈。论真素则夷、齐无以逾其操⑨，遗荣宠则巢、许无以过其志⑩，味玄旨则颜、冉无以参其风⑪，去纷秽则松、乔无以比其洁。信如所谈，则义无间然矣。但今观诸沙门，通非其才，群居猥杂⑫，未见秀异，混若泾渭浑波⑬，泯若熏莸同篅⑭。若源清则津流应鲜，根深则条颖必茂，考其言行，而始终不伦；究其本末，几无有校。仆之所以致怪，良由于此。如黄帝之忘智，据梁之失力⑮，皆在炉锤之间，陶铸以成圣者。苟道不虚行，才必应器。然沙门既出家离俗，高尚其志，违天属之亲，舍荣华之重，毁形好之饰，守清节之禁，研心唯理，属己唯法，投足而安，蔬食而已。使德行卓然，为时宗仰，仪容邕肃⑯，为物轨则⑰，然触事蔑然⑱，无一可采，何栖托之高远⑲，而业尚之鄙近？至于营求孜汲，无暂宁息。或垦殖田圃，与农夫齐流；或商旅博易⑳，与众人竞利；或矜恃医道，轻作寒暑；或机巧异端，以济生业；或占相孤虚㉑，妄论吉凶；或诡道假权，要射时意；或聚畜委积，颐养有余；或抵掌空谈，坐食百姓。斯皆德不称服，行多违法，虽暂有一善,亦何足以标高胜之美哉㉒?自可废之,以一风俗。此皆无益于时政,有损于治道,是执法者之所深疾,有国者之所大患。且世有五横,而沙门处其一焉。何以明之?乃大设方便㉓,鼓动愚俗,一则诱喻,一则迫胁。云行恶必有累劫之殃,修善便有无穷之庆,论罪则有幽冥之伺,语福则有神明之佑。敦励引导,劝行人所不能行;强逼切勒,勉为人所不能为。上减父母之养,下损妻孥之分,会同尽肴膳之甘,寺庙极壮丽之美。割生民之珍玩,崇无用之虚费;罄私家之年储,阙军国之资实;张空声于将来,图无像于未兆。听其言则洋洋而盈耳,观其容则落落而满目。考现事以求征,并未见其验真,所谓击影捕风㉔,莫知端绪。亮仆情之所未安,有识者之所巨惑,若有嘉信,请承下风㉕,脱有暂悟,永去其滞矣。

【注释】

①东京:洛阳,即今河南洛阳。东汉都洛阳,因在西汉故都长安之东,故称"东京"。

②西鄙:西方的边邑。《左传·庄公十九年》:"冬,齐人、宋人、陈人伐我西鄙。"杜预注:"鄙,边邑。"傲散:傲慢懒散。

③冲邃:精深,深厚。

④遵崇:敬重,崇敬。

⑤钦仰:景仰,敬慕。

⑥雷同:随声附和。《礼记·曲礼上》:"毋剿说,毋雷同。"郑玄注:"雷之发声,物无不同时应者;人之言当各由己,不当然也。"

⑦染渍:传染,沾染。《礼记·曲礼下》:"四足曰渍。"唐孔颖达疏:"'四足曰渍'者,牛马之属也,若一个死,则余者更相染渍而死。"

⑧桎梏:刑具。脚镣手铐。

⑨夷、齐:伯夷、叔齐。《史记·伯夷列传》:"伯夷、叔齐,孤竹君之二子也。父欲立叔齐,及父卒,叔齐让伯夷。伯夷曰:'父命也。'遂逃去。叔齐亦不肯立而逃之。国人立其中子。于是伯夷、叔齐闻西伯昌善养老,盍往归焉……伯夷、叔齐叩马而谏曰:'父死不葬,爰及干戈,可谓孝乎? 以臣弑君,可谓仁乎?'左右欲兵之。太公曰:'此义人也。'"

⑩巢、许:巢父、许由。《史记正义》:"皇甫谧《高士传》云:'许由字武仲。尧闻致天下而让焉,乃退而遁于中岳颍水之阳,箕山之下隐。尧又召为九州长,由不欲闻之,洗耳于颍水滨。时有巢父牵犊欲饮之,见由洗耳,问其故。对曰:'尧欲召我为九州长,恶闻其声,是故洗耳。'巢父曰:'子若处高岸深谷,人道不通,谁能见子? 子故浮游,欲闻求其名誉。污吾犊口。'牵犊上流饮之。许由殁,葬此山,亦名许由山。'"

⑪颜、冉:颜渊、冉伯牛。颜回(前521—前481):曹姓,颜氏,名回。春秋末鲁国人,字子渊,亦称颜渊,孔子最得意的弟子。《论语·雍也》:"有颜回者好学,不迁怒,不贰过。不幸短命死矣,今也则亡,未闻好学者也。"冉伯牛,名耕,字伯牛。春秋末年鲁国人。《论语·雍也》:"伯牛有疾,子问之,自牖执其手,曰:'亡之,命矣夫! 斯人也而有斯疾也! 斯人也而有斯疾也!'"

⑫猥杂:繁杂,杂乱。

⑬泾渭:泾水和渭水。《诗经·邶风·谷风》:"泾以渭浊,湜湜其沚。"毛传:"泾渭相入而清浊异。"

⑭薰莸同箧(qiè):香草和臭草同处一个箱子,比喻好坏不分。语本《左传·僖公四年》:"一薰一莸,十年尚犹有臭。"杜预注:"薰,香草;莸,臭草。十年有臭,言善易消,恶难除。"《孔子家语·致思》:"薰莸不同器而藏,尧桀不共国而治,以其类异也。"

⑮"如黄帝"二句:《庄子·大宗师》:"夫无庄之失其美,据梁之失其力,黄帝之亡其知,皆在炉捶之间耳。庸讵知夫造物者之不息我黥而补我劓,使我乘成以随先生邪?"大意是,把美丑都放下,不再有强弱的分辨心,不用心机来处事,都是在造化的大熔炉中锤炼而成的。你怎么知道造物主不会再给我黥刑割去的皮肉,再给我劓刑割去的鼻子,使我重新具备完整的形体,可以跟随先生您学道呢?

⑯邕肃:和睦严肃。

⑰轨则:规则,准则。

⑱蒇然:默然。

⑲栖托:寄托。

⑳博易:交易,贸易。

㉑孤虚:古代方术用语。即计日时,以十天干顺次与十二地支相配为一旬,所余的两地支称之为"孤",与孤相对者为"虚"。古时常用以推算吉凶祸福及事之成败。《史记·龟策列传》:"日辰不全,故有孤虚。"

㉒高胜:高明优异。

㉓方便:佛教语。以灵活方式因人施教,使悟佛法真义。

㉔击影捕风:风和影子是无法击中与束缚的。比喻虚幻无实或无根据地猜疑。

㉕请承下风:比喻处于下位,卑位。有时作谦辞。《左传·僖公十五年》:"晋大夫三拜稽首曰:'君履后土而戴皇天,皇天后土,实闻君之言,群臣敢在下风。'"

【译文】

在洛阳有位深受儒家名教约束的正人君子,诘问一位西方偏僻地方的傲散野人说:我曾经听说佛法精深,不是像以正名定分为主的儒家礼教所说的那样;佛道玄幻悠远,不是物象可以比拟的。清净虚无简妙至极,不是浅显的知识可以概括的;精妙绝伦超越一切,不是一般人所能推测的;所以常常被当时的君子所遵守推崇,显贵的人所钦佩仰慕。于是大众百姓,像打雷时万物响应一样信奉这个理论,都共同赞颂,指称描述它的美好。像传播风俗教化,精妙准确到每一个细小的地方;钻研探索佛理,神妙契合神灵之用。在内心洗涤尘世的污垢,在外表脱去礼教的束缚,脱离樊笼超越世俗的累赘,远离世俗生活过隐居的生活。论其真率自然的境界,伯夷、叔齐无法超过他们的操守,放弃荣幸宠耀而隐居,巢父、许由无法超过他们的志向,体会玄妙精深微小的义理,颜渊、冉伯牛无法比得上他们的风骨。去除纷乱杂秽,则赤松子、王子乔没有他们高洁。若确实如你所讲,那就没什么可批评的了。但是现在看出家人,全都不是这样的水平,猥琐杂乱的人住在一起,没有看到什么特别优秀的品质,好像泾河渭河的水掺杂在一起,好像香草和臭草在一起,好坏不分。如果源头清澈那么水流就应该新鲜,如果树根深那么树枝就一定茂盛,考察他的言论行径,一直超凡拔俗;考究他的根本和外用,几乎没有可以改正的地方。我之所以感觉奇怪,实在是因为这样。比如黄帝不用心机来处事,据梁不再有分辨心,都是在造化的大熔炉中锤炼而成,通过锻造历练才成为圣人。其实佛道不会虚行,才干一定与万物相对应。既然僧人已经出家离开俗世,就应该使他们的志向高尚,离别天生的亲人,舍弃荣华富贵,去掉用来修饰身形的饰物,坚守高尚的情操,研究心性探究佛理,属于自己的只有法理,有栖身的地方就安心,吃简单的蔬菜就好。使得品德行为超越一般人,为当时人们所尊重、信仰,仪态面容庄严雍容,整齐和谐,是万物的规则,然而他们一面对事情就一副默然的样子,没有什么可取之处,为什么安身高远,行为却鄙陋呢?对于谋求营利就孜孜以求,没有短暂的安静休息。有的人开垦田地,和农夫混为一流;有的人投资商业,和很多人竞争利益;有的人自持医术,为人看病;有的人从事旁门左道,来接济生活;有的人占卦推相,胡说凶吉;有的人运用诡诈之权术,逐取时人;有的人囤货积财,远超过生活所需;有的人抚掌空谈,满口美言,天马行空,白白从百姓身上获取财物。这些德行都不能够让众人心服,行为多有违背法理,即使偶尔做一点小善事,又怎么可以担得起盛赞的美誉呢? 自然可以废除它,用来统一风俗。这些都对时政没有好处,而对治国之道也有损害,是执行法令的人所深恶痛绝的,是统治者很担心的问题。况且世上有五种无益于国之人,沙门是其中一种。用什么来证明呢? 比方开设很多方便法门,煽动愚昧庸俗的人,一方面诱导教育,一方面逼迫威胁。说做太多的坏事必然会导致无穷劫数的祸害,多做好事就会有无尽的福庆,有罪就会有地狱在等候,有福就会有神明的庇佑。劝勉带领,劝诫人们不要做不能做的;强逼约束,勉强人们为所不能为的。向上减少了对父母的赡养,向下损坏妻子儿女的名分,聚集菜肴的美味,寺庙雄壮美丽至极。强占民众的珍玩,推崇没有用的花费;用尽私人的存储,掏空国家军队的物资;扩大在未来的虚名,谋求尚未显出迹象的义理。听到他们的言论,洋洋洒洒充盈耳朵,观察他们的面容,潇洒自然充满眼睛。考察现在的事情以求证,但并没有看见什么可以验明真假的证据,所谓捕风捉影,不知道头绪。我显示出不安的情绪,提出有识之人所共同的大疑问,如果有高明的回答,烦请传递给我,让我有所领悟,永远摆脱内心的滞塞。

　　主人怃然有间①,慨尔长叹:咄! 异哉! 子之所陈,何其陋也②! 夫鄙俗不可以语大道者③,滞于形也;曲士不可以辩宗极者④,局于名也。今将为子略举一隅⑤,自可思反其宗矣。盖圣人设教应器,投法受量⑥,有限故化之以渐。录善心于毫端,忘鄙吝于丘壑⑦,片行之善,永为身资;一念之福,终为神用。始覆一篑,不可责以为山之功⑧;方趣绝境,不中穷以括囊之实⑨。然海之所以称大者,由无嫩洁之清⑩;道之所以称晦迹者⑪，以无赫然之观。夫慈亲婉娈⑫，有心之所滞，而沙门遗之如脱屣；名位财色，世情之所重，而沙门视之如秕糠。可谓忍人所不能去，斯乃标尚之雅趣⑬，弘道之胜事，而云蔑然，岂非妙赏之谓乎？又且志业不同，归向涂乖⑭，歧径分辙⑮，不相领悟，未见秀异故其宜耳。古人每叹才之为难，信矣！周号多士，乱臣十人⑯。唐、虞之盛，元凯二八⑰。孔门三千，并海内翘秀⑱，简充四科，数不盈十⑲。于中伯牛废疾⑳，回也六极㉑，商也悭吝㉒，赐也货殖㉓，予也难雕㉔，由也凶愎㉕，求也聚敛，任不称职㉖。仲弓虽骍，出于犁色，而举世推德㉗，为人伦之宗，钦尚高轨㉘，为搢绅之表㉙，百代咏其遗风，千载仰其景行㉚。至于沙门，乃苦共剥节㉛，酷相瓦砾，斯岂君子弘通之道，雅正之论哉？此由或人入班输之作坊㉜，不称指南之巧妙，但讥拙者之伤手，真可谓伏膺下流㉝，志存鄙劣。昔丞相问客㉞：俗言枭枭食母，宁有是乎㉟？客答：但闻慈乌反哺耳㊱。相乃怅然自愧失言。今子处心将无似相之问也？君子过恶扬善，反是谓何？又云：投足而安，且林野萧条㊲，每有寇盗之患；城傍入出，动婴交游之讥㊳。处身非所，则招风尘之累㊴；婆娑田里，则犯人间之论㊵。二三无可，进退唯谷㊶，宇宙虽旷，莫知所厝㊷。

【注释】

①怃然有间：怃然，怅然失意貌。有间，不久，一会儿。

②陋：浅薄，见识小。

③鄙俗不可以语大道者：鄙俗，鄙陋庸俗。大道，指自然法则。《庄子·秋水》："北海若曰：'井蛙不可以语于海者，拘于虚也；夏虫

不可以语于冰者,笃于时也;曲士不可以语于道者,束于教也。'"

④曲士:乡曲之士,比喻孤陋寡闻的人。宗极:至高无上,引申指至
　理,根源。

⑤举一隅:举一端为例,意在使人由此一端而推知其他。《论语·
　述而》:"举一隅,不以三隅反,则不复也。"

⑥投法受量:投,抛弃。法,规律,常理。受,接受。量,商酌,思考。

⑦忘鄙吝于丘壑:鄙吝,形容心胸狭窄。丘壑,山水幽深之处,亦谓
　隐逸之处。

⑧"始覆"二句:《论语·子罕》:"子曰:'譬如为山,未成一篑,止,吾
　止也! 譬如平地,虽覆一篑,进,吾往也!'"责,要求。功,功效,
　成效。

⑨"方趣"二句:方,相当于"才"、"始"。趣(qū),赴,奔往。绝境,与
　外界隔绝之地。中,半途。穷,穷尽。括囊,犹包罗。实,实际,
　事实。

⑩皦(jiǎo)洁:洁白,明净。

⑪晦迹:隐居匿迹。

⑫婉娈(luán):深挚。

⑬标尚:标,标举,树立。尚,志向,愿望。

⑭归向涂乖:归向,归依,趋附。涂,道路,后写作"途"。乖,差异,
　不同。

⑮歧径分辙:歧,分岔的。径,小路。分辙,犹分路,分道。辙,车行
　的路线。

⑯"周号"二句:取自《论语·泰伯》:"舜有臣五人而天下治。武王
　曰:'予有乱臣十人。'孔子曰:'才难,不其然乎? 唐虞之际,于斯
　为盛。'"号,扬言宣称。乱臣十人,十位能治理天下的臣子。乱,
　治也。

⑰"唐、虞"二句:"元凯二八"取自《左传·文公十八年》:"昔高阳氏

有才子八人，苍舒、��敳、梼戜、大临、尨降、庭坚、仲容、叔达，齐、圣、广、渊、明、允、笃、诚，天下之民谓之八恺。高辛氏有才子八人，伯奋、仲堪、叔献、季仲、伯虎、仲熊、叔豹、季狸，忠、肃、共、懿，宣、慈、惠、和，天下之民谓之八元。此十六族也，世济其美，不陨其名。"唐虞，唐尧与虞舜的并称，亦指尧与舜的时代。

⑱海内翘秀：海内，指国境之内，全国，古代传说我国疆土四面环海，故称国境之内为海内。翘秀：杰出的人才。

⑲"简充"二句：邢昺疏："夫子门徒三千，达者七十有二，而此四科惟举十人者，但言其翘楚者耳。"简，简单，简略。充，满足。四科：孔门四种科目，指德行、言语、政事、文学。

⑳伯牛废疾：《论语·雍也》："伯牛有疾，子问之，自牖执其手，曰：'亡之，命矣乎！斯人也而有斯疾也！斯人也而有斯疾也！'"

㉑回也六极：《论语·先进》："有颜回者好学，不幸短命死矣！今也则亡。"六极，谓六种极凶恶的事。《尚书·洪范》："一曰凶短折，二曰疾，三曰忧，四曰贫，五曰恶，六曰弱。"也，句中停顿，下面所引孔门弟子事迹中"也"字皆是。

㉒商也悭吝：商，孔子弟子子夏，以啬啬闻名。《论语·子路》："子夏为莒父宰，问政。子曰：'无欲速，无见小利。欲速则不达，见小利则大事不成。'"

㉓赐也货殖：货殖，做买卖。《论语·先进》："子曰：回也其庶乎，屡空。赐不受命，而货殖焉，亿则屡中。"回指颜回，赐指子贡。

㉔予也难雕：予，宰予。《论语·公冶长》："宰予昼寝。子曰：'朽木不可雕也。'"

㉕由也凶愎：由，仲由。《论语·公冶长》："子曰：由也好勇过我，无所取材。"

㉖"求也"二句：《论语·先进》："季氏富于周公，而求也为之聚敛而附益之。子曰：'非吾徒也。小子鸣鼓而攻之可也。'"求，冉求。

聚敛,搜刮。任,弟子任不齐。称职,德才和职位相称,能胜任所
担当的职务。

㉗"仲弓"三句:《论语·雍也》:"子曰:雍也可使南面。""子谓仲弓
曰:犁牛之子为之骍且角。虽欲勿用,山川其舍诸?"骍(xīn),红
色。出,生也。犁,犁牛,即耕牛。古代祭祀用的牛不能以耕牛
代替,系红毛长角,单独饲养。

㉘钦尚高轨:钦尚,崇尚,敬崇。高轨,高尚的行为规范。

㉙为搢(jìn)绅之表:有官职的或做过官的人。搢,插。绅,大带。
表,表率。

㉚"百代"二句:遗风,前代或前人遗留下来的风教。景行,高尚的
德行。

㉛剥节:剥,侵蚀。节,气节,节操。

㉜班输:春秋鲁国的巧匠公输班。一说班指鲁班,输指公输般,"班
输"为两人的合称。

㉝伏膺下流:伏膺,谓从学,师事,伏,通"服"。下流,卑鄙,龌龊。

㉞昔丞相问客:以下问答《艺文类聚》卷二四、《全三国文》卷十八亦
有征引,但原典故不详。

㉟"俗言"二句:枿(niè),古同"蘖",树木砍去后又长出的芽子或树
木砍去后留下的树桩子。枿枭,即出生不久的小鸱鸮,古人传说
鸱鸮出生长大后会吃掉其母鸟,然后才飞离母巢。

㊱慈乌反哺:慈乌,乌鸦的一种,相传能反哺其母。慈,奉养。返
哺,乌雏长大,衔食哺其母。比喻子女报答父母的养育之恩。

㊲林野萧条:林野,树木丛生的山野,或者隐居之处。萧条,寂寞冷
落,凋零。

㊳"城傍"二句:入出,犹内外;动,往往;婴,遭受;交游,朋友;讥,讥
讽,规劝。

㊴"处身"二句:处身,立身处世,对待自身。所,地方。风尘,尘世,

纷扰的现实生活境界。累,拖累,累赘。

⑩婆娑:盘桓,逗留。人间:尘世。

⑪"二三"二句:二三,谓不专一,反复无定。无可,犹言无可无不可。进退唯谷,无论是进还是退,都是处在困境之中。形容进退两难,同"进退维谷"。出自南朝刘义庆《世说新语·纰漏》:"仲堪流涕而起曰:'臣进退唯谷。'"

⑫"宇宙"二句:宇宙,天地。莫知,不知。厝,放置,安放。

【译文】

主人怅然了一会儿,很有感触,长叹说:啊!多么奇怪啊!您所陈述的,是多么浅薄啊!那些鄙陋庸俗的人,不能跟他们说大道之理,因为他们被具体的事物所局限;孤陋寡闻的人,不能和他们辩论终极之道,因为他们被名称概念所限制。现在我将要给您举一些例子,您可以自己反思它的主旨。大约圣人办学开设教化,是顺应弟子的先天才器,根据他们的实际情况进行教化,因其根器不够所以只能渐渐感化。在极微小的地方积累善心,在山水幽深之处放下心胸的狭窄,一次善举,永远成为人求道的资粮;一念之福报,终生都为神明所用。刚开始倒下一筐土,不可要求达到立刻成为山这般的成效;刚开始向往终极境界,不能要求穷尽一切来包罗所有的事实。然而之所以称海博大宽广,是因为它没有骄傲和自命不凡的清高;道之所以称为隐晦匿迹,是因为它无显赫的外观。慈善的父母很诚挚,心中有各种牵挂,但沙门很容易就摆脱抛弃,就像脱鞋子一样;名声权位财富美色,是一般民众所看重的,但沙门把它视作和秕糠一样没有价值的东西。这可以说是放下世人不能放弃的东西,这才是体现了远大志向的风雅意趣,是弘扬大道的美好事情,但他们却说空无所有,这难道不是赞赏的说法吗?而且志向与事业不同,归依的道路不同,分岔的小路也分路,所以不能相互领会晓悟,没有见到对方的优异突出的地方,所以发生这种情况是很正常的。古人常常叹息人才难得,确实是啊!周朝宣称有很多读书人,但能治理天下的臣子只有十人。尧舜时代,人才也不过是八恺八元。孔子弟子三千,称得上全国内杰出的人才,大概能满足四种科目要求的,数量不超过十个人。这其中伯牛生病,颜回死去,子夏吝啬,子贡做买卖,宰予难以教导,仲由凶暴,冉求搜刮财富,任不齐不能胜任所担当的职务。仲弓虽然出身低微,但普天下都推崇他的德行,是世间社会人与人之间伦理关系的宗师,为人们所崇敬,他们高尚的行为规范,是有官职的或做过官的人的表率,百代百姓歌颂他遗留下来的风骨,千载百姓景仰他高尚的德行。至于说到出家沙门,困苦磨砺他们的气节操守,他们将一切功名利禄看做瓦砾一样毫无价值,你所说的难道是君子弘扬大道的方式和典雅纯正的言论吗? 这就像迷惑之人进入公输般手工制造加工的工场,不称赞指导者的灵巧高妙,却讥讽笨拙者的拙劣手艺,这可真说成是只向下等的人学习,志向浅陋低劣。以前丞相问客人:俗话说小鸱鸮会吃掉它的母鸟,不知有没有这种情况呢? 客人回答:只听说乌鸦反哺其母。丞相很惆怅,内心惭愧出言失当。如今你存心将要问丞相同样的问题吗? 君子禁绝坏事,宣扬提倡好事,与此相反是为什么? 又说:随遇而安,树木丛生的山野快要凋零的时候,常会有盗贼的忧虑;傍晚之时出入城市,往往得到朋友的规劝。立身的地方不是正确的地方,就会遭受尘世言论的批评;盘桓在田里,就触犯了尘世的言论。反复无定,犹豫徘徊,无论是进是退,都是处在困境之中,进退两难,天地虽然宽旷,却不知道如何安置自己的位置。

　　又云:蔬餐而已。夫人间有不赡之匮^①,山泽无委积之储^②,方宜取给^③,复乘之以法,所向九折,于何得立? 若堂堂圣世^④,而有首阳之饿^⑤;夫明明时雍^⑥,而有赴海之死^⑦,客于雅怀何如^⑧? 然体无毛羽,不可袒而无衣;腹非匏瓜,不可系而不食^⑨。自未造极^⑩,要有所资,年丰则取足于百姓,时俭则肆力以自供。诚非所宜,事不得已。故蝮蛇螫手[11],斩以求全,推其轻重,盖所存者大。虽营一己,不求无获,求之不必一涂[12],但令济之,有理亦何嫌? 多方以为烦秽其欲,役使不得妄动,何故执之甚乎? 昔伯成躬耕以垦殖[13],沮溺耦作以修农[14],陶朱商贾以营生[15],於陵灌蔬以自供,崔文卖药以继乏[16],君平卜筮以补空[17],张衡术数以驰名[18],马钧奇巧以骋功[19],此等直是违俗遁世之人耳。未正见有邈然绝尘,与物天隔[20],而咸共嗟咏[21],不辍于口。然沙门之中,迹超诸人,耻与流辈[22],动有万数,至于体道,神化超落人封,非可算计。而未曾致言,何其党乎[23]! 宜共思校事实,不可古今殊论,众寡异辞。希简为贵,猥多致贱,恐非求精核理之谈也[24]。云自可废之,以一风俗,是何言与? 圣人不诬,十室三人,必有师资[25]。芳兰并茂,而欲蕴崇焚之[26],不亦暴乎? 其中自有德宇渊邃[27],器标时望;或翘楚皦洁[28],栖寄清远;或禅思入微,澄神绝境;或敷演微言,散幽释滞;或精勤福业,劝化崇善。凡出家之本,落发抽簪之日,皆心口独誓,情到恳至,虽生死弥沦,玄涂长远,要自驱策,必阶于道。金轮之荣[29],忽若尘垢,帝释之重[30],蔑若秕糠。始皆精诚,乃有所感,自非一举顿诣,体备圆足,其间何能不有小失? 且当录其真素,略举玄黄[31]。安浑举一概,无复甄别? 不可以管、蔡之衅[32],姬宗尽诛,四凶之暴[33],合朝流放。此何异人苦头虱,因欲并首俱焚? 患在足刺,遂欲通股全解? 不亦滥乎?

【注释】

①赡:满足,足够。匮:不足,缺乏。

②委积:储备,堆积。委,积聚。积,积累。

③宜:应当,应该。

④堂堂圣世:庄严的圣世。

⑤首阳之饿:在《史记·伯夷列传》中记载,伯夷、叔齐"礼让为国"后,因"耻食周粟"而"采薇首阳",最后竟绝食饿死在首阳山的故事流传了几千年,被世人称为"清圣"。

⑥明明时雍:明德的时世太平。

⑦赴海之死:《战国策·赵策》:"彼则肆然而为帝,则连有赴东海而死耳,吾不忍为之民也。"意为下了很大决心。

⑧雅怀:高雅胸怀。

⑨"腹非"二句:腹:比喻内心。匏瓜:《论语·阳货》:"吾岂匏瓜也哉? 焉能系而不食。"

⑩自未:自非,除非。

⑪蝮蛇螫手:《三国志·魏书·陈泰传》:"古人有言,蝮蛇螫手,壮士解其腕。"手腕被蝮蛇咬伤,便立即截断,以免毒液延及全身,危及生命。比喻事到紧要关头,必须下决心当机立断。也比喻牺牲局部,照顾全局。

⑫涂:同"途",意为道路,途径。

⑬伯成躬耕以垦殖:伯成子高,唐尧时人。相传尧治天下,他立为诸侯。尧授舜,舜授禹时,他认为"德自此衰,刑自此立,后世之乱自此始",就隐居耕种。《庄子·天地》:"尧治天下,伯成子高立为诸侯。尧授舜,舜授禹,伯成子高辞为诸侯而耕。禹往见之,则耕在野。"

⑭沮溺:指长沮和桀溺,儒家传说中此二人隐居农耕,并讥笑孔子的政治主张。

⑮陶朱：范蠡，字少伯，春秋末期楚国宛邑人。他是中国古代商人的圣祖，人称陶朱公。

⑯"於陵"二句：於陵，即於陵子，名陈仲，相传为战国时齐宗室，隐居不仕，亲自耕种，种植蔬菜以为生。崔文子，秦代医家，泰山人。精药，曾售药于都市，擅制丸、散制剂济人，活人颇众。

⑰君平：严君平（前86—10），《汉书·王吉传》：严君平，名遵，汉蜀郡人。一生不为官，卜筮于成都市，"得百钱足自养，即闭肆下帘而授《老子》"。严君平是西汉道家学者，思想家，蜀郡成都人。汉成帝（前32—前7在位）时隐居成都市井中，以卜筮为业，"因势导之以善"，宣扬忠孝信义和《道德经》，以惠众人。

⑱张衡术数以驰名：张衡善数学、天文、器械等。《后汉书·张衡传》："衡善机巧，尤致思于天文阴阳历算，常好玄经。"

⑲马钧奇巧以骋功：马钧，字德衡，扶风（今陕西扶风）人，是我国古代科技史上最负盛名的机械发明家之一。《三国志·魏书·杜夔传》引裴松之注："时有扶风马钧，巧思绝世，傅玄序之曰：马先生，天下之名巧也。"

⑳物：除自己以外的人和物。《岳阳楼记》："不以物喜，不以己悲。"

㉑嗟咏：赞叹。

㉒流辈：同辈，同一流的人。

㉓谠：同"谠"，美，善，正直。

㉔求精核理：精益求精，核实义理。

㉕"圣人"三句：《论语·公冶长》："子曰：'十室之邑，必有忠信如丘者焉，不如丘之好学也。'"《汉书·武帝纪》："夫十室之邑，必有忠信；三人并行，厥有我师。"亦作"十室之邑，必有忠士"。汉刘向《说苑·谈丛》："十步之泽，必有芳草；十室之邑，必有忠士。"圣人，指品德最高尚、智慧最高超的人。十室三人，必有师资，意思是即使是十户人家的地方，也一定有忠诚信实的人。谓处

处都有贤人。

㉖"芳兰"二句:《蜀志》记载,有一天刘备要杀张裕,诸葛亮前去劝阻,刘备不应,而以"芳兰当户,不得不锄"来解释杀张裕的原因。

㉗德宇:气度、器量

㉘翘楚敫洁:《诗经·周南·汉广》:"翘翘错薪,言刈其楚。"

㉙金轮:佛教语。"轮"(梵语 Cakra),是印度古代战争用的一种武器。印度古传说中征服四方的转轮王出生时,空中自然出现此轮宝,预示他将来的无敌力量。轮宝有金、银、铜、铁四种,获得金轮宝者,为金轮王,乃四轮之首,领东南西北四大洲。

㉚帝释:亦称"帝释天"。佛教护法神之一,天龙八部之一的天众之首领,佛家称其为三十三天之主,居须弥山顶善见城。常与天龙八部之一的阿修罗部众发生战争。梵文音译名为释迦提桓,其根源自雅利安人最崇拜的雷雨之神——因陀罗。在中国的道教中,与其身份相当者为玉皇大帝。

㉛玄黄:比喻外表,非本质的东西。

㉜管、蔡:指管叔鲜、蔡叔度,都是周文王的儿子,武王的弟弟。管叔(文王三子姬鲜)、蔡叔(文王五子姬度)、霍叔(文王六子姬处)觉得周公旦代替成王执政是篡夺了周朝的正统,于是他们四处联络,纠集了纣王的儿子武庚和部分对周朝有不满情绪的东夷部落的武装,对周公旦兴兵声讨,发动了武装叛乱,史称"管蔡之乱"或"三监之乱"。

㉝四凶:相传为尧舜时代四个恶名昭彰的部族首领,也就是指三苗、驩兜、共工与鲧,他们都因为反抗权力者而被杀,死后精神不灭,被当权者侮为"邪魔",也就是四大魔兽,分别对应饕餮、浑沌、穷奇和梼杌。后世多用以比喻凶狠贪婪的朝臣。

【译文】

又说:只是吃蔬菜罢了。人世间有粮食匮乏的时候,而山野中没有足够的粮食储备,所以应当有取有给,再凭借一定法则计算,如果合理的要求多次遭到拒绝,那么依靠什么得以生存?比如庄严的圣世,而有伯夷、叔齐饿死在首阳山;明德的太平时世,却有愿意赴海而死以表决心的鲁仲连,客人你以高雅的胸怀对待出家人怎么样?虽然人的身体没有长兽毛和羽毛,但是不可以袒露身体而不穿衣服;腹部不是匏瓜,不可挂在那里不吃东西。除非到达最高的境界或成就,不然要有资财,在年成很好时,从百姓那里充分取得粮食,在收获贫乏的年岁,粮食歉收,就尽力做到自给自足。这实在不是很合适的,但这个情况无可奈何。所以,被蝮蛇咬伤手,就要斩断,以求得全局的保存,推测事情的轻重,因为留存的是最重要的。虽然只谋求自己,不追求也就没有收获,追求也不必要只依靠一种途径,只是适当周济困穷,有充足理由又有什么避忌的呢?大多数人都以为是烦恼污秽了他们的欲望,被奴役使唤,不得轻举妄动,是什么原因让人们执着到此等地步呢?从前,伯成子高亲自耕种以耕垦养殖,长沮和桀溺用犁耕地务农,陶朱公经商以营生,於陵子灌溉蔬菜以自己供给,崔文子卖药以救济帮助有急难和贫乏的人,严君平卜筮以填补生活困难,张衡以技术和数学驰名天下,马钧以奇巧的器械发展他的功绩,这等人都是违背世俗遁隐世事的人啊!未曾见过这样远离尘世,与物欲隔绝的人,而大家都同样赞叹,口中从未停止。然而佛门之中,事迹超越众人,以结交俗世流辈的人为耻的人物数以万计,至于体悟大道,神妙变化超越人间的人物不可计数。而他们未曾宣扬自己,是多么善良、正直啊!应当一起思考审核事实,不可以使古今言论有大的差异,人多时和人少时的言辞不同。把稀少简洁的作为高贵的,繁多琐碎的作为卑贱的,恐怕不是探求精纯实在道理的言谈啊。你说应该废掉佛教,统一风俗,这是什么言论呢?孔圣人不会用谎言欺骗,他说只有十户人家的地方也有忠信之士,三人中也必有能做老师的人。芳兰生长得很茂盛,而想要聚集满了再焚烧掉,不是很凶残么?这其中自然有人气度幽深长远,声望很高,器量是时代的楷模;有的人是杰出才俊,清净高洁,在世俗外栖息身心,寄托清静幽远的情怀;有的人禅思微妙无比,一丝不苟,使自己精神进入澄明之境,超越了一切外在环境;有的人诠释微言大义,播散幽思,把不通畅的道理解释清楚;有的人专心勤勉于布施行善、慈悲利生等造福的功德,规劝感化世人崇尚善德。作为出离家庭的僧尼的根本,是从剃落头发抽掉簪子的那一日,就全都在心中和口中立下誓言,情感到了诚恳的极点,虽然生死不断轮回,佛法的路途也很长远,要是能自我鞭策精勤修行,必定在大道上取得进步。金轮王的荣耀,像世俗污垢一样被轻视,帝释天的隆重权威,像秕糠一样被蔑视。起初都是真心诚意,才有所感触,自然不是一个举动就能顿悟达到本体完备、圆满充足的最高造诣,这期间怎么可能没有小的过失?应当记录他们真实素朴的行为,略微举出一些不适当的事情。怎么能全部混同用同一种标准,没有再次鉴别?不可因为管叔、蔡叔发动叛乱,却把姬姓宗室所有人全部诛杀,因为四个恶名昭彰的部族首领的暴乱,而将所有朝中的人流放。这和人苦恼头上有虱子,却想要连头一起焚烧有什么不同?和忧患脚上长的足刺,却想要将整条大腿全部砍掉一样有什么不同?不是过度了么?

云:无益于时政,有损于治道①。夫弘道者之益世,物有日用而不知②,故老氏云:"无为之化,百姓皆曰我自然③。"斯言当矣。是以干木高枕而魏国大治④,庚桑善诲而畏垒归仁⑤。沙门在世,诚无目前考课之功⑥,名教之外,实有冥益。近取五戒训物⑦,非六经之畴⑧;远以八难幽险⑨,非刑法之匹;请以三藏铨罪⑩,非律令之流畅;以般若辩惑⑪,非老庄之谓⑫。道品无漏,拔苦因缘,则存而不论。周、孔之教,理尽形器,至法之极,兼练神明,精粗升降,不可同日而语其优劣矣。昔字助化⑬,以道佐治,国境晏然,民知其义。年丰委积,物无疵疠⑭,非益谓何?云世有五横⑮,沙门处其一焉。凡言横者,以其志无业尚,散诞莫名⑯;或博奕放荡,而倾竭家财;或名挂编户,而浮游卒岁;或尸禄素餐,而莫肯用心;或执政居势,而渔食百姓;或驰竞进趣,而公私并损;或肆暴奸虐,而动造不轨。斯皆伤教乱正,大败风俗。由是荀悦奋笔,而游侠之论兴⑰;韩非弹毫,而《五蠹》之文作⑱。以之为横,理故宜然。施之沙门,不亦诬乎?国家方上与唐、虞竞巍巍之美⑲,下与殷、周齐郁郁之化,不使箕颍专有傲世之宾,商洛独标嘉遁之客⑳。甫欲大扇逸民之风,崇肃方外之士。观子处怀,经略时政,乃欲踵亡秦虎狼之险术,袭商君克薄之弊法㉑,坑焚儒典㉒,治无纲纪;制太半之税,家无游财;设三五之禁㉓,备民如贼。天下熬然,人无聊生,使嬴氏之族㉔,不讫于三世;二子之祸,即戮于当时。临刑之日,方乃追恨始者立法之谬,本欲宁国静民,不意堤防太峻㉕,反不容已。事既往矣,何嗟之及!云一则诱喻,一则迫胁,且众生缘有浓薄,才有利钝,解有难易,行有浅深,是以启海之道不一,悟发之由不同。抑扬顿挫,务使从善,斯乃权谋之警策,妙济之津梁㉖,殊非诱迫之谓也。

【注释】

①治道:治理国家的方针、政策、措施。

②物有日用而不知:《周易·系辞上》:"仁者见之谓之仁,知者见之谓之知,百姓日用而不知,故君子之道鲜矣。"

③"无为"二句:《老子》第十七章:"太上,下知有之;其次,亲而誉之;其次,畏之;其次,侮之。信不足焉,有不信焉。悠兮其贵言,

功成事遂,百姓皆谓我自然。"

④干木高枕:段干木,春秋时魏国的贤士,高尚不仕。《史记·魏世家》张守节《正义》引《高士传》:"干木,晋人也,守道不仕。魏文侯欲见,造其门,干木逾墙避之。文侯以礼客之,出过其间而轼。其仆曰:'君何轼?'曰:'段干木,贤者也,不趣势利,怀君子之道,隐处穷巷,声驰千里,吾安得勿轼! 干木先乎德,寡人先乎势;干木富乎义,寡人富乎财。势不若德贵,财不若义高。'又请为相,不肯;后卑己固请见,与语,文侯立倦不敢息。"

⑤庚桑善诲而畏垒归仁:庚桑,原名亢桑子,一名庚桑子,传说为春秋时期思想家。畏垒,老子居住的地方。《庄子·庚桑楚》:"老聃之役有庚桑楚者,偏得老聃之道,以北居畏垒之山,其臣之画然知者去之,其妾之挈然仁者远之;拥肿之与居,鞅掌之为使。居三年,畏垒大壤。畏垒之民相与言曰:'庚桑之子始来,吾洒然异之。今吾日计之而不足,岁计之而有馀。庶几其圣人乎! 子胡不相与尸而祝之,社而稷之乎?'"

⑥考课:按一定标准考核官吏优劣,分别等差,决定升降赏罚。

⑦五戒:佛教术语,五戒是五条戒律或行为准则。佛教中的五戒是一不杀生,二不偷盗,三不邪淫,四不妄语,五不饮酒。

⑧六经:六部儒家经典。《诗经》、《尚书》、《仪礼》、《乐经》、《周易》、《春秋》。

⑨八难:难,谓难于见佛闻法,凡有八端,故名八难。按即地狱、饿鬼、畜生、北拘卢洲(亦作郁单越)、长寿天、盲聋喑哑、世智辩聪、佛前佛后八种。一至三,即三恶道,恶业重,难以见佛;生北拘卢洲有乐无苦,不思修道;生长寿天,谓色界及无色界天长寿安乐之处,其逸乐远胜北拘卢洲,更不欲修道;聋、盲、喑、哑于求道皆有障碍;世智辩聪,自恃聪明才辩,不肯信佛;生于佛前佛后,无缘见佛。

⑩三藏：又作三法藏。藏，梵文piṭaka，意谓容器、谷仓、笼等。印度佛教圣典之三种分类为：经藏、律藏、论藏。

⑪般若(bōrě)：佛教语。梵语的译音。或译为"波若"，意译"智慧"。佛教用以指如实理解一切事物的智慧，为表示有别于一般所指的智慧，故用音译。大乘佛教称之为"诸佛之母"。

⑫老庄：老子和庄子的并称。春秋、战国时道教的主要思想家。亦指以老子、庄子学说为代表的道教思想。老庄并提，始于汉，盛于魏晋以后。

⑬昔字：人名，不详。

⑭疵疠：灾害，疾疫。

⑮五横：五种无益于国之人。指韩非在《五蠹》篇中所说的学者、带剑者、言谈者、患御者和商工之民等五种人。

⑯散诞：懒散荒诞。

⑰"由是荀悦"二句：荀悦(148—209)，东汉末期政论家，史学家。字仲豫。颍川颍阴(今河南许昌)人。幼时聪颖好学，家贫无书，阅读时多用强记，过目不忘。游侠，《前汉纪·孝武帝纪》："世有三游，德之贼也，一曰游侠，二曰游说，三曰游行。立气势，作威福，结私交以立强于世者，谓之游侠。"

⑱"韩非"二句：弹毫，挥毫，振笔。晋葛洪《抱朴子·正郭》："出不能安上治民，移风易俗；入不能弹毫属笔，祖述六艺。"

⑲虞、唐：虞，古国名。舜之先封于虞，故城在今山西平陆东北。周武王克殷，封古公亶父之子虞仲的后人于此，是为西虞。唐，周代诸侯国名，后改名叫"晋"。

⑳商洛：亦作"商雒"，商县和上洛县之合称，汉初"四皓"曾隐居于此。《汉书·王贡两龚鲍传序》："汉兴有园公、绮里季、夏黄公、甪里先生，此四人者，当秦之世，避而入商雒深山，以待天下之定也。"

㉑商君克薄之弊法：指战国时期秦国的秦孝公决心图强改革，便下

令招贤。商鞅自魏国入秦,并提出了废井田、重农桑、奖军功、实行统一度量和郡县制等一整套变法求新的发展策略,深得秦孝公的信任,任他为左庶长,开始变法。然而,商鞅变法触犯了旧贵族的利益。孝公死后,商鞅被贵族诬害,车裂而死。

㉒坑焚儒典:秦始皇三十四年(前213),博士淳于越根据古制,建议分封子弟。丞相李斯反对儒生以古非今,以私学诽谤朝政,建议除秦纪、医药、卜筮、种树书外,民间所藏《诗》、《书》和诸子百家书一律焚毁;谈论《诗》、《书》者处死;以古非今者族诛;学习法令者以吏为师。始皇采纳这一建议。次年,方士、儒生求仙药不得,卢生等又逃亡,始皇怒,在咸阳坑杀诸生四百六十余人。

㉓三五之禁:三令五申严加禁制。

㉔嬴氏之族:即"千古一帝"的秦朝嬴政家族。

㉕堤防:提防。

㉖津梁:比喻能起桥梁作用的人或事物。

【译文】

又说对时政没有益处,对于治理国家的方针、政策有所损害。那些弘扬大道的人对社会的益处,就像物品有日常用处却不为人所知道,因此老子说:"以无为的思想治理教化老百姓,百姓都说我很自然,没有折腾。"这话说得很对。因此干木高枕而卧而魏国政治修明,局势安定,庚桑擅长教诲而畏垒之地的百姓归附仁德仁政。沙门生活在世上,确实没有目前考课的功名,但在儒家名教之外,确实有很深的益处。近的说用那五戒教诲人民,不在六经的范围之内;远的说八种不能见闻佛法的障难,也不是刑法所能比得上的。请求用三藏来衡量罪名,不是世俗社会通畅的律令;以通达的智慧辩解疑惑,也不是老庄所说的。至于道品没有纰漏,摆脱导致痛苦的因缘,我就存而不讨论了。周文王、孔子的教化,道理穷尽外在形体、器物,最高法规的尽头,兼修炼人的精神,精良和粗劣,上升和下降,本来就不可以同时来说明它们的优劣好坏的。

昔宁帮助教化人民，用道德辅佐治理国家，国境和平，人民都知晓他的道义。年成丰收，粮食堆积，物质没有灾害疾疫，这些不是益处又是什么呢？你说世上有五横，沙门是其中之一。凡是那些蛮不讲理的人，他们都没有理想可以崇尚，懒散荒诞莫名其妙；有的人豪赌放荡，使家产倾尽；有的人名字编入了户籍，但是终年在外游荡；有的人空食俸禄而不尽其职，无所事事，不肯用心；有的人掌管政权，仰仗权势来掠夺百姓的东西；有的人过于追逐名利，于公于私都受到损害；有的人烧杀抢掠无恶不作，而且有图谋不轨之心，大败风俗。因此荀悦发奋著书，《游侠》这样的言论就产生了；韩非挥笔疾书，《五蠹》这样的作品就出现了。把它当做揭露横行霸道行为的理论是应该的。但是把它加在沙门头上，不是诬陷吗？国家广博，上能够与唐、虞比高山的秀美，下能够与殷朝、周朝比深广的文化，不让箕山、颍水成为专为傲世宾客居住的地方，商洛单独成为合乎正道的退隐者居住的标志。要提倡使人民安逸的风俗，尊敬方外之出家人。看你处理事情的胸怀，治理时政的方式，就是想应用已灭亡的秦国那种穷凶极恶的方法，沿袭商鞅苛刻的治国方法，焚书坑儒，治理国家没有法律制度；掌管着大半的税收，国家却没有多余的财物；设立三正五行的禁令，防备人民就像防备盗贼一样。百姓受苦，民不聊生，让秦王嬴氏这样的家族只有三代的当政；二人之祸患，当时就被处以死刑。临刑那天，才开始追悔当初订立法规的荒谬，原本想使国家安宁使人民平静，没想到所设的法规太苛刻，反而容不下自己了。事情既然已经过去了，何必还如此叹息呢！说佛教一方面引诱一方面胁迫，其实众生缘有深厚和淡薄的区别，才能有敏锐和愚钝的不同，理解有困难和容易的差别，道行有深有浅，因此启发教诲的道理不一样，启发觉悟的缘由也不相同。贬损褒扬困顿挫折，种种方便都是为了致力于让天下人多行善事，这些是鞭策人们的权谋策略，度化帮助众生的非常美好的桥梁，这根本不是引诱胁迫啊！

　　云罪则冥伺，福则神佑。夫含德至淳，则众善归焉。《易》曰[①]："履信思顺，自天佑之，吉无不利。"又曰："为不善于幽昧之中[②]，鬼得而诛之。"岂非冥伺神明之佑哉？善恶之报，经有成证，不复具列。云会尽肴膳，寺极壮丽。此修福之家倾竭，以备将来之资殚尽，自为身之大计耳。殆非神明歆其壮丽[③]，众僧贪其滋味。犹农夫之播殖，匠者之构室，将择贞材以求堂宇之饰，精简种子以规嘉苗之实。故稼穑必树于沃壤之地[④]，卜居要选于爽垲之处[⑤]。是以知三尊为众生福田[⑥]，供养自修己之功德耳[⑦]。云割生民之珍玩，崇无用之虚费。夫博施兼爱仁者之厚德[⑧]，崇饰宗庙孝敬之至心，世教若此，道亦如之。物有损之而益，为之必获。且浮财犹粪土[⑨]，施惠为神用，譬朽木之为舟，乃济渡之津要[⑩]，何虚费之有哉？欲端坐而望自然[⑪]，拱默以俟安乐[⑫]，犹无柯而求伐[⑬]，不食而徇饱，焉可得乎？苟身之不修，已为困矣。何必乃蔽百姓之耳目，拥天下之大善，既自饮毒复欲鸩人[⑭]？何酷如之？可谓亡我陷彼，相与俱祸。是以盲聋喑痖之对[⑮]，幽处弥劫之殃，调达之报[⑯]，历地狱无间之苦[⑰]。云罄私家之年储[⑱]，阙军国之资实。圣王御世，纯风遐被[⑲]，振道纲以维六合[⑳]，布德网以笼群俊。川无扣浪之夫[㉑]，谷无含叹之士，四民咸安其业，百官各尽其分。海内融通，九州同贯，戎车于是寝驾，甲士却走，以粪嘉谷委于中田，食储积而成朽；童稚进德日新，黄发尽于眉寿[㉒]；当共击壤以颂太平[㉓]，鼓腹以观盛化[㉔]。子何多虑之深横，忧时之不足，不亦过乎？云吝太官而肿口[㉕]，临沧海而摄腹，真子之谓也[㉖]。

【注释】

① 《易》：即《易经》，是一部中国古哲学书籍，是建立在阴阳二元论基础上对事物运行规律加以论证和描述的书籍。

② 幽昧：昏暗不明。

③ 歆（xīn）：喜爱，羡慕。

④ 稼穑（jiàsè）：泛指各种农业劳动。

⑤ 爽垲（kǎi）：指高燥之地。

⑥ 三尊：三种最受尊敬的人。佛家语，指佛、法、僧。《四十二章经》："三尊者，佛、法、僧也。"

⑦ 供养：赡养，侍奉。

⑧ 博施：普施，遍施。

⑨ 浮财：指金钱、粮食、衣服、什物等身外之物。

⑩ 济渡：渡过水面。

⑪ 端坐：安坐，正坐。

⑫ 拱默：指垂拱无为。悕（xī）：悲伤。

⑬ 柯：斧子的柄。

⑭ 饮毒复欲鸩人：《后汉书·霍谞传》："譬犹疗饥于附子，止渴于鸩毒，未入肠胃，已绝咽喉。"

⑮ 喑痖（yīnyǎ）：口不能言，或指谓沉默不语。

⑯ 调达：梵名 Devadatta，又作提婆达兜、揥婆达多、地婆达多，或作调达，略称提婆、达多，意译作天热、天授、天与，为佛世时犯五逆罪，破坏僧团，与佛陀敌对之恶比丘。为释尊叔父斛饭王之子，阿难之兄弟（另有为甘露饭王、白饭王或善觉长者之子等异说）。调达与佛陀世世为怨。

⑰ 无间：无间道（无间地狱）是《法华经》、《俱舍论》、《玄应音义》等佛经里"avicinaraka"的新译，旧译为"阿鼻地狱"，是佛经故事中八大地狱中最苦的一个，也是民间所谓十八层地狱中的最底层。

⑱罄：用尽。

⑲纯风：纯美的教化。遐被：到达极远之处。

⑳道纲：道德之纲要；佛教语，修"八正道"的纲要。六合：上下和东西南北四方，即天地四方，泛指天下或宇宙。

㉑扣浪：拍浪，意为浪迹江湖。

㉒黄发：指老人。

㉓击壤：一项古老的投掷游艺。

㉔鼓腹：拍击腹部，以应歌节。

㉕太官：官名，秦有太官令、丞，属少府，掌皇帝膳食及燕享之事。北魏时太官掌百官之馔，属光禄卿。北齐、隋、唐因之。宋代以后，皇帝膳食归尚食局，太官只掌祭物。

㉖真子：谓亲生的儿子。佛教以信顺佛法，继承佛业者为真子。

【译文】

你说人有罪就有冥界在侦查，有福就有神明护佑。具有的德行到了淳朴的最高境界，那么各种善报都会归向这个人。《易经》上说："履行诚信而顺从于天，所以有上天保佑，吉祥而无所不利。"又说："在别人背后阴暗的地方做一些不善之举，神鬼知道了就会惩罚。"这些难道不是冥界鬼魂或是神明的侦查和佑护么？善恶的报应已经有了证实，不再具体地一一列出了。你又说信仰者奉上各种饭菜，寺庙极其壮丽。这是修福的家庭倾尽自己的财物，用来防止将来的资本被用尽，是为自身未来的大计罢了。绝不是神明喜爱羡慕它的壮丽，不是众僧侣贪恋它的滋味。就好像农夫播种繁殖，工匠构建房室，将选择好的材料来做厅堂的装饰，精简种子来增加好的禾苗。所以播种与收获等农业劳动必须在肥沃的土地种植，占卜自己的住处要选择高爽干燥的地方。因此知道佛、法、僧三尊是众人的福报所在，供养他们是为了增加自己的功德罢了。你又说佛教掠夺百姓的珍宝，玩弄没有用的事物。普遍施舍表示仁爱之人深厚的道德，崇敬装饰宗庙代表孝敬的心，世俗教化是这样,佛道也是这样。有些事物被减损了反而受益,有所作为肯定有所收获。况且浮财就像是粪土,布施恩惠为神明使用,就像用木材来造舟,是渡过水面所需用的,哪里有什么浪费呢? 想要端坐着而能够看到大自然,没有作为却希望享有安乐,就像没有斧柄却想要伐木,不吃饭却求饱,哪里是可以得到的呢? 如果不修身,自己已经被困住了。何必要遮蔽百姓的眼耳,使他们不拥抱天下的大善,既然自己喝了毒药难道又想要让很多人喝毒药吗? 像这样何等残酷? 可以说是陷害彼此,大家都遭受祸患。因此很多坏人会遭受盲聋喑痖这样的报应,暗中遭受很多劫难,受到调达一样的报应,经历无间地狱的苦难。你又说出家人用尽私人家藏的储备,使国家军队的资金、实力缺损。圣明的君主治理世间,纯美的教化到达极远之处,振兴道德之纲要,用来维持天下,布下德行的网罩用来网罗各种人才。山川峡谷之中没有浪迹江湖、怀有叹息的士人,四方百姓都安居乐业,文武百官都各尽其分。天下融合通达,九州犹如一体,兵车从此休停,士兵退避战场,委身于农田中,用粪土滋养禾苗稻谷,粮仓中囤积食物甚至腐烂;孩子们每天德行增进,老人们能够善终;大家一同击壤作乐来歌颂太平,拍击腹部,以应歌节,观望昌明的教化。你何必有过分深远的顾虑,就好像担心时间不够,不也是忧虑过度了么? 有些人会面对厨师为帝王准备的丰盛宴席而以肿嘴为由推辞不食,到了广博沧海却缩紧肚子不喝一口,说的就是你这样的人呀!

　　云系影捕风[①],莫知端绪。夫伪辩乱真,大圣之所悲。嗟时不识宝,卞和所以恸哭[②]。然妙旨希夷,而体之者道;冲虚简诣[③],而会之者得。用远能津梁颓溺,拔幽拯滞,美济当时,化流无外[④],故神晖一振则感动大千,惠泽暂洒则九州蒙润。是以释梵悟幽旨而归诚,帝王望玄宗而委质[⑤],八部捔灵化而洗心⑥，士庶观真仪而奔至⑦。落落焉故非域中之名教，肃肃焉殆是方外之冥轨。然垣墙峭峻，故罕得其门；器宇幽邃⑧，希入其室。是以道济弥沦而理与之乖⑨，德苞无际而事与之隔。子执迷自毕，没齿不悟，盖有以也。夫日月丽天而瞽者不睹其明，雷电振地而聋者不闻其响，是谁之过与？而方欲议宫商之音⑩，蔑文章之观，真过之甚者。昔文鳞改视于初曜⑪，须跋开听于后缘⑫，子何辜之不幸？独怀疑以终年，比众人之所悲，最可悲之所先。

【注释】

①系影捕风：比喻虚幻无实或无根据地臆测。《汉书·郊祀志下》："听其言，洋洋满耳，若将可遇，求之，荡荡如系风捕景，终不可得。"

②恸（tòng）哭：悲伤大哭。

③冲虚简诣：虚静简至。

④化流：德化传布。

⑤委质：放下礼物，古代卑幼往见尊长，不敢行宾主授受之礼，把礼物放在地上，然后退出；向君主献礼，表示献身；引申为臣服、归附。

⑥八部：佛教分诸天鬼神及龙为八部。《翻译名义集·八部》："一天、二龙、三夜叉、四乾闼婆、五阿修罗、六迦楼罗、七紧那罗、八摩睺罗伽。"

⑦真仪：真容。

⑧幽邃：幽深、深邃。

⑨乖：背离，不一致。

⑩宫商之音：五音中的宫音与商音。

⑪文鳞：鱼鳞形花纹，或指鱼。这里指目真隣陀龙王，是佛陀最初的弟子之一，其悟道事迹参见《佛本行集经》卷三十一。改视：改变看法，另眼相看，多表示重视。曜：太阳。

⑫须跋：须跋陀罗尊者，又作苏跋陀罗、须跋陀，意译为"善贤"、"好贤"、"善好贤"，为佛陀释迦牟尼的最后一位弟子，在佛临入灭前接受教诫而得道。

【译文】

你说修习佛法就像捕风捉影一样虚幻不实，不知道它的端倪和头绪。虚假的辩解以假乱真，这是大圣人所悲伤的。嗟叹别人不认识无价之宝，这是卞和悲伤大哭的原因。然而，精微幽深的旨意虚寂玄妙，而能体会它的人就会得道；虚静简至，能领悟它的人会有所得。用在远处能使各种方法、途径消隐，拔幽拯滞，美济当时，德化传布无所不包，因此，神光一振动便使大千世界的生灵感动，恩惠的雨露稍微撒播便使九州世界蒙受滋润。因此帝释和梵天体悟到深奥玄妙的旨趣而诚心归顺，帝王望见玄宗而信服，天龙八部感受美好的教化而洗涤内心，士人平民看到真理而归向它。佛教超然物外，因此并不是中国的儒家名教，它清幽、静谧的样子实在是体现了方外的冥灵轨迹。然而围墙峻峭，因此很难能进入它的大门；房屋深幽黑长，很少有人能进入它的房间。因此佛道救济世俗沉沦之人，而佛理自然与世俗之理相悖，道德包含无穷无尽，而佛事与世俗事情相隔。你自以为是，一辈子都执迷不悟，所以有这些问题。其实太阳与月亮在天空中发出明媚耀眼的光芒，但是目盲的人却看不到它们的明亮；雷与闪电振动大地，但是耳聋的人听不到它们的声响，这是谁的过错呢？而当要议论到宫商角徵羽的音律，轻视文章的内容，真的有超过这样的人。过去目真隣陀龙王在佛陀刚悟道的时候领受教诲，被佛祖另眼相看，须跋陀罗尊者从最后的缘分中听到佛陀的教诲，你有什么罪和不幸呢？独自怀疑一直到死那天，这样比起大家悲痛的地方，才是最可悲的。

于是逡巡退席①,怅然自失②。良久曰:闻大道之说,弥贯古今,大判因缘,穷理尽性,立理不为。当年弘道,不期一世,可谓原始会终,归于命矣。仆实滞寝长夜,未达其旨。故每造有封,今幸闻大夫之余论,结解疑散,豁然醒觉,若披重霄以睹朗日,发蒙盖而悟真慧。仆诚不敏,敬奉嘉诲矣。

【注释】

①逡巡:迟疑不敢向前。

②怅然:失意不乐的样子。战国楚宋玉《神女赋》序:"罔兮不乐,怅然失志。"

【译文】

于是客人迟疑不敢向前,退出筵席,惆怅万分,感到自己迷失了。过了很久,说:听闻大道之说,感觉其长久地贯通古今,深入判断各种因缘,穷究天地万物之理与性,确立佛理却不过度做为。当年佛陀弘扬佛理,并非只是穷极一生弘道,可以说是无始无终,归因于命运啊。我实际上一直在迷滞中,犹如在长夜中昏睡不醒,没有领悟它的意旨。因此每次考虑都想不通,如今有幸听闻大师的讲述,紧系着的心结被解开,心里的疑惑被驱散,就好像突然之间看到了高远天空中的明亮太阳,开启蒙着的盖子而觉悟到真正的智慧。我确实不聪慧,将真诚地奉持您对我的教诲!

正二教论

【题解】

本篇是南朝宋齐之际隐士明僧绍所作。刘宋末年,道士顾欢作《夷夏论》,表面上虽然主张孔、老、释同为圣人,而实际上他却坚执夷夏界限来排斥佛教。顾欢的《夷夏论》发表之后,明僧绍就写了《正二教论》来驳斥他,以明释、道之区别。僧绍认为,佛教探生命源头,明万物根本,这些都是世俗所无法验证的,也不能以俗事加以显示,其修炼、观照,与道教养正之功不同,与儒家贤能者所说的也迥然有异。其道重在忘形,而非强调全生。

及闻殊论,锐言置家,有惧诬圣,将明其归,故先详正所证二经之句,庶可两悟幽津。

论称道经云:老子入关之于天竺维卫国,国王夫人,名曰清妙。老子因其昼寝,乘日之精,入清妙口中。后年四月八日夜半时,剖右腋而生。堕地即行七步,举手指天曰:"天上天下。唯我为尊,三界皆苦,何可乐者?"于是佛道兴焉。事在《玄妙内篇》,是汉中真典,非穿凿之书。

正曰:道家之旨,其在老氏二经;敷玄之妙,备乎庄生七章。而得一尽灵，无闻形变之奇；彭殇均寿①，未睹无死之唱。故恬其天和者，不务变常，安时处顺，夫何取长生？若乘日之精，入口剖腋，年事不符，托异合说，称非其有。诞议神化，秦、汉之妄，妖延魏、晋，言不经圣，何云真典乎？

【注释】

①彭殇均寿：彭祖，长寿者，殇子，短命者，但均为天地间一过客，为道者以齐物观之，则二者为一。

【译文】

听说某道士作一《夷夏论》，尽是奇谈怪论，而其本人很得意，实在是有诬于圣人，我将要弄清楚这篇文章的宗旨，因此先考察其所引证的经句，也许对于人们了解该论的谬论有所帮助。

《夷夏论》称《老子化胡经》有这样的记载：老子出关后来到印度的维卫国，该国国王的夫人名叫清妙。有一次老子在清妙夫人白天睡觉时，其神乘日之精，进入清妙夫人的口中。第二年的四月八日夜半时分，剖右腋生下一子。这孩子刚一落地就步行七步，并且举手指天说："天上天下，唯我独尊。三界皆苦，有什么可快乐的呢？"自此之后，佛教才逐渐兴盛起来。此事记载于《玄妙内篇》中，属汉代的真典，非穿凿附会之书。

纠正说：道家的思想宗旨，尽在老子的《道德经》中；敷陈玄妙之旨，则当推《庄子》七篇。这两本道家经典，主要倡导得一尽灵，从未听说有形变之谈；曾言长寿的彭祖与短命之人齐寿，也不曾有无死之说。所以老、庄均主张凡事顺其自然，恬淡潇洒，不求常变；提倡安时处顺，为什么追求长生不老呢？若照《夷夏论》中所说，老子乘日之精而入于清妙夫人的口中，后剖腋而得子，这些说法非但年代不符，且是一种怪诞之论。以秦汉时期之妄说，而延及魏晋，并非出自圣人之笔，又怎能称得上真典呢？

论称佛经云：释迦成佛，已有尘劫之数。或为儒林之宗，国师道士。此皆《成实》正经，非方便之说也。

正曰：佛经之宗，根明极教，而三世无得，俗证觉道，非可事显。然精深所会，定慧有征于内；缘感所应，因果无妄于外。夫释迦发穷源之真唱，以明神道之所通也。故其练精研照，非养正之功①；微善阶极，异殆庶自崖②。道济在忘形，而所贵非全生，生生不贵，存存何功？忘功而功著，寂来而道常。出乎无始，入乎无终，靡应非身，尘劫非退，此其所以为教也。

论曰：二经之旨，若合符契。

正曰：夫佛开三世，故圆应无穷；老止生形，则教极浇淳③。所以在形之教，不议殊生；圆应之化，爱尽物类。是周、孔、老、庄，诚帝王之师，而非前说之证。既开塞异教，又违符合之验矣。

【注释】

①养正：涵养正道。

②殆庶：指贤德者。

③浇淳：谓浮薄的风气破坏了淳厚的风气。

【译文】

《夷夏论》又称佛经曾说：释迦牟尼成佛以来，已经历了非常长的时间，其间或化现为儒林之宗，或化现为国师、道士。此皆载于《成实》正经，非为诱引众生领悟真法而设置的善巧方便之说。

纠正说：佛教的经典，都在探寻生命的源头，明万物之根本，这些都是世俗所无法验证的，也不能以俗事加以显示。然精微深入领会，定慧有证于内；业缘所感，因果无妄于外。释迦佛揭示宇宙实相之真唱，以明神道之所通。故其修炼、观照，与道教养正之功不同；倡导微善而均有助于证道，与儒家贤能者所说的也迥然有异。其道重在忘形，而非强调全生；形体既然不是佛教之所注重的，那么存生长寿的理论对它来说又有什么功用呢？不执着于外在具体的事相功用，事物功用仍然存在，诸法虽然生灭无常，但不妨碍其道湛然常住。其出无始而入无终，不应非身而旷劫无远，这些都是佛教的基本思想。

《夷夏论》又说：以上所引的《道德经》与佛经中所说的，其思想旨趣相符合。

正曰：佛教开示三世因果，因此圆应无穷；道教只局限于一生之形体，其教化比较肤浅，容易破坏淳厚的风气。因为只局限于形体，故对于一生之外的事回避不谈；佛教圆应无穷，故能穷尽一切物类。至于周、孔、庄、老，确实可以做帝王之师，但不是立论之依据。二教开放闭塞如此迥异，又如何谈得上思想相同呢！

论曰：道则佛也，佛则道也。

正曰：既教有方圆，岂睹其同？夫由佛者固可以权老，学老者安取同佛？苟挟竞慕高，撰会杂妄，欲因其同，树邪去正，是所乃学非所学，自漏道蠹，只多不量，见耻守器矣①。

论曰：其入不同，其为必异。各成其性，不易其事。又曰：或昭五典，或布三乘。在华而华言，化夷而夷语。又曰：佛道齐乎达化，而有夷夏之别。

正曰：寂感遂通，在物必畅，佛以一音，随类受悟②。在夷之化，岂必三乘？教化之道，何拘五教？冲用因感，既夷华未殊，而俗之所异，孰乖圣则？虽其入不同，然其教自均也。

【注释】

①守器：谓保持本来的器质。

②"佛以"二句：《维摩诘经·佛国品》："佛以一音演说法，众生随类各得解。"

【译文】

《夷夏论》又说：道即佛，佛即道，二者没有什么区别。

纠正说：教有方圆之别，既是二教，而怎能没有区别？佛教固然可以包容道教，但学老庄之学者怎么可以与学佛者相比呢。如果攀龙附凤，鱼目混珠，为了找到共同点，树立邪理，摒弃正法，其结果只会学非所学，自己成了损害大道的蠹虫，只是赞扬那些不自量力的妄论，会被保持本来器质的人认为可耻。

论曰：入门不同，行为必定不同。各成其本性，事情不会改变。又说：或者显现为五典，或者流布三乘法门。在华就用华语，教化夷人就用夷语。又说：佛道相同，通达各种变化，只是有夷夏之别。

纠正说：空寂感应，通畅无阻，各种事物必然畅通，佛以一音演说佛法，众生随类各得解悟。在夷教化，何必一定是三乘教？在华何必拘束于五教？冲虚妙用缘于感悟，既然夷华没有不同，而世俗所认为的不同，不是违背了圣人的准则吗？虽然其入门不同，但其教化却是一样有功用。

论曰：端委搢绅①，诸华之容也；翦发缁衣②，群夷之服也。

正曰：将求理之所贵，宜先本礼俗，沿袭异道，唯其时物。故君子豹变，民文先革③，颛孙膺训，丧志学殷④。夫致德韶武，则禅代异典⑤，后圣有作，岂限夷华？况由之极教，必拘国服哉？是以系其恒方，而迷深动蹶矣。水陆既变，致远有节;舟车之譬,得无翩乎? 而刻舡守株⑥,固以两见所归。

论曰:下弃妻孥,上废宗祀。嗜欲之物,咸以礼申;孝敬三典⑦,独以法屈。悖德犯顺,曾莫之觉。又曰:全形守祀,继善之教也;毁貌易性,绝恶之学也。理之可贵者道,事之可贱者俗。

正曰:今以废宗祀为犯顺,存嗜欲以申礼,则是孝敬之典,在我为得,俗无必贱矣。毁貌绝恶,自彼为鄙,道无必贵矣。爱俗拘旧,崇华尚礼,贵贱迭置,义成独说,徒欲蠢溺于凡观,岂期卒埋于圣言耶?

【注释】

①端委搢绅:端委,古代礼服。搢绅,插笏于绅。绅,古代仕宦者和儒者围于腰际的大带。

②缁(zī)衣:僧尼的服装,引申指佛教或僧人。

③"故君子"二句:《周易·革卦》:"君子豹变,其文蔚也。小人革面,顺以从君也。"古人用豹变来形容君子经过自己修养、求知,最终像成年的豹子一样,矫健而美丽,成为一个有品质的人。另有人认为所谓"豹变"是指像豹子一样迅速改变自我,适应环境。小人顺从君子,不乱动乱变,保护了变革成果。

④"颛孙"二句:《史记·仲尼弟子列传》载:"颛孙师,陈人,字子张。少孔子四十八岁。子张问干禄,孔子曰:'多闻阙疑,慎言其余,则寡尤;多见阙殆,慎行其余,则寡悔。言寡尤,行寡悔,禄在其中矣。'""丧志学殷",或指子张放弃对功名的追求,而学习孔子的学说。

⑤"夫致德"二句:《论语·八佾》:"子谓《韶》:'尽美矣,又尽善也。'谓《武》:'尽美矣,未尽善也。'"

⑥舡(chuán)：同"船"。

⑦三典：轻、中、重三种刑法。

【译文】

论曰：穿上礼服，系上腰带，是中华的风俗；剪掉头发，穿上僧尼服装，是夷人的习惯。

纠正说：追求真理，宜先以礼俗为根本，沿袭异道，根据不同的时间来确定。因此君子像豹子一样迅速改变自我，适应环境，小人革面，顺从君子。颛孙膺训，放弃干禄之志而学习殷人敬慎之德。孔子评价韶武之乐，那么禅代异典，后圣有作，岂限西夷与中华？何况终极之教，必定要拘束于国服吗？如果只是固守原有道路，很容易犯错跌跟头。水陆线路既然变了，想到达远方要有一定法度。你提出的船和车的比喻，难道没有偏见吗？而刻舟求剑，守株待兔，正是因为你固守歧异之见不知回归变通。

论曰：佛教对下放弃妻儿子女，对上废除宗庙祭祀。儒教对于嗜欲之物，都用礼仪来严守；孝敬三典，独用法来降服。悖乱道德，违犯顺礼，却没有觉察到。又说：保全身形，严守祭祀，这是继善的教导；毁坏容貌，改变习性，是消灭邪恶的学问。理之可贵者是道德，事之可贱者是世俗。

纠正说：今以废除宗祀为违犯常理，顺存嗜欲来严守礼仪。那么孝敬之典，在我为有所得，世俗不一定低贱。毁坏外貌，消除邪恶，对别人来说有点鄙陋，那么道不一定珍贵。珍爱习俗，拘于旧说，崇尚浮华礼仪，贵与贱互相放置，你讲的义理成了狭隘偏见，这仅仅是想要像虫子一样沉溺于凡俗的观念，岂能期待埋没圣人的思想学说呢？

论曰：泥洹、仙化①，各是一术。佛号正真，道称正一，一归无死，真会无生②。

正曰："侯王得一而天下贞"，莫议仙化，死而不亡者寿，不论无死。臆说诬滥,辞非而泽,大道既隐,小成互起③,诚哉是言! 其诸诬诡谤慢。欲以苟济其违,求之圣言,固不容讥矣。今之道家所教,唯以长生为宗,不死为主。其练映金丹,餐霞饵玉,灵升羽蜕,尸解形化,是其托术,验之而竟无睹其然也。又称其不登仙,死则为鬼,或召补天曹,随其本福。虽大乖老、庄立言本理,然犹可无违世教。损欲趣善,乘化任往,忘生生存存之旨,实理归于妄,而未为乱常也。至若张、葛之徒,又皆杂以神变化俗,怪诞惑世,符咒章效,咸托老君所传,而随稍增广。遂复远引佛教,证成其伪,立言舛杂,师学无依,考之典义,不然可知。将令真妄浑流,希悟者永惑,莫之能辩,诬乱已甚矣。

【注释】

①泥洹:即"涅槃",佛教所说的烦恼灭尽,智慧完成而臻于觉悟之境。仙化:即羽化升仙。道教认为通过食丹、服饵等,可以达到长生不死,即身成仙。

②无生:指诸法之实相无生无灭。

③"大道"二句:《庄子·齐物论》:"道隐于小成,言隐于荣华。"小成,初步,稍有成就。

【译文】

论曰:佛教的泥洹和道教的仙化,各是一术。佛叫做正真,道称为正一,正一则归于无死,正真则归于无生。

纠正说:老子《道德经》认为"侯王得一而天下贞",并没有谈到羽化登仙;以"死而不亡"论"寿",也不曾主张无死之说。所谓仙化、无死之类的说法,完全是后来的道士们自己的臆说诬滥,并非老庄等圣人的旨意。当大道已经退隐,稍有成者就竞相出来胡乱言说,确实是这样的啊！这些言论虚妄诡谲，毁谤轻慢。如果想要帮助理解相违背的地方，求之圣言，固然不容讥笑。当今之道教徒，只以长生为宗，无死为主。所谓烧炼金丹、服饵养生、羽化登仙、尸解形化之类说法，都是一种假托的邪门道术，从来不可能应验。道教徒认为，如果不登仙，则死后将根据各人的善恶业报或投胎为鬼，或者被召去当天上的神官。这种说法虽然与老庄立言之理相违背，但还不至于违背世俗的教化。因放弃长生不死的主张而以善恶报应说来劝人损恶向善，虽然不见得有多少义理，但至少还有其合理成分。至于张陵、葛洪之流，则多用神变、符水、咒术，怪诞惑世，且都托之于老子，并随意把一些老子本来没有的思想增添进去。又滥引佛教经典，为其伪说作论证，立言驳杂、错乱，且无师承，考之经典，则可知其荒诞不经。《夷夏论》的这些观点把真理与虚妄混为一谈，必将使有心求道者难以辨别真伪，永陷迷惑之中，危害很大啊！

客既悉于佛、老之正，犹未值其津，今将更粗言其一隅，而使自反焉！夫理照研心，二教两得，乃可动静兼尽，所遇斯乘也。老子之教，盖修身治国，绝弃贵尚，事正其分。虚无为本，柔弱为用；内视反听，深根宁极。浑思天元，恬高人世；浩气养和，失得无变。穷不谋通，致命而俟；达不谋己，以公为度。此学者之所以询仰馀流，而其道若存者也。安取乎神化无方，济世不死哉？其在调霞羽化，精变穷灵，此自缮积前成，生甄异气，故虽记奇之者有之，而言理者不由矣。稽之神功，爰及物类，大若麟凤怪瑞，小则雀雉之化，夫既一受其形，而希学可致乎？至乃颜、孔道邻，亲资纳之极，固将仰灵尘而止，欲从未由，则分命之不妄有，推之可明矣。故仲尼贵知命①，而必有所不言；伯阳去奇尚，而固守以无为：皆将以抑其诞妄之所自来也。

　　然则穷神尽教，固由之有宗矣，道成事得，各会之有元矣。夫行业者于前生，而强学以求致其功；积集成于素屡，而横慕以妄易其为。首燕求越②，其希至何由哉？故学得所学，而学以成也；为其可为，而为可致也。则夫学镜生灵，中天设教，观象测变，存而不论，经世之深，孔、老之极也；为于未有，尽照穷缘，殊生共理，练伪归真，神功之正，佛教之弘也。是乃佛明其宗，老全其生，守生者蔽，明宗者通。然静止大方③，乃虽蔽而非妄；动由其宗，则理通而照极。故必德贵天全，自求其道，崇本资通，功归四大，不谋非然，守教保常，孔、老之纯，得所学也。超宗极览，寻流讨源，以有生为尘毒，故息敬于君亲，不惊议其化异，不执方而骇奇，妙寂观以拓思，功积见而要来，则佛教之粹，明于为也。故夫学得所学，则可以资全生灵，而教尊域中矣；明为于为，将乃灭习反流，而邈天人矣。过此已往，未之或知，洗虑之得，其将在兹。

【注释】

①仲尼贵知命：《论语·尧曰》："子曰：不知命，无以为君子也。"

②首燕求越：头朝着北方的燕国却想到南方的越国去，比喻与目的背道而驰。

③大方：谓方正之极。

【译文】

　　《夷夏论》的作者虽然提出佛号正真，道号正一，但并不真正懂得二者的思想意蕴，今不揣愚陋，略陈一二，以使他能有所自我反省！以理照物，探研真心，佛、道二教都熟悉，才可动静兼尽，把握两者的旨意。

考察老子的教导，在于修身治国、清净弃欲，做事强调端正职分，而其理论特点则是以虚无为本，以柔弱为用；注重内视反听，强调虚极静笃。心神安宁，崇尚自然，恬淡寡欲，浩然养气，得失不关心。如果不顺利不竭力追求发达，而能顺其自然安之若命；如果仕途通达不谋求一己之私，而能待之以公心。这些都是历代学者所以推崇老子学说而使其理论不衰的原因所在。怎么会是后来道教徒所说的神通变化、长生不死呢？其重点在于调节精神，使身心发生变化，探究性灵，这些是修养身心进而积累功德成就，可能产生出一些奇怪的现象，而言理者不会太在意。考察这些神用之功，兼及各种物类，大的比如麒麟与凤凰之奇怪祥瑞，小的比如麻雀雉鸟之变化，这些奇妙的形体变化，难道希望通过学习就可达到吗？至于颜回、孔子追求大道，亲近终极之理，信仰灵妙境界，但也到达此境界而已，不妄谈神怪之事，运命的存在不是没有根据，一推理就可清楚明白了。因此仲尼看重知命，而必定有些东西不说出来；老子反对崇尚奇技，而固守以无为之道；都是为了抑制其怪诞虚妄的来源。

　　然则穷尽神灵教化，固然有根本，道成事得，各自领会就会发现有源头。那些事业有成的人从前生就开始了，而勉强学习以求成功；积累聚集高大之物从朴素弱小开始，而如果只是羡慕其高大便妄自改变行为。就像头朝燕国却想着走到越国，哪里能够到达呢？因此不断学习积累所学的知识，就会学有所成；为其可为，会有所作为。那么教化百姓，运用天道设教，观察天象预测世间变化，存而不论，经世之深，这些是孔、老的根本；关注肉眼看不见的东西，光明普照穷尽各种事缘，不同的生命共一道理，练伪归真，神功之正，是佛教所弘传的。因此佛明悟宇宙根本宗旨，老庄保全生命，守生者隐蔽，明宗者畅通。然静止方正之极，虽然隐蔽而并不是虚妄；动由其宗，则理通而观照到了极点。所以必定贵德全天，自求其道，推崇根本，促进畅通，功归四大，不谋划不好的事情，守教保常，这些是孔、老的根本，注重伦理道德的获得。超越一切宗派，极尽观照，探寻源头与支流，以世俗社会中的贪婪、嗔恚、愚蠢为尘毒，故息敬于君亲，不惊异各种变化的奇特，不执着固有的观念而惊骇好奇，妙寂观以拓展思维，积功累见而根本妙道呈现，则是佛教之粹，体现为行为的明智。故不断学习，获得知识培养品德，则可以资全生灵，而教尊域中了；注重行为的培养，光明朗照，将熄灭妄习，回归源头，则天人邈合了。除了这些，可能还有很多方面，但我所有粗浅的看法，都在这里了。

门律

【题解】

本篇由南北朝时期张融所撰写。南北朝时期的道、佛二教,在当时既各擅胜场,亦相激相荡。到了齐、梁时代,二教矛盾对立加深,至终显题化为"夷夏论"之争。在这样的氛围中,信仰佛教的名士张融(444—497),尝试为二家作出调节,于南齐永明(483～493)年间为其家族制定家训,而有《门律》之论,提倡以道教为主的佛道一致说。张融感叹佛、道之对立,而主张二教并修,合而为一,故作此文以训示族人,此外又送予何点、何胤、孔稚珪、孔仲智、周颙等人,征其意见。诸人之中,周颙立于"佛教为主,儒教为次"之立场批判之,是故展开论争。

吾门世恭佛,舅氏奉道①。道也与佛,逗极无二②,寂然不动③,致本则同。感而遂通④,逢迹成异⑤,其犹乐之不治,不隔五帝之秘,礼之不袭,不吊三皇之圣⑥。岂三与五,皆殊时故不同其风,异世故不一其义,安可辄驾庸愚,诬问神极?吾见道士与道人战儒、墨⑦,道人与道士狱是非。昔有鸿飞天首,积远难亮⑧,越人以为凫,楚人以为乙⑨。人自楚越耳,鸿常一鸿乎?夫澄本虽一,吾自俱宗其本。鸿迹既分,吾已翔其所集，汝可专尊于佛迹，而无侮于道本。

书与二何、两孔、周剡山茨⑩。

少子致书诸游生者曰⑪：张融白："鸟哀鸣于将死，人善言于就暮⑫，顷既病盛生衰，此亦魂留几气。况惊舟失柂于空壑，山足无绊于泽中⑬，故视阴之间，虽寸每遽，不缝其徙也。"欲使魄后余意，绳墨弟侄⑭，故为《门律》数章⑮，通源二道⑯，今奏诸贤，以为何若？

【注释】

①"吾门"二句：张融（444—497），字思光，吴郡（今江苏苏州）人，南朝齐文学家、书法家。出身世族，世代儒释道三教同修，死时，左手执《孝经》《老子》，右手执《小品般若》《法华经》。其舅孔稚珪（447—501），字德璋，会稽山阴（今浙江绍兴）人，南朝齐骈文家，其家族信奉道教。

②逗极：根本上相互投合。

③寂然不动：寂静无声，一点动静都没有。《周易·系辞上》："易，无思也，无为也，寂然不动，感而遂通天下之故。非天下之至神，其孰能与于此？"

④感而遂通：指若能达至无思无为之境，就能静下来，对于世界之事有感必应，万事皆通。

⑤逢迹：遇到功劳。

⑥"其犹乐"四句：《礼记·乐记》："五帝殊时，不相沿乐；三王异世，不相袭礼。乐极则忧，礼粗则偏矣。"

⑦道士与道人战儒、墨：南北朝时期称呼佛教徒为道士，道士为道人。《庄子·齐物论》："道恶乎隐而有真伪？言恶乎隐而有是非？道恶乎往而不存？言恶乎存而不可？道隐于小成，言隐于

荣华。故有儒墨之是非,以是其所非而非其所是。欲是其所非
而非其所是,则莫若以明。"

⑧凫:浮游,泅水。下文"凫",为野鸭的意思。

⑨乙:燕子。宋穆修《秋浦会遇》诗:"再见来巢乙,频闻入市寅。"

⑩二何:何点、何胤兄弟。何点,庐江(今安徽庐江)人,屡官不仕,
性率语默。何胤(446—531),字子季,何点弟。起家作秘书郎,
官至建安太守。著作颇丰。两孔:孔稚珪、孔仲智兄弟。《南齐
书·孔稚珪传》:"稚珪风韵清疏,好文咏,饮酒七八斗。与外兄
张融情趣相得,又与琅邪王思远、庐江何点、点弟胤并款交。不
乐世务,居宅盛营山水,凭几独酌,傍无杂事。"周剡山茨:即周
颙,字彦伦,汝南安城人。言辞婉丽,工隶书,兼善老、易,长于佛
理。官至国子博士,卒于官。著有文集二十卷。周颙曾官剡令,
一生蔬食,清贫寡欲,虽有妻子,却喜欢独处山舍,并号隐舍"山
茨",人称"周剡山茨"。

⑪少子:指张融。

⑫"鸟哀"二句:《论语·泰伯》:"曾子言曰:'鸟之将死,其鸣也哀;
人之将死,其言也善。'"

⑬"况惊舟"二句:《庄子·大宗师》:"夫藏舟于壑,藏山于泽,谓之
固矣。然而夜半有力者负之而走,昧者不知也。"

⑭绳墨:木匠工具,用绳染墨在木上弹印直线。比喻规矩法度。

⑮《门律》:字面义为家门内族人应守之戒律,为张融综合佛、道二
教观点,提出自己主张并要求家人遵守的家诫类著作。

⑯通源:谓源头相通。本文及此后相关来往书信中亦以"通源"指
称张融调和佛、道二教的哲学观点。

【译文】

我的家族世代奉行佛教,舅舅家族奉行道教。道教跟佛教,根本上
相互投合没有什么差别,寂然不动,从根本上说是相同的。对于世界之

事有感必应，万事皆通，只是遇到具体事情时就有所差别了，这就像五帝时代不同，音乐也就不同，礼节不沿袭，不慰问三皇的圣明。岂止是三皇和五帝，时代不同所以风俗不同，朝代不同所以思想和主张不同，怎能运用自己的庸俗愚昧，诬陷神灵呢？我知道我遇到道教徒与佛教徒像当初儒家和墨家一样辩论争斗，儒家的有道之人与墨家的有道之人争议对错。过去有大雁飞在天边，飞得遥远难分辨清楚，越国的人认为是野鸭，楚国的人认为是燕子。人有楚国人和越国人的不同，大雁岂不是同一种大雁吗？澄清根本都是一样的，我自己都遵奉他们的根本。大雁的痕迹已经被分辨出来，我已经详察了他们栖息的地方，你可以只遵从佛教的踪迹，但不能蔑视道教的根源。

给二何、两孔、周颙写信。

张融写信给众多注重现世生活快乐的人表达观点：张融告白：鸟即将死时会哀伤地鸣叫，人即将死时说的话会是善言，一个人生很重的病生命很快就衰落了，只不过遗留几口气罢了。就好像惊惶的船只会在深沟之中失去了舵，经常在山中走路的脚没有支撑物就会陷入沼泽之中，所以在看阴阳生死之间，即使每寸光阴都很匆忙，不能弥补时间的变迁。想要使自身死后还有价值，就得用规矩法度约束兄弟侄儿等亲戚，所以我写了数章《门律》，二道通源，今天和诸位贤士说了，认为怎样呢？

答张书并问张

【题解】

　　本篇由南北朝南齐周颙所撰。萧齐时代,张融著《门律》,提倡以道教为主的佛道一致说,周颙与之辩论。周颙认为,不能混同佛教和道教,二者有很大的不同,尤其是根本宗旨有别:"言道家者,岂不以二篇为主,言佛教者,亦应以般若为宗。二篇所贵,义极虚无,般若所观,照穷法性。"佛教的法性自不同于道教的虚无。

　　周剡山茨归书少子曰①:周颙顿首②,懋制来班③,承复峻其门,则参子无踞,诚不待奖敬④。寻本有、测高心,虽神道所归,吾知其主。然自释之外,儒纲为弘,过此而能与仲尼相若者⑤,黄、老实雄也⑥。其教流渐,非无邪弊⑦,素朴之本,义有可崇。吾取舍旧怀,粗有泾渭,与夺之际⑧,不至朱紫⑨。但畜积抱怀,未及厝言耳⑩。途轨乖顺⑪,不可谬同。异之间文,宜有归辩。来旨谓致本则同,似非吾所谓同;时殊风异,又非吾所谓异也。久欲此中微举条裁,幸因雅趣,试共极言。且略如左⑫,迟闻深况。

　　通源曰:道也与佛,逗极无二,寂然不动⑬,致本则同,感而遂通,逢迹成异。

　　周之问曰:论云致本则同,请问何义是其所谓本乎?言道家者,岂不以二篇为主?言佛教者,亦应以般若为宗。二篇所贵,义极虚无⑭;般若所观,照穷法性⑮。虚无法性,其寂虽同,住寂之方,其旨则别。论所谓逗极无二者,为逗极于虚无,当无二于法性耶?将二涂之外,更有异本?傥虚无、法性,其趣不殊乎?若有异本,思告异本之情,如其不殊,愿闻不殊之说。

【注释】

　　①周剡山茨:即周颙,字彦伦,汝南安城人。详见前文《门律》注。
　　　少子:指张融。
　　②顿首:磕头。
　　③懋(mào):勤奋努力,美好。
　　④奖敬:激励敬重。
　　⑤仲尼:孔子。
　　⑥黄、老:黄帝和老子的并称,后世道家奉为始祖。
　　⑦邪弊:邪僻弊端。
　　⑧与夺:奖励和惩罚。
　　⑨朱紫:《论语·阳货》:“恶紫之夺朱也。”何晏《集解》引孔安国曰:
　　　“朱,正色;紫,间色之好者。恶其邪好而夺正色。”后因以“朱紫”
　　　喻正与邪、是与非、善与恶。
　　⑩厝(cuò):安排。
　　⑪途轨:路途,道路。
　　⑫左:上面。
　　⑬寂然不动:形容寂静的状态。《周易·系辞上》:“易,无思也,无

为也,寂然不动,感而遂通天下之故。非天下之至神,其孰能与
于此?"

⑭虚无:道家用以指"道"的本体。谓道体虚无,故能包容万物;性
合于道,故有而若无,实而若虚。《庄子·刻意》:"夫恬惔寂寞,
虚无无为,此天地之平而道德之质也。"

⑮法性:指诸法之真实体性。亦即宇宙一切现象所具有之真实不
变之本性。又作真如法性、真法性、真性。又为真如之异称。法
性乃万法之本,故又作法本。

【译文】

我周颙回信给少子说:周颙顿首,您勤奋努力写作,都长了花白的
头发,蒙受着光复门庭的崇高声望,那么参子没有倨傲,确实没有依恃
奖励和恭敬。探寻本源,揣测高明的心灵,即使是神明之道所归向的
宗旨,我知道它的主张。然而自释迦牟尼佛教之外,儒家纲要被弘扬,
除此以外还能和仲尼相比的人就是黄帝、老子了。他们的教育思想逐
渐成为风气盛行,并不是没有弊端,但其朴素的本源,也确实有值得推
崇的地方。我舍弃过去的思想,基本上能分清人品的优劣清浊,事物
的真伪是非,奖励和惩罚的时候,不以正邪是非为准则。只是堆积在
心中,不敢进言罢了。路途顺利与否,不可以强求一致。文章之间的
不同,应当有归纳和辩论。你的意思认为从本质上看则相同,好像不
是我所说的相同;时代不同,风俗也不同,又不是我所说的不同。很久
之前就想在这当中做一些细微的讨论和判断,恰好因为你有高雅的情
趣,尝试共同以直言互相讨论。且大致像上面一样,很晚才听说这深
奥的道理。

通源说:道教跟佛教,根本上相互投合没有什么差别,寂然不动,达
到事物的根本是相同的,对于世界之事有感必应,万事皆通,只是遇到
具体事情方面时就有所差别了。

周颙问道:议论说达到事物的根本就相同了,请问什么又是它所谓

的根本呢？宣传道家学说的人，难道不以《老子》、《庄子》二篇为主？宣传佛教的人，也应该以般若为宗旨。两篇看重的是，达到虚无的境界；般若观照，完全照见诸法之真实本性。虚无法性，二者寂灭常静虽然相同，但达到寂灭常静的方法，其宗旨则应该另当别论。所说的相互投合几乎没有差异，是与虚无投合，与法性没有差异吗？将在二者之外，另有不同的根本吗？如果虚无和法性，它们的趣向没有不同呢？如果二者在本质上有差异，请告诉我与本质不同的情形，如果它们是相同的，愿意听闻二者相同的说法。

通源曰：殊时故不同其风，异世故不一其义。吾见道士与道人战儒墨，道人与道士狱是非，昔有鸿飞天首，积远难凫。越人以为凫，楚人以为乙。人自楚越耳，鸿常一鸿乎！夫澄本虽一，吾自俱宗其本；鸿迹既分，吾已翔其所集。

周之问曰：论云，时殊故不同其风，是佛教之异于道也。世异故不一其义，是道言之乖于佛也。道佛两殊，非凫则乙。唯足下所宗之本，一物为鸿耳。驱驰佛道，无免二失。未知高鉴缘何识本①，轻而宗之，其有旨乎？若犹取二教，以位其本，恐战狱方兴②，未能听讼也③。若虽因二教同测教源者，则此教之源每沿教而见矣④。自应鹿巾环杖⑤，悠然目击，儒墨阛阓⑥，从来何诤⑦？苟合源共是，分迹双非，则二迹之用，宜均去取。奚为翔集所向⑧，勤务唯佛，专气抱一⑨，无谨于道乎？言精旨远，企闻后要。

通源曰：汝可专遵于佛迹，而无侮于道本。

周之问曰：足下专遵佛迹，无侮道本，吾则心持释训，业爱儒言。未知足下雅意佛、儒安在？为当本一末殊，为本末俱异耶？既欲精探彼我方相，究涉理类所关，不得无请。

【注释】

①高鉴：敬辞，称他人对事物的明察。

②战狱：争讼。

③听讼：听理诉讼，审案。《论语·颜渊》："听讼，吾犹人也，必也使无讼乎。"

④见：同"现"，显现。

⑤鹿巾：鹿皮巾。道家隐士服饰。前蜀韦庄《雨霁池上作呈侯学士》："鹿巾藜杖葛衣轻，雨歇池边晚吹清。"环杖：藜杖。隐士所持的手杖，杖柄环曲，故名。

⑥訚訚(yín)：形容辩论时态度好。

⑦诤：通"争"，争论。

⑧翔集：详察泛采。翔，通"详"。

⑨抱一：道家谓专精固守不失其道。《老子》第二十二章："少则得，多则惑，是以圣人抱一以为天下式。"

【译文】

通源说：时代不同所以风俗不同，朝代不同所以思想和主张不同。我知道道教徒与佛教像当初儒家和墨家一样辩论争斗，儒家的有道之人与墨家的有道之人争议对错。过去有大雁飞在天边，飞得遥远难分辨清楚。越国的人认为是野鸭，楚国的人认为是燕子。人有楚国人和越国人的不同，大雁岂不是同一种大雁呢！只有澄清本质使之一致，我自然都会以它的本质为宗旨；大雁的痕迹已经被分辨出来，我已经详察了他们栖息的地方。

周颙问说：你说，时代不同因此风俗是不同的，因而佛教与道教是不同的。时代不同因此道理也不是一致的，道教的言论与佛教是不同的。道教与佛教两个不同，不是野鸭就是燕子。只有您所尊重的本质，那个东西就只是大雁罢了。讨论佛教与道教，不要避免两方面都犯过错。不知道您对事物明察如何能认识根本，轻易地尊重它，这有宗旨吗？如果还拿这两个宗教，使他们占据他们本有的位置，恐怕争议会兴起，而不能听到正确的判断。这样虽然是根据两个教派共同推测宗教的本源，那么这个教派的本源逐个顺着比较而显现出来了。本应该做隐士，用鹿巾环绕手杖，目光触及悠远，儒家墨家辩论不休，向来何来争议？如果假设本源相同，取消不同的外在表现，那么两种教化方式的运用，最好都均匀保留和去除。为什么详察泛采自己向往的地方，只辛勤致力于佛，专精固守专心于道，难道对道不是很谨严吗？语言隐秘奥微而意义深远，希望能听到更进一步的说明。

通源说：你可以专一遵照佛法，但不要轻视道家的思想和根本。

周颙问说：您专心遵照佛法，不轻视道家思想，我则内心奉持佛法，外在爱好儒家的言论。不知道您认为佛、儒怎么安排呢？应当是本源相同而末端不同，还是始末都不同呢？既然想精细地探索你我的信仰，穷究涉及道理法则一切有关的东西，不得不询问了。

重与周书并答所问

【题解】

本篇由南齐张融所撰。张融认为道家虚无与佛教法性同趣，"苦下之翁且藏即色"一句，认为老子思想中原本包含了佛家即色之义，只是鉴于世人对物象沉溺已深，为了教化的权变，而对即色之义蕴而不发。这便透露了张融以道统佛的用意。"通源之论"的实质是继承顾欢的《夷夏论》，在会通二教的名义下，张大其崇道抑佛之论。

张融白①：吾未能忘身，故有情身分外，既化极魄，首复为子弟留地，不欲使方寸旧都，日夜荒没，平生所困，横馗而草②。所以制是《门律》，以律其门，非佛与道，门将何律？故告气缓命，凭魄申阴，数感卜应，通源定本。实欲足下发予奇意，果能翔牍起情，妙见正祈。既起所志，今为子言。

周之问曰：论云致本则同，请问何义，是其所谓本乎？

答彼周曰：夫性灵之为性，能知者也；道德之为道，可知者也。能知而不知所可知，非能知之义；可知而不为能知，所知非夫可知矣。故知能知，必赴于道；可知，必知所赴。而下士雷情波照，鼓欲噪神，精明驱动③，识用沈蔼，所以倒心下灌④，照隔于道。至若伯阳专气致柔⑤，停虚任魄，载营抱一⑥，居凝通静，静唯通也，则照无所没，魄绪停虚，故融然自道⑦。足下欲使伯阳不静，宁可而得乎？使静而不泊，道亦于何而可得？今既静而两神，神静而道二，吾未之前闻也。故逗极所以一为性，游前简且韵猖狂⑧，旷不能复行。次战思定霸宇内，但敷生灵以竦志，庶足下冈象以扪珠⑨。是以则帝属五而神常一，皇有三而道无二，凫、乙之交定者，鸿之乎？吾所以直其绳矣。

【注释】

①白：陈述，辩白。

②馗（kuí）：通各方的道路。

③精明：聪明，精细明察。

④倒心：倾倒，倾心。唐韩愈《刘生诗》："妖歌慢舞烂不收，倒心回肠为青谋。"

⑤伯阳：老子李耳，字伯阳。见《史记·老子韩非列传》。《文选·应璩〈与满公琰书〉》："西有伯阳之馆，北有旷野之望。"李善注："伯阳，即老子也。"

⑥抱一：道家谓专精固守不失其道。一，指道。《老子》第二十二章："少则得，多则惑，是以圣人抱一以为天下式。"

⑦融然：高朗的样子。晋陶潜《晋故征西大将军长史孟府君传》："至于任怀得意，融然远寄，傍若无人。"逯钦立校注："融然，高朗貌。"

⑧游前简且韵猖狂：《论语·公冶长》："子在陈，曰：'归与！归与！吾党之小子狂简，斐然成章，不知所以裁之！'"意思是孔子在陈国说："回去吧！回去吧！我家乡这批学生有志向、有能力，像布匹

一样,已织得文采斐然,只是不知该如何剪裁。"

⑨罔象以扪珠:罔象亦作"象罔",典故出自《庄子·天地》:"黄帝游乎赤水之北,登乎昆仑之丘,而南望,还归,遗其玄珠。使知索之,而不得,使离朱索之而不得,使吃诟索之,而不得也。乃使象罔,象罔得之。黄帝曰:'异哉!象罔乃可以得之乎'"郭象注:"明得真者非用心也,象罔然即真也。"

【译文】

张融陈述:我没有达到忘我的境界,所以有自己的意愿和欲望,我的精神已经衰弱,因此考虑为自己的后辈留下出路,不想让他们的心灵日夜荒芜,这一生所困惑的,就是人生的道路应该怎么走。所以我写了这篇《门律》,以约束家族门庭,没有佛与道,门庭将怎样约束呢?因此像道家那样练气延长寿命,又修习佛家法门以便能度过中阴身往生福地,多次感应与占卜相应验,确定相通的源头来制定根本。实在想要您发表给予新奇的意见,如果能够使文章引发他人的情感,正是我所祈望的。既然已经兴起了辩论,今天我为您再谈论一下。

周颙问道:论说达到根本则相同,请问这是什么意思,是所说的根本原因吗?

张融回答说:人的性灵之所以称之为本性,是因为能够认知事物;道德之为道,是可知的对象。能认知对象却不知道所可知的对象,不是能知的意思;可知而不为能知所认识的,这所知不是那种真正的所知。所以认知能知的性灵,必定趋向道;可知,必定知道其趋向。然而社会中的见识浅薄的人习惯于大声的呵斥,挑起事端制造混乱,鼓动人的欲望弄得心绪烦躁,过多使用自己的智力聪明,沉溺在胡思乱想之中,所以倾尽自己的精神满足自己的各种物欲,与心灵的观照背道而驰。而老子专注于自己的元气达到身心柔软的境界,妄想停止,无欲无为,让魂魄自由自在,专精固守其道,注意力集中,精神宁静,通应万物,清楚明白,那么博大精深的观照智慧无所不包含,停止各种思想,虚静自然,进入无限的大道境界。足下想要让老子精神不沉静，难道可以做到吗？让精神宁静又不淡泊，道教又怎么可以做到？现在既然精神静默则佛道俱有神验，精神宁静而道一分为二，我从来都没有听说过。所以从根本上说，以一为本性，是志向高远而处事能力差，言语上还很猖狂，太遥远而不能再次游行。第二次论战想要在全国奠定霸业，但是救助万物生命来明确自己志向，也许足下会像罔象一样找到玄珠。因此自古以来有三皇五帝，但神常是一，道也是不二的，让人们弄不清野鸭和燕子的难道是大雁吗？这就是我将绳子拉直的原因。

周之问曰：言道家者，岂不以二篇为主？言佛教者，亦应以般若为宗。二篇所贵，义极虚无；般若所观，照穷法性。虚无、法性①，其寂虽同，住寂之方，其旨则别。

答彼周曰：法性虽以即色图空，虚无诚乃有外张义，然环会其所中②，足下当加以半思也。至夫游无荡思，心尘自拂，思以无荡，一举形上，是虽忘有老如骞释，然而有忘释不伐老。当其神地悠悠，精和坐废③，寂然以湛，其神遂通，以冲其用，登其此地。吾不见释家之与老氏涉其此意，吾孰识老氏之与释家？逗极之所以无二，亲情故妙得其一矣。直以物感既分，应物难合，今万象与视听交错④，视听与万象相横，著之既已深，却之必方浅，所以苦下之翁且藏即色，顺其所有不震其情，尊其所无渐情其顺，及物有潜去，人时欲无，既可西风昼举而致，南精夕梦，汉魂中寐，不其可乎？若卿谓老氏不尽乎无，则非期于得意。若卿谓尽无而不尽有，得意复爽吾所期。卿若疑老氏尽有，而不亮以教，则释家有尽，何以峻迹斯时？卿若以释家时宜迹峻，其犹老氏时峻此迹，逗极之同，兹焉余意。

【注释】

①虚无：道家用以指"道"的本体。谓道体虚无，故能包容万物；性合于道，故有而若无，实而若虚。《庄子·刻意》："夫恬惔寂寞，虚无无为，此天地之平而道德之质也。"法性：佛教语，指真实不变、无所不在的体性。

②环会其所中：《庄子·齐物论》："彼是莫得其偶，谓之道枢。枢始得其环中，以应无穷。"意思是，能够消除彼此的尖锐对立，即所谓"道枢"。只要能掌握这种中心，就好像掌握宇宙间的关键，可以因应无穷的问题。

③坐废：即坐忘。《庄子·大宗师》："'何谓坐忘？'颜回曰：'堕肢体，黜聪明，离形去知，同于大通，此谓坐忘。'"

④万象：宇宙间一切事物或景象。

【译文】

周颙问道：宣传道家学说的人，难道不以《老子》、《庄子》两篇为主？宣传佛教的人，也应该以般若为宗旨。两篇看重的是，达到虚无的境界；般若观照，完全照见诸法之真实本性。虚无法性，二者寂灭常静虽然相同，但达到寂灭常静的方法，其宗旨则应该另当别论。

回答周颙说：法性虽然是强调色相与虚空无二，虚无确实有强调外张的意义，然而掌握中道，就能够因应无穷的问题，所以足下应当加以更多的思考。如果心中没有放荡的杂念，心中的灰尘被拂拭，思想不散乱放逸，全然领悟形上之道，这样做虽然好像是忘记道家之理而高扬佛法，但也有忘了佛家教法却不攻击道家的人，那么就不会过多地去强调道家和佛家之间的区别。当其神采奕奕，精神和谐，放下一切妄想，寂静湛明，其神通晓万事万物，发挥神妙作用。如果从来没看到佛家与老氏有涉及这个意义，我要怎么去认识老氏和佛家的思想？从终极源头来讲一切无二，亲自体验因此领悟到万物一体。一直以来事物与感情是分开而言的，面对各种事物很难合心意，如今万物万象和自我感觉交错在一起，感觉与万象相互关联，显示出来得已经很深刻，缺少的必定较浅显，因此老子思想中原本包含了佛家即色之义，只是鉴于世人对物象沉溺已深，为了教化的权变，而对即色之义蕴而不发，顺应所有的一切，不为感情所影响，尊重所无，顺应自然，领悟到万物不断变化，人要顺应时机，既然西风可以在白天吹动事物，南斗之精可进入夜晚之梦，汉水之魂可在人睡着时显现，难道不可以吗？如果你认为老氏没有尽于无，那么并没有真正领会意旨。如果你认为老氏穷尽于无的宗旨却没有尽有，领会意旨的程度则违背了我所希望的。你若是怀疑老氏尽有，却不讲清楚来教导，那么释家有尽，凭什么才可以体现出来呢？你若是认为释家时机合适功业昭著，这就好像当今的老氏思想影响很大，在最终极的源头上都相同，这是我的想法。

周之问曰：论云，时殊故不同其风。是佛教之异于道也。世异故不一其义，是道言之乖于佛也①。道佛两殊，非凫则乙。

答彼周曰：非凫则乙，迹固然矣②。迹固其然，吾不复答。但得其世异时殊，不宜异其所以之异。

周之问曰：未知高鉴缘何识本③？

答彼周曰：综识于本，已吐前牒，吾与老释相识正如此。正复是目击道斯存④，卿欲必曲鞠其辞⑤，吾不知更所以自讼⑥。

周之问曰：若犹取二教以位其本，恐战狱方兴，未能听讼也。

答彼周曰：得意有本，何至取教？

【注释】

①乖：违背，不协调。《韩非子·亡征》："内外乖者，可亡也。"

②迹：推求，考察。

③高鉴：敬辞，称他人对事物的明察。

④目击道斯存：眼光一接触便知"道"之所在，形容悟性好。《庄子·田子方》："子路曰：'吾子欲见温伯雪子久矣，见之而不言，何邪？'仲尼曰：'若夫人者，目击而道存矣，亦不可以容声矣。'"

⑤曲鞠：深究。

⑥自讼：对自己的过错进行自我责备。讼，责备，检讨。《论语·公冶长》："吾未见能见其过而内自讼者也。"

【译文】

周颙问说：有议论说，时代不同因此风俗是不同的，因而佛教与道教是不同的。时代不同因此道理也不是一致的，道教的言论与佛教是不同的。道教与佛教两个不同，就如同不是野鸭就是燕子。

答复周颙说：不是野鸭子就是燕子，据实迹考察本应如此。既然是这样，我不再答复。但是知道时代不同，最好不要刻意惊异其所不同的原因。

周颙问说：不知道您考察事物，如何认识根本，领悟本性？

答复周颙说：从整体上认识根本，已表述在之前的书文中，我和老子、释迦牟尼相知也正是这样。正是眼光一接触便知"道"之所在，您若一定要深究其辞，我不知道再如何对自己的言行进行检查讨论了。

周颙问说：就好像如果取消两个宗教，强调他们的根本，恐怕争议不断兴起而不能听到真正的讨论了。

答复周颙说：领会意旨有根本，何至于取消二教呢？

周之问曰：若虽因二教同测教源者，则此教之源，每沿教而见矣。

答彼周曰：诚哉有是言！吾所以见道，未一于佛，但吾之即此，言别有奇即耳。

周之问曰：自应鹿巾环杖①，悠然目击，儒、墨訚訚②，从来何诤？

答彼周曰：虞、芮二国之斗田，非文王所知也③。碎白玉以泯斗④，其别有尊者乎？况夜战一鸿，妄军凫乙，斯自鹿巾之空负头上，环杖之自诬掌中⑤，吾安得了之哉？

周之问曰：苟合源共是，分迹双非。则二迹之用，宜均去取。奚为翔集所向，勤务唯佛，专气抱一，无谨于道乎？

答彼周曰：应感多端，神情数广。吾不翔翻于四果⑥，卿尚无疑其集佛。吾不翔翻于五通⑦，而于集道复何悔？且宝圣宜本迹匪情急，矧吾已有所集⑧，方复移其翔者耶？卿得其无二于两楹，故不峻督其去取。

周之问曰：吾则心持释训，业爱儒言，未知足下雅意，佛儒安在？为当本一末殊，为本末俱异耶？

答彼周曰：吾乃自元混百圣，同投一极⑨。而近论通源，儒不在议。足下今极其儒，当欲列儒围道，故先属垣耳⑩，隙思潜师，夜以遂图掩天城。恐难升之险，非子所跻，则吾见师之出，不见其入也⑪。吾已谓百圣同所投，何容本末俱其异？更以历势倒兵⑫，恣卿智勇，吾之勇智自纵横凑出。

【注释】

①鹿巾环杖：道家隐士服饰。鹿巾，鹿皮做的头巾，道士所服。环杖，隐士所持的手杖。《南史·陶弘景传》："帝手敕招之，锡以鹿皮巾，后屡加礼聘，并不出。"

②訚訚（yínyín）：形容辩论时态度好。

③"虞、芮"二句：虞芮二国争田而讼，连年未决，闻西伯之仁而往质

之。入其境,则耕者让畔,行者让路,入其朝,则士让为大夫,大夫让为卿。虞、芮二君叹曰:小人不可以履君子之庭。遂自相与而退,咸以所争之田为闲田也。见《孔子家语·好生》。

④碎白玉以泯斗:摔碎白玉来消除战争。泯,灭、尽。语出《庄子·马蹄》:"白玉不毁,孰为珪璋!道德不废,安取仁义!"

⑤自诬:自欺。《正蒙·乾称》:"失于声,缪迷其四体,谓己当然,自诬也。"

⑥四果:佛教语。声闻乘圣果有四,旧译依梵语称为须陀洹果、斯陀含果、阿那含果、阿罗汉果。新译将前三果译为预流果、一来果、不还果,阿罗汉果仍其旧。

⑦五通:指修四根本静虑所得的天眼通、天耳通、他心通、宿命通、身如意通等五种不可思议力。

⑧矧(shěn):况且。

⑨一极:佛教用语,谓华严经广谈法界之旨妙极无二也。

⑩属垣:窃听。

⑪"吾见"二句:《左传·僖公三十二年》:"公辞焉。召孟明、西乞、白乙,使出师于东门之外。蹇叔哭之,曰:'孟子!吾见师之出而不见其入也!'公使谓之曰:'尔何知!中寿,尔墓之木拱矣!'"意思是,蹇叔为这事哭着说:"孟子,我今天看着军队出征,却看不到他们回来啊!"秦穆公(听了)派人对他说:"你知道什么!假如你只活七十岁,你坟上的树早就长得有一把粗了!"

⑫倒兵:掉转武器向己方攻击。

【译文】

周颙问说:这样虽然是根据两个宗教共同推测宗教的本源,那么宗教的本源,逐个顺着教派比较就会显现出来了。

答复周颙说:确实有这个说法!我因此见道教与佛教不是完全相同,但是我仅认识到此,言语上有差别罢了。

　　周颙问说:本应该做隐士,用鹿巾环绕手杖,目光触及悠远,儒家、墨家辩论不休,一直以来何来辩论?

　　答复周颙说:虞、芮二国的国君争夺土地,是文王所不知道的。摔碎白玉来消除战争,难道此外还有更值得推崇的行为吗?况且夜晚为猎取一只大雁,却激烈争辩燕子和野鸭的区别,就像鹿巾空戴头上,环杖握在手中自我欺骗,我又怎么能认同呢?

　　周颙问说:假设各教源头是一样的,如果和合源头和根本,取消不同的外在表现,那么两种教化方式的运用,最好都均匀保留和去除。为什么只关注自己感兴趣的地方,辛勤致力于佛道,专精固守,难道修道不谨严吗?

　　答复周颙说:交相感应有多个途径,神情有多种。我不注重佛教四果,您尚且从没怀疑关注佛教。我不注重五通,而对于关注道教又有什么后悔的呢?而且对于神圣之道应当溯本,根据轨迹发展,不能情急,况且我心已有所向,怎能再转移专注的地方呢?您如果能以无二的态度对待两种宗教,就不必刻意关注其去留了。

　　周颙问说:我则内心奉持佛法,外在爱好儒家的言论,不知道您认为佛、儒怎么安排呢?应当是本源相同而末端不同,还是始末都不同呢?

　　答复周颙说:我是从一开始就把百圣混同,把它们都定位在一个最根本的终极之道上面。现在讨论通源,儒教不在讨论之列。您如今及其推崇儒教,想要把儒家摆出来围剿道家思想,因此先以耳朵窃听,偷偷派出军队,打算在夜里夺取天城。恐怕有难升之险,不是您能达到的,那么我看见军队出城,却看不到军队回来,只能看您失败了。我已说过百圣所体悟的终极之道是相同的,何以容得下本末都不同呢?再加上形势严峻,士兵掉转武器向己方攻击,施展您的智慧与勇气,我的勇气与智慧自会激发而出。

重答张长史书

【题解】

　　本篇由南齐周颙所撰。周颙竭力反对"通源之论",从义理上论证佛优于道。张融认为道家虚无与佛教法性同趣,"苦下之翁且藏即色"一句,认为老子思想中原本包含了佛家即色之义,为了教化的权变,而对即色之义蕴而不发,周颙则认为道家的"知有知无"不同于佛教的"非有非无",老子思想是在大智慧没有开启之前所应用的权巧方便法门之一。

　　周颙顿首。夫可以运寄情抱[1],非理何师?中外声训,登涂所奉[2]。而使此中介分然,去留无薄,是则怏怏失路,在我奚难?足下善欲言之,吾亦言之未已也。辄复往研,迟承来折。

【注释】

　　①情抱:情怀,胸襟。

　　②登涂:同"登途",上路,起程。

【译文】

　　周颙顿首。可以寄托情怀的,除了佛理之外哪还有什么可以师法的？中外声训，都是大家在修学的路上所奉持的。而要把这些思想表达得清楚明白，没有出入，对于我来说为什么这么难呢？您还想讨论，我也还有很多话没有说完。再次给您写信，讨论问题，希望得到回复。

通源曰：法性虽以即色图空，虚无诚乃有外张义。所以苦下之翁且藏即色，顺其所有不震其情，尊其所无渐清其顺。

周之问曰：苦下之藏即色，信矣！斯言也，更恐有不及于即色。容自托以能藏，则能藏者广，或不独出于厉乡耳①。夫有之为有，物知其有；无之为无，人识其无。老氏之署有题，无出斯域，是吾《三宗》鄙论。所谓取舍驱驰，未有能越其度者也。佛教所以义夺情灵，言诡声律，盖谓即色非有，故擅绝于群家耳。此涂未明，在老何绩？但纷纷横沸，皆由着有，迳道沦俗，兹焉是患。既患由有滞，而有性未明，矫有之家，因崇无术。有性不明，虽则巨蔽，然违谁尚静，涉累实微，是道家之所以有裨弘教，前白所谓黄老实雄者也。何旧说皆云老不及圣？若如斯论，不得影响于释宗矣。吾之位老不至乃然。夫大士应世，其体无方，或为儒林之宗，或为国师道士，斯经教之成说也。乃至宰官长者，咸托身相，何为老生独非一迹？但未知涉观浅深品位高下耳。此皆大明未启，权接一方。日月出矣，爝火宜废②；无余既说，众权自寝。足下犹欲抗遗燎于日月之下③，明此火与日月通源。既情崇于日月，又无侮于火本；未知此火本者将为名乎？将或实哉？名而已耶，本道安在？若言欲实之，日月为实矣，斯则事尽于一佛，不知其道也。通源之旨，源与谁通？

【注释】

①厉乡：地名，老子的出生地。老子是我国古代春秋时期著名的哲学、思想家。司马迁在《史记·老子韩非列传》里记载："老子……姓李氏，名耳，字聃。"他是"楚苦县厉乡曲仁里人也"。道教尊他为教主，尊奉《道德经》为主要经典。

②爝(jué)火：小火把。

③遗燎：指遗漏而未被焚烧之处。

【译文】

通源说：法性虽是强调色相与虚空无二，虚无确实有强调外张的意义，然而掌握这种中道，就能够因应无穷的问题。因此老子思想中原本包含了佛家即色之义，只是鉴于世人对物象沉溺已深，为了教化的权变，而对即色之义蕴而不发，顺应所有的一切，不为感情所影响，尊重所无，顺应自然，领悟到万物不断变化。

周颙问道：老子思想中隐藏包含了佛家即色之义，值得相信！但其言论，恐怕更不及于即色空的意义。认为老子思想中隐藏着即色思想，则能藏的东西很广阔，也许即色思想不仅仅独出于老子思想中了。有之为有，通过外物知道其有；无之为无，由人认识其无。老子思想中谈论有无的内容，没有超出这个范围，这是我《三宗论》的观点。所谓取舍驱驰，没有能越过其限度的。佛教所以义夺情灵，言诡声律，认为即色非有，因此超越各家思想。这点不明白，谈论老子有什么用呢？但是纷纷争名夺利，皆由于执着有，违背大道，沉沦世俗，因此而成祸患。既然担心执着有，而没有明悟有之本性，对有矫情之家，因此推崇无术。有性不明，虽然被妄想遮蔽，然而崇尚宁静，探究精微，因此道家所以有助于弘扬佛教，前面讨论中您所说黄老就是佛祖大雄。为什么旧说皆认为老不及圣？若如这种论说，不会影响释宗。我认为老子思想不及释迦牟尼是对的。大士应化尘世，没有具体方位，或者成为儒林之宗，或为国师道士，这是经教的成说。乃至宰官长者，都寄托身相，为何老子单独不是这些现象呢？因为不知道观察浅深品位的高下。这些都是大明智慧没有开启，因此应用权巧方便法门接应教化一个层面。日月出现，小火把就应该放下了；无生无灭的思想既然已经说出，所以各种权巧方便之学说应该自行停止。您想要在日月之下仍然采用小火把遗留的光芒，认为这种火与日月通源。感情上既崇尚日月，又不侮辱火的本义；不知道这种火本将是名称？或者将是实在？只是名称而已了，根本大道在哪里呢？如果真要说实在的东西，日月才是实在的，这样事尽于一佛，不知道家。您通源的意思是什么呢？源头与谁相通？

通源曰：当其神地悠悠，精和坐废，登其此地，吾不见释家之与老氏，涉其此意。吾孰识老氏之与释家？又曰，今既静而两神，神静而道二。吾未之前闻也！又曰，伯阳专气致柔，停虚任魄，魄绪停虚，故融然自道也。又曰，心尘自拂，一举形上。

周之问曰：足下法性虽以即色图空，虚无诚乃有外张义。窃谓老释重出，对分区野①，其所境域，无过斯言。然则老氏之神地悠悠，自悠悠于有外；释家之精和坐废，每坐废于色空。登老氏之地，则老氏异于释；涉释氏之意，则释氏殊于老。神既静而不两，静既两而道二。足下未之前闻，吾则前闻之矣。苟然则魄绪停虚是自虚，其所谓虚，融然自道，亦非吾所谓道。若夫心尘自拂，一举形上，皆或未涉于大方，不敢以通源相和也。

通源曰：足下欲使伯阳不静，宁可而得乎？使静而不泊，道亦于何而不得？

周之问曰：甚如来言，吾亦虑其未极也。此所谓得在于神静，失在于物虚。若谓静于其静，非曰穷静；魄于其魄，不云尽魄。吾所许也，无所间然。

通源曰：若卿谓老氏不尽乎无，则非相期于得意。若卿谓尽无而不尽有，得意复爽吾所期。

周之问曰：尽有尽无，非极莫备。知无知有，吾许其道家，惟非有非无之一地，道言不及耳。非有非无，三宗所蕴。傥余瞻虑，唯足下其昈之，念不使得意之相爽，移失于有归耳。

通源曰：非凫则乙，迹固然矣。迹固其然，吾不复答。又曰，吾与老释相识正如此，正复是目击道斯存。又曰，得意有本，何至取教？又曰，诚哉有是言！吾所以见道来一于佛。

周之问曰：足下之所目击道存，得意有本，想法性之真义，是其此地乎？佛教有之。足下所取非所以，何至取教也？目击之本，即在教迹，谓之凫、乙，则其鸿安渐哉？诸法真性，老无其旨，目击高情，无存老迹。旨迹两亡，索宗无所论。所谓无侮于道本，当无侮于何地哉？若谓探道家之迹，见其来一于佛者，则是真谛实义，沿文可见矣。将沿于道章而得之乎？为沿于德篇而遇之也？若两无所沿，而玄德于方寸者，此自足下怀抱与老、释而为三耳。或可独树一家，非老情之所敢建也。

【注释】

①区野：分野。

【译文】

通源说：当其神采奕奕，精神和谐，放下一切妄想时，寂静湛明，其神通晓万事万物，发挥神妙作用，达到这种境界，我不见有释家与老氏的区别，但如果从来没体验到佛家与老氏涉及这个境界，要怎么去认识老氏和佛家的思想呢？又说，今既然宁静而两神，神静而道有两种，我从来没有听说过！又说，老子专注于自己的元气达到身心柔软的境界，妄想停止，无欲无为，让魂魄自由自在，专精固守其道，注意力集中，精神宁静，通应万物，清楚明白，因此虚静自然，进入无限的大道境界。又说，心中灰尘自行擦拭，一举领悟形而上之道。

周颙问道：您认为法性虽以即色图空，虚无确实有超出您理解之外的深义。我认为老子与释迦牟尼一同出现，平分秋色，其所达到的境域，没有比这个判断更恰当的了。然而老氏之神地悠悠不绝，在悠远的天地之外还有道之境界；释家之精义难以理解，难解之处在于其"色空无二"的思想。登老氏之地，则老氏之义不同于释家；涉释氏之意，则释氏不同于老。神既静而不两分，静既分而道分裂为两途，您以前没听说过，我则听说过。如果虚静自然，这是自虚，其所谓虚，是指融融自乐，进入大道境界，也不是我所说的道。如果自行擦拭心中灰尘，一举领悟形而上之道，或许都没有涉及大方之境界，因此不能够以通源相融合了。

通源说：足下想要让老子精神不沉静，难道可以做到吗？让精神宁静又不淡泊，道又为什么而不得？

周颙问道：确实如您说的话，我也没有深入考虑其终极境界。这就是所说的得在于神静，失在于忽略物质。如果认为静于其静，不是说静到极点；魄于其魄，不是说穷尽魂魄。这和我所认可的，并没有不同。

通源说：如果你认为老氏没有尽于无，那么并没有真正领会意旨。如果你认为老氏穷尽于无的宗旨却没有尽有，领会意旨的程度则违背了我所希望的。

周颙问道：尽有尽无，不是终极之道是不会完整体现的。知无知有，我认可道家，只有非有非无之一地，道家之言不及。非有非无，这是佛教三宗所蕴含之理。如果我瞻前顾后地考虑，足下会轻视我的说法，以致大家无法互相理解，无法回归真道。

通源说：不是野鸭子就是燕子，据实迹考察本应如此。既然是这样，我不再答复。又说，从整体上认识根本，已表述在之前的书文中，我和老子、释迦牟尼相识也正是这样，正是眼光一接触便知"道"之所在，您若一定要深究其辞，我不知道再如何对自己的言行进行检查讨论了。又说，领会意旨有根本，何至于取消二教呢？又说，确实有这种说法！我因此认为道教之根基，与佛教完全相同。

周颙问道：您所说的眼光一接触便知"道"之所在，领会意旨的根本，体悟法性之真义，是在当下吗？佛教有之。您所取的不是根本，何至取教？目击的根本，即在教迹，叫做野鸭子、燕子，则其大雁在哪里呢？诸法真性，老子没有其根本，目击高情，没有存在老子之迹相。宗旨和迹相都没有，无所讨论。所谓无悔于道本，当无悔于何地呢？如果认为探索道家之迹，见其与佛相同的地方，就认为是真理，文章很多地方可以见到。难道将寻找《道》章而得到吗？还是沿于《德》篇而遇到呢？如果两无所沿，而得于方寸心灵的玄言，这就是您的情怀，与老、释不同而为第三种思想了。或者可独树一家，而不是老子所建立的思想。

通源曰：虞、芮二国之斗田，非文王所知也。斯自鹿巾之空负头上，环杖之自诬掌中，吾安能了之哉！

周之问曰：足下谓苦下之且藏即色，则虚空有阙矣。足下谓法性以即色图空，则法性为备矣。今有人于此，操环杖而言法性，鹿巾之士，执虚无而来，诮曰：尔不同我，吾与尔斗。足下从容倚棘，听断于其间曰：皆不可也。谓其鹿巾空负于头上，环杖自诬于掌中，以足下之精明持达，而判讼若斯①，良虞、芮之所以于邑也。

通源曰：吾不翔翮于四果，卿尚无疑其集佛。吾翮不翔于五通，而于集道复何晦？

周之问曰：足下不翔翮于四果，犹勤集于佛教。翮不翔于五通，何独弃于道迹乎？理例不通，方为彼诉。

通源曰：当欲列儒围道故，先属垣耳隙。

周之问曰：足下通源唯道，源不及儒，吾固疑其阙，是以相访。但未知融然自道，唯道能融，将道之融然，修儒可会耶？虽非义本，纵言宜及，想释本暇，幸惠余音。

（余寻周、张难问，虽往复积卷，然两家位意理在初番。故略其后文，旨存义本。）

【注释】

①判讼：判断是非曲直。

【译文】

通源说：虞、芮二国的国君争夺土地，是文王所不知道的。就像鹿巾空戴头上，环杖握在手中自我欺骗，我又怎么能认同呢？

周颙问道：您认为老子思想隐藏即色的意思，那么虚空有缺失了。您认为法性以即色图空，则法性很完备了。今有人在这里拿着环杖而谈论法性，一位戴着鹿巾的人，执虚空而来，讥诮说：你与我不同，我与你争斗。您从容站立，在其间决断说：都不对。认为其鹿巾空负于头上，环杖握在自己手中却诡谈有无自我欺骗，以您之精明持达，而这样判断是非曲直。难怪虞、芮因此争斗田地不休了。

通源说：我不注重佛教四果，您尚且从没怀疑详察泛采佛教。我不注重五通，而对于详察泛采道教又有什么隐晦的呢？

周颙问道：您不精心探究修习四禅果，犹勤集于佛教。您不修习道家五通，为何独独不相信道家神迹呢？道理和事例不通，正好为我的观点提供证据了。

通源说：现在讨论通源，儒教不在讨论之列。您如今及其推崇儒教，想要把儒家摆出来围剿道家思想，因此先以耳朵窃听，偷偷派出军队，打算在夜里夺取天城。

周颙问道：您的通源唯道，源不及儒，我本来就怀疑其缺失，因此这样相互探讨。但不知道融然自道，唯道能融，将要领悟大道的融合，修习儒学可会达道吗？虽不是义理的根本，即然说到了，咱们也应该讨论，想求解疑惑于闲暇之时，很希望您能惠赐其余的言论。

（我搜寻周颙、张融互相辩论诘难的文章，虽然往复积累了好几卷，然而两家讨论的思想，道理在刚开始就摆明了，因此省略其后文，旨在保存义理之根本。）

与顾道士书

【题解】

本篇为刘宋明帝时散骑常侍谢镇之(生卒年不详)所撰。因道士顾欢撰《夷夏论》一文,贬斥佛教为夷狄文化,谢镇之即作《与顾道士折夷夏论》(又作《谢镇之折夷夏论》),批驳其说。在本文中,他认为佛教和道教之间并无夷夏之分,而如果要认真追究,则佛教要比道教高明得多,道教的经典,多有以粗拙的手法采撮佛经之处。

谢镇之白:敬览《夷夏》之论,辩榷一源①,详据二典;清辞斐炜,宫商有体;玄致亹亹②,其可味乎! 吾不崖管昧,竭窥幽宗,苦不思探赜,无阶豪。但镜复逾三,未消鄙惑。聊述所怀,庶闻后释。

【注释】

①榷(què):通"榷",校正义,如商榷。

②亹亹(wěi):行进貌。如左思《吴都赋》:"清流亹亹"。

【译文】

谢镇之陈述:敬览先生的《夷夏论》,在论中您详细征引《老子》和佛经,以证明二教一源;大作可谓文辞清雅,音律得体;旨趣奥妙幽深,实难以体味！我不以自己才疏学浅，竭力要窥探其中幽邃宗旨。为此，我终日苦思冥想，探究其中深奥之义。但我反复阅读论文，仍然没有消除心中的困惑，在此，姑且陈述我的疑惑，希望能够听到先生的阐释。

论始云："佛是老子，老子是佛。"又以仙化比泥洹，长生等无死。爰引世训以符玄教，纂其辞例，盖以均也。未讥窮华废祀，亦犹虫喧鸟聒，非所宜效。请试论之。案周、孔以儒、墨为典，老、庄以辨弃明筌。此皆开渐游方，未备洪祐也。且虫鸟殊类，化道本隔，夫欲言之宜，先究其由。故人参二仪，是谓三才①。三才所统，岂分夷夏？则知人必人类，兽必兽群。近而征之，七珍人之所爱，故华夷同贵；恭敬人之所厚，故九服攸敦②。是以关雎之风，行乎四国③，况大化所陶，而不洽三千哉？若据经而言，盖闻佛兴世也，古昔一法，万界同轨。释迦文初修菩萨时，广化群生，于成佛而有其土，预沾慈泽，皆来生我国。我阎浮提也④。但久迷生死随染俗流，暂失正路，未悟前觉耳。以圣人俯三达之智⑤，各观其根，知区品不同，故说三乘而接之。原夫真道唯一，法亦不二；今权说有三，殊引而同归。故游会说法悟者如沙尘，拯沈济惑无出此法。是以当来过去，无边世界，共斯一揆。则知九十有五，非其流也，明矣。彼乃始言其同，而末言其异，故知始之所同者非同，末之所异者非异，将非谬击瓦釜，滥谐黄钟耶⑥？岂不诬哉！至如全角守祀，戴冕垂绅，披毡绕贝，埋尘焚火，正始之音⑦，娄罗之韵⑧，此俗礼之小异耳。今见在鸟而鸟鸣，在兽而兽响；允执万之一音，感异类而殊应，便使夷夏隔化，一何混哉！舟枯车溺，可以譬彼。

夫俗礼者，出乎忠信之薄，非道之淳。修淳道者，务在反俗。俗既可反，道则可淳。反俗之难，故宜祛其甚泰，祛其甚泰，必先堕冠、削发、方衣、去食。堕冠则无世饰之费，削发则无笄栉之烦，方衣则不假工于裁制，去食则绝想嗜味。此则为道者日损，岂夷俗之所制？及其敷文奥籍，三藏四含⑨，此则为学者日益，岂华风之能造？

【注释】

①三才：指天、地、人。《周易·说卦》："是以立天之道，曰阴与阳；立地之道，曰柔与刚；立人之道，曰仁与义。兼三才而两之，故《易》六画而成卦。"

②九服攸敦：古代把天子居住的京城以外的地区，按远近分为九等，侯服、甸服、男服、采服、卫服、蛮服、夷服、镇服、藩服，称"九服"。以后泛指全国。

③"关雎"二句："关雎"原是《诗经》中的篇名。此指教化。《诗经·周南·关雎疏》曰："关雎者，《诗》篇之名。即以关雎为首，遂以关雎为一卷之目。"四国，《诗经·豳风·破斧》："周公东征，四国是皇。"《毛传》："四国，管、蔡、商、奄也。"

④阎浮提：梵语，即南赡部洲。阎浮，树名。提，为"提鞞波"之略，义译为洲。洲上阎浮树最多，故称"阎浮提"。诗文中多指人世间。晋法显《佛国记》："吾却后七日，当下阎浮提。"

⑤三达：亦称"三明"、"三证法"。即宿命智证明、生死智证明、漏尽智证明，指通过修行达到无学位，除尽愚暗，而于三事通达无碍之智明。

⑥"谬击"二句：《楚辞·卜居》："黄钟毁弃，瓦釜雷鸣；谗人高张，贤士无名。"朱熹集注："黄钟，谓钟之律中黄钟者，器极大而声最闳

也。瓦釜，无声之物。雷鸣，谓妖怪而作声如雷鸣也。"

⑦正始之音：正始，正其始。《文选·卜商〈毛诗序〉》："《周南》、《召南》，正始之道，王化之基。"刘良注："正始之道，谓正王道之始也。"《国语·周语下》"故名之曰黄钟"三国吴韦昭注："黄钟初九，六律之首，故以六律正色为黄钟之名，重元正始之义也。"此处是指中国的黄钟大吕之礼乐。

⑧娄罗之韵："娄罗"又作偻罗、喽罗、栖罗等。形容语音含混嘈杂，有轻视之意。此处是指印度混杂难辨之梵音。

⑨三藏四含：三藏，即经、律、论三藏，指佛教典籍。四含，即《长阿含经》、《中阿含经》、《杂阿含经》、《增一阿含经》四阿含经。

【译文】

论中说："佛是老子，老子是佛。"又以道教的仙化比附佛教的泥洹，以道教的长生等同于佛教的无死。援引世俗的教化，甚至篡改文辞事例，以证明它与佛教遥相符契。论文末尾还讥毁说佛教破坏华夏礼仪、习俗，有如喧嚣的虫鸣，聒噪的鸟叫，实在是不宜中土仿效。请允许我来论辩论辩。周、孔设教以儒家墨家经典为依据，老、庄则主张抛弃这些人伦礼仪教化，认为这些不过是捕鱼用的工具而不是鱼本身。这两种学说都只是立足于世俗生活，远没有到达更为宏大开拓的境界。再说虫与鸟各是一类，佛教与道教的教化也互不相通。如果想较详细加以探究，则须首先探讨它们各自的由来。人与天地参合，是谓"三才"。"三才"统辖寰宇，哪有华夏与夷狄之分？由此可知，人与人都属于人类，兽与兽都属于兽类。再具体点说，世间的珍宝，皆是人之所爱，所以，作为珍宝，不论在华夏，抑或在夷狄，都是十分宝贵的。恭敬有礼，是人类所共同提倡的，所以天下之人都重视教化。诗教之风，四海盛行。何况是圣人的教化，怎么会不普泽天下呢？如果就经而言，我所知道的佛陀的教化，无论古今中外，法则都是相同的。释迦牟尼初修菩萨行时，就普遍地度化众生，成佛之后，更是普润自己的国土，这些大化佛法都传播到我中土,泽及人世间的华夏。只是由于世间的人沉迷于生死,在俗流中四处漂游习染而迷失正路,未能觉悟罢了。佛陀以彻底通达三明的智慧,分别考察众生的根性,从而了解到不同的人的差别,因而方便说三乘佛法来接引根性不同的人崇信佛道。事实上,世界上真正的道只有一种,教授的方法也没有两种,只是根据不同人的根机才有说佛法有三乘,接引的方法虽然有不同,但目的都是接引众生达到解脱彼岸。佛陀到处云游,聚众说法,证悟得道的人多如沙尘。拯救沉溺于苦海,解脱烦恼于迷惑,没有超出此无上大法的。因此,过去、现在、未来,以及无边世界,都共同遵循这唯一的佛法真道。也就知道那些九十六外道,是不可与佛教同日而语的。你在《夷夏论》中,开头说二教之同,末尾又谈二教之异,实际上你所说的二教之相同处,并非二教之真正的共同点,而所说的二教之相异处,亦非真正的相异点。这不是本来要演奏黄钟大吕音乐,却拿着瓦釜一顿乱敲吗? 难道不是对圣教的诬蔑吗? 至于中土的主张保全身体,讲求祭祀,头戴冠冕腰缠绅带,和印度僧人的身披毡衣、脖绕珠贝;中土人死埋入土中,与印度的人死之后用火焚烧;乃至中土黄钟大吕之礼乐与印度混杂难辨之梵音。看似有很大的不同,但实质上都不过是世俗礼仪方面的小差别而已。《夷夏论》的作者也许因为看到鸟类有鸟类之鸣唱方式,兽类有兽类的吼叫方式,便认为世界上的声音完全不同,物类不同因而感应也会不同。于是便认为夷夏的教化之道也是完全分隔,是不能混同为一的。以为在中土采用印度的教化之道,就好比是用船在陆地上航行和用车在水中通行一样显得荒谬可笑。人们知道,世俗之礼教,本来是世风日降、道德日坏的产物,恰是道之不纯正的表现,是世间混乱的根源。人们想要修习正道,最重要的就在于反对这些世俗礼教,如此方能使正道越来越纯洁。然而反俗之难,主要在于世俗的牵累太多。要去掉牵累,首先就得弃冠削发,简化衣食。不用冠冕,就免去了穿戴头饰的劳费;削发之后也就省去束发簪缨的麻烦;简化衣食,则省去了裁制衣裳之虑和酒肉之欲。这也就是道家所言的'为道者日损',怎么是印度的习俗呢? 至于佛教之博大精深的三藏十二部经,则是'为学者日益',又岂是华夏人士所能编纂得出来的。

又云,佛经繁显,道经简幽。推此而言,是则幽者钻仰难希,显则涉求易望,简必不足以示理,繁则趣会而多津。佛法以有形为空幻,故忘身以济众;道法以吾我为真实,故服食以养生。且生而可养,则及日可与千松比霜,朝菌可与万椿齐雪耶①? 必不可也。若深体三界为长夜之宅,有生为大梦之主,则思觉寤之道,何贵于形骸? 假使形之可练,生而不死,此则老宗本异,非佛理所同。何以言之? 夫神之寓形,犹于逆旅,苟趣舍有宜,何恋恋于檐宇哉? 夫有知之知,可形之形,非圣之体。虽复尧孔之生,寿不盈百;大圣泥洹,同于知命。是以永劫以来,澄练神明,神明既澄,照绝有无,名超四句,此则正真终始、不易之道也。又刻船者祈心于金质,守株者期情于羽化,故封有而行六度,凝滞而茹灵芝。有封虽乖六度之体②,为之或能济物;凝滞必不羽化,即事何足兼人。寻二源稍迹,旷局异怀,居然优劣,如斯之流,非可具诘。彼皆自我之近情,非通方之宏识。则知殊俗可以道甄,哀哉! 玄圣既邈,斐然竞兴,可谓指虫迹为苍文,饵螯乳为醍醐,良可哀也! 佛道汪洋,智量不可以言穷,应迹难以形测。其辩有也,则万相森陈,若千峙并立;其析无也,则泰山空尽,与秋毫俱散。运十力以摧魔③,弘四等以济俗④,抗般若之法炬,何幽而不烛? 潜三昧之法威,何远而不伏? 宁疑夷夏不效哉!

【注释】

①朝菌：菌类植物，朝生暮死，借喻生命极短。《庄子·逍遥游》曰："朝菌不知晦朔。"万椿：指长寿。"椿"指长寿之树木。《庄子·逍遥游》曰："上古有大椿者，以八千岁为春，八千岁为秋。"

②有封：谓有形界。《庄子·齐物论》："其次以为有物矣，而未始有封也。其次以为有封焉，而未始有是非也。"六度：又译为"六到彼岸"。"度"是梵文 pāramitā（波罗蜜多）的意译。指使人由生死之此岸度到涅槃（寂灭）之彼岸的六种法门：布施、持戒、忍辱、精进、精虑（禅定）、智慧（般若）。

③十力：指如来之十种智力。

④四等：指慈、悲、喜、舍四无量心。

【译文】

《夷夏论》又说："佛经繁显，道经简幽。"按照这种说法，则幽微的境界虽然苦加钻研也难以体悟到，浅显的境界则只要有心追求便可到达，简者因其太简单而难以说透道理，而繁者则可以有很多途径来达到最后目标。佛法认为世间一切有形事物的本性都是空幻，所以能忘身以济众；道教则以'吾我'为真实，故主张用服食丹药等方法来追求长生。如果人可以通过吞丹、服食以求长生不死，则只活一天的菌类植物可与千年苍松比寿，朝生暮死的菌类能与万年大椿长久共存，世间也不存在什么长寿与短命之差别了，一定不是这样的。如果能像佛教那样认识到一切本性是空，三界乃是漫漫长夜的住所，有情生命就是这场大梦的主人，则能注重寻求觉悟，而不会再去看重形骸。假定人的形体可以通过修炼而达到长生不死，这种思想与老子的学说也不尽相同，更谈不上与佛理相同。为什么这么说呢？神之寓于人的形体，有如人住在客栈之中，只要这客栈中取舍合宜，又何必去眷恋檐宇是不是属于我呢？实际上，强调有知的智慧，可以显形的形体，都不是圣人的本体。纵令像尧、孔那样的人，寿命也没有超过百岁。真正的圣人达到涅槃境界，和世俗所说的"知命"相同。所以从轮回永劫中解脱出来，注重精神之修炼。当精神修炼得澄明后，则能洞察慧照有无之境，名理超越世间言说，这才是真正的始终不易之道。又，那些祈求富贵享乐的人，无异于刻舟求剑；成天幻想羽化升天的人，就像守株待兔。所以，这就好比一个人执着于界限而去修行六度以证涅槃，一个人凝滞于情欲而又服食灵芝以求羽化成仙。尽管对界限的执着与佛教所说的六度有着本质的区别，但客观上还有济物之功，而凝滞于情欲去服食灵芝的人，必定不能羽化成仙，也不能帮助他人。对照佛道二教的思想，一个旷达，一个狭隘，其中优劣是一目了然啊。如《夷夏论》作者这样的言论，不值得认真去辩驳，多是被自我浅近的情识所局限，绝非通达的见解。由此可知，不同的风俗可以用正道来甄别。可悲呀！玄圣之道已经离我们很远了，各种外道邪说纷纷竞起，乃至指虫兽的行迹为文字，视毒汁为醍醐，确实是可悲啊！佛法广大，世俗的智量不能穷究，随缘应迹，外在的形相则难以窥测。当它论说万有时，则是万象森罗，如千峰并立；当它解析空无时，则是泰山空尽，秋毫俱散。它运用如来的十种智力以摧毁魔道，弘扬慈悲喜舍之四无量心来救济众生，高举般若智慧之火炬，世间何种幽冥不能彻照？深藏三昧禅定的法威，降伏心中一切烦恼，难道还怀疑佛法的功效不能夷夏相同、遍布天下吗？

重书与顾道士

【题解】

　　本篇由南朝刘宋明帝时谢镇之所撰。谢镇之针对顾欢的《夷夏论》曾写过一封书信，收到顾欢的回信后，对其再次进行反驳。顾欢的回信内容已不清楚。谢镇之在本文中认为：佛教明白通达，简明扼要而又能博大，精深和粗疏两者都努力追求，能够刚柔一致；道家经籍简陋，多生穿凿。另外他认为，《老子》和道教不同。他说："道家经籍简陋，多生穿凿。至于《灵宝》妙真，采撮《法华》制用尤拙。及如《上清》《黄庭》，所尚服食，咀石餐霞，非徒法不可效，道亦难同。其中可长，唯在五千之道。"所以，谢镇之应该是区分《老子》（五千之道）与道教（当时总称道家）的第一人，虽然他的区分还比较模糊。

　　谢镇之白：猥辱反释①，究详渊况②，既和光道、佛，而泾渭释、李③，触类长之④，爰至棋奕。敷佛弥过，精旨愈昧。夫饰柜贸珍，曜夜不售，所谓驰走灭迹，跳动息影⑤，焉可免乎？

【注释】

①猥辱：谦词，犹言承蒙。

②究详：彻底弄清楚。

③泾渭：古人谓泾浊渭清（实为泾清渭浊），因常用"泾渭"喻人品的
　优劣清浊，事物的真伪是非。

④触类长之：掌握一类事物知识或规律，就能据此而增长同类事物
　知识。语出《周易·系辞上》："是故四营而成易，十有八变而成
　卦，八卦而小成。引而伸之，触类而长之，天下之能事毕矣。"意
　思是，所以经过四道程序的经营而成《易》卦一爻，十八次变化而
　成一卦，八卦为小成。再引申其义，触动类推而增长，天下所能
　之事皆无所遗了！

⑤"所谓驰走"二句：比喻为人愚蠢，不明事理。《庄子·渔夫》："人
　有畏影恶迹而去之走者，举足愈数（shuò）而迹愈多，走愈疾而影
　不离身，自以为尚迟，疾走不休，绝力而死。不知处阴以休影，处
　静以息迹，愚亦甚矣。"意思是，有一个赶路的愚人，非常害怕自
　己的影子和自己的脚印。为了甩开脚印和影子，他越走越快。
　可是他不知道，无论走得多快，影子始终寸步不离脚跟；他不知
　道，自己走得越多，脚印也就越多。他更不明白，只要走到树荫
　里，影子就没了；只要坐着不走，脚印也就没了。他还以为是自
　己走得不够快，于是拼命狂奔，终于力竭而死。庄子认为，人往
　往因为无知和愚蠢，做事与愿违的事情；如果不做，反而更能接
　近自己的目标。庄子用"处阴以休影，处静以息迹"来说明"自然
　无为"的人生观，是最早以人的本身与人的影子之间的关系设喻
　的中国思想家。

【译文】

谢镇之陈述：承蒙您回复，您在解释中想要彻底弄清楚各种情况，
既然随俗调和道、佛，而又想要分清楚释迦牟尼和老子，触类旁通，于是
谈到弈棋之术。如果敷衍佛道，则精微的大道会更昏暗。装饰商柜做
贵重物品的生意，日夜不出售，就是庄子所说的驰走灭迹，跳动息影，哪
里能够消除呢？

　　循雅论所据,正以虫鸟异类,夷、夏殊俗。余以三才均统,人理是一,俗训小殊,法教大同。

　　足下答云:存乎《周易》,非胡书所拟,便谓素旗已举,不复申检。玄旌为素麾,异乎曹子之观旗①。辄复略诸近要,以标大归。然髻珠虽隐②,暮四易显,聊以寄谑,傥不贻忤。夫太极剖判,两仪妄构,五阴合兴,形识谬彰③。识以流染因结,形以爱滞缘生。羲皇之前,民多专愚。专愚则巢居穴处,饮血茹毛。君臣父子,自相胡越,犹如禽兽。又比童蒙,道教所不入,仁义所未移。及其耽欲沦波,触崖思济,思济则祈善,祈善则圣应。夫圣者何耶? 感物而遂通者也。夫通不自通,感不自感,感恒在此,通每自彼;自彼而言悬镜高堂,自此而言万像斯归。故知天竺者,居娑婆之正域,处淳善之嘉会,故能感通于至圣,土中于三千。圣应既彼,声被则此。睹日月之明,何假离朱之察④? 闻雷霆之音,奚事子野之听⑤? 故卑高殊物,不嫌同道,左右两仪,无害天均。无害天均,则云行法教,不嫌同道,则雨施夷、夏。夫道者一也,形者二也;道者真也,形者俗也。真既犹一,俗亦犹二,尽二得一,宜一其法。灭俗归真,必违其俗。是以如来制轨,玄劫同风。假令孔、老是佛,则为韬光潜导,匡救偏心,立仁树义,将顺近情。是以全形守祀,恩接六亲,摄生养性,自我外物,乃为尽美,不为尽善。盖是有崖之制,未鞭其后也⑥,何得拟道菩提,比圣牟尼?

【注释】

①曹子之观旗：见《曹刿论战》，出自《左传·庄公十年》，讲述了曹刿在长勺之战中对此次战争的一番评论。"十年春，齐师伐我。公将战，曹刿（guì）请见。……对曰：'夫（fú）战，勇气也。一鼓作气，再而衰，三而竭。彼竭我盈，故克之。夫大国，难测也，惧有伏焉。吾视其辙乱，望其旗靡（mǐ），故逐之。'"

②髻珠：佛教语，国王发髻中的明珠。语本《法华经·安乐行品》："此《法华经》，是诸如来第一之说，于诸说中，最为甚深，末后赐与，如彼强力之王，久护明珠，今乃与之。"佛教因以"髻珠"比喻第一义谛、甚深法义。南朝梁元帝《梁安寺刹下铭》："髻珠孰晓，怀宝讵宣。"《景德传灯录·相国裴休》："公当下知旨，如获髻珠，曰：'吾师真善知识也。'"

③谬彰：谓虚假地自我表彰。

④离朱：即离娄。《庄子·骈拇》："是故骈于明者，乱五色，淫文章，青黄黼黻之煌煌非乎？而离朱是已。"陆德明释文引司马彪曰："离朱，黄帝时人，百步见秋毫之末。一云见千里针锋。《孟子》作离娄。"晋陆机《演连珠》之三三："臣闻飞辔西顿，则离朱与蒙瞍收察；悬景东秀，则夜光与砥珉匿耀。"另一意指传说中的神禽。

⑤子野：即师旷，字子野，春秋时晋国乐师。传说师旷听力超群，能辨别音律上的细小误差，后世称为"师旷之聪"。

⑥未鞭其后：都不能够鞭策自己落后的一面而取其适宜。《庄子·达生》：田开之曰："鲁有单豹者，岩居而水饮，不与民共利，行年七十而犹有婴儿之色；不幸遇饿虎，饿虎杀而食之。有张毅者，高门县薄，无不走也，行年四十而有内热之病以死。豹养其内而虎食其外，毅养其外而病攻其内，此二子者，皆不鞭其后者也"。意思是，田开之说："鲁国有个叫单豹的，在岩穴里居住在山泉边

饮水，不跟任何人争利，活了七十岁还有婴儿一样的面容；不幸遇上了饿虎，饿虎扑杀并吃掉了他。另有一个叫张毅的，高门甲第、朱户垂帘的富贵人家，无不趋走参谒，活到四十岁便患内热病而死去。单豹注重内心世界的修养可是老虎却吞食了他的身体，张毅注重身体的调养可是疾病侵扰了他的内心世界，这两个人，都不是能够鞭策落后而取其适宜的人。"

【译文】

按照您的雅论所说的根据，认为虫鸟异类，夷、夏具有不同的习俗。我认为天、地、人三才都统一，人理是一，俗训只是小的不同，道法之教化大致一样。

足下回答说，相关大道存在于《周易》中，不是胡书所能比拟的，便认为我方投降的白旗已举，不再申辩。玄道之旗帜为白色的旗帜，不同于曹子之观旗。总是省略各种表面的东西，来标出回归之道。然而国王发髻中的明珠虽然隐藏，夜色中四面容易放光出来，暂且用来寄托戏谑，不要相互攻击。太极分开，阴阳两仪妄构，五阴合兴，形体与意识虚假地自我呈现。意识因为不断污染而凝结，形体因为执着贪爱而缘生。伏羲氏之前，民众多专一而不通情事。专一不通情事则巢居穴处，饮血茹毛。君臣父子，自相为敌，犹如禽兽。又比如儿童蒙昧，道德教化所不入，仁义尚未能改变其性情。等到他们长大沉沦在欲望波涛之中，一旦遇到挫折极端痛苦，便想要渡过烦恼之海，如此则祈善，祈善则圣者有感应。圣者是什么呢？有感必应，万事皆通。通不自通，感不自感，感总是在此，通经常体现在别处，自彼而言如同在高堂悬挂明镜，自此而言如同万像都回归在明镜之中。因此知道天竺，居娑婆世界之正域，处敦厚和善之嘉会，因此能感通于至圣，处于三千大千世界四方的中心地区。圣者感应在那里了，圣法流布则到了中国。观看辨别日月之明，何必借助离朱的明察？听闻雷霆之音，何必依靠师旷那样超绝的听力？因此高低不同的事物，不嫌同道，左右两仪，不妨碍天然均平之理。不妨碍天然均平之理，那么说推行道法教化，不嫌同道，就如同大雨降落在夷、夏之地，不分彼此。道是一，外在的形体有两种；道是真，形是俗。真既然是一，俗亦犹二，尽二得一，宜统一其法。灭俗归真，必定违背其俗。因此如来制定仪轨，人们世世代代接受教化。假令孔、老是佛，那么是暗中教导、匡救众生有所偏执的心，树立仁义，顺人心近人情。因此全然守卫宗庙、社稷山川，恩德接引六亲，摄生养性，融通自我与外物，表现为尽美，不为尽善。孔子、老子教法都有一定限度，都不能够鞭策自己落后的一面，而取其适宜恰到好处，所以怎能把道看做菩提，把孔老看做是佛祖释迦牟尼？

　　佛教敷明，要而能博；则精疏两汲。精疏两汲，则刚柔一致。是以清津幽畅，诚规可准。夫以规为圆者易，以手为圆者难，将不舍其所难，从其所易耶？道家经籍简陋，多生穿凿。至如《灵宝》《妙真》，采撮《法华》，制用尤拙。及如《上清》《黄庭》，所尚服食，咀石餐霞，非徒法不可效，道亦难同。其中可长，唯在五千之道，全无为用。全无为用，未能违有。遣有为怀，灵芝何养①？佛家三乘所引，九流均接。九流均接，则动静斯得。禅通之理，是三中之一耳，非其极也。禅经微妙，境相精深，以此缔真，尚不能至。今云道在无为，得一而已，无为得一，是则玄契千载。玄契千载，不俟高唱。夫明宗引会，导达风流者，若当废学精思，不亦怠哉？岂道教之筌耶？敬寻所辩，非徒止不解佛，亦不解道也。

　　反乱一首，聊酬启齿。

　　乱曰：运往兮韬明，玄圣兮幽翳。长夜兮悠悠，众星兮哲哲②。大晖灼兮升曜，列宿奄兮消蔽③。夫轮楠兮殊材④，归敷绳兮一制。苟专迷兮不悟,增上惊兮远逝。卞和恸兮荆侧⑤,岂偏尤兮楚厉。良刍荛兮波若焉,相责兮智慧。

【注释】

①灵芝:一种蕈,菌盖肾脏形,赤褐色或暗紫色,有环纹,并有光泽,中医入药,有滋补作用。我国古代用来象征祥瑞。

②晢晢(zhézhé):光亮貌,明显。

③列宿:众星宿。特指二十八宿。《楚辞·刘向〈九叹·怨思〉》:"指列宿以白情兮,诉五帝以置词。"

④桷(jué):古代木质房屋上方形的椽子。

⑤卞和恸兮荆侧:指楚人卞和因宝玉不被鉴识而哭于荆山事,参见前文《牟子理惑论》注。

【译文】

　　佛教明白通达,简明扼要而又能博大,那么精深和粗疏两者都努力追求。精深和粗疏两者都努力追求,那么刚柔一致。因此清修的门径通幽畅达,确实要圆规才能画准确。以规画圆容易,以手画圆者难,难道不舍其所难,从其所易吗?道家经籍,简陋多生穿凿。至如《灵宝》《妙真》,采撮抄袭佛教《法华经》,制用尤其拙劣。及如《上清》《黄庭》,崇尚服食,炼丹含石餐霞,不仅仅是其方法不可效法,道也难同。其中可值得称道的,唯在老子五千之道,全无为用。全无为用,未能违背世俗之有。遣有为怀,灵芝对养生全性又有什么用呢?佛家用大中小三乘接引众生,九流三教的人均接引。九流三教的人均接引,那么动静都可以。禅通之理,是三中之一,不是佛法的终极。禅经微妙,境相精微深奥,用这种方法追求真理,尚不能达到。如今您说道在无为,得一而已,无为得一,这样契合永恒大道。如果能够契合永恒大道,那么不用等待高声倡导宣扬。只有明了宗旨,精进不已,才能达到风流超俗的境界,如果停止学习,只是一味思考,不是很容易疲倦吗?这岂是道教的修炼方法？恭敬探究您所辨析的内容，我认为您不仅不了解佛，也不了解道。

回复乱辞一首，姑且博得一笑。

乱辞说：运势往来啊遮盖住光明，高明的圣人啊幽远看不清。长长的夜晚啊，漫漫难明，众多的星辰啊，闪耀在天空。太阳升起啊光明耀眼，列宿都不见啊消失藏蔽。高大房子上的方椽啊材质殊异，归功于大匠啊用绳墨规制。人们迷信一种啊不能明白，加上惊怕啊远远逃遁。卞和痛哭啊荆山之侧，岂只怨楚厉王啊不识宝玉。因为轻视啊《般若》经典，互相指责啊小智聪明。

卷第七

难顾道士《夷夏论》

【题解】

　　本篇为刘宋朱昭之(生卒年不详)所撰。在本论中,朱昭之指出:华夷风俗习惯不同,设教可能会有些差别,但佛教和道教的区别只是形式上的,比如教派的名称、教徒的服饰之类。他把顾欢对佛教的抨击列出十条,称为"十恨",请顾欢再加以阐明。

　　见足下高谈夷夏,辨商二教,条勒经旨,冥然玄会,妙唱善同,非虚言也。昔应吉甫齐孔老于前[①],吾贤又均李释于后。万世之殊途,同归于一朝;历代之疑争,怡然于今日,赏深悟远,蠲慰者多;益世之谈,莫过于此。至于各言所好,便复肝胆楚越[②],不知苦甘之方虽二,而成体之性必一。乃互相攻击,异端遂起,往反纷频,斯害不少。惜矣,初若登天,光被俗表,末如入渊,明夷辉沦[③]。夫导师失路,则迷途者众,故忘其浅昧,遽相牵拯,令先布其怀,未陈所恨。想从善如流者,不惜乖于一往耳。山川悠远,良话未期。聊寄于斯,以代暂对,情旗一接,所释不浅,朱昭之白。

【注释】

①应吉甫齐孔老于前：谢灵运《辩宗论》："昔向子期以儒道为一，应吉甫谓孔老可齐。"应吉甫，应贞，字吉甫，少以才闻，晋武帝时为抚军将军。

②肝胆楚越：意指看似距离很近，实则相距甚远。《庄子·德充符》："自其异者视之，肝胆楚越也。"

③明夷辉沦：明夷，六十四卦之一，离下坤上。《周易·明夷》："明夷，利艰贞。"孙星衍《周易集解》引郑玄曰："夷，伤也，日出地上，其明乃光，至其入地，明则伤矣，故谓之明夷。"此处指太阳下山。李镜池《周易通义》："明，太阳。夷，灭。"

【译文】

看到先生在《夷夏论》中高谈夷夏之异同，辩论佛道二教之关系，广征博引，条理井然，论证二教之玄同确非虚言，读后启迪颇多。早先有应吉甫提倡孔、老一家，现在先生又力主佛道二教同流。真是万世殊途，同归于一朝，历代的疑惑与争辩，到今天就全部明白了，先生思深悟远，从中解除疑惑、获得安慰的人很多；若论有益于社会，也不过如此罢了。无奈世人常常各说自己所喜好的，以至于相互本应如肝胆般亲密却如楚越般互为仇雠。他们不明白甘甜与苦涩作为味道的种类来说虽然不同，但不知二者共同构成事物的体性确是统一的。于是互相攻击，纷争迭起，辩难纷乱频繁其损害很大啊。可惜啊！您的文章刚开始像升上天顶的太阳，光芒四射，照耀世间一切事物，到末尾则如同日落西沉，光辉沦丧。要知道，如果导师都迷失正路，那跟随而迷路的人将会很多啊。于是大家都忘记其中的浅陋愚昧，而争相援用举引。如果能让这些人先谈出自己的想法，却不能列举他们主要关心的问题。想来那些从善如流的人，应该不会偏执于过往观点。我和您相距遥远，还没能见面畅谈。现把自己读大论后的几点浅陋之见，付诸笔墨呈上，代替对面晤谈，敬祈先生不吝赐正。朱昭之白。

　　夫圣道虚寂，故能圆应无方，以其无方之应，故应无不适。所以自圣而检心，本无名于万会，物自会而为称，则名号以为之彰。是以智无不周者，则谓之为正觉；通无不顺者，则谓之为圣人，开物成务，无不达也，则谓之为道。然则圣不过觉，觉不出道。君可知也，何须远求哉！但华夷殊俗，情好不同，圣动常因，故设教或异。然《曲礼》净戒，数同三百；威仪容止，又等三千①。所可为异，政在佛道之名，形服之间耳。达者尚复以形骸为逆旅②，衮冕岂足论哉！所可为嫌，只在设教之始，华夷异用，当今之俗，而更兼治，迁流变革，一条宜辨耳。今当之言，圣人之训，动必因顺，东国贵华，则为衮冕之服，礼乐之容，屈伸俯仰之节，衣冠簪佩之饰，以弘其道，盖引而近之也。夷俗重素，故教以极质。髡落徽容③，衣裳弗裁，闭情开照，期神旷劫，以长其心，推而远之也。道法则采饵芝英，餐霞服丹，呼吸太一，吐故纳新，大则灵飞羽化，小则轻强无疾，以存其身，即而效之也。三者皆应之一用，非吾所谓至也。夫道之极者，非华非素，不即不殊，无近无远，谁舍谁居。不偏不党，勿毁勿誉，圆通寂寞，假字曰无。妙境如此，何所异哉？但自皇牺已来，各弘其方，师师相传，不相关涉。良由彼此两足，无复我外之求。故自汉代以来，淳风转浇，仁义渐废，大道之科莫传，五经之学弥寡。大义既乖，微言又绝④；众妙之门莫游⑤，中庸之仪弗睹⑥。礼术既坏，雅乐又崩，风俗寝顿⑦，君臣无章，正教陵迟⑧，人伦失序。于是圣道弥纶，天运远被，玄化东流，以慈系世，仁众生民，黩所先习，欣所新闻，革面从和⑨，精义复兴。故微言之室，在在并建，玄咏之宾，处处而有，此可以事见，非真布之空谈，将无"物不可以终否，故受之以《同人》"故邪⑩？意者夫圣人之抚百姓，亦犹慈母之育婴儿，始食则饵以甘肥，甘肥既厌，复改以脂蜜；脂蜜既厌，则五体休和，内外平豫，为益至矣，不其然乎，理既然矣。而横厝非贬，妄相分别，是未悟环中⑪，不可与议。二贤推荡往反，解材之势，纵复得解，非顺理之作，顺理析之，岂待推荡？

【注释】

①"《曲礼》"四句：威仪，指古时典礼中的动作仪文及待人接物的仪节。《中庸》："礼仪三百，威仪三千。"朱熹注："礼仪，经礼也；威仪，曲礼也。"这是儒家关于礼仪的说法。佛教徒也有坐、作、进、退等威德仪则，常称"三千威仪，八万细行"。三千是形容数目很多，此"三千威仪"是比丘具足戒之外的微细行仪。

②逆旅：指客舍，迎止宾客之处。

③徽容：美好容貌。

④"大义"二句：儒家指孔子去世后，先王的微言大义埋没不传。《汉书·艺文志》："昔仲尼没而微言绝，七十子丧而大义乖。"

⑤众妙之门：《老子》第一章："玄之又玄，众妙之门。"意思是：同之又同，是认识天地万物的关键。玄就是天地万物的一般规律"道"，与"道"相同。"玄"是生成宇宙和万物的本体，它体现了万物无穷奥妙的变化作用。

⑥中庸之仪：《中庸》："礼仪三百，威仪三千。"

⑦寝顿：衰颓，废止。

⑧陵迟：衰落之意。

⑨革面从和：改变脸色以顺从和谐他人。《周易·革卦》："君子豹

变,其文蔚也。小人革面,顺以从君也。"

⑩"物不可"二句:《周易·序卦传》:"物不可以终否,故受之以同人。"同人,易卦名,与人同和之意。

⑪环中:圆环的中心。庄子用以比喻无是非之境地。《庄子·齐物论》:"彼是莫得其偶,谓之道枢。枢始得其环中,以应无穷。"

【译文】

举凡至圣之道,都虚寂湛然,所以能够圆融地应接事物,而无固定的方所。因为他能够应接事物而无固定之方所,所以能够无所不通达。因此以圣道真谛来检视内心,本没有什么固定的名号来指称世间森罗万象,世间之万物都是因一定的条件而聚合在一起,因之而有各种假象、名号,以此来彰显各种事物的独立存在。因此,人们常把遍察一切事物的智慧称为正觉;把通达万物而没有不顺畅的人称为圣人;把通晓万物而能成就各种事务的称为道。然而,圣人所以成其为圣人,乃在于他具有真正的智慧和觉悟,而圣人所觉悟的,则无非是"道"。先生已知道,何必远求呢?但是,由于华夏与印度之习俗多有差异,且情性和趣好又有不同,所以圣人随机而设置不同的教化。华夏的"行事之仪礼"和印度之"清净的戒律"同有三百条目;儒家庄严的容止与佛教的威仪细行,同是三千之多。而那可以称为差异的地方,只是所设之教的名称、服饰以及二者所注重的体态神情不同而已。通达的教化,尚且把人的躯体看做客舍,至于衣服冠冕又哪里值得一谈呢?那些导致相互嫌怨的,不过是创设教化的起始基础不同,由于各地之习俗各异,故而各地的教化在形式上多有差异,其产生的作用也会有差别而已。当今的世俗礼教,不止在净化人心,更在于治理社会,虽然是因时而迁流变革,但其中之宗旨却是一以贯之的,应当作此辨别啊。如今恰当的说法应该是:圣人的训导教化,施行时必定是因时顺势的。例如,中土儒家崇尚华丽,因而重视用衮、冕、簪、佩等服饰来区分等级,用不同的音乐和俯仰进退各种的礼仪节度来和谐社会,其目的都是弘扬善道,这是引导人们从生活等浅近处去培养道德的方法。印度人注重素朴，因而用最质朴的方式来教化天下，所以主张剃除须发，毁坏美好的容貌，不剪裁衣裳，提倡闭塞情欲，开启智慧，期待神明能够长久不灭，其目的都是增长心灵的力量，这是一种把人们的精神修养推广到幽深辽远的境界的方法。道教则提倡服食丹药、呼吸元气、吐故纳新，大则能够灵魂飞举、羽化成仙，至少可以实现身体强壮轻盈，健康无疾，最终目的在于能够使人的身体长生不死，这是一种就着人们的生命需要来显现修养效果的方法。此三者都是教化的一种形式，我认为无论哪一种都没有达到最高境界。教化之最高境界，应该是既不偏重华贵亦不执着于素朴，既不与世俗生活或人的形体混同，也不与其隔离殊异，无所谓近和远，也不强调舍弃谁与留下谁，既不偏私也不袒护，既不毁谤也不赞誉，真正做到圆融通达虚静湛然，这样的境界无法用言词准确的表述，只能假借"无"来称呼它。达到这样深妙的境界，还怎么会斤斤计较上面所说的那些差异呢！但是从三皇、伏羲以来，人们却只知道弘扬各自所掌握的道理和方法，师徒代代相传，互不关联交涉。都十分满足这种彼此分别，不再虚心向我之外追求。所以自汉代以来，民风就逐渐由淳朴转为浇薄，仁义之道由盛转衰，没有人传授大道，也很少人来学习《五经》。先王的微言大义不能彰显，道家的无为妙法不能领悟，儒家的中庸礼仪难以明见。总之可以说是礼崩乐坏，风俗衰颓，君臣无道，正教衰微，人伦失序。正是在这个时候，西方的佛法博大精深，统摄天地，贯通群言。从天竺传至东土，天命使然，使华夏广为蒙受其慈风玄德。一时间，百姓众生，无不抛弃昔日所习惯的思想见解与风俗礼仪，无不欢欣鼓舞于今日所新接触的佛化之道，人人洗心革面，相率跟从，圣道精义于是又得以兴盛。于是，可供清谈义理的房舍随处可见，玄言歌咏之人到处都有，这些都并非一般的空谈，而是可以有具体的事例来显见的，这种情况莫不是《易传·序卦传》所说——"万物不能终久的否塞不通，所以接着授予同人卦"的缘故吗？想来圣人之设教化民，有如慈母之哺育婴儿,一开始先以甘甜肥美的食物喂养婴儿,等婴儿对这类食品发腻后,再喂以油脂蜜糖等食物;等到婴儿对这类食物腻烦后,于是小孩子就会身体安定平和,内外协调,这样对孩子的成长益处最大,此中不可妄分哪类食品更好些,哪类食品更差些,不是这样吗?道理就是如此啊。如果不是这样去认识,而是要在夷夏各种教化之间强行分别优劣,妄加褒贬,恰是没有超脱是非分别而达到庄子所言"守其环中"的境界,实在是不值得与之论道。如今二位贤士,反复辩论,以为自己能够做出最正确的裁决,就算得到所谓的解决,如此妄分夷夏,奢论优劣,也不是顺通事物情理的议论,如果真是顺通情理的言论,哪里需要如此推移辩难呢?

足下发源开端,明孔老是佛,结章就议,则与夺相悬。何擂绅擎跽①,为诸华之容,稽首佛足,则有狐蹲之贬?端委馨折②,为侯甸之恭③,右膝着地,增狗踞之辱?请问:若孔是正觉,释为邪见,今日之谈,吾不容闻,许为正真,何理鄙诮?既亏畏圣之箴,又忘无苟之礼④,取之吾心,所恨一也。

又云:"全角守祀,继善之教;毁貌易性,绝恶之学。"是商臣之子,有继善之功⑤;覆障毁落,有绝恶之志。推寻名实,为恨二也。

又云:"下弃妻孥,上废宗祀。"夫鬼神之理,冥漠难明,故子路有问,宣尼弗释,当由死生道殊,神缘难测⑥,岂为圣不能言,良恐贤不能得。三达之鉴⑦,照之有在。足下已许神化东流,而复以丧祭相乘,与夺无定,为恨三也。

又云:"切法可以进谦弱,赊法可以退夸强。"三复此谈,颠倒不类。夫谦弱易回,可以赊和而进,夸强难化,应以苦切乃退,隐心检事,不其然乎。米糠在目,则东西易位,偏着分心，则辞义舛惑。所言乖当，为恨四也。

又云："抑则明者独进，引则昧者竞前。"夫道言真实，敬同高唱，覆载万物，养育众形；而云"明者独进"，似若自私。佛音一震，则四等兼罗，三乘同顺，天龙俱靡；而云"昧者竞前"，亦又近诬。探赜之谈，而妄生疮疣，游辞放发，为恨五也。

又云："佛是破恶之方，道是兴善之术。"破恶之方，吾无间然。夫恶止善行，乃法教所以兴也。但未知兴善之术，术将谁然？若善者已善，奚用兴善？善者非善，又非兴善，则兴善之名，义无所托。今道者善也，复以兴善，取之名义，太为继富，不以振恶，为教褊矣。大道兼弘，而欲局之，为恨六也。

又云："残忍刚愎，则师佛为长；慈柔虚受，则服道为至。"夫摧伏勇猛，回靡残暴，实是牟尼之巨勋，不乖于慧旨，但道力刚明，化功弥远。成性存存，恩无不被，枭鸩革心，威无不制。而云唯得虚受，太为浅略，将无意沦偏著，不悟狭劣伤道邪？披寻第目，则先诚臆说；建言肆论，则不觉情迁。分名难持，为恨七也。

又云："八象西戎诸典，广略兼陈；《金刚》、《般若》，文不逾千。"四句所弘，道周万法。粗妙两施，繁约共有。典法细诚，科礼等碎，精粗横生。言乖乎实，为恨八也。

又云："以国而观，则夷虐夏温。"请问炮烙之苦，岂康竺之刑？流血之悲，讵齐晋之子⑧？刳剔苦害，非左衽之心⑨；秋露含垢⑩，匪海滨之士。推检性情，华夷一揆，虚设温严，为恨九也。

又云："博弈贤于慢游，讲诵胜于戏谑。"寻夫风流所以得传，经籍所以不废，良由讲诵以得通，谘求以成悟，故曰"学而不讲，是吾忧也"。而方之戏谑，太为慢德，请问善诱之筌，其将安寄？初未得意，而欲忘言，为恨十也。

有此十恨，不能自释，想望君子，更为伸之。谢生亦有差参，足下攻之已密，且专所请，不复代匠。

【注释】

①搢(jìn)绅："搢"即搢插之意，指插笏于腰间，"绅"即大带。古时官宦插笏垂绅，后多以搢绅称士大夫。跽：即双膝着地之长跪。

②端委：朝服端正而宽长者曰端委。磬(qìng)折：曲躬如磬之意，表示谦恭。磬，通"磬"。

③侯甸：侯服与甸服。古代王畿外围千里以内的区域。《尚书·伊训》："伊尹祠于先王，奉嗣王祗见厥祖，侯甸群后咸在。"《后汉书·王畅传》："郡为旧都侯甸之国，园庙出于章陵，三后生自新野。"李贤注："五百里甸服，千里侯服。"《南史·齐纪上》："斯实尚父故藩，世作盟主，纪纲侯甸，率由旧则。"

④无苟之礼：指凡事不苟且，遵礼而行。《礼记·曲礼上》："临财毋苟得，临难毋苟免，很毋求胜，分毋求多。"

⑤商臣之子，有继善之功：《史记·楚世家》载：商臣为楚成王的太子，后来杀成王自立，是为穆王。子庄王侣立，楚庄王"三年不鸣，一鸣惊人"，问鼎中原，成就霸业。

⑥神缘：神道因缘。

⑦三达：又称"三明"、"三证法"，指除尽愚暗而于三事通达无碍之智。

⑧流血之悲，讵齐晋之子：意谓对父母尽孝心的不仅仅限于中原之人。《礼记·内则》："父母怒、不说，而挞之流血，不敢疾怨，起敬起孝。"

⑨左衽（rěn）：我国少数民族的服装前襟向左，不同于中原一带的服饰前襟向右，故常以"左衽"指边远地区的少数民族。《尚书·毕命》曰："四夷左衽，罔不咸赖。"本句意谓纣王那样的恶行，并非夷狄之人做出来的。《尚书·泰誓》："焚炙忠良，刳剔孕妇。"

⑩秋露：指明珠。

【译文】

在《夷夏论》论中，先生先是明确说孔、老是佛，后来又妄判各教的优劣，前后多有自相矛盾处。怎么能说士大夫们揖笏垂绅、拱手跪拜就是华夏之仪，而印度之人稽首礼佛则要遭受"狐蹲"的贬称？怎么能说华夏人之鞠躬行礼就是侯服和甸服对王室的恭敬礼仪，而印度人之右膝着地却要遭到"狗踞"的侮辱呢？请问，如果孔学是正觉，而佛说是邪见，这种说法，着实令人闻不忍闻。先生既然在论中称佛为正真，为何又如此地诽谤佛教呢？这种做法，实在是既不符合孔子所谓敬畏圣人的箴言，又忘记了"临财毋苟得，临难毋苟免"的礼节，这是我读大论之后的第一个遗憾。

又说："华夏主张的保全身体之形、持守祭祀之礼，乃是继承天道至善的教化；佛教主张的毁坏容貌、移易天性，乃是断绝情欲罪恶的学问。"这无异于说，楚穆王商臣弑父自立，他的儿子楚庄王，却有"继承天道至善"的功德，而佛教的剃落须发，是为了"断绝情欲罪恶"的目的。仔细考察，此乃名实不符，这是我的第二个遗憾啊！

又说："佛教下弃妻子儿女，上废先祖宗祀。"鬼神之类，是幽冥莫测的，故当子路问及鬼神时，孔子避而不答。这主要是因为生与死的事理规律不同，其中的神道因缘很难把握；并不是圣人无法谈论它，实在是担心一般贤者尚不能理解它。当然，佛教的三达智是能洞照鬼神之理的。先生在论中似已赞许佛法神妙,泽流东土,此处又以佛教有违华夏丧祭之礼而指责它,岂不是毁誉无定吗? 这是我的第三个遗憾。

又说:"华夏之儒道为切要之法,可以增进人们的谦虚柔弱之德,印度之佛教为宽容之法,可以消退人们逞能好强之心。"论中多次重复此说,颠来倒去,不伦不类。实际上,"谦弱"是人之本性,容易返回,因此可以徐缓和平地增进,而"夸强"乃是习染所得,一旦形成,很难转化,应该施之以急切简要之法,方能消退。用心对照核查一下我们身边的事例,不都是这样吗? 眼睛里如果飞进了粗糠,则会难以分辨东、西,一个人如果偏隘分心,则会造成义理乖谬、言辞错乱,先生所说的,不正是如此吗? 这是我的第四个遗憾。

又说:"佛言华丽夸张,道言实际谨慎,谨慎就只有明智之士独自精进,夸张则会使愚昧俗众竞相依附。"华夏所说之道,追求真实,提倡诚敬,它覆盖承载万物,养育众形,说"明者独进",似乎有自私之嫌。而佛祖以一音演说佛法,则婆罗门、刹帝力、吠舍、首陀罗四大种姓无不蒙受教化,大、中、小三乘根机之人无不顺从,诸天与龙神无不拜服;于此竟然说是"昧者竞前",不是近于诬蔑吗? 在探求事物幽深玄妙的谈论中,竟然胡乱引申贴标签,说出如此虚浮不实、放诞无礼的话,实在是令人遗憾啊! 这是我的第五个遗憾。

又说:"佛教是破恶之方,道教是兴善之术。"说佛教是破除恶习的最好方法,我没有不同的看法。因为只要恶习破除了,善行自然就会产生,这是一切教法产生作用的基本之道。只是不知道论中所说的"兴善之术"是怎么做到的? 所兴的又是什么? 如果本来即善,又何必再去兴善呢? 如果所兴对象本来不善,则不是兴善所能解决的。可见,所谓兴善,是徒有其名,而无其实。又,道本来就是至善本身,又在此善之上再加以兴善,从其名称和内容两方面来看,都是孔子所批评的继富之举。不去拯救为恶之人,却要在善上兴善,作为教法不是很褊狭吗? 真正的大道,应该"破恶"与"兴善"同时弘扬,事实上您却把教法局限于"兴善”，无疑是片面的。这就是我的第六个遗憾呀！

又说：“残忍而又刚愎固执的人，师从佛法，认为佛法就是最高境界；而慈爱柔弱且又虚心接受的人，因此会信服道家的教化，认为这就是至道。”降伏邪道恶魔，实在是释迦牟尼的巨大功勋，既不违背佛法以智慧度人的宗旨，还因其道的力量严明，所以产生了久远的感化功效。成就万物之本性，保存万物之存有，本是佛法的根本目的，因而佛法的慈恩泽及一切众生，连恶枭与毒鸠都能洗心革面，可见佛法的威力是如此广大无边，无物不蒙受其感化。而你竟然说唯有道家的虚受之教是最高的境界，岂不是过于浅陋简略了吗？莫非是先生的认识沦落到褊狭执着之中，因而不能觉悟到这种褊狭会伤害正道吗？如果要对事物的品第进行评价，就先要告诫他不能凭个人主观想象作无根据的论断；陈述见解，提出意见，则不能因自己的个人感情而随意改变。先生的做法不是这样，自然难以持久，这是我的第七个遗憾啊！

还说：“《易经》八卦与西戎的经典，广大与简略兼而有之；而佛教的《金刚经》、《般若心经》，文字不超过千字。”这种说法表明作者根本不懂佛法。在佛法中，最为简略的是一个四句偈，其中弘扬的道理却可以包括万法。但佛法常常是同时作用于粗浅与精妙，共同表现为繁富与简约，因此你还可以看到繁密细致的科教仪轨、教诫经文。可见你说的完全不符合事实。这是我的第八个遗憾。

还说：“就地域、国别说，则印度之民性残虐而华夏之民性温和。”请问：炮烙之刑，难道出自印度？对父母尽孝心的，难道仅仅限于中原之人吗？剜心剖腹之苦害，也不是夷狄之人做出来的；虽然本质是冰清玉洁如明珠，但却有忍尤含垢之德，这也并非海滨邹鲁之士一定能做到的。推求考查人之情性，华夏与印度是一样的，先生以温和与严峻来分别夷夏，实在是虚妄啊。这就是我的第九个遗憾。

又说：“喜欢下棋胜过浪荡遨游，讲授诵读胜过游戏打闹。”风俗教化之所以能代代相传，大量的经籍之所以能保存下来，讲诵之功实不可没，而加以深入的探求，又使人能从中得到一些启悟，所以孔子说："学而不讲，是吾忧也。"而把除讲诵之外的一切方法比拟为戏谑，实在是过于怠慢无德了。若如此，请问言语经教作为善于诱导人们入教得道的工具，将寄放在哪里呢？人们常说"言以寄意，得意忘言"，但先生这是尚未得意就想要忘言呀！这是我的第十个遗憾。

　　上述十个遗憾，是我读《夷夏论》后所产生的疑惑，还望先生能予以进一步的阐释。谢镇之对《夷夏论》亦有一些不同的看法，先生对他已论难不少。这里不再代他向您讨教了。

疑《夷夏论》谘顾道士

【题解】

　　本篇由南齐名士朱广之所作。文中系以儒家之立场,认为佛、道二教各有其用,而倡调和说。朱广之提出应平等对待异域文化的观点,并从人性平等的角度提倡夷夏民族及其文化的平等。与坚持夷夏之别的狭隘文化观相比,他的思想实际上反映了比较进步的开放文化观。正是在这种进步文化观的指导下,使佛教文化思想源源不断地输入中国,并自始至终处于中国化过程之中。

　　朱广之叩头。见与谢常侍往复夷夏之论辩章[①],同归之义,可谓简见通微,清练之谈也。至于耽尚端冕之饰[②],屏破剪落之素,申以擎跪之恭[③],辱以狐蹲之肃,桎束华人,杜绝外法。舟车之喻虽美,平恕之情未笃[④];致会之源既坦,筌寄之涂方壅[⑤]。然则三乘之悟[⑥],睿望兹土[⑦],六度之津,于今长诀。披经玩理,怅怏良深[⑧]。谢生贬没仙道[⑨],褒明佛教,以羽化之术为浮滥之说[⑩],残形之唱为履真之文[⑪]。徒知己指之为指[⑫],不知彼指之无殊,岂所以通方、得意、善同之谓乎[⑬]?仆夙渐法化[⑭],晚味道风,常以崇空、贵无,宗趣一也。

蹄网双张，义无偏取，各随晓人，唯心所安耳。何必龙衮可袭，而璎珞难乘者哉⑮！自贫来，多务研敩沈潜⑯，缄卷巾帙，奄逾十载。幼习前闻，零落顿尽，蕴志空年，开瞻靡阶。每独慷慨遥夜，辄启旦忘寐，而清心远信⑰，缠苦弥笃。若夫信不沿理，则轻泛无主，转诮之宾，因斯而起，是以罄率狂管，书述鄙心，愿重为启诲，敷导厥疑。广之叩头。

【注释】

①夷夏之论：南朝宋末齐初时著名道教思想家顾欢撰《夷夏论》，提出夷夏之别，强调华夷间种族不同，地域不同，文化不同，佛教是夷狄之教，应当大力排拒。辩章：通过辩论使明白清楚，此处亦指具体辩论的文章。

②耽尚：爱好，尊崇。端冕：玄衣和大冠，古代帝王、贵族的衣服。

③擎（qíng）跪之恭：拱手跪拜表达恭敬。《庄子·人间世》："擎跽曲拳，人臣之礼也。"

④平恕：平和宽仁。

⑤壅（yōng）：堵塞。

⑥三乘之悟：佛教比喻运载众生渡越生死到达涅槃彼岸之三种法门，即声闻乘、缘觉乘、菩萨乘。声闻闻佛声教而得悟道，缘觉观十二因缘觉真谛理，菩萨求无上菩萨，愿度一切众生，修六度万行。

⑦窅（yǎo）望：远远地望去。窅，形容深远。

⑧怅怏：惆怅不乐的样子。

⑨贬没：贬低埋没。

⑩羽化：指飞升成仙。

⑪履真：践行率真之德。

⑫指：我国古代哲学术语，指事物的共性、概念或指称。

⑬通方：通晓道术。得意：领会旨意。

⑭仆：古时男子谦称自己。渐：熏染，习染。法化：佛教语。佛教的教化。

⑮"何必"二句：意谓何必认为传统的教化可以继承，外来的佛教难以接受。《礼记·礼器》："礼有以文为贵者：天子龙衮，诸侯黼，大夫黻，士玄衣纁裳。"璎珞为珠玉或花等编缀成饰物，可挂在头、颈、胸或手脚等部位，印度一般王公大臣皆佩戴。

⑯敩（xiào）：效法，模仿。

⑰清心：心境恬静，无思无虑。

【译文】

朱广之叩头。看到谢常侍与顾道士往复探讨夷夏关系的辩论文章，二者都具有相同的旨归，可以说是简要高见，通达精深，是清楚简练的言辞。然而顾道士很多地方崇尚夸耀衣帽的装饰，摒弃佛教徒身穿剪落破败的粗布，认为华夏士大夫的跪拜之礼是恭敬的，而辱骂佛教的坐姿像狐狸下蹲的姿势一样，借此束缚华夏人，不允许人们学习外来的佛法。舟车的言辞比喻虽然美好，持平宽仁的情理却没有笃实；到达会通境界的源头平坦了，去捕鱼的道路却依旧被堵塞。那么对三乘佛法的体悟，就好像是远远地望着这片土地，六度的修习方法，与现世永久断绝。翻开经书玩味道理，感慨良多。谢镇之常侍贬低埋没仙道，褒奖佛教，认为飞升成仙的思想是浮华的学说，把残害身形的学说作为践行率真之德的道理。只知道自己的宗旨是宗旨，不知道别人的和自己的没有什么差别，难道这就是所说的通晓道术、领会旨趣、善会同异吗？我早年领受佛法的教化，晚年体味道教的风骨，常常认为"崇空"与"贵无"，二宗的旨趣是一致的。佛教和道教，像捕兔之蹄打渔之网一样张开，没有什么偏向和取舍，各自随通晓的人来取舍，只要心安就够了。何必认为传统的教化可以继承，外来的佛教难以接受呢！我自从陷入贫困以来，多数时间致力于研究效法佛教，沉潜其中，刻苦钻研，超过十年。小时候学习前人的知识，现在零零落落都快忘光了，怀着志向过了很多年，眼界开阔有所精进。每次独自感慨遥望夜空，就会直到天亮都忘记了睡觉，而心境恬静，信从教化，虽然生活艰苦，但意志更加坚定。如果说只信仰，从不遵循理论，就会轻浮没有主导，那些轻率地互相指责的人，因为这而兴起，所以尽力运用自己的笔，书写表述我的想法，希望您能重新启发教诲我，帮助引导，解答疑惑。广之叩头。

　　论云：擎跽磬折，侯甸之恭也；狐蹲狗踞，荒流之肃也。

　　疑曰：夫邦殊用隔，文自难均①，至于各得所安，由来莫辨。侯甸之容所言当矣，狐狗之目将不独伤。

　　论云：若谓其致既均，其法可换者，而车可涉川，舟可行陆乎？必不可也。

　　疑曰：夫法者所以法情，情非法也。法既无定，由情不一，不一之情，所向殊涂②，刚柔并驰，华戎必同③。是以长川浩漫，无当于此矣；平原远陆，岂取于彼耶？舟车两乘，何用不可？

　　论云：既不全同，又不全异，下弃妻孥，上废宗祀。

　　疑曰：若夫废祀于上，不能绝弃于下；此自拟异入同，非同者之过也。宁可见犁牛不登宗庙之用④，而永弃于牢饩之具耶？

　　论云：嗜欲之物⑤，皆以礼伸；孝敬之典，独以法屈。悖德犯顺，曾莫之觉。

　　疑曰：若悖德犯顺，无施而可；慈敬惠和，触地而通。是以损膳行道，非征凶之宅；服冕素餐⑥，非养正之方。屈申之望,可相绝于此矣。

论云:理之可贵者,道也;事之可贱者,俗也。今舍华效夷,义将安取?若以其道,邪道固符合矣。若以其俗,邪俗则天乖矣⑦。

疑曰:至道虚通,故不爵而尊;俗无不滞,故不黜而贱。贱者不能无累,尊者自然天足⑧,天足之境既符,俗累之域亦等⑨。道符累等,又谁美谁恶?故俱是圣化,唯照所惑,惑尽明生,则彼我自忘。何烦迟迟于舍效之际,耿介于华夷之间乎⑩?

【注释】

①文:指礼节仪式。

②殊涂:不同的道路。涂,同"途",道路。

③华戎:这里指中国和印度。

④犁牛不登宗庙之用:《论语·雍也》:"子谓仲弓,曰:'犁牛之子骍且角,虽欲勿用,山川其舍诸?'"意思是,孔子谈到冉雍时说:"杂色牛生的小牛长着赤色的毛和周正的角,虽然不想用它来作祭祖,山川之神难道肯舍弃它吗?"犁,又作"犂",杂色。

⑤嗜欲:指肉体感官上追求享受的要求。

⑥服冕:穿着礼服。服,穿着。

⑦邪俗:邪淫的习俗。

⑧天足:优裕,充足。

⑨俗累(súlèi):世俗的牵累,烦冗的杂务。

⑩耿介:心中不安。晋潘岳《秋兴赋》:"宵耿介而不寐兮,独展转于华省。"

【译文】

您在文中说：拱手跪拜，弯折身体，是下臣对王侯的恭敬；像狐狸和狗一样蹲着，是边远地区恭敬的姿态。

我质疑说：国家不同，各种礼仪的使用也不同，礼节仪式本来就很难一样，各自都安于自己的方式，从古到今没有人争辩。如果说拱手跪拜表示下臣对王侯大臣的恭敬这句话是恰当的，那狐狗的比喻就是出口伤人了。

论说：如果说礼节仪式已经一样，方法可以变换，那么车可以穿过河川，舟可以在路上行走吗？一定不可以。

质疑说：所谓的法，是根据情理来的，但人情不是法。法不是固定的，因为情理不是统一的，不统一的情况，就会有不同的法，一刚一柔，并道而行，华夏与印度必定会一样。因此大河浩荡广阔，乘车是不恰当的；平原与遥远的陆地，难道会去坐船吗？舟和车两种交通工具，哪一种不能用呢？

论说：既不能全同，又不能全异，对下抛弃妻子，对上废除宗庙祭祀。

质疑说：如果说在上抛弃祭祀，在下不能摒弃妻子儿女，这是从存异求同，不是同者的过错。难道宁愿见到杂色牛生下的小牛不在宗庙祭祀上使用，而永远不能当做祭祀的牺牲吗？

论说：人们对物质的嗜好和欲望，都要用礼教来约束；孝敬的标准，独用礼法来确定。佛教悖乱道德，违犯孝顺之礼，却没有觉察到。

质疑说：至于违背德行触犯孝顺，不用采取措施就可解决；慈爱恭敬，贤惠平和，到处可以通透。因此，减少饮食来修道，不是征服恶行的办法；穿着礼服吃斋饭，并不是修养正道的方法。您想要这方面屈佛申道，可能在这里难以办到。

论说：道理中最可贵的是道，最卑贱的事情是世俗。现在舍弃中华效法蛮夷，到哪里去求道义呢？如果要用它的道理，其道理只是符合邪魔外道。如果用它的风俗，那么邪淫的习俗是违背天理的。

质疑说：最高深的道理虚静通达，所以不用封号也是至尊的；世俗无不滞塞，就算不被贬斥也会被人看不起。卑贱者总是有很多牵累，至尊者自然天生充足，充足的境界能够符合大道，面对世俗的牵累也平等无二。道理符合，世俗的牵累平等，又有什么谁美谁恶呢？所以都是圣化，唯有照亮迷惑，迷惑完全消失了，就会生起智慧光明，就会忘了彼我，超越一切二元对立。何必在舍弃与效法之间徘徊烦恼呢，又怎么会在中原和蛮夷之间感到不安呢？

论云：无生之教赊①，无死之化切。切法可以进谦弱②，赊法可以退夸强。

疑曰：无生即无死，无死即无生。名反实合，容得赊切之别耶？若以迹有差降，故优劣相悬者，则宜以切抑强，以赊引弱。故孔子曰："求也退，故进之；由也兼人，故退之。"③致教之方，不其然乎？

论云：佛教文而博，道教质而精，精非粗人所信，博非精人所能。

疑曰：夫博闻强识④，必缘照远广；敦修善行，必因理入微；照明则理无不精，理精则明无不尽。然则精博同功⑤，相为利用。博犹精也，岂粗人所能信？精犹博也，岂弘通所独阙⑥？

论云：佛言华而引，道言实而析；析则明者独进，引则昧者竞前。

疑曰：夫华不隔理，则为达鉴⑦，所陶实未届虚，故为钻赏。所陶业有序者，为质昧耶？为待明耶？若其质昧，则明不独进；若必待明，则昧不获前；若明昧俱得，何须抑引？妙况难章，所宜更辩。

【注释】

①无生：佛教语，没有生灭，不生不灭。晋王该《日烛》："咸淡泊于无生，俱脱骸而不死。"

②谦弱：谦虚柔弱。

③"求也"四句：《论语·先进》："子曰：'求也退，故进之；由也兼人，故退之。'"意思是："冉求平日做事，过分谨慎，所以我给他壮胆；仲由的胆量却有两个人的大，勇于作为，所以我要压压他。"这是典型的因材施教、因人而教的范例。

④博闻强识：见闻广博，记忆力强。《礼记·曲礼上》："博闻强识而让，敦善行而不怠，谓之君子。"

⑤精博：精深博大。

⑥弘通：宽宏通达。

⑦达鉴：明察，透彻了解。

【译文】

论说：无生的教化为广博深邃之法，无死的教化为切要浅近之法。切要浅近的方法能够增进人们的谦虚柔顺，广博深邃的方法可以减少人们的逞能好强之心

质疑说：没有生命就没有死亡，没有死亡就没有生命。名字相反，实际上是统一的，怎么容得下有广博深邃和切要浅近的不同呢？如果因为在事情表面上有不同，就认定优秀和拙劣相差很远，那应该以切法抑制强大，以赊法引导至柔弱。所以孔子说："冉求平日做事，过分谨慎，所以我给他壮胆；仲由的胆量却有两个人的大，勇于作为，所以我要压压他。"教学的方法，不就是这样么？

论说：佛教文雅博大，道教朴实精深，精深不是粗人能够理解的，博

大又不是精明人所能做到的。

质疑说:学识渊博,记忆力很好,必须依靠内心广博的观照;悉心做好事,必须根据精微的道理;如果观照明亮通透,就没有不精微的道理,道理精微则心中光明无所不穷尽。这样精深和博大功用相同,互为己用。博大就是精深,这岂是粗人所能相信的吗? 精深也就是博大,岂是博大宽宏所缺少的呢?

论说:佛语华丽注重引导,道语朴实注重分析;注重分析则只有明智的人可以独自进步,强调引导则愚昧的人争相向前。

质疑说:华丽的语言只要与道理融合,就是透彻的了解,用来教化的语言确实没有空话,就能深入人心。被教化的人本性是愚笨的么? 是等待变明白么? 如果他的本质愚笨,那么通过教化也很难让他明白;如果必须等到变明白,那么愚笨也得不到改变;如果聪明的、愚笨的都得到了改善进步,何必要压抑引导呢? 奇妙的情况难以用什么语言文字来规定,适合什么需要辨别清楚。

论云:佛经繁而显,道经简而幽。幽则妙门难见①,显则正路易遵。遵正则归涂不迷②,见妙则百虑咸得③。

疑曰:简则易从,云何难见? 繁则难理,岂得易遵? 遵正则归涂不迷,可以阶道之极,虽非幽简,自然玄造④,何假难明之术,代兹易晓之路哉?

论云:若残忍刚愎,则师佛为长。慈柔虚受⑤,则服道为至。

疑曰:夫邪见枉道,法所不存。慈悲喜舍,是所渐录,喜则能受,舍亦必虚,虚受之义,宵然复会。未知残愎之人更依何法? 若谓所受者异,则翻成刻船,何相符之有乎?

论云:佛是破恶之方,道是兴善之术。又以中夏之性⑥,

不可效西戎之法^⑦。

疑曰：兴善之谈美矣，勿效之言侮矣。意所未安。请问，中夏之性与西戎之人，为夏性纯善，戎人根恶？如令根恶，则于理可破；使其纯善，则于义可兴。故知有恶可破，未离于善；有善可兴，未免于恶。然则善恶参流，深浅互别。故罗云慈惠^⑧，非假东光；桀跖凶虐^⑨，岂钟西气？何独高华之风，鄙戎之法耶？若以此善异乎彼善，彼恶殊乎此恶，则善恶本乖，宁得同致？

【注释】

①妙门：佛、道教指领悟精微教理的门径。语出《老子》："玄之又玄，众妙之门。"

②归涂：归途。

③百虑：各种思虑，许多想法。《周易·系辞下》："天下同归而殊涂，一致而百虑。"

④玄造：造化。

⑤慈柔：仁慈温和。虚受：虚心接受。《周易·咸》："山上有泽，咸。君子以虚受人。"孔颖达疏："君子以虚受人者，君子法此《咸》卦，下山上泽，故能空虚其怀，不自有实，受纳于物，无所弃遗。"

⑥中夏：指华夏，中国。

⑦西戎：古代西北戎族的总称，这里指古印度。

⑧罗云：梵名 Rahula。佛陀十大弟子之一，又作罗护罗、罗怙罗、罗吼罗、曷罗怙罗，意译作覆障、障月、执日。以其生于罗侯罗阿修罗王障月蚀时，又因六年处于母胎中，为胎所覆，故有障月、覆障之名，出家后成为佛陀十大弟子之一。事迹可见《罗云忍辱经》。慈惠：仁爱。《左传·成公十二年》："于是乎有享宴之礼，享以训

　　共俭,宴以示慈惠。共俭以行礼,而慈惠以布政。"

⑨桀跖:夏桀、柳下跖,泛指凶恶残暴的人。夏桀,又名癸、履癸,谥
　　号桀,夏朝第十六代君主发之子,在位52年,历史上著名的暴
　　君。柳下跖,春秋时大盗。《庄子·盗跖》:"孔子与柳下季为友,
　　柳下季之弟名曰盗跖。盗跖从卒九千人,横行天下,侵暴诸侯。
　　穴室枢户,驱人牛马,取人妇女。贪得忘亲,不顾父母兄弟,不祭
　　先祖。所过之邑,大国守城,小国入保,万民苦之。"

【译文】

　　论说:佛经繁多但明显,道经简单但幽隐。幽隐则领悟精微教理的
门径难以见到,明显就很容易遵照正确的路走。遵照正确的路走就不
会迷失,见到了妙门那么各种疑虑就可以解开了。

　　质疑说:简单则容易遵从,为什么说难以明白呢?繁多的话就难以
理清,岂会容易遵从呢?遵照正确的路就不会迷失,可以一步步到达大
道的终极顶端,虽然并不是深刻简明,但是自然而然,玄妙造化,为何还
要借助难以明白的方法,代替容易明白的道路呢?

　　论说:人如果残忍又固执己见,则师法佛教最好;而人如果慈悲柔
和又虚静包容,则服从道教为至上。

　　质疑说:那些偏见冤枉了佛法,佛法并不是这样的。慈悲喜舍,是
佛教所重视的,喜悦则能柔和包容,舍弃也就必定虚静,慈悲柔和又虚
心包容的意义自然就领会了。不知道残忍、固执己见的人还依照什么
方法呢?如果说所包容的有不同,那么反倒与刻舟求剑一样不知变通,
事与愿违,哪里来的相互符合呢?

　　论说:佛教是破除邪恶的方法,道教是兴起善行的方法。又认为华
夏民族的性情,不可仿效西戎的制度准则。

　　质疑说:兴起善行的言论好啊,但是说不要仿效西戎的话就有所侮
辱了。我心中有所不安。请允许我问,中原人与西戎人的性情,是不是
中原人本性纯正善良,西戎人生来就邪恶?如果真是这样那么邪恶在

情理上是可以破除的，使他们变得纯正善良在道义上是可以兴起的。因而知道有邪恶可以破除，那么他们没有背离善行；有善心可以兴起，那么说明他们也没有免于陷入邪恶。这样说来善恶混杂，只是程度上有区别。因而罗云慈爱恩惠，并不是凭借东土中夏之光；夏桀、柳下跖凶残暴虐，又难道是汇聚西戎之气造成的？为何独独崇尚华夏之风，而鄙视西戎的佛法呢？如果认为自己的善行和别人的善行有区别，别人的邪恶和自己的邪恶不同，那么善恶本来就互相违背不协调，岂能认为佛教和道教是一致的？

论云：蹲夷之仪①，娄罗之辩②，犹虫谨鸟聒，何足述效③。

疑曰：夫礼以申敬，乐以感和。虽敬由礼申，而礼非敬也；和同乐感，乐非和也。故上安民顺则玉帛停筐，风淳俗泰则钟鼓辍响。又钟帛之运，不与二仪并位，盖以拯顿权时④，不得已而行耳。然则道义所存，无系形容，苟造其反，不嫌殊同。今狐蹲狗踞，孰曰非敬？敬以申心，孰曰非礼？礼敬玄符，如徒舍含识之类，人标其所贵，贵不在言，言存贵理。是以麟凤怀仁，见重灵篇⑤，猩猩能语，受蚩礼章⑥。未知之所论，义将何取？若执言损理，则非知者所据⑦；若仗理忘言，则彼以破相明宗。故李叟之常，非名欲所及⑧；维摩静默，非巧辩所追⑨。检其言也，彼、我俱遣；寻其旨也，老、释无际。俱遣则濡沫可遣⑩，无际则不负高贵。何乃远望波若，名非智慧，便相挫蹙⑪，比类虫鸟？研复逾日，未惬鄙怀。且方俗殊韵，岂专胡夏？近唯中邦，齐鲁不同，权舆俶落⑫，亦古今代述，以其无妨指录，故传授世习。若其非也，则此未为是；如其是也，则彼不独非；既未能相是，则均于相非。

想兹汉音,流入彼国,复受虫谨之尤,鸟聒之诮,娄罗之辩,亦可知矣。一以此明,莛楹可齐⑬;两咎兼除,不其通乎?夫义奥渊微,非所宜参,诚欲审方玄匠,聊申一往耳。倾心遥仁,迟闻后裁。

【注释】

①蹲夷:踞坐。古代看作是野蛮、无礼的举动。汉贾谊《新书·等齐》:"诸侯王所在之宫卫,织履蹲夷,以皇帝在所宫法论之。"

②娄罗:委曲,繁琐。清黄生《义府》卷下:"娄罗,别作觊缕,犹言委曲也。言梦中事委曲不能的知其故。"

③"犹虫谨(huān)"二句:讽刺佛教异域僧人所讲语言难以听懂,不足效法。述效,效仿。

④拯顿:整顿。

⑤"麟凤"二句:《礼记·礼运》:"麟凤龟龙谓之四灵。"《春秋公羊传·哀公四年》:"麒麟者仁兽也,有至者则至,无王者则不至。"

⑥"猩猩"二句:《礼记·曲礼上》:"鹦鹉能言,不离飞鸟;猩猩能语,不离禽兽。今人而无礼,虽能言,不亦禽兽之心乎?"

⑦知:同"智",有智慧的。

⑧"故李叟"二句:《老子》第一章:"无名天地之始,有名万物之母。故常无欲以观其妙,常有欲以观其徼。"

⑨"维摩"二句:《维摩诘经·入不二法门品》:"仁者当说,何等是菩萨入不二法门? 时维摩诘默然无言。"

⑩濡沫可遣:《庄子·大宗师》:"泉涸,鱼相与处于陆,相呴以湿,相濡以沫,不如相忘于江湖。与其誉尧而非桀也,不如两忘而化其道。"

⑪蹙(cù):皱眉头。

⑫权舆儵(chù)落:比喻事情刚开始。

⑬莛(tíng)楹可齐:《庄子·齐物论》:"故为是举莛与楹,厉与西施,

恢诡谲怪,道通为一。"意思是:所以可以列举细小的草茎和高大的庭柱,丑陋的癞头和美丽的西施,宽大、奇变、诡诈、怪异等千奇百怪的各种事态来说明这一点,从"道"的观点看它们都是相通而浑一的。

【译文】

论说:踞坐这种野蛮的礼仪,繁琐的辩词,就像虫鸟的聒噪,哪里值得遵循仿效呀。

质疑说:礼节是用来表达敬意的,音乐是用来增进和谐的。虽然敬意是用礼仪来表达的,但礼仪并非敬意;和谐是从音乐中感知的,但音乐不是和谐。所以上层安宁百姓和顺,各种礼仪就会停止使用,风俗淳朴安定,各种音乐就会停止奏响。礼乐是不与阴阳二仪并列的,只不过为整顿风俗审时度势,是不得已而为之。既然这样,那么道义的存在,无法形容,如果出现相反的事物,也不会嫌弃不同。如今狐狗蹲踞,谁说不是表达敬意呢? 敬意是用来表达心情的,谁说不符合礼仪呢? 礼仪敬意相符合,如果仅仅舍弃众生,标明他们自己显贵,而显贵不在于言谈,而是言谈中包含的珍贵道理。因此麒麟凤凰等灵兽怀有仁善之心,在讲解动物灵性的古书篇章中受到重视,猩猩会说话,却在《礼记》中受到讽刺。不知道您所议论的,又有什么道义? 如果执着言谈破坏道理,就不是智者所依靠的;如果仗着道理而忘记言论,那这就是破除虚妄的外相来明悟根本宗旨。所以老子的常道,不是名称欲望所能达到的;维摩诘的默然无言,不是巧言辩词所能追及的。探查他们的言论,可以知道他们超越了彼此对立;探索其中的主旨,老子、释迦牟尼都达到了虚空无边的境界。遣除一切语言形象,甚至连相濡以沫也应该超越,虚空无边就没有高贵之分。为何远远观望般若,认为其名称不是智慧,就进行折损,把佛教比喻成虫鸟之类呢? 又研究了很多天,还是不能使我鄙陋的心满意。况且各地习俗乐音不同,又岂仅仅是胡夏之地? 从近处来说,中原的邦邻齐鲁风俗就不同,从开始到现在,这也是古今一代代传述的，因为它们不妨碍记录，所以世代传授学习。如果它错了，那这未必正确；如果它是对的，那也不能说另一方是不合理的。既然不能互相认为是正确的，那互相认为是不正确的也平等了。想想我们的中原口音进入其他国家，也会受到像虫叫鸟聒的讥诮，觉得我们的话是繁琐的辩词也就可想而知了。一旦这些明了，就会明白细小的草茎和高大的庭柱一样大小；两种偏激过头的观点都清除了，这不是就通达了吗？大道深奥微妙，不是一般的人所能参悟透的，确实想向领悟玄道的人询问，让他们来畅谈自己亲自体悟的思想。希望能够倾听到通达的解释，然后再裁决。

驳顾道士《夷夏论》

【题解】

本篇由南北朝时期南朝宋齐之际释慧通法师所作,代表当时佛教僧人对夷夏之论的典型看法。这篇文章第一次非常明确地将《老子》五千文即《道德经》与道教严格地区别,并且这一思想通贯全篇。其重要的思想如下:第一,针对顾欢引伪道经证明老子为佛教的远祖,慧通亦引佛教经典对抗,证明老子和孔子都是释迦牟尼的徒弟,这是典型的"以子之矛攻子之盾"做法。第二,关于道经,除《老子》外,慧通认为其余并皆"淫谬之说"、"穿凿之谈",道教仙化入道之说,毫无根据。慧通批评顾欢不懂"泥洹"即是"灭度"的意思。慧通攻击道教"无死"之说。他多借用《老子》来论证自己的观点,用老子之"道"批评道教之"道"。

余端夏有隙,亡事忽景,披顾生之论①,昭如发蒙。见辩异同之原,明是非之趣,辞丰义显,文华情奥。每研读忘倦,慰若萱草②。真所谓洪笔君子有怀之作也③。然则察其旨归,疑笑良多。譬犹盲子采珠,怀赤菽而反以为获宝④;聋宾听乐,闻驴鸣而悦用为知音。斯盖吾子夷夏之谈,以为得理,其乖甚焉。见论引道经,益有昧如。昔老氏著述,文只五千,其余淆杂并淫谬之说也。而别称道经⑤,从何而出? 既非老氏所创,宁为真典? 庶更三思,傥祛其惑。

论云:孔、老非佛,谁则当之? 道则佛也,佛则道也。以斯言之,殆迷厥津。故经云:"摩诃迦叶彼称老子,光净童子彼名仲尼⑥。"将知老氏非佛,其亦明矣。实犹吾子见理未弘,故有所固执。然则老氏、仲尼,佛之所遣,且宣德示物祸福,而后佛教流焉。然夫大道难遵,小成易习⑦,自往古而致叹,非来今之所慨矣。老氏著文五千,而穿凿者众⑧。或述妖妄,以回人心;或传淫虐,以振物性。故为善者寡,染恶者多矣。仆谓搢绅之饰,磬折之恭,殡葬之礼,斯盖大道废之时也⑨,仁义所以生,孝敬所以出矣。智欲方起,情伪日滋,圣人因禁之以礼教,制之以法度。故礼者,忠信之薄,乱之首也⑩。既失无为,而尚有为,宁足加哉? 夫剪发之容,狐蹲之敬,永沈之俗。仆谓华色之不足吝,货财之不可守,亦已信矣。老氏谓五色所以令人目盲⑪,多藏秘之后失,故乃剪发玄服⑫,损财去世,让之至也。是以太伯无德,孔父加焉,斯其类矣。夫胡跪始自天竺,而四方从之。天竺天地之中,佛教所出者也。斯乃大法之整肃⑬,至教之齐严。吾子比之狐蹲,厥理奚征? 故夫凶鬼助恶,强魔毁正,子之谓矣。譬犹持瓢欲减江海,侧掌以蔽日月,不能损江海之泉,掩日月之明也。至夫太古之初⑭,物性犹纯,无假礼教而能缉,不施刑罚而自治。死则葬之中野,不封不树,丧制无期⑮。哀至便哭,斯乃上古之纯风⑯,良足效焉。子欲非之,其义何取?

【注释】

①顾生：顾欢，生卒年不详，字景怡，吴郡盐官（今浙江海宁）人，南朝齐著名道教学者。南朝道释斗争中的著名人物，见释、道二家互相非毁，欲辨其是与非，于刘宋末作《夷夏论》，以论释、道二家的是非、优劣。

②萱草：一种草本植物，传说可以使人忘忧。《诗经·卫风·伯兮》："焉得萱草，言树之背。"

③洪笔：大笔，比喻擅长写文章。晋郭璞《〈尔雅〉序》："英儒赡闻之士，洪笔丽藻之客，靡不钦玩耽味，为之义训。"

④赤菽（shū）：红豆。

⑤道经：道家或道教的经典。

⑥"摩诃"二句：此说法出于佛教经典，智𫖯《维摩经玄疏》卷一云：《清净法行经》云，摩诃迦叶应生震旦，示名老子。光净童子，名曰仲尼。

⑦"然夫"二句：《史记》卷四十七《孔子世家》引子贡言曰："夫子之道至大也，故天下莫能容夫子。"《庄子·齐物论》："道隐于小成，言隐于荣华。"

⑧穿凿：牵强附会。《汉书·礼乐志》："以意穿凿，各取一切。"

⑨大道废之时：《老子》第十八章："大道废，有仁义，智慧出，有大伪，六亲不和，有孝慈，国家昏乱，有忠臣。"

⑩"故礼者"三句：《老子》第三十八章："夫礼者，忠信之薄，而乱之首。"意思是："礼"这个东西，是忠信的不足，是祸乱的开端。

⑪五色：泛指各种颜色。《老子》第十二章："五色令人目盲，五音令人耳聋，五味令人口爽。"

⑫玄服：黑色衣服。《文选·宋玉〈高唐赋〉》："必先斋戒，差时择日，简舆玄服。"李善注："冬王水，水色黑，故衣黑服。"

⑬大法：佛教语，大乘佛法。《法华经·序品》："今佛世尊，欲说大

法,雨大法雨,吹大法螺,击大法鼓。"

⑭太古:远古,上古。《荀子·正论》:"太古薄葬,故不扣也。"

⑮"死则"三句:《周易·系辞下》:"古之葬者,厚衣之以葬,葬之中野,不封不树,丧期无数。后世圣人易之以棺椁,盖取诸《大过》。"

⑯上古:远古。《周易·系辞下》:"上古结绳而治,后世圣人易之以书契。"

【译文】

我在夏天有空闲时间,又没有大的事情,翻看顾欢的文章,豁然贯通,就好像开启了蒙蔽的心灵。文章分辨事物不同的根源,明白是非的旨趣,语言优美意义清楚,文章华丽内涵深奥。每次我研读都忘了疲倦,快乐得像得到了忘忧的萱草一样。真正是洪笔君子有感而发的作品啊。然而仔细观察文章的意义,疑问很多。就像瞎子寻找珠宝,揣着红豆而反倒认为得到了宝物;聋子听音乐,听到驴叫而高兴地认为是美妙之音。这和顾欢对夷夏关系的谈论一样,自以为得理,实际上其中有很多不合理的地方。发现这文章很多地方引用道经,更加表现出作者愚昧无知。原来老子著书时,只写了五千字,其余的道经混杂着邪恶荒谬的思想。而这些又称为道经,它们是从哪里来的呢? 既然不是老子创作的,难道是真的重要文献吗? 希望能够经过再三思考,或许能祛除其中的疑惑。

文章说:孔子、老子不是佛,那谁能担当佛呢? 道就是佛,佛就是道。这种说法,实在是大错特错。所以佛经说:"摩诃迦叶他们称为老子,光净童子他们称孔子。"因此知道老子不是佛,这就明白了。事实上由于您没有看到真正的道理,因此才固执己见。这样老子、孔子,都是佛派遣来的,并且宣扬道德,教导事物的福祸道理,从此之后佛教流传。然而大道难以遵循,小的成就容易习练,自古以来就令人感叹,而不是当今才令人感慨的。老子写了五千字的文章,然而曲解的人很多。有的叙述怪异荒诞的事,来使人心回归;有的宣传邪恶残暴的思想,来使人心动摇。因此做善事的人少，受坏思想影响的多了。那些王公贵臣的衣服装饰，跪拜恭敬的礼节，人死陪葬的礼制，是大道废止的时代所表现出来的，仁义因此产生，孝敬因此出现了。智力欲望刚刚兴起时，感情虚伪也渐渐滋生，圣人于是用礼教来禁止这些，用法度来遏制。所谓"礼"这个东西，是忠信的不足，是祸乱的开端。既然失去无为，而更加崇尚有为，这值得赞赏吗？剪掉头发的外貌，像狐狸一样蹲着表示的敬意，永远表现为俗事了。我认为繁华的颜色不值得珍惜，货财不可能保有，也是确实的事。老子说五色让人眼睛迷乱，藏起太多东西很容易丢失，所以就剪掉头发穿上玄服，抛弃了财产远离尘世，这是谦让的最高境界。因此太伯没有世俗有为的品德，孔父赞扬他，说的就是这类事情啊！那胡人跪拜的礼节始自天竺，四方世界的人都效法。天竺位于天地正中央，是佛教产生的地方。这是用来表现大乘佛法的整肃，至高宗教的统一严整的。您把这种坐姿比作狐蹲，就道理讲怎能合理呢？因此说凶恶的魔鬼帮助恶人，强大的魔鬼毁灭正义，说的就是您这样的人啊！这就像拿着瓢想减少江海里的水，侧着手掌来遮挡日月一样，既不能减少江海的水，也不能遮掩日月的光明。至于太古时代开始时，事物的本性纯洁，不用礼教就能和睦，不用刑罚就能太平。死了就葬在野外，不筑坟不立碑，守丧没有时间限制。伤心了就哭，这就是上古的淳朴风气，很值得效仿。您如果要否定它，道义到哪里去寻求呢？

又道佛二教，喻之舟车，夫有识闻之，莫不莞尔而笑。仆谓天道不言，圣人无心①，是以人能弘道，非道弘人②。然则对人神鉴，靡所不通。智照宁有不周③，而云指其专一，不能兼济。譬犹灵辉朝觐④，称物纳照，时风夕洒，程形赋音，故形殊则音异，物异则照殊。日不为异物而殊照，风不为殊形而异音，将知其日一也，其风一也，禀之者不同耳。吾子以为舟车之喻，义将焉允？然夫大教无私，至德不偏，化物共旨，导人俱致。在戎狄以均响，处胡汉而同音。圣人宁复分地殊教，隔宇异风，岂有夷耶？宁有夏耶？昔公明仪为牛弹清角之操，伏食如故，非牛不闻，不合其耳也。转为蚊虻、孤犊之声，于是奋耳掉尾⑤，蹀躞而听之⑥。今吾子所闻者，盖蚊虻之音也。夷夏之别斯旨何存？

【注释】

①圣人无心：典故出自《道德经》第四十九章：圣人无常心，以百姓心为心。

②"是以人能"二句：语出《论语·卫灵公》："子曰：'人能弘道，非道弘人。'"意为人能弘扬道，而不能用道来弘扬人。

③智照：佛教语，谓智慧遍照。南朝宋谢灵运《和范光禄祇洹像赞·佛赞》："惟此大觉，因心则灵，垢尽智照，数极慧明。"

④灵辉：太阳。觏（gòu）：遇见。

⑤掉尾：摇尾巴。

⑥蹀躞（diéxiè）：行进艰难的样子。

【译文】

您又把道佛两教，比作船与车，有识之士听说了，没有不笑的。我认为天道不言，圣人没有固定不变的意志，所以说道由人来弘扬，而不是由道来弘扬人。那么说人所具有的神明鉴赏能力，面对万物无所不通。光明智慧遍照万物，没有不周全涵括的，但您又说它是专一的，不能兼收并济。其实就好像太阳的光辉在早上洒落，万物可以根据所需去吸取，晚风吹起，不同的事物得到不同的声音，所以外形不同则声音不同，事物不同得到的光照也不同。太阳不会因为不同的事物而有不同的照耀，风也不会因为事物不同的外形而有不同的声音，所以知道太阳是一样的,风也是一样的,禀承的事物不同罢了。您把它们当做舟车的比喻,从道义上讲公允吗? 所谓大教是没有私心的,最好的德行没有偏爱,感化外物都是同一个宗旨,教导人都是一致的。在戎狄都是一样的响声,处在胡汉也是一样。圣人只是分不同的地方进行教育,隔不同的房屋有不同的风,岂分蛮夷和华夏呢? 昔日公孙仪给牛弹清角曲调的琴曲,牛却像没听到一样,仍旧像原来一样低头吃草,不是牛没有听到琴声,而是因为这种曲调它根本听不懂。后来公明仪改变了弹法,模仿蚊虻嗡嗡的叫声和离群的小牛犊寻母牛的哀鸣声,于是那头老牛立刻竖起耳朵,甩着尾巴,迈着小步,来回走着谛听。现在您听到的确实是蚊虻的声音啊! 区别蛮夷和华夏,其宗旨又在哪里呢?

又云:下弃妻孥①,上废宗祀②。嗜欲之物③,皆以礼申;孝敬之典,独以法屈。

夫道俗有晦明之殊,内外有语默之别。至于宗庙享祀,禘祫皇考④,然则孝敬之至,世莫加焉。若乃烟香夕台,韵法晨宫,礼拜忏悔⑤,祈请无辍⑥,上逮历劫亲属,下至一切苍生,若斯孝慈之弘大,非愚瞽之测也⑦。夫国资民为本,君恃民而立,国之所以宁,乃民之力。推如来谈,似为空设。

【注释】

①妻孥(nú):妻子儿女。

②宗祀:对祖宗的祭祀。《孝经·圣治章》:"昔者周公郊祀后稷以配天,宗祀文王于明堂以配上帝。"

③嗜欲:嗜好与欲望。多指贪图身体感官方面享受的欲望。《荀子·性恶》:"妻子具而孝衰于亲,嗜欲得而信衰于友,爵禄盈而忠衰于君。"

④褅祫(dìxiá)皇考：指帝王祭祀始祖的礼仪。《礼记·王制》："天
　子诸侯宗庙之祭，春曰礿，夏曰褅，秋曰尝，冬曰烝。天子祭天
　地，诸侯祭社稷，大夫祭五祀。天子祭天下名山大川，五岳视三
　公，四渎视诸侯，诸侯祭名山大川之在其地者。"
⑤礼拜：信教者向神行礼致敬。忏悔：佛教语。梵文 ksama，音译为
　"忏摩"，省略为忏，意译为悔，合称为"忏悔"。佛教规定，出家人
　每半月集合举行诵戒，给犯戒者以说过悔改的机会。后遂成为
　自陈己过，悔罪祈福的一种宗教仪式。引申为认识了错误或罪
　过而感到痛心。
⑥祈请：祷告请求。
⑦愚瞽(gǔ)：盲人，瞎子，不达事理，没有见识。

【译文】

　　你又说：在下抛弃妻子儿女，向上废除宗祀。人们对物质的嗜好和
欲望，要用礼教来约束；孝敬的标准，独用礼法来确定。

　　其实道士和俗人有晦暗和明朗的区别，里面和外面有说话和安静
的区别。至于在宗庙祭祀，用褅祫之礼祭拜先皇，那么孝敬到了极点，
世间没有不夸奖的。如果傍晚在高台烧香，早晨在佛殿学法，礼拜忏
悔，恳求神灵赐福持之以恒，向上包括历经劫难的亲戚家人，向下包括
所有的苍生百姓，都能得到福报，孝敬和慈爱的力量如此大，不是愚昧
的人能够预测的。国家以人民作为根本，君主仰仗人民而能立足，国之
所以能够安宁，是人民的功劳。依照这样来说，你的话好像是凭空捏
造的。

　　又云：刻船桑门①，守株道士②，空争大小，互相弹射③。
　　披抚华论，深释文滞；寻文求义，于何允归？夫外道淫
奔④，弥龄积纪，沈晦不迁，沦惑宁反？游涉墟乡⑤，泛越疆
落，公因圣术，私行淫乱，得道如之，何斯可耻！昔齐人好

猎，家贫，犬鹿穷年驰骋，不获一兽，于是退而归耕。今吾子有知，归耕得算。

【注释】

①桑门：僧侣。"沙门"的异译。《后汉书·楚王英传》："其还赎，以助伊蒲塞桑门之盛馔。"李贤注："桑门，即沙门。"

②守株："守株待兔"的省称。《韩非子·五蠹》："宋人有耕田者，田中有株，兔走，触株折颈而死，因释其耒而守株，冀复得兔，兔不可复得，而身为宋国笑。今欲以先王之政，治当世之民，皆守株之类也。"

③弹射：用言语指责人。

④淫奔：男女私相奔就，自行结合。多指女方往就男方。《诗经·王风·大车序》："礼义陵迟，男女淫奔。"孔颖达疏："男女淫奔，谓男淫而女奔之也。"

⑤游涉：漫游，漫步。

【译文】

又说：刻舟求剑的僧人，守株待兔的道士，白白争论大小，互相用言语攻击。

打开华美的文章，却迷失在意义之中；只是顺着文章求解大义，又怎样才能回归大道呢？那些外道放浪不羁，不断堆积恶行，沉沦黑暗之中，一点也不改变，执迷不悟怎能回归呢？漫游在荒废的村落，越过边境，打着为公的旗号，运用圣人的方法，暗地里做荒淫无道的事，像这样修道，是多么可耻！齐国曾经有一个人喜好打猎，家境贫穷，驱使猎犬追猎野鹿，一年到头奔跑，却没有获得一只野兽，于是退回去耕种。现在你如果理解了我的意思，回去耕种比较合适。

又云：大道既隐①，小成互起②，辩讷相倾，孰与正之？

　　夫正道难毁，邪理易退。譬若轻羽在高，遇风则飞；细石在谷，逢流则转。唯泰山不为飘风所动③，盘石不为疾流所回④，是以梅李见霜而落叶，松柏岁寒之不凋⑤，信矣！夫淫妖之术，触正便挫。子为大道，谁为小成？想更论之，然后取辩。若夫颜回见东野毕之驭，测其将败⑥；子贡观邾鲁之风，审其必亡⑦。子何无知，若斯之甚！故标愚智之别，撰贤鄙之殊，聊举一隅示子，望能三反⑧。

【注释】

①大道：正道，常理。《礼记·礼运》："孔子曰：'大道之行也，与三代之英，丘未之逮也，而有志焉。'"

②小成：略有成就。《礼记·学记》："一年视离经辨志，三年视敬业乐群，五年视博习亲师，七年视论学取友，谓之小成。"

③飘风：旋风，暴风。

④盘石：也作"磐石"，厚而大的石头。比喻稳定坚固。

⑤松柏岁寒之不凋：《论语·子罕》："子曰：岁寒，然后知松柏之后凋也。"

⑥"若夫颜回"二句：此处"东野毕"或作"东野稷"，典故出自《庄子·达生》："东野稷以御见庄公，进退中绳，左右旋中规。庄公以为文弗过也，使之钩百而反。颜阖遇之，入见曰：'稷之马将败。'公密而不应。少焉，果败而反。公曰：'子何以知之？'曰：'其马力竭矣，而犹求焉，故曰败。'"

⑦"子贡"二句：《左传·定公十五年》："十五年春，邾隐公来朝。子贡观焉。邾子执玉高，其容仰。公受玉卑，其容俯。子贡曰：'以礼观之，二君者，皆有死亡焉。夫礼，死生存亡之体也。将左右周旋，进退俯仰，于是乎取之；朝祀丧戎，于是乎观之。今正月相

朝,而皆不度,心已亡矣。嘉事不体,何以能久? 高仰,骄也,卑
俯,替也。骄近乱,替近疾。君为主,其先亡乎!'"

⑧"举一隅"二句:《论语·述而》:"举一隅,不以三隅反,则不
复也。"

【译文】

又说:大道已经隐退,各种小的修炼成就竞相兴起,那些善于辩解
或木讷无语的人相互倾轧,谁能纠正这种情况呢呢?

其实所谓正道,是难以被毁灭的,邪恶的理论却容易被击退。就好
像轻盈的羽毛在高空,遇到风就飞起来;细小的石头在山谷,遇到溪流
就旋转。只有泰山不会因为暴风而动摇,盘石不会因为湍急的水流而
回旋,因此梅李遇见霜露就落叶,松柏在天气寒冷的时候却不凋零,确
实是这样啊! 所以淫邪的道术,一遇到正道就挫败了。如果你执行大
道之礼,谁愿意兴起小成之术? 想要更进一步讨论,因此再选择一些论
点来辩论。就好像颜回看见东野稷驾驭的马,预测他会失败;子贡看邾
鲁两君的作风,知道他们一定死亡。你是多么无知,比他们还差一些!
所以我谈论愚笨的人和智慧的人的区别,以及贤能和鄙陋之人的区别,
暂且举出一例,希望你能由此理解更多。

又云:泥洹仙化①,各是一术,佛号正真②,道称正一。一
归无死,真会无生;无生之教赊③,无死之教切。

斯盖吾子聪辩能言,鄙夫蔑以加之。然则泥洹灭度之
说④,著乎正典;仙化入道之唱,理将安附? 老子云:"生生之
厚,必之死地⑤。"又云:"天地所以长且久者,以其不自生
也⑥。"夫忘生者生存,存生者必死。死道将届,故谓之切,其
殊切乎? 谚曰:"指南为北,自谓不惑;指西为东,自谓不
蒙。"子以必死为将生,其何反如之? 故潜居断粮,以修仙

术。仆闻老氏有五味之诫⑦,而无绝谷之训矣。是以蝉蛾不食,君子谁重？蛙蟒穴藏,圣人何贵？且自古圣贤莫不归终,吾子独云不死,何其滥乎？故舜有苍梧之坟,禹有会稽之陵,周公有"改葬"之篇,仲尼有"两楹"之梦,曾参有"启足"之辞,颜回有"不幸"之叹⑧,子不闻乎？岂谬也哉！昔者有人未见麒麟⑨,问尝见者曰："麟何类乎？"答云："麟如麟也。"问者曰："若尝见麟,则不问也。而云麟如麟,何耶？"答云："麟麇身、牛尾、鹿蹄、马背。"问者乃晓然而悟。今吾子欲见麟耶？将不见告。

又云：道经简而幽,幽则妙门难见。

仆谓老教指乎五千,过斯以外,非复真籍。而道文重显,愈深疑怪,多是虚托妍辞,空称丽句。譬周人怀鼠以贸璞,郑子观之而且退⑩,斯之谓矣。寻此而言,将何克允！

【注释】

①泥洹(nièhuán)：佛教语,梵语的音译,旧译"泥亘"、"泥洹",意译"灭"、"灭度"、"寂灭"、"圆寂"等,是佛教全部修习所要达到的最高理想,一般指熄灭生死轮回后的境界。

②正真：佛教称佛之菩提为"无上正真道",故"正真"为修行最高阶之称。

③赊：宽大,宽容。

④灭度：谓命终证果,灭障度苦,即涅槃、圆寂、迁化之意。

⑤"生生"二句：《老子》第五十章："生之徒,十有三；死之徒,十有三；人之生,动之于死地,亦十有三。夫何故？以其生生之厚。"

⑥"天地"二句：《老子》第七章："天地所以能长且久者,以其不自生,故能长生。"

⑦老氏有五味之诫:《老子》第十二章:"五色令人目盲,五音令人耳聋,五味令人口爽,驰骋畋猎令人心发狂,难得之货令人行妨。"

⑧"故舜"六句:可参见《牟子理惑论》。

⑨麒麟:传统中的仁兽名,象征吉祥,比喻杰出人物。

⑩"周人"二句:《战国策·秦昭襄王下》:"郑人谓玉未理者璞,周人谓鼠未腊者朴。周人怀朴,过郑贾曰:欲买朴乎?郑贾曰:欲之。出其朴,视之乃鼠也,因谢不取。"

【译文】

又说:佛教泥洹和道教仙化,各是一种心术,佛号为正真,道称为正一。正一归于无死,正真体现为无生。无生之教深远,无死之教切近。

这些话体现您聪慧善于辩论,我鄙陋不想多说。但是泥洹灭度的论说,经典里面有记载;神仙变化入道的说法,到哪里去寻找理论根据呢?老子说:"生命不断变化,必定朝着死亡的方向发展。"老子又说:"天地之所以长久不衰,是因为它们不刻意追求长生。"那些忘掉活着的人活得长久,刻意追求长生的人必定短命。死的道理很容易理解,所以说是切近,难道它是特殊的切近吗?谚语说:"指南为北,自认为不迷惑;指西为东,自认为没有蒙蔽。"您认为死了就会生,认识的悖反怎么至于这样?所以归隐绝食,以修炼仙术。我听说老子谈到远离五种味道的戒律,却没有绝食辟谷的教导。因此蝉蛾不吃东西,哪位君子推崇这种做法呢?蛙蟒在洞穴藏匿,圣人哪里会重视呢?况且自古圣贤没有不归天的,你独自说不死之术,是多么荒唐啊!所以舜有苍梧之坟,禹有会稽之陵,周公有请求死后改葬之篇,仲尼有梦见自己在两柱之间受祭奠的梦,曾参有死前请人看自己手脚之辞,颜回有不幸早死的感慨,你没有听过吗?岂不荒谬吗?以前有一人没有见过麒麟,问曾经见过的人说:"麒麟是什么东西?"回答说:"麒麟就像麒麟。"问说:"如果曾经见过麒麟,就不会问了。你说麒麟就像麒麟,为什么呢?"答说:"麒麟磨身、牛尾、鹿蹄、马背。"问的人心里才明白。现在您想见麒麟吗？我将不会告诉您。

又说：道经简单而幽深，幽深则修道的门难见。

我认为老子的教导只有五千字，以外的道书不是道家真籍。很多道教文章重新出现，显得深奥古怪，其实多是徒有优美的语言，空有华丽的句子。就好像周人怀揣着老鼠当做未雕琢过的玉石出卖，郑人看到后不购买，说的就是这种情况啊！这样比喻，很是恰当公允！

又云：残忍刚愎，则师佛为长；慈柔虚受，则服道为至矣①。故《老子》云："强梁者不得其死，吾将以为学父②。"

古人所以敷行诫籍，显著文教，将为愚瞽之故③，非为贤哲之施矣。违之者必凶，顺之者必吉。夫强梁刚愎之人，下愚之类也。大教慈愍④，方便为之⑤，将非虚学耶！慈柔虚受，仆谓宜空谈。今学道反之，陈黄书以为真典⑥，佩紫箓以为妙术⑦，士女无分，闺门混乱；或服食以祈年长⑧，或淫姣以为瘳疾⑨。慈柔之论，于焉何托？又道迹密而微，利用在己。故《老子》云："吾所以有大患者，为吾有身，及吾无身，吾有何患？"老氏以身为大患⑩，吾子以躯为长保，何其乖之多也！夫后身而身先，外身而身存⑪。惟云在己，未知此谈以何为辩。

又云：娄罗之辩，各出彼俗，自相领解，犹虫喧鸟聒，何足述效。

仆谓饵辛者，不知辛之为辛，而无羡于甜香；悦臭者不觉臭之为臭，而不耽椒兰⑫。犹吾子沦好淫伪，宁有想于大法⑬？夫圣教妙通，至道渊博，既不得谓之为有，亦不得谓之为无，无彼我之义，并异同之说矣。夫言犹射也，若筈之离弦⑭，非悔恨所及，子将慎言乎！而云虫喧鸟聒，义则何依？近者孙子猖狂，显行无道⑮，妖淫丧礼，残逆废义。贤士同志，而愚夫辍伪回心。奸侜盈室，恶侣填门；墟邑有痛切之悲，路陌有罹苦之怨。夫天道祸盈，鬼神福谦⑯，然后自招沦丧。

【注释】

①至：至理。

②"强梁"二句：《老子》第四十二章："强梁者，不得其死，吾将以为教父。"强梁，强劲有力。魏源《老子本义》："焦氏竑曰：'木绝水曰梁，负栋曰梁，皆取其力之强。'"

③愚瞽（gǔ）：愚昧的人。瞽，不达事理，没有见识。

④慈愍：仁慈怜悯。慈，仁慈。愍，同"悯"，怜悯。

⑤方便：佛教语，谓以灵活方式因人施教，使悟佛法真义。

⑥黄书：指的是天师道中谈论房中术及养生的书。真典：可以作为标准的经典。

⑦箓（lù）：道教记载上天神名的书。

⑧服食：服用丹药，道家养生术之一。

⑨瘳（chōu）疾：治好病。瘳，病愈。

⑩老氏以身为大患：《老子》第十三章："吾所以有大患者，为吾有身，及吾无身，吾有何患？"

⑪"夫后身"二句：《老子》第七章："是以圣人后其身而身先，外其身而身存。非以其无私邪！故能成其私。"

⑫椒兰：椒与兰，皆芳香之物，故以并称。《荀子·礼论》："刍豢稻

梁,五味调香,所以养口也;椒兰芬苾,所以养鼻也。"

⑬大法:佛教语。谓大乘佛法。

⑭筈(kuò):箭尾,即射箭搭在弓弦上的部分。

⑮"孙子"二句:指孙恩、卢循利用道教发动农民起义一事。参见《晋书·孙恩传》。

⑯福谦:使谦虚者得福。谦,不满而能接受。《周易·谦》:"鬼神害盈而福谦,人道恶盈而好谦。"

【译文】

又说:残忍固执的人,学习佛法,认为佛法最高明;温和仁慈且虚心接受的人,潜心修道,就认为道是至理。所以《老子》说:"性情残暴的人死无其所,我把这句话当做施教的宗旨。"

古人之所以宣传道义,传扬文明教化,是为了愚昧的人的缘故,不是为贤明的人所采取的措施。违背它的人必然遭受惩罚,遵守它的人必然顺利。那些强暴、固执的人,是下等的愚昧之人。佛法大教仁慈怜悯,运用各种方便因人施教,并不是虚妄的学说!温和仁慈且虚心接受,我认为宜于空谈。如今,学道的人与之相反,陈放着房中养生的黄书以为是经典,拿着紫箓神符以为是神妙的术法,男女之间没有避嫌,妇女不守礼法;有的人服用丹药来祈求长寿,有的淫乱来使病治愈。温和仁慈的论调,对于这些又有什么作用呢?而且道义详细至微,如何理解运用完全在于自己。所以《老子》说:"我之所以有生老病死的忧苦,是因为我有个身体,等到我没有身体了,我又有什么忧苦?"老子认为身体是主要的苦患,您却认为身体应该是长久保存的东西,这是多么的与道相违背啊!将身体置于后地才能让身体率先,将身体置于事外才能使身体存留。您只说人们应奉何教缘由在于自身,不知对老子"身体为大患"的言论,您又拿什么来辩驳。

又说:语意含混、嘈杂的辩论,各自出于他们的风俗,各自互相领会理解,就像昆虫鸣叫、鸟儿喧闹一样,哪里值得传述效法呢!

　　我认为喜欢吃辛辣的人，不知道辣的食物是辣的，因而不希望得到香甜的食物；喜欢异味的人不认为有异味的东西是难闻的，因而不在乎花椒、兰草等芳香之物。就像您沉迷于淫乱、虚假的东西中，岂有心思放在大法上？圣明的佛教神妙、畅通，至高之道渊博高明，既不能认为它是存在的，又不能认为它是不存在的，没有你我之分，合并统一异同之说。言语就像射箭一样，如果箭尾离弦，不是懊悔就能够追赶上的，您要谨慎于自己的言论啊！而您说佛教像鸣叫的昆虫和喧闹的鸟儿的聒噪，那么在道义上有什么依据呢？近来孙恩、卢循利用道教发动叛乱，肆无忌惮，行为不符道法，淫邪不正，丧失礼法，凶残违反道义。本来贤良正直的人也跟着一些愚昧之徒作乱。奸诈、邪恶的人占满门室，村落、城市有着遭受伤痛哀切的悲愤，大道、小路有着遭受忧患苦难的怨气。天道会使过度行事的人遭受灾祸，鬼神会使那些谦虚的人得福，所以说都是人自己招来沦没丧亡，自作自受。

戎华论折顾道士《夷夏论》

【题解】

本篇由南北朝刘宋时释僧愍法师所撰写。这篇文章论点和论据都非常雄辩,火药味极足,其中最有说服力的观点是,"夷夏"不同于"戎华",中国不能无佛教。僧愍指出,顾欢说的夷夏论是以华夏为中心、以"四裔"为周边的传统观念,所以,"东有骊济之丑,西有羌戎之流,北有乱头披发,南有剪发文身,姬孔施教于中,故有夷夏之别",但是,"华戎"的概念就不一样,这是两个不同的世界,"东则尽于虚境,西则穷于幽乡,北则逾于冥表,南则极乎牢阎。如来扇化中土,故有夷夏之异也"。僧愍认为顾欢是坐井观天,只知道用老一套的观念看待夷夏。他还认为,按照佛经的说法,"佛居天地之中而清导十方",所以,"天竺之土是中国也",而不是华夏位于世界之中心。僧愍说,周孔有"雅正"之制度,故周边的"四夷"推服,并且这些制度也是可以入乡随俗进行改变的,就像泰伯入吴越而换服一样。

昔维摩者^①,内乘高路,功亮事外,龙隐人间,志扬渊海,神洒十方^②,理正天下。故乃迹临西土^③,协同幽唱。若语其灵变也,则能令乾坤倒覆,促延任意,若语其真照也,则忘虑而幽凝言绝者也。如此之人,可谓居士^④。

【注释】

①维摩：梵名 Vimalakīrti。音译毗摩罗诘利帝。又作毗摩罗诘、维摩诘、无垢称、净名、灭垢鸣。为佛陀之在家弟子，虽在俗尘，然精通大乘佛教教义，其修为高远，虽出家弟子犹有不能及者。

②十方：四方、四维、上下之总称。指东、西、南、北、东南、西南、东北、西北、上、下。

③西土：西方天竺。

④居士：梵语意译。原指古印度吠舍种姓工商业中的富人，因信佛教者颇多，故佛教用以称呼在家佛教徒之受过"三归"、"五戒"者。《维摩诘经》称，维摩诘居家学道，号称维摩居士。慧远《维摩经义记》："在家修道，居家道士，名为居士。"

【译文】

从前天竺有位大居士叫做维摩诘，他的内心世界达到很高的境界，而他的功绩也被外人所熟知，就像龙隐藏在人世间，但其志向却是远扬四海，神光遍布世界各个角落，佛理导正天下。因此他的足迹出现在西土天竺，协同释迦牟尼佛一起宣扬佛法之幽唱。如果谈论他的神灵变化，能令乾坤颠倒，任意加快或减缓自然变化节奏；如果谈论他的真心寂照，能忘掉一切忧愁而宁静潇洒，放下一切妄想杂念而超然物外。这样的人，才可以称得上是居士。

　　未见君称居士之意也。君今七慢之岳未摧①，五欲之谷未填②，慧阳之日未曜③，无明之云未晴④，永冥之风未息⑤，夜游之迷未旋⑥；君既解犹常品⑦，而山号居士乎？贫道遥餐器量⑧，知君未堪斯据，然此虽大法之浅号⑨，而亦未易可当矣。

【注释】

①七慢:佛教词语。指由根本烦恼慢心所开展而来,一慢,于劣而
谓己胜,于等而谓己等者。是于境虽称而以心高举,故名为慢
也。二过慢,于等而谓己胜,于胜而谓己等者。三慢过慢,于他
胜中,而谓己更胜者。四我慢,执有我有我所而使心高举者。五
增上慢,未证得圣道而谓己证得者。六卑慢,于他多分胜中而谓
己少分劣者。七邪慢,成就恶行,恃恶高举者。

②五欲:佛教词语。(一)财欲,财即世间一切之财宝。谓人以财物
为养身之资,故贪求恋着而不舍。(二)色欲,色即世间之青、黄、
赤、白及男女等色。谓人以色悦情适意,故贪求恋着,不能出离
三界。(三)饮食欲,饮食即世间之肴膳众味。谓人必藉饮食以
资身活命,故贪求恋着而无厌。(四)名欲,名即世间之声名。谓
人由声名而能显亲荣己,故贪求乐着而不知止息。(五)睡眠欲,
谓人不知时节,怠惰放纵,乐着睡眠而无厌。

③慧阳:佛教以日光比喻佛之智慧,能普照众生,破无明生死痴暗。

④无明:无明为烦恼的别称,即暗昧事物,不通达真理与不能明白
理解事相或道理之精神状态。泛指无知愚昧,特指不解佛教道
理之世俗认识,为十二因缘之一。

⑤永冥:长久昏暗。

⑥夜游:夜间游荡。

⑦常品:常格,惯例、通例。

⑧贫道:僧道自称的谦辞。南北朝时,朝廷定制僧人自称贫道,唐
以后僧人改称贫僧,道士谦称“贫道”。

⑨大法:佛教语,即佛法。

【译文】

我发觉你顾道士不具有居士的品质。你如今是七慢的山岳没有被
摧毁,五欲的山谷没有被填满,智慧的太阳没有照耀,无明黑暗的云朵

遮蔽了天空,阴晦的风没有停息,夜游在迷途没有归来。你既然理解佛教惯例,怎么能称自己是居士呢? 贫道我远离红尘,想必你不能忍受我这样的说法,然而居士这个称号虽然是佛法的浅号,也不是容易承当的。

省君《夷夏论》意①,亦具照来心。贫道践学天坛,希嘱兹况。而此所论者,才无玩文之丽,识无凿幽之效,照无寸光,泽无露润,万涂斯阙,有何义哉? 而复内秉茫思,获心暗计②,轻弄笔墨,仰卜圣旨③。或混道佛合同,或论深浅为异,或说神邦优劣,或毁清正虚实。夫苦李繁子而枝折,栾大谬唱而受枭④,此皆是上世之成制,后贤之殷鉴矣。

【注释】

①省(xǐng):省察。《夷夏论》:南朝道教思想家顾欢所写,震动了当时的儒、释、道三家,影响甚为深远。该文以儒家的华夷之辨为出发点,尊崇道教,排抑佛教,借儒家"夷夏之防"的民族观否定佛教在中国传播。夷夏之别强调华夷间种族不同,地域不同,文化不同,佛教是夷狄之教,应当大力排拒。

②暗计:愚昧的计谋。暗,愚昧,糊涂。

③圣旨:佛教徒称佛谕。

④栾大谬唱而受枭:栾大(? —前112),汉武帝时方士。声称"黄金可成,而河决可塞,不死之药可得,仙人可致也"。多次巧言欺骗汉武帝委其重任,后因完成汉武帝交代之事露出马脚,被腰斩。

【译文】

省察你的《夷夏论》的意旨,知道你的心里也具有善根。贫道我在天坛学习并实修佛法,希望能告诉你真正的佛法。看你的这篇文章,论才没有可玩味的优美文字,论学识不具备可钻研幽旨的功效,没有寸光的照耀,没有雨露的滋润,所有的地方都有缺点,这又有什么意义呢?而你内在坚持虚无缥缈的思想,用愚昧的计谋捕获人心,玩弄笔墨,推测佛谕。有的地方将佛道混为一谈,有的地方议论深浅不同,有的地方议论神佛境界的优劣,有的地方诋毁清正虚实。李子因为长得繁密而使枝条折断,栾大因为乱说大话被斩首示众,这都是前人所固有的制度,我们后人应当引以为鉴。

今将示君道、佛之名,义异也。夫佛者,是正灵之别号①;道者,是百路之都名。老子者是一方之哲,佛据万神之宗;道则以仙为贵,佛用漏尽为妍②。仙道有千岁之寿,漏尽有无穷之灵。无穷之灵,故妙绝杳然;千岁之寿,故乘龙御云③。御云乘龙者,生死之道也;杳然之灵者,常乐永净也。

【注释】

①正灵:纯正的心灵。

②漏尽:指断尽一切烦恼之后获得解脱,这是小乘阿罗汉所证得之果。漏,烦恼。

③乘龙御云:《庄子·逍遥游》:"藐姑射之山,有神人居焉,肌肤若冰雪,绰约如处子,不食五谷,吸风饮露;乘云气,御飞龙,而游乎四海之外。其神凝,使物不疵疠而年谷熟。"

【译文】

这里我将向你阐释佛、道之名,它们的含义是不同的。佛是正灵的别号;道是所有道路的总称。老子是一方的哲人,佛是万神的宗主。道是以成仙为首要目的,佛则是以断尽烦恼之后获得解脱为根本智慧。仙道有千岁的寿命,而烦恼解脱之后则有无穷无尽的性灵。无穷的性灵,奇妙无穷,高深莫测;有千岁的寿命,因而能乘龙驾云。腾云驾龙,这是生死之道;奇妙无穷、高深莫测的性灵,能永葆快乐、清净。

　　若斯者,故能璇玑并应①,迹临王城,宫疏绕阙,总委重轩②。故放彼万国③,誓越三空④,龙飞华馆⑤,整驾道场。于是初则唱于鹿苑⑥,次则集于天宫,中则播于灵鹫⑦,后则扇于熙连⑧。故乃巨光退照,白日覆晖,华轩四盖⑨,梵驾天垂,九天齐歌⑩,群仙悟机,敢预有缘,莫不云会归焉。唯有周皇边霸,道心未兴,是以如来使普贤威行西路,三贤并导东都。

【注释】

①璇玑:指北极星;也指古代的天文观测仪器,以其随星之运行而回转,因而用来比喻人心随着烦恼而辗转不息。

②重轩:层层栏杆。

③放彼万国:释放宇宙中被欲望羁禁的众生。

④三空:三种空。(一)我空,又作人空。于五蕴之法强立主宰,称为我执;若推求色、受、想、行、识皆无自性,不见我体,称为我空。(二)法空,于五蕴之法计为实有,称为法执;若推求五蕴之法如幻如化,皆从缘生,无有自性,称为法空。(三)俱空,我法二执既遣,能空之空亦除,空执两亡,契于本性,称为俱空。

⑤华馆:开满莲花的馆舍,比喻佛法清净之地。佛教以莲花代表清净,因莲花出淤泥而不染。

⑥鹿苑:鹿野苑的简称,于今北印度瓦拉那西市(Varanasi)以北约六公里处。又译作仙人鹿野苑、鹿野园、鹿野、鹿苑、仙苑、仙人园。

⑦灵鹫:地名,位于中印度摩揭陀国王舍城东北。简称灵山,或称

鹫峰、灵岳。山形似鹫头，又以山中多鹫，故名。如来尝讲《法华经》等大乘经于此，遂成为佛教圣地。我国诸山之号称灵鹫或灵山者，皆沿袭其名。如福建福清之北有鹫峰、浙江杭州之飞来峰亦名灵鹫山等。

⑧熙连：又作希连，河名，译云金河，佛于此河畔涅槃。

⑨华轩：富贵者所乘的华美的车子。

⑩九天：天之中央与八方。《楚辞·离骚》："指九天以为正兮，夫唯灵修之故也。"王逸注："九天谓中央八方也。"

【译文】

像这样，就能让北极星发生灵验，在王城显现奇迹，宫殿的道路畅通，层层栏杆树立。因此释放被羁禁的众生，让他们脱离尘世烦恼，立誓超越三种执着，达到三空的境界，就像龙在莲华馆的上空飞过，整顿法服驾临道场。于是释迦牟尼佛开始时就在鹿野苑宣讲佛法，然后则集中在天宫，中间又到灵鹫山传播佛法，最后到熙连河边宣扬佛教。因而巨大的光亮照向远方，如白日光辉覆盖天下，佛祖驾着有四个宝盖的华美车子走遍四方，梵驾到达天际，九天一齐放歌，群仙都体悟禅机，只要预测到机缘的，没有不说要来参会佛祖的。只有周朝皇帝是边远诸侯，没有兴起修道之心，因此如来派普贤菩萨威行西路，让三位贤人一同来到东土引导华夏众生。

　　故经云："大士迦叶者①，老子其人也。故以诡教五千，翼匠周世，化缘既尽，回归天竺。"故有背关西引之邈，华人因之作《化胡经》也②。致令寡见之众，咏其华焉。君未详幽旨，辄唱老、佛一人乎？闻大圣现儒林之宗③，便使庄、孔、周、老，斯皆是佛。若然者，君亦可即老子耶？便当五道群品④，无非是佛，斯则是何言欤？真谓夸父逐日⑤，必渴死者也。

【注释】

①大士：菩萨之美称。士是事的意思，指成办上求佛果，下化众生的大事业的人，如观世音菩萨即叫做观音大士。迦叶：亦称摩诃迦叶，为佛十大弟子之一，以头陀第一著称。

②华人：汉族古称为华，即指汉族人。《化胡经》：亦称作《老子西升化胡经》、《太上灵宝老子化胡妙经》。西晋惠帝时，天师道祭酒王浮每与沙门帛远争邪正，遂造作《化胡经》一卷，记述老子入天竺变化为佛陀，教胡人为佛教之事。后陆续增广改编为十卷，成为道教徒攻击佛教的依据之一，借此提高道教地位于佛教之上。

③大圣现儒林之宗：佛的法身可以因方便而变现为儒教宗师以度人。《太子瑞应本起经》："于是上作天帝，下为圣主，……随时而现：或为圣帝，或作儒林之宗，国师道士，在所现化，不可称记。"大圣，佛教称佛、菩萨。

④五道：佛教指地狱道、饿鬼道、畜生道、人道及天道，另加阿修罗道则为六道。群品：佛教语，谓众生。

⑤夸父逐日：古代神话。言夸父不量力，欲追日影，逐之于隅谷之际。渴欲得饮，赴饮河渭。河渭不足，将走北饮大泽；未至，道渴而死。见《列子·汤问》、《山海经·海外北经》。

【译文】

所以佛经中说："大士迦叶菩萨，就是老子这个人。因此以五千字的《道德经》，教化周朝的世人，教化缘分结束了，也就回归天竺。"因此有离开边关往西走的传说，中原人因此而写了《化胡经》。从而致使见识浅薄之人，都来歌颂中原人。你不了解其深层的意旨，怎么就宣称老子与佛祖是一个人呢？你听说佛菩萨等大圣能显现作为儒林的宗主，那么庄、孔、周、老则都是佛。如果这样的话，你也可以是老子了？那么五道众生没有不是佛的，这是什么话呢？真可谓夸父逐日，一定会口渴而死。

君言《夷夏论》者，东有骊济之丑①，西有羌戎之流②，北有乱头被发，南有剪发文身；姬、孔施礼于中，故有夷夏之别。戎华者③，东则尽于虚境④，西则穷于幽乡，北则逾于溟表⑤，南则极乎空阆⑥。如来扇化中土⑦，故有戎华之异也。君责以中夏之性，效西戎之法者，子出自井坎之渊，未见江湖之望矣。如经曰："佛据天地之中，而清导十方。"故知天竺之土是中国也⑧。

【注释】

①骊济之丑：据文义当指周朝时活动于今山西东南部的骊戎与山东西部的济戎。

②羌戎：泛指我国古代西北部的少数民族。

③戎华：戎，泛指西北少数民族；华，古代汉族的自称。

④虚境：道教语。指无欲无为的思想境界。

⑤溟表：指临海的位置，滨海。

⑥空阆：指阎浮提世界之边境。

⑦扇化：宣传、传播，教化。

⑧中国：中央之国，指恒河中流一带的中印度，佛教徒译称中国。

【译文】

你在《夷夏论》中说：东边有骊戎、济戎，西边有羌戎等少数民族，北边有披头散发的人，南边有剪发文身的人，黄帝、孔子在其间传播礼教，因而有了夷夏之别。其实，所谓西戎与东华，包括的范围无边无际，东则可以到达最虚无的地方，西则可以穷尽边远的乡野，北则可以逾越滨海之地，南则可以到达阎浮提世界边境。如来到中土宣扬佛法，因此有了边疆异族与中原汉族的区别。你责备人们以中原华夏的品性，仿效西戎的佛法，你是只看过井坑那么大的潭水，而不知道江湖之大。正如佛经上所说:"佛位于天地之中,而净化引导十方众生。"可见天竺这个地方是中心之国。

　　周、孔有雅正之制①,如来有超俗之宪②。雅正制,故有异于四夷;超俗宪,故不同于周、孔。制及四夷,故八方推德;宪加周、孔,故老子还西。老子还西,故生其群戎,四夷推德,故逾增其迷。夫正礼巨易,真法莫移③。正礼巨易,故太伯则于吴越而整服④,真法莫移,故佛教则东流而无改。缘整服故,令裸壤玩裳⑤;法无改故,使汉贤落发。玩裳,故使形逼中夏;落发,故使仰齐西风。形逼中夏,故使山藏而空慢;远齐西风,故使近见者莫不信也。

【注释】

①雅正:典雅纯正。

②超俗:避开世俗,脱离尘世。

③真法:佛法。真如实相之法也。《华严经》:"正觉远离数,此是佛真法。"

④太伯则于吴越而整服:《史记·吴太伯世家》中记载:商朝末年,周太王有三子:太伯、仲雍、季历。季历有子名姬昌,即后来的周文王。周太王欲立季历,太伯为成全父愿,遂率弟仲雍奔赴梅里(今江苏无锡梅村镇一带)回避。太王及季历去世,太伯皆赴岐山奔丧,群臣又求其继位,均被太伯否决,故有"三让天下"之说。太伯留江南疏浚河湖,开凿我国历史上第一条运河———伯渎河,教化百姓,整理服装,种稻养蚕,把黄河文化和当地文化相融合,由此开创了吴文化。太伯自号勾吴,从此开创了吴国历史。

⑤裸壤:指裸身之国。

【译文】

周、孔有雅正的制度，如来有超凡脱俗的法令。雅正的制度，从而使中原有别于少数民族；超凡脱俗的法令，则不同于周、孔。制度推行到边疆民族，那么人们都推崇它；法令施加给周、孔之后，那么老子就要回到西部天竺。老子回到西部，因此衍生众多的周边民族，周边民族推崇其道德，因而让人更加觉得是一个谜。正规的礼法不可改变，真正的佛法也不可改变。正规的礼法不可改变，因此太伯到吴越之地要整顿当地的服装；佛法不可改变，因此佛法传到东方教义没有改变。因为整顿当地服装的缘故，使裸身之国开始穿衣服；佛法不可改变，因而要汉地贤人剪掉头发。穿衣服，因此使他的外貌和中原人更加相近；落发因而使人们敬仰西方天竺的风俗。外貌与中原人相近，从而使住在山中的人不骄慢；长远地遵循西方天竺的风俗，就会使见到的人无不信服。

若谓圣轨无定[①]，应随方异者，太伯亦可裸步江东，君今亦可未服裳耶！故虽复方类不同，圣法莫异。君言义将安取者？谓取正道也[②]。于是道指洞玄为正，佛以空空为宗[③]；老以太虚为奥，佛以即事而渊[④]；老以自然而化，佛以缘合而生[⑤]；道以符章为妙[⑥]，佛以讲导为精[⑦]。太虚为奥，故有中无无矣[⑧]；即事而渊，故触物斯奥矣。自然而化，故宵堂莫登矣；缘合而生，故尊位可升矣。符章为妙，故道无灵神矣；讲导为精，故研寻圣心矣[⑨]。有中无无，故道则非大也；触物斯奥，故圣路遐旷也。宵堂莫登，故云云徒劳也；尊位可升，故智士亡身也。

【注释】

①圣轨：圣人的规范，多指宗教的教义。

②正道：佛教中指中正之道，即趋向涅槃之正直大道。

③空空：佛教术语，空之亦空曰空空。

④即事：眼前的事物。

⑤缘合：因缘合成，森罗万象，必自因与缘而成，此二者相合而生结果。

⑥符章：道士画的驱使鬼神的图形或线条。

⑦讲导：讲说宣导。

⑧无无：连空虚无有也没有，中国古代道家认为的天地万物形成以前的空寂状态。后亦泛指虚无，乌有。《淮南子·道应训》："予能无有矣，未能无无也。及其为无无，又何从至于此哉？"高诱注："言我能使形不可得，未能殊无形也。"

⑨研寻：研究探索。南朝宋刘义庆《世说新语·文学》："诸葛玄年少，不肯学问，始与王夷甫谈，便已超诣。王叹曰：'卿天才卓出，若复小加研寻，一无所愧。'"。

【译文】

　　如果认为圣人的规范是不固定的，应随着各个地方而变化，那么太伯也可以赤身裸体经过江东，你现今也可以不穿衣服啊！因此即使各个地方有所不同，但圣人的规范却不能不一致。你说道义该如何取舍？应该取正道。因而道教是以洞察玄理为根本，佛教则是以达到一切皆空的境界为宗旨；老子是把太虚作为最高深的境界，佛则认为当下的事物即是空奥；老子认为一切是自然而然的变化，佛则认为一切是因缘合成的；道教是以画符章为奇妙的事，佛教则是以向人们讲说宣传佛教为精妙。太虚是深奥的，因此有无相生；当下的事物即是空，因此看到任何事物都是奥妙。自然变化，因此不能进入宵堂；因缘合成，因此尊位能够再上升。认为符章是奇妙的，因此道教没有灵神；以讲学宣传佛教为精妙，因此可以体悟圣人之心。有无相生，因此道并不博大精深；看到任何事物都是奥妙，因此圣路广阔深远。不能进入宵堂，一切都是徒劳；尊位可以提升，因此智士超越身体等一切外在形体，可以达到无生无灭的大光明境界。

　　道无灵神，故倾颜何求也；研寻圣心，故沙门云兴也①。尔乃故知道经则少而浅，佛经则广而深；道经则鲜而秽，佛经则弘而清；道经则浊而漏，佛经则素而贞；道经则近而暗，佛经则远而明。君染服改素，实参高风也②；首冠黄巾者，卑鄙之相也③；皮革苦顶者④，真非华风也。贩符卖箓者⑤，天下邪俗也；搏颊扣齿者⑥，倒惑之至也。反缚伏地者⑦，地狱之貌也；符章合气者，奸狡之穷也。斯则明暗已显，真伪已彰，君可整率匹侣⑧，回涉清衢。贫道雅德内顾，同奉圣真⑨，岂有恶乎？想必不逆，允于佳示耳。

【注释】

①沙门：梵语的音译，出家的佛教徒的总称。

②高风：高尚的风操。

③卑鄙：低微鄙陋。

④皮革：带毛的兽皮和去毛的兽皮。苦顶：用茅草编成的帽子。

⑤符：符书，符箓。晋葛洪《抱朴子·遐览》：“郑君言，符出于老君，皆天文也。老君能通于神明，符皆神明所授。”箓：道教的秘文。

⑥搏颊：打嘴巴。此处指早期道教某些流派的修炼方法，以自批其颊表示对神明忏悔，下文的“反缚伏地”与此用意相近。扣齿：左右上下齿相叩，为道家修炼之法。

⑦反缚：反绑双手。

⑧匹侣：同伴。

⑨圣真：儒学的真谛。

【译文】

道教没有灵神，那么倾其所有又有什么希求呢；体悟圣心，因此佛门教徒兴盛。因而才知道道经是浅薄的，佛经是博大精深的；道经的内容少而杂乱，佛经是渊博而清晰；道经是污浊有缺陷的，佛经是质朴、贞洁的；道经浅近、晦暗，佛经深奥、清明。君子将服装染成素色，是真正向往高尚的节操；头上戴上黄巾的，是低微鄙陋之人；穿着兽皮戴着茅草编织的帽子，这不是中原的风俗习惯。贩卖符箓，这是天下邪淫的习俗；打嘴巴叩牙齿，实在是让人迷惑。反绑着双手躺在地上，这是地狱才会有的情形；运用符章骗人，宣传合气邪法，这是奸诈狡猾的极端表现。这样明暗、真伪都已显现，你可以带着你的同伴，回归清净的大道。贫道我真诚劝导，希望一同推崇圣真大道，难道有害吗？我想你一定不会反对，希望得到真诚的答复。